Heinrich Portmann

KARDINAL VON GALEN

Heinrich Portmann

KARDINAL VON GALEN

Ein Gottesmann seiner Zeit

Aschendorff Verlag Münster

Die Abbildungen auf dem Einband zeigen ein Bild des Kardinals vom Empfang am 16. März 1946 in Münster zusammen mit einer handschriftlichen Notiz des Bischofs zu seiner Predigt am 20. Juli 1941 in der Überwasserkirche: „Wir sind zur Zeit Amboß, nicht Hammer!"
Das Frontispiz Seite 2 zeigt Clemens August Graf von Galen am Tag der Bischofsweihe (28. Oktober 1933) beim Verlassen der Domkanzel nach seiner ersten Predigt als Bischof von Münster.

© 2005 Aschendorff Verlag GmbH & Co. KG, Münster

Gesamtherstellung: Aschendorff Medien GmbH & Co. KG, Druckhaus Münster, 2005

Gedruckt auf säurefreiem, alterungsbeständigem Papier ∞

ISBN 3-402-03505-7

INHALT

QUELLENNACHWEIS

Das vorliegende Buch schildert zum größeren Teil persönliche Erlebnisse des Verfassers, die dieser als bischöflicher Kaplan (1938–1946) an Hand regelmäßig geführter Tagebücher festzuhalten Gelegenheit hatte. Als weitere Quellen, insbesondere über die Lebensabschnitte vor dem Jahre 1938, dienten – neben einer Anzahl kleinerer Berichte, deren Verfasser jeweils im Zusammenhang mit der Quellenwertung genannt sind – die Chronik der Familie von Galen sowie die Chronik der Lambertipfarre in Münster, ferner Aufzeichnungen des Grafen Franz von Galen, des Pfarrers Holstein in Münster (ehemaliger Kaplan in Berlin), meines Amtsvorgängers Dr. Eising, des Maristenpaters Boesch in Sendenhorst sowie des ehemaligen Domvikars Dr. Kamp, der 1945 als Dolmetscher den Bischof begleitete. Endlich standen die Jahrgänge des Kirchlichen Amtsblattes und der gesamte Nachlaß des Kardinals zur Verfügung. Der vorliegende Band stellt eine biographische Ergänzung und Fortführung der bisherigen Veröffentlichungen des Verfassers dar (Bischof Graf von Galen spricht. Ein apostolischer Kampf und sein Widerhall. Herder 1946. – Der Bischof von Münster. Das Echo eines Kampfes für Gottesrecht und Menschenrecht. Aschendorff 1946. – Dokumente um den Bischof von Münster. Aschendorff 1948). Die beiden im Verlage Aschendorff erschienenen Bücher werden bei der Zitation stets als Bd. I und Bd. II bezeichnet. Allen, die zum Entstehen dieses Buches beigetragen haben, von Herzen zu danken, ist mir ein aufrichtiges Bedürfnis. Besonderer Dank gebührt dem Geistl. Rat Monsignore Quiel, Monsignore Coppenrath, dem Generalvikariatsrat Ricking sowie Herrn Helmert für ihre Dienste bei der Drucklegung.

ERKLÄRUNG VON ABKÜRZUNGEN

NSDAP	Nationalsozialistische Deutsche Arbeiterpartei
PG	Parteigenosse
SA	Sturmabteilung
SS	Schutzstaffel
HJ	Hitlerjugend
BDM	Bund Deutscher Mädel
Gestapo (GSTP)	Geheime Staatspolizei
NSV	Nationalsozialistische Volkswohlfahrt
OKW	Oberkommando der Wehrmacht
KZ	Konzentrationslager

DER AHNENSAAL

Zwischen den Generationen

Am 26. Juni 1925 schrieb der Pfarrer an St. Matthias in Berlin, Clemens August Graf von Galen, etwa diese Sätze nieder: Wie jeder Pfarrer sei auch er verpflichtet, eine Chronik zu führen, in der Jahr um Jahr die besonderen Ereignisse im religiösen Leben der Gemeinde aufgezeichnet würden; für den verantwortlichen Seelsorger sei es nicht nur interessant, die Verhältnisse der Vergangenheit zu erkennen, sondern auch fruchtbringend, wenn er die Erfahrungen der Vorgänger für die eigene Arbeit auszuwerten verstehe. „Das brachte mich", so heißt es weiter, „auf den Gedanken, auch für die Familie, der ich entstamme, die Anlage und Fortführung einer Haus- und Familienchronik anzuregen und meinerseits einige Vorarbeit dafür zu leisten. Wenn ich mir auch bewußt bin, daß Gottes Gnade mich durch das Priestertum zu einem Stande berufen und erhoben hat, dem kein Adel der Welt an Würde und Verpflichtung gleichkommt, so darf und will ich doch auch nicht vergessen, was ich der adeligen Familie verdanke, durch die mir Gott das zeitliche Leben, die Erziehung zu seinem Dienste und unzählige Wohltaten an Leib und Seele gespendet hat ... Ich hoffe, durch die Ausführung dieses Planes etwas von meiner Dankesschuld abzutragen und dazu mitzuwirken, daß ade-

9

lige Tradition und Gesinnung, das beste Erbe unserer Vorfahren, in der Galenschen Familie erhalten und stets wirksam bleiben . . . Ich möchte der geplanten Hauschronik Erinnerungen aus den letzten hundert Jahren vorausschicken, die ich aus dem Gedächtnis aufzeichne, aus mündlichen Berichten älterer, schon verstorbener Familienmitglieder und aus eigenen Erlebnissen . . . Ich will nur ein möglichst getreuer Zeuge der mündlichen Tradition sein, deren Träger schon fast alle in die Ewigkeit hinübergegangen sind. Das ist auch der Grund, warum ich mit meinem Großvater, dem Erbkämmerer Matthias von Galen, beginne. Zeugen, die aus eigener Kenntnis berichten könnten, was vor seiner Zeit geschah, habe ich nicht mehr gekannt."

Mit diesen Worten begann Pfarrer von Galen die Niederschrift der Geschichte seiner Familie im 19. Jahrhundert. Öfter als sonst gingen an jenen Sommerabenden 1925 des Großstadtpfarrers Gedanken in die westliche Heimat. Fast zwei Jahrzehnte war er schon Seelsorger in Berlin, in diesem Meer gehetzter Menschen, in diesem Nebeneinander von Fabrikhallen, Hochhäusern und Innenhöfen, in dem Gewirr von Autoschlangen und Untergrundbahnhöfen, in dem Zwielicht der Bogenlampen und Nachtlokale am Kurfürstendamm. Aber auch diese Millionen von Menschen suchten eine Heimat. Wie wenige fanden sie! Er hatte sie nicht gefunden; ein Fremder und Leidender um Gottes und der unsterblichen Seelen willen war er in der Weltstadt geblieben. Der Dichter Franz Herwig hat zu Beginn seines Buches „Der große Bischof" über Wilhelm Emmanuel von Ketteler schöne Worte geschrieben, die für den Pfarrer von St. Matthias nicht minder charakteristisch sind: „Oft in späteren Jahren . . . erhob sich über den verschwimmenden Rändern seiner Gedanken, Entwürfe und Gebete die sanfte Erscheinung der Heimat mit Wiesen, Feldern und Heiden, mit Eichenwäldern, Hainbuchhecken, zögernd fließenden Wassern und einem Himmel darüber, dessen Bläue von hellem Gewölk stets wie verschleiert war. Immer wurde sie mit einem innerlichen Lächeln gegrüßt, auch dann noch, als sie durch das klare und nahe Bild der ewigen Heimat, das gewaltig und gebieterisch anzog, rührend nebensächlich geworden war, wie ein Spielzeug, mit dem man einst glühend gelebt, wie ein zerfallener Kinderkittel, den man einst selig getragen, wie ein Kindertraum, in dem man sich einst gewiegt hat."

Burg Dinklage, seit Jahrhunderten Landsitz der Familie von Galen, liegt weiter gen Norden als Harkotten, die Heimat Wilhelm Emmanuels im Münsterland; die Stürme im Herbst rütteln stärker in den Eichenwäldern des Oldenburgerlandes; Sumpf und Heide haben die Menschen dort noch stiller und härter gemacht. Nicht sehr groß, aber wehrhaft erhebt sich die Burg Dinklage aus den Umwallungen und Gräften, erdverwachsen und selbstbewußt, aber auch friedlich und einladend. In den großen Zimmern und dämmerigen Fluren schlafen wie verzaubert die alten Möbel. Die breiten Eichenbohlen knarren, wenn man darüber geht, und merkwürdige Geräusche geben ein unheimliches Echo. An den Wänden der Säle und Korridore hängen die Ölbilder mit Gestalten aus längst verschollenen Jahrhunderten, viele noch in Wehr und Panzer. Sie, aus dem Geschlechte derer von Galen, saßen ursprünglich in dem heutigen Dorf Gahlen an der Lippe, unweit Dorsten, um 1138 nachweislich auf dem Schloß Welver im Kreise Soest, östlich von Hamm. Im 16. Jahrhundert trug das Haus Bisping bei Rinkerode ihren Namen. Hundert Jahre später erwarb der Vater des Fürstbischofs Christoph Bernard das Haus Assen bei Lippborg. Im Jahre 1641 sandte Fürstbischof Ferdinand von Münster einen seiner tüchtigsten Untertanen, den Freiherrn Heinrich von Galen auf Haus Assen, ins Oldenburger Münsterland, damit dieser in dem entlegenen und den feindlichen Angriffen am meisten ausgesetzten Bezirk Vechta das Drostenamt übernehme. Er war ein Bruder des großen Fürstbischofs Christoph Bernard von Galen, wie dieser ein Mann von Umsicht und Tatkraft; er nahm seinen Sitz auf der Burg Dinklage, und damit vollzog das Galensche Geschlecht vor 300 Jahren die enge Verbindung mit dem Lande Oldenburg.

Gerade und fest, in sich gekehrt, unbezwungen und unbeugsam schauen die Männer aus den grau verstaubten Bildern an den Wänden der Korridore und Säle der alten Burg; aber auch gläubig und voll Demut wußten sie als ritterliche Kämpfer für Christentum und Kirche ihr Knie zu beugen und ihr Haupt zu neigen. Sie waren es, deren Gestalten an Clemens August vorbeizogen, da er als Bischof 1936 in Vreden jenen den Kampf ansagte, die seine Vorfahren zu schmähen wagten: „Ich weiß nicht, ob jene, die sich heute anmaßen, allein entscheiden zu dürfen, was deutscher Art entspricht und deutsches Blut verlangt, gleich mir es nachweisen können, daß

11

deutsche Art seit Jahrhunderten treu gehütetes Erbe ihrer Familie ist, daß kein Tropfen fremdrassigen Blutes in ihren Adern rinnt . . . nachweislich seit mehr als siebenhundert Jahren" (Bd. I, S. 243).

Das Gesicht des Patriarchen

An einem stillen Herbstmorgen gehen wir schweigend über die alte krakende Hängebrücke der Burg Dinklage. Aus den Gräften steigt der Nebel. Zwischen den blanken Kieselsteinen des Pflasters im Innenhof wächst das taufrische Moos. Die ausgetretenen Stufen der Freitreppe steigen wir hinauf und betreten den weiten Flur. Links und rechts die Zeichen und Trophäen der Jagd: Büchsen, Flinten, Gehörn und Geweih, daneben Ritterrüstungen, darunter Truhen mit Zahlen vergangener Jahrhunderte. Die Atmosphäre alter Schlösser, uns wohl vertraut seit den Tagen, da wir zum ersten Mal auf jugendlicher Fahrt Ritterburgen besuchten, weht uns an mit unvergleichlichem Zauber. Es öffnet sich eine Tür. Wir stehen im Saal der Ahnen des Geschlechtes von Galen. Die ersten Strahlen der Sonne dringen weich durch die fein gegliederten Fenster in diesen nicht sehr großen Raum, dessen Schweigen uns seltsam umfängt und mit Ehrfurcht erfüllt. Ringsum an den Wänden hängen die Bilder der Männer und Frauen, die im vergangenen Jahrhundert hier und auf Haus Assen gelebt haben. Auf dem Tisch unter dem hohen barocken Wandspiegel liegt, kunstvoll gebunden, die Familienchronik. Er, der sie geschrieben, sprach wenig über Elternhaus und Vorfahren, nie in Gegenwart mehrerer Personen, gleich als fürchte er, diese Dinge dem Gerede preiszugeben. Er ahnte nicht, daß er, während er nur für die Augen seiner Verwandten, für deren Kinder und Kindeskinder das Bild der Voreltern zeichnete, gleichzeitig den Pinsel führte für sein eigenes Lebensbild. Aus den Zügen der Ahnen wurden seine Züge, das Porträt des großen Kardinals. Unsere Blicke gleiten über die Bilder an den Wänden und folgen dem Ablauf der Zeit auf den Blättern der Chronik, die etwa dieses zu berichten wissen:

Am 12. September 1800 wurde des Bischofs Großvater, Graf Matthias von Galen, als ältester Sohn des Erbkämmerers Reichsfreiherrn Clemens August von Galen und seiner Gemahlin, geborene Freiin von Ascheberg, geboren. Im Jahre 1803 wurden Vater und

Sohn in den erblichen preußischen Grafenstand erhoben. Der einzige Bruder Ferdinand trat in den diplomatischen Dienst, war zuerst preußischer Gesandter in Brüssel, dann in Paris. 1825 vermählte sich Graf Matthias mit Anna Freiin von Ketteler, einer Schwester des Bischofs Wilhelm Emmanuel. Obwohl des Matthias Jugend in die Aufklärungszeit fiel, hat er doch im Elternhaus den starken Glauben, die ungekünstelte Frömmigkeit und Sittenstrenge in sich aufgenommen, die ihn sein Leben lang auszeichneten und zum Vorbild für viele, besonders für seine Söhne machten. Der Burgvikar Pröbsting, gebürtig aus Telgte, zu dessen Ehre noch heute ein Waldweg in Dinklage „Poeps-Allee" genannt wird, war der verdienstvolle geistliche Lehrer in seinen Jugendjahren. Unter dem Chor der Dinklager Kapelle liegt der Burgvikar begraben. Matthias von Galen war ein bedeutender Mann seiner Zeit. Kein geringerer als Bischof Ketteler, so erfahren wir aus seinen Briefen, suchte den Verkehr mit seinem Schwager „Matthis", auf dessen Ansichten er großen Wert legte. In Münster stand Graf Matthias in lebhaftem Meinungsaustausch mit den großen Bischöfen aus der befreundeten Familie Droste zu Vischering und anderen bedeutenden Männern aus dem Kreis der Fürstin Gallitzin.

Der eigenen Häuslichkeit und Familie stand er mit absoluter Autorität, Gerechtigkeit und Liebe vor. Den Dienstboten und Beamten, von denen die meisten ihm Jahrzehnte hindurch gedient, war er ein gütiger Herr. Neben der noch heute in Galenschen Diensten stehenden Försterfamilie Frölich sind besonders zu nennen der Kammerdiener Heinrich Richter, der unter dem Namen „Dicke-Dicke" um die Mitte des vorigen Jahrhunderts eine berühmte Rolle spielte, und die Assener Haushälterin „Schnett" (Gertrud Eggers). Dieses Treueverhältnis zwischen Herrschaft und Dienstboten hat sich, in für beide Teile ehrenvoller Weise, in Dinklage und Assen bis heute vielfach erhalten. — Überragende Autorität war Graf Matthias seinen 13 Kindern. Selbst die erwachsenen, ja ergrauten Söhne wagten nie ein Urteil, geschweige denn eine Kritik, über ihren Vater auszusprechen. Er stand und lebte in ihrer Erinnerung so unzweifelhaft als Muster eines Vaters, Familienhauptes und Edelmannes, daß ihnen jedes Urteil über ihn als eine Unehrerbietigkeit vorgekommen wäre. Nur die Mutter des Kardinals, die Schwiegertochter des Grafen Matthias, sprach gelegentlich bei Erwähnung alter Zeiten davon, wie sehr ihr als junger Frau der Ernst und die Überlegenheit des Schwiegervaters imponiert hätten; trotz seiner Güte und ritterlichen Zuvorkommenheit habe sie stets ehrfurchtsvolle Scheu vor ihm empfunden. Im Grunde war er ein tief ernster Mann, der wohl am gemeinsamen Familienleben und deren Festen teilnahm, aber für sich selbst den Wunsch nach Erholung und Vergnügungen nicht kannte. Wohl machte er Spaziergänge mit seinen Kindern, aber nie Spazierritte mit seinen Söhnen; auch ging er weder allein noch mit ihnen auf die Jagd. In Assen, so wußte die Mutter des Kardinals zu erzählen, sei er tagsüber meist allein auf seinem Zimmer gewesen, wo er studierte und las; zwischendurch sei er des öfteren, mit einem kleinen Käppchen auf dem Kopf und der langen Pfeife in der Hand, in stillen Gedanken ums Haus gegangen. Persönlich sehr einfach und anspruchslos, erzog er seine Kinder von früh auf zur Selbstverleugnung und Bedürfnislosigkeit, ohne jedoch den berechtigten jugendlichen Frohsinn und Tatendrang zu unterdrücken. So verwehrte er seinen Söhnen nicht das Reiten, Jagen und Fischen. Nur mußten sie die Hausordnung unbedingt einhalten und sich selbst in Ordnung halten. Weichlichkeit war ihm verhaßt. — In seinem Enkel, dem Kardinal, werden wir solche Charakterzüge wiederfinden.

Das tragende Fundament seines Lebens, die unverrückbare Norm seines inneren und äußeren Handels war der katholische Glaube. Rückhaltloser Anschluß an Lehre, Gebet, Leben der Kirche war unwandelbare Richtschnur für ihn und sein Haus. Täglicher Besuch der heiligen Messe, an Sonntagen die Teilnahme am Hochamt in der Pfarrkirche, gemeinsames Abendgebet, Innehaltung der Fast- und Abstinenztage galten als selbstverständlich. Die Feierlichkeiten an den sogenannten Kapellenfesten, an Kreuzerhöhung in Dinklage, an Mariä Heimsuchung in Assen, zogen so viele Besucher an, daß die Predigt draußen gehalten werden mußte. An beiden Orten erbaute er neue geräumige und sorgsam ausgestattete Kapellen; er erwirkte sich die Erlaubnis für die Aufbewahrung des Allerheiligsten. (Seitenlang berichtet die Chronik von den Reliquien, Statuen, Bildnissen in den Kapellen, von deren Beziehung zu Familienmitgliedern; man spürt die Zartheit und Liebe, die hier die Feder geführt haben.) Wie sehr Graf Matthias die Nähe der Kapelle und den innigsten Verkehr mit dem eucharistischen Heiland suchte, geht daraus hervor, daß er als Wohn- und Arbeitszimmer in Assen die über dem Tor gelegene, schlecht zugängliche und unbequeme „Wulfskammer" benutzte, aus der eine unauffällige Tür in der hölzernen Wandbekleidung unmittelbar auf das rückwärtige „Chörchen" der Kapelle führte. Suchte nicht auch nach Jahrzehnten der Enkel in Berlin und Münster diese heilige Nachbarschaft?

Die Schwester des Bischofs von Ketteler

Vielleicht hätte es dem Familienleben in Dinklage und Assen unter der ernsten, zielsicheren Leitung des Großvaters Matthias an Wärme und Sonne gefehlt, wenn nicht seine Gattin Anna von Ketteler gewesen wäre. Sie muß eine unübertrefflich liebevolle Mutter und Herrin gewesen sein, die mit vornehmer Gesinnung und zartem Taktgefühl persönliche Bescheidenheit und nie versiegende Opferbereitschaft verband. Dem Gatten mit einer fast ehrfurchtsvollen Bewunderung ergeben, fügte sie sich rückhaltlos seiner Führung und hat doch durch ihre feinfühlige Liebenswürdigkeit großen Einfluß auf ihn und die Kinder ausgeübt. Durchdrungen von wahrer Herzensfrömmigkeit, über die eigene Pflichterfüllung mit einer zeitweise fast ängstlichen Gewissenhaftigkeit wachend, stimmte sie in Gesinnung und Leben aus dem Glauben völlig mit dem Gatten überein. — An dieser Stelle der Chronik findet sich aus der Feder des Grafen Franz, des jüngeren Bruders des Bischofs, eine Randnotiz: Die Großmutter Galen-Ketteler hatte eine herzliche Liebe zu Tieren; ein Damhirsch „Ketty" war ihr Liebling und so zahm, daß er die Herrin auf vielen Gängen begleitete; die größten Lieblinge besaß sie in einer Schar von Perlhühnern, die sie mit rührender Sorgfalt umgab. Offenbarte nicht der Enkel diesen Zug der Großmutter, wenn er in Maiennächten stundenlang dem Singen der Nachtigall lauschen konnte?

Stilles Wohltun an Armen und Kranken war der Gräfin schönste Freude. Seiner barmherzigen Gemahlin wollte Graf Matthias wohl in vornehmster Weise ein Denkmal setzen, als er in Dinklage ein Krankenhaus stiftete und als „St.-Anna-Hospital" der Namenspatronin seiner Frau weihen ließ.

„Persönlich habe ich", so heißt es aus der Feder des Chronisten, „keine Erinnerung an den Großvater; nur entsinne ich mich dunkel, daß einmal, weil meine Eltern verreist waren, an Weihnachten die Bescherung auf den Dreikönigstag verschoben wurde. Das muß beim Tode unseres Großvaters gewesen sein, der am 24. Dezember 1880 starb. 1875 war in Assen mit großer Freude die Goldene Hochzeit der Großeltern gefeiert worden. Die Großmutter starb am 6. Dezember 1884. An sie erinnere ich mich noch aus ihren letzten Jahren als an eine kleine, zarte alte Frau, die im Gehen geführt, auf der Treppe getragen und draußen im Rollstuhl gefahren wurde, in deren Gegenwart wir besonders artig und leise sein mußten. Nachmittags fuhr sie auch wohl ein Stündchen im geschlossenen Landauer spazieren, und es war eine besondere Ehre, wohl auch Freude, wenn Tante Tine erlaubte, daß zwei von uns Kindern auf dem Rücksitz mitfuhren."

Matthias und Anna von Galen sind in einer kleinen Gruft unter dem Chor der Pfarrkirche von Lippborg, deren Turm auf ihre Kosten errichtet wurde, beigesetzt, fast genau unter dem Platz, an dem sie bei Lebzeiten fast jeden Sonntag am feierlichen Hochamt teilgenommen hatten. Aus ihrer fünfundfünfzigjährigen Ehe — an dem Jubeltag im Jahre 1880 ließ der Großvater in Assen ein Standbild der hl. Anna errichten — waren insgesamt 13 Kinder hervorgegangen.

Die Erstgeborenen

Als erstes Kind wurde nach anderthalbjähriger Ehezeit Maria geboren. Die Eltern weilten gerade auf dem Gut Göttendorf und waren auf ein solches Familienereignis gar nicht eingerichtet. Die Kinderwäsche mußte vom Pächter geborgt werden. „Es war", so hat die Erstgeborene später gern erzählt, „wie in Bethlehem, — größte Armut, und auch ein Eselchen war dabei, das der Pächtersfrau bis ins Haus nachzulaufen pflegte." Maria ist ein munteres, fast übermütiges Mädchen gewesen. Noch im Alter erzählte sie mit viel Vergnügen, daß sie zum Entsetzen ihrer Mutter eines Tages im ersten Stock an der Giebelseite der Burg in Dinklage auf einer Fensterbank, die Füße nach außen, gesessen habe. Weil sie als junges Mädchen einst gern einen Ball in Münster mitmachen wollte, setzte sie es durch, daß trotz ungünstiger Witterung der Winterumzug in die Stadt unternommen wurde. Sie heiratete den verwitweten Reichsgrafen August von Spee (aus dessen erster Ehe die Mutter des Kardinals stammte). Drei ihrer Söhne wurden Priester: Matthias, der nach vielen Leiden in Düsseldorf starb, — Friedrich, Domkapitular in Köln, — Johannes, Benediktinerpater in Maria Laach; zwei Töchter gingen ins Kloster.

Der älteste Sohn des Grafen Matthias von Galen namens Friedrich verzichtete auf das ihm als Erstgeborenen zustehende Erbe. Er wurde Priester und starb als Pfarrer von Lembeck im Jahre 1864. Über sein Leben und Sterben hat sein ehemaliger Kaplan, Dechant Hüsing, ein Büchlein veröffentlicht, das unter dem Titel „Lebensbild eines Priesters der neueren Zeit" 1885 in Warendorf erschienen ist. Nach einem heiligmäßigen Leben wurde er neben den Eltern in der Kirche zu Lippborg begraben. — Graf Franz, der Bruder des Kardinals, berichtete dazu folgende seltsame Begebenheit: „Im Sommer 1863 erzählte ein alter Schäfer in Lippborg, der als Spökenkieker galt, er habe wie gewöhnlich zwischen Dolberg und Lippborg seine Herde gehütet, als ein auf dem Sandweg Dolberg-Lippborg in Richtung Lippborg fahrendes Fuhrwerk erschien. Es sei, wie er deutlich erkannt habe, ein herrschaftlicher Wagen gewesen, der mit 4 Pferden bespannt war und auf dem ein Sarg stand. Das Gespann habe aus drei Rappen und einem Schimmel bestanden. Wie u. a. der verstorbene jüngste Bruder meines Vaters, der damals noch zu Hause war, öfters gesagt hat, wurde diese Erzählung des Spökenkiekers sogleich nach Assen berichtet. Die merkwürdige Prophezeiung ging buchstäblich in Erfüllung. Am 30. oder 31. Mai 1864 fuhr tatsächlich der Wagen mit der Leiche des Pastors von Lembeck von Dolberg nach Lippborg und weiter nach Assen, wo die Aufbahrung in der Kapelle erfolgen sollte. Der Graf Merveldt zu Lembeck (seine Gattin war die Schwester meiner Großmutter Galen-Ketteler und des Bischofs Wilhelm Emmanuel von Mainz), der Onkel des Verstorbenen, hatte zur Überführung der Leiche einen Wagen (einen sogenannten Break) und seinen Viererzug zur Verfügung gestellt. Der Viererzug bestand aus 4 Rappen. Unterwegs wurde eines der Pferde schwer lahm, so daß sich der Kutscher gezwungen sah, in Hamm (wenn ich nicht irre) bei der Extrapost ein Pferd zu leihen. Zufällig war das ein Schimmel. Ich habe die Geschichte oft erzählen hören und glaube, daß an der Wahrheit nicht zu zweifeln ist."

Über den nächsten Sohn, Ferdinand Heribert, den Erbfolger und Vater des Kardinals, wird im folgenden Kapitel berichtet.

Im Soldatenrock

Hell flutet jetzt das Sonnenlicht über die Umwallungen und Wasser der Burg in den Saal mit den Bildern der Ahnen. Aus einer bislang noch dämmerigen Ecke schauen uns drei lebendig markante Gestalten an, Männer in Uniform, weitere Söhne des Grafen Matthias. Als erster Wilderich, nicht sehr groß, kerngesund, gewandt, von unverwüstlicher Lebenskraft, ein passionierter Jäger. Er trat bei den 4. Kürassieren in Münster ein und machte die Feldzüge 1864, 66 und und 70 mit, den letzten als Rittmeister in der Stabswache Wilhelms I. Von Natur hatte er ein leicht erregbares, ja heftiges Temperament, das die eigenen Kinder, die Neffen und Nichten beträchtlich respektierten. Später hat er sein Temperament in tapferer Selbstbeherrschung zu großer Geduld gezwungen, sodaß er, wenn er sich auf einem Mißgriff ertappte, manchmal in drolligen Ausdrücken sich selbst ausschimpfte. Den täglichen Besuch der hl. Messe unterließ er auch im hohen Alter nicht.

Graf Paul war voll Begeisterung für des „Deutschen Reiches Herrlichkeit", deren Wiedererstehen er mit der Mehrzahl der deutschen Katholiken erhoffte; voll Verehrung für das alte deutsche Kaiserhaus der Habsburger, trat er in die österreichische Armee ein und wurde kaiserlicher Kammerherr. Der Bruderkrieg von 1866 hatte für die Galensche Familie die tragische Bedeutung, daß die beiden Brüder Wilderich und Paul gegeneinander im Felde standen. Graf Paul, der in Tirol auf dem Schloß seiner Schwiegereltern ansässig und Stammvater der Galenschen Familie in Österreich wurde, war wie Wilderich heftigen Temperaments. Unter der etwas grimmigen Außenseite schlug ein kindlich frommes und fröhliches Herz, das in zartem Heimweh die Burg der Väter in Dinklage nie vergessen konnte. Als Theologiestudent in Innsbruck hat der Kardinal seinen Onkel schätzen und lieben gelernt. 1919 traf ihn der Schlag auf dem Rückweg von der Kirche, wo er wie alltäglich um 5 Uhr in der Frühe die hl. Messe besucht und die hl. Kommunion empfangen hatte.

Graf Clemens, der dritte soldatische Sohn, besaß im Gegensatz zu

18

seinen letztgenannten Brüdern, seinem Namen entsprechend, ein ruhiges Temperament. Die angenehme Körperfülle, die ihn vor allen Geschwistern auszeichnete, war die Folge seiner von Jugend auf bewahrten Vorliebe, allzu heftige Bewegungen zu vermeiden. Als eines der Kinder beim Eselreiten das Bein gebrochen hatte, waren alle tief getröstet, weil es „Clemens war, der geduldige Clemens". Gut talentiert, absolvierte er das Gymnasium und die Universität, legte die erste juristische Staatsprüfung ab und zog 1870 als Reserveleutnant der Münsterschen 14. Ulanen ins Feld. Er war ein hochbegabter Mensch, der viel las, die Zeitverhältnisse mit Ernst, meist schweigend, studierte. Wenn er mit einem kurzen Wort, oft originell und witzig, sein Urteil über Personen und Geschehnisse abgab, traf er fast immer den Nagel auf den Kopf. Er war ein treuer Besucher der Predigt im Dom sonntags um 4 Uhr. „Ich habe das", so schreibt der Chronist, „zuerst mit einigem Schrecken beobachtet, als ich am 2. Weihnachtstag 1905 als Vertreter des Dompredigers Druffel die Kanzel bestieg, um die dritte öffentliche Predigt meines Lebens zu halten, und plötzlich Onkel Kee bemerkte. Er hat mir die vermutlich zutreffende Kritik meiner oratorischen Leistung vorenthalten, wahrscheinlich, weil sie entmutigend hätte wirken können." Clemens von Galen starb 1908 und wurde mit seiner Gattin in Assen beigesetzt.

Dem Herrn geweiht

Unser Blick wandert weiter über die Reihe der Ahnenbilder. Dreizehn Kinder hatte der Großvater Matthias, eine große Schar. Noch einen Sohn sehen wir in Uniform, Hubert von Galen; er war der jüngste, der dreizehnte. Ihm zur Seite die jüngste Schwester Clementine, die unverheiratet blieb, die Hälfte ihres Lebens in Assen zubrachte und als „Tante Tine" die alten Eltern pflegte. Unser Blick wird festgehalten von einem anderen Bild; in langem, wallendem Gewand sehen wir die jugendliche Gräfin Helena, das Haupt graziös erhoben, mit den festen und milden Zügen einer echten Galen. Sie wurde die Gattin des Erbdrosten Clemens Droste zu Vischering, eines nahen Verwandten des Kölner Bekennerbischofs Clemens August Droste zu Vischering, der im Jahre 1837 als Gefangener der preußischen Regierung auf die Festung Minden gebracht wurde.

Gräfin Helena schenkte ihrem Gatten in fast sechzigjähriger Ehe neun Kinder. Das Leben dieser temperamentvollen, klugen und heiligmäßigen Frau gehört unvergeßlich der Familiengeschichte derer von Droste zu Vischering an. Über ein halbes Jahrhundert hat sie gleich ihm, dem verdienstreichen und hochverehrten Führer der deutschen Katholiken, an allen Fragen des öffentlichen Lebens, an den Kämpfen, Leiden und Siegen der Kirche lebhaftesten Anteil genommen. Eines ihrer Kinder, die 1899 in Portugal verstorbene Ordensschwester Maria, wird, so dürfen wir hoffen, eines Tages zur Ehre der Altäre erhoben. Sie, die Mutter, hat wohlverdienten Anteil an dem Lob, das Leo XIII. einst in öffentlicher Audienz ihrem Gatten zurief: „Das ist der glückliche Vater der seligen Schwester Maria vom Göttlichen Herzen, die Uns bestimmt hat, die ganze Welt dem Heiligsten Herzen zu weihen."

Wir nähern uns dem Ausgang des Ahnensaales. Aus alten Bildern schauen uns zwei ernste Priestergestalten an, Bernhard und Max Gereon von Galen. Bernhard studierte in Innsbruck. Sein Oheim, der Mainzer Bischof, erteilte ihm die Priesterweihe. Von dort ging er nach Rom zu Spezialstudien. Der Ausbruch des Krieges 1870 und sein Verlangen nach schlichter Seelsorgsarbeit veranlaßten ihn, vorzeitig die Studien abzubrechen. Er kam als Kanonikus an die Kirche in Borken. Seine Wohnung dort war so klein, daß er „im engen Schlafraum seine Wäsche in einem unter die Bettlade geschobenen Kasten aufbewahren mußte". Als er während des Kulturkampfes in einer Predigt den ungebührlichen Einfluß des Staates auf die Kindererziehung mit dem bethlehemitischen Kindermord verglich, wurde er verurteilt und für drei Wochen in der Festung Wesel eingesperrt. Triumphal, in vierspännigem Wagen, haben die Borkener den lieben Kanonikus nach Abbüßung der Strafe von Wesel zurückgeholt. 1887 ernannte ihn der Bekennerbischof Johann Bernard Brinckmann zum Pfarrdechanten in Dülmen. Seine anspruchslose Einfachheit, sein heiligmäßiges Priesterleben wurden noch in späteren Jahrzehnten von seinen geistlichen Mitbrüdern gerühmt. Schon bald schwanden dem neuen Pfarrdechanten die körperlichen Kräfte; den Keim einer Lungenkrankheit hatte er nach Dülmen mitgebracht. „Nie bin ich einem Menschen begegnet", schreibt der Chronist, „bei dem so wie bei Onkel Bernd die Übernatur und die rückhaltlose Hingabe an den Willen Gottes die ganze Natur durchdrungen und verklärt und eine so unbeschreiblich liebenswürdige Harmonie von Güte, Bescheidenheit und Fröhlichkeit hergestellt hätte." Bei zunehmendem Leiden mußte er 1894 auf seine Pfarrstelle verzichten. Als Hausgeistlicher auf der Friedrichsburg in Münster, die von der Galenschen Familie den Jesuiten und dann den Vorsehungsschwestern zur Verfügung gestellt worden war, starb er 1895. Neben seinen Eltern liegt er in der Kirche zu Lippborg begraben.

Der letzte aus dieser Generation, dem wir die größte Aufmerksamkeit schenken, ist Max Gereon, der spätere Weihbischof von Münster. Von Jugend auf körperlich zart, aber doch leistungsfähig, geistig ungewöhnlich feinfühlend, aber doch mit Energie die Schwierigkeiten überwindend, hat er ein hohes Alter erreicht. An den Spielen seiner Geschwister, am Reiten und Jagen seiner Brüder nahm er wohl teil, fand aber nie seine Freude daran. Als sein Vater ihm einst statt eines Wagens ein Reitpferd entgegenschickte, bestieg er das Pferd nicht, sondern ging zu Fuß, das Tier an der Hand führend. Sein Abitur machte er am Paulinum zu Münster. Nach kurzem Studienaufenthalt an der Löwener Universität kam er in das neuerbaute Mainzer Priesterseminar. Aus der Hand seines Oheims, des Bischofs Wilhelm Emmanuel, empfing er die hl. Priesterweihe. Zwei Jahre studierte er als Kaplan an der Anima in Rom, wo er sich den Doktortitel erwarb. Der Bischof von Mainz nahm ihn darauf als Sekretär und Kaplan in sein Haus. Trotz der Herzensgüte und verwandtschaftlichen Liebe des Bischofs ist diese Zeit, da er an den Arbeiten, Kämpfen und Leiden des großen Kirchenfürsten innigsten Anteil hatte, für Max Gereon eine harte Schule gewesen. „Die unbeugsame Kraft des Bischofs stellte nicht nur an sich, sondern auch an seine Umgebung, besonders an den ihm so nahestehenden jungen Priester, gewaltige Anforderungen körperlicher Leistungsfähigkeit und geistiger Entschlußfreudigkeit, die dem eher zarten und etwas ängstlichen Naturell seines Kaplans nicht immer leicht geworden sind. Seine am Beispiel des Bischofs geschulte Demut aber, seine tiefe Gottesliebe und sein Seeleneifer erstarkten in dieser Schule zu jener heroischen Kraft, die wir später an Maximilian bewundert haben." Einige Jahre danach wurde er zum Subregens des Priesterseminars und zum Dozent für Moraltheologie und Liturgik ernannt, dann zum Pfarrer von St. Christoph in Mainz. „Mit voller Hingabe und größter Herzensfreude ist er diesem Ruf in den Weinberg des Herrn gefolgt." Diese Zeit ist wohl die glücklichste seines Lebens gewesen. Nach dem Tode Wilhelm Emmanuels wollte der aus der Verbannung heimgekehrte Bekennerbischof Johann Bernard Brinckmann sich die Mitarbeit des aus der Münsterschen Diözese stammenden Priesters sichern. Darum berief er Max Gereon 1885 in das Kapitel der Kathedrale zu Münster. Schweren Herzens ist er dem Ruf gefolgt; viel lieber wäre er in Mainz Pastor geblieben. Ein fast verschwenderischer Freund der Armen, ein unermüdlicher, viel besuchter Beichtvater (bis zum Tode war er Poenitentiarius Maior im Dom) hat er in Münster in der Stille viel Gutes gewirkt. Es lebte in ihm, aus tiefer Frömmigkeit geboren, die Sehnsucht nach einem ganz „in Christo verborgenem Leben", die ihn dahin führten, als Domkapitular um die Aufnahme in die Abtei der Benediktiner in Seckau zu bitten. Eine, wie er glaubte, deutlich während der Feier der hl. Messe aus der anderen Welt vernommene Stimme hat ihn bewogen, den Plan aufzugeben und auf seinem Platz in Münster auszuharren. Als Weihbischof Cramer infolge seines Alters die Strapazen des bischöflichen Amtes nicht mehr tragen konnte, bat Bischof Hermann Dingelstad den Hl. Vater, Max Gereon von Galen zum zweiten Weihbischof des Bistums zu ernennen. Nach längerem, aus echter Demut und ehrfurchtsvoller Scheu vor der bischöflichen Würde hervorgehenden Sträuben nahm er das Amt an und empfing am 25. Juli 1895 durch Kardinal Vanutelli in der Kapelle des Collegium Germanicum in Rom die Weihe als Titularbischof von Myrina und Weihbischof von Münster. Als solcher hat er dann durch dreizehn Jahre, mit zäher Energie körperliche Beschwerden überwindend, dem Bischof Hermann in allen Arbeiten des bischöflichen Amtes beigestanden. Über jene Jahre, in denen der Oheim so großen Einfluß auf seinen Neffen Clemens August ausgeübt hat, berichten wir im Kapitel „Der junge Priester".

Wir verlassen den Saal der Ahnen. Noch einmal grüßen wir die wie verträumt uns anschauenden Gestalten. Sie alle, die Männer und Frauen des Geschlechtes, sind längst gestorben. Gott hat den Stammvater Matthias reich gesegnet; unter seinen Nachkommen sind 2 Bischöfe, 8 Priester, 2 Theologen, 16 Ordensfrauen. Kein geringerer als der große Kardinal nahm uns dadurch, daß er jene Chronik schrieb, mit in das Haus seiner Ahnen; er selbst öffnete die Tür, ohne daß er es wollte, und zog die Vorhänge auf. Dankbar sind wir ihm gefolgt. In den Gestalten, die wir sahen, in ihrer Lebensführung, in ihrer Willenskraft und vitalen Energie, in ihrer Frömmigkeit und Gemütstiefe, in dem heiligen Ernst, der sie beseelte, erkannten wir das Antlitz des großen Kardinals.

AUF DER BURG SEINER VÄTER

Ein sinkender Maientag

Am 5. Mai 1941 begann im Dekanat Damme in Oldenburg eine Firmungsreise. Am Abend zuvor — es war ein Sonntag — hatte die Gestapo den Domkapitular Vorwerk in Münster verhaftet und während der Nacht nach Brüel in Mecklenburg transportiert. Da dieses Städtchen zum Bistum Osnabrück gehört, unterbrach der Bischof die Fahrt zum Oldenburgerland in Osnabrück, um den dortigen Oberhirten über das Geschehene zu unterrichten. In Badbergen, der Dinklage am nächsten gelegenen Bahnstation, verließen wir die Eisenbahn, um im Auto zur „Burg" zu fahren, auf der während des größten Teiles der Firmungsreise Wohnung genommen werden sollte. Was in jenen ersten Stunden nach der Ankunft auf der Burg geschah, bleibt mir unvergeßlich. Eine ungewöhnliche Lebendigkeit und Mitteilsamkeit hatten den Bischof erfaßt. Die drückenden Lasten des Amtes schienen von ihm gewichen zu sein inmitten der Welt, die sein Kinderparadies gewesen war. „Hier bin ich Mensch, hier darf ich's sein", so glaubte man ihn öfters sagen zu hören. Wie verträumt lag alles da in der Sonne des Spätnachmittags — die verwitterten alten Mauern und Giebel, umgeben von doppelten Gräften und Wällen; dicht daran schlossen die Wiesen und Eichenwälder sich an. „Hier ist das Schlafzimmer meiner lieben Eltern; da bin ich geboren (16. 3. 1878); dort hinten auf dem Korridor steht noch das alte Wägelchen, vor das wir unsere beiden Esel spannten und die Gegend unsicher machten. Ja, die treuen Tierchen! Sie hießen Lütke und Fitzel. In dieser Kalesche hat schon meine Urgroßmutter gesessen, als noch ein Paar prächtige Damhirsche eingespannt wurden." Wir gingen über die Freitreppe nach draußen in den Binnenhof. „Da oben, wo der Efeu wild emporrankt, ist der Apostelgang, eine offene Galerie; darunter lag der Pferdestall, darüber waren unsere Schlafzimmer, so niedrig, daß ich mir später oft an den dicken Balken den Kopf gestoßen habe. Die Balken waren im übrigen ganz praktisch; ich konnte meinen Spiegel und Rasierpinsel daran aufhängen. In meinen Kaplansjahren habe ich da auch noch immer geschlafen. Scheußlich kalt war's im Winter. Ich schlief natürlich bei offenem Fenster; den sich dann einstellenden Husten wurde ich nicht los; ich wollte es zwingen, aber schließlich gab ich nach, machte das Fenster zu, und dann verschwand der Husten. Ja, das Klima ist hier rauher als in Berlin und Münster."

Wir gingen über die Hängebrücke. „Sehen Sie hier links und rechts an der Brücke die beiden Lindenbäume? Wie lange sie dort stehen? Das kann ich genau sagen. Am 27. April 1890 sind mein Bruder Franz und ich in der Dinklager Pfarrkirche zur ersten hl. Kommunion gegangen. Am folgenden Morgen nahm uns der selige Vater beiseite und sagte zu uns: ‚Hier sind zwei kleine Linden; die sollt ihr selbst pflanzen; so oft ihr sie seht, sollen sie euch an den Tag eurer ersten hl. Kommunion erinnern.' Die letzten Worte des Bischofs gingen in zitternder Ergriffenheit unter. Dann schwieg er im Weitergehen. Mir fiel ein, daß am 27. April 1940 Graf Franz, der mit den nächsten Verwandten in die Bischöfliche Hauskapelle gekommen war, dem Bischof bei der hl. Messe ministrierte, und daß so das goldene Jubiläum des Weißen Sonntags gefeiert wurde. Wir nahten uns der Kapelle, die außerhalb des Burggrabens liegt. „Wie oft sind wir als Kinder morgens und abends diesen Weg gegangen; jeden Abend nach dem Essen, der Vater an der Spitze, neben ihm die Mutter, dann wir Kinder und die Hausangestellten. Den ganzen Rosenkranz betete der Vater in der Kapelle vor und ein langes Abendgebet. Es ist mir manchmal recht schwer geworden, wenn ich so müde war. Aber wie glücklich bin ich heute, wenn ich den Rosen-

kranz in der Hand habe und diese Kindheitserinnerungen immer wieder in mir lebendig werden! Ich vergesse es nie, während meiner Kindheit wurde auf Weihnachten hier das alte Dinklager Weihnachtslied gesungen mit so interessanten volkstümlichen Versen; in einem Vers hieß es, das liebe Christkind kehre wohl ein in die Hütten der Armen, aber nicht in die Schlösser der Reichen. Gut, so haben wir Kinder immer gedacht und uns getröstet, daß wir kein Schloß haben, sondern eine Burg!" Wir standen vor der Kapelle; oben sah man, in Sandstein gehauen, das Wappen des Erbauers und seiner Gattin, die Wolfsangeln und den Kesselhaken. „Ja, mein lieber Großvater Matthias und die Großmutter haben dem Herrgott dieses Haus gebaut." Der Bischof zeigte mit der Hand auf eine in der Nähe stehende Eiche: „Was meinen Sie, wie alt die ist?" Ich nannte eine Zahl. „Nicht ganz, sie wächst dort seit 116 Jahren; 1825 hat mein Großvater geheiratet und im gleichen Jahr die junge Eiche seiner Braut zum Geschenk ins Erdreich gesenkt. Die Eiche daneben hat von oben bis unten eine dicke Narbe; am 2. Pfingsttag 1894, ich weiß es noch gut, wurde sie vom Blitz getroffen." Der Weg führte in den Wald hinein, links die dunklen, moorigen Böschungen des Wassergrabens, auf dem Entengruppen lautlos einherschwammen. Wir kamen vorbei an dem Gnadenbild der Mutter Gottes mitten im Wald; hier hielten die Kinder vor Jahrzehnten die Maiandacht, hier sangen sie „Maria zu lieben" und lernten die zarten Gebete, die sie das ganze Leben hindurch begleiteten: „O Mutter mit dem Himmelskinde, das jedes Leiden uns versüßt." Der Wald hörte auf; vor uns lag ein dicht umfriedetes Gehege, der Wildpark; in seiner Mitte standen gewaltige Eichen, in deren Schatten einige Damhirsche saßen, die letzten Exemplare entschwundener Herrlichkeit. Das Jägerauge des Bischofs fing an zu blitzen. Weit ging der Blick über die Fluren der geliebten Heimat. Jeder Baum und Strauch, jeder Pfad barg eine selige Erinnerung. Vor uns im Gebüsch erhob sich der Hochsitz. „Wenn ich noch jung und nicht Bischof wäre, würde ich heute abend da oben hinaufklettern. Tun Sie es mal! Sie können auf den Wiesen zwischen den vielen Gräben den Wildwechsel beobachten und das herrliche Spiel der Tiere."
Wir waren wieder im Binnenhof der Burg. An einer Mauer hing ein riesiger verdorrter Holzschuh. „Ja, der stammt anscheinend

noch aus der Wiedertäuferzeit; das Museumsstück soll ein Folter-
holzschuh sein, ein grausiges Ding. Gut, daß die Gestapo den noch
nicht entdeckt hat; dann würde er sicherlich für ihre Folterkammer
beschlagnahmt." Die letzten Strahlen der Abendsonne lagen auf
dem alten Gemäuer. Mit verhaltenem Stolz, mit einer Liebe und
Zartheit ohnegleichen glitt sein Auge über dieses Reich seliger
Kinderzeit.

Das Bild der Eltern

Am folgenden Morgen, als es eben dämmerte, kamen die Kinder
und die Erwachsenen in die Pfarrkirche, noch vor dem Schulunterricht; ihn an solchen Tagen ausfallen zu lassen, war behördlicher-
seits verboten. Den Kindern seiner Heimat spendete er die hl. Firmung. Während der heiligen Handlung spielte plötzlich die Orgel
die Melodie eines Liedes, das nur die Dinklager kannten und bei
besonderen Gelegenheiten zu singen pflegten. Der Bischof war
zutiefst ergriffen; eine Zeitlang vermochte er die liturgischen
Worte nicht mehr zu sprechen; so hatte die vor ihm aufsteigende
Welt der frommen Kindheit ihn gepackt. — Mehr als sonst erzählte
der Bischof auf den Fahrten und Gängen jener Firmungsreise über
seine Kindheit und Jugend, angesichts der Wälder und Fluren, der
Häuser und Straßen, die all das Vergangene so lebendig in die
Erinnerung riefen. Aber über das, was hinter den äußeren Geschäf-
nissen jener seligen Jahre verborgen lag, was in seiner Seele so
selbstverständlich und gewaltig weiter wirkte, bewahrte er Schweigen. Das Bild seiner Eltern war ihm zu zart und heilig. Selbst in der
Familienchronik, die nur für die Verwandten bestimmt war, schrieb
er folgenden Satz: „Ich fühle mich außerstande, das Familienleben
in Dinklage, in meinem geliebten Elternhause, so schön und ideal
zu schildern, wie es tatsächlich unter der klugen und gütigen Leitung meiner Eltern gewesen ist. Ich muß mich mit einigen Andeu-
tungen begnügen."
Für die Eltern, den Grafen Ferdinand Heribert von Galen und
seine Gemahlin Elisabeth geb. Gräfin von Spee, eine Kusine des
berühmten Admirals von Spee, war entsprechend den Traditionen,
in denen beide aufgewachsen, der heilige katholische Glaube das

Grundelement und die niemals in Frage gestellte Richtschnur für Gesinnung und Leben aller Bewohner der Burg Dinklage. „Als Vater", so heißt es in der Chronik, „auf der Katholikenversammlung in Münster 1885 die berühmt gewordene Rede über den Rosenkranz hielt, sprach er aus langjähriger eigener Erfahrung. Nachmittags nach dem Spaziergang pflegten die Eltern zusammen in der Kapelle den Rosenkranz zu beten. Als später Leo XIII. den Rosenkranz so dringend als Familiengebet empfahl, wurde eingeführt, daß Vater ihn täglich allen Hausgenossen beim Abendgebet vorbetete. Beide Eltern pflegten täglich eine halbstündige Betrachtung zu machen. So lange ich denken kann, gingen sie an allen Sonn- und Feiertagen zur hl. Kommunion; später übten sie, erst Mutter, dann auch Vater, die häufige und tägliche Kommunion. Die Vorbereitung auf die hl. Beichte machte Vater fast ängstlich gewissenhaft; er begnügte sich nicht mit dem gemeinsamen Abendgebet, sondern machte noch nachher vor dem Schlafengehen, in seinem Zimmer vor dem Schreibtisch kniend, eine eingehende Gewissenserforschung über das vollbrachte Tagewerk; dann wurden auf kleinen Zetteln täglich Notizen gemacht, die als Anhaltspunkte für die Gewissenserforschung vor der Beichte am nächsten Samstag dienten und dann vernichtet wurden." Diese Sätze schrieb der große Sohn über seinen Vater. Wenn unsere moderne leichtlebige Menschheit doch wieder die Wahrheit erkennen wollte vom Himmelreich, das Gewalt leidet, und wieder mehr bei den Alten in die Gebetsschule ginge!

Graf Ferdinand, der aus den Händen seines Vaters Matthias das Erbe übernahm, war ein durch und durch katholischer Mann. Die furchtlose Selbstverständlichkeit, mit der er in jungen Jahren im Offizierskasino der Garde-Ulanen in Potsdam zum Tischgebet das Kreuzzeichen machte, und sein tadelloses Leben, das ganz diesem Glaubensbekenntnis entsprach, haben seinem Regimentskameraden, Herrn von Rochow, den ersten Anstoß gegeben, sich dem katholischen Glauben zu nähern und dann zu konvertieren. Mit tiefem Ernst und großem Verantwortungsbewußtsein hatte er den Schritt in die Ehe getan, nachdem er zuvor lange mit sich gerungen und sich gefragt, ob er nicht auch wie drei seiner Brüder zum Priestertum berufen sei. Gott segnete den Ehebund, wie den seines Vaters, mit dreizehn Kindern. Seiner Aufgabe sich ganz bewußt, war er als

Vater das bestimmende Haupt und der unbestrittene Mittelpunkt des Familienkreises in Dinklage. Die Mutter, von Hause aus lebhaft, frohgemut und vielseitig interessiert, war in der Grundgesinnung und Lebensauffassung mit dem Vater einig, ganz mit seiner Denkungsart vertraut. Aufs glücklichste ergänzte sie den ernsten und schweigsamen Vater, der ob seiner peinlichen Gewissenhaftigkeit an allen Sorgen des privaten und öffentlichen Lebens schwer zu tragen hatte. Sie verstand es, während seiner Abwesenheit Haus und Hof so zu leiten, wie es seinen Wünschen entsprach. Der Vater hat dieses liebevolle Eingehen der Mutter auf sein Wesen und Wollen mit einer unaussprechlich zarten, ritterlichen Liebe gedankt. „Die Sorge für Mutters Wohlergehen stand ihm immer an erster Stelle."

Harte Schule

Die Erziehung der Kinder war streng. Gehorsam, Ordnung, Pünktlichkeit und Fleiß wurden unweigerlich verlangt; alles vollzog sich in spartanischer Herbheit und Bedürfnislosigkeit, wie es dem Charakter der alten Burg entsprach, wo es keine Wasserleitung und kein Badezimmer gab, wo die meisten Räume nicht heizbar waren. Das sollte die jungen Menschenkinder formen, und Clemens August wurde geformt: einfach und schlicht ist er zeit seines Lebens geblieben, gerade und hart, fest und in sich gekehrt, sachlich und eckig, unbezwungen und unbeugsam, — das Abbild der Welt seiner Kindheit und Jugend. Aus eigener Anschauung erzählte der geistliche Sohn eines benachbarten Lehrers, in ihrer Familie sei das Leben in Speis und Trank üppiger gewesen als in der gräflichen im Schloß; eine ganz große Freude hätten die Kinder erlebt, wenn der von einer Reise heimgekehrte Vater zwei Apfelsinen mitgebracht habe, eine für die Jungens und eine für die Mädchen. Strafen gab es nur selten; ein ernster Tadel des Vaters wurde von den Kindern mehr gefürchtet als in manchen Familien der Rohrstock. Schon der Gedanke, die Eltern zu betrüben, genügte meist, das Gute zu tun und die Versuchung zum Bösen zu überwinden. Wurde ein Wunsch, eine Bitte abgeschlagen, so blieb es dabei; es gab kein Betteln der Kinder und kein schwächliches Nachgeben der Eltern. Wie ernst und gewissenhaft der Vater seine Erziehungsaufgabe betrachtete, hat der altersgraue, heute noch lebende Hauslehrer Arens niedergeschrieben: „Vor 6 Jahrzehnten, am 4. Mai 1886, wurde ich zum Erzieher in Dinklage ernannt für den 8jährigen Clemens August und den 6jährigen Franz. Mit folgenden Worten begrüßte mich der Graf: ‚Ich begrüße Sie herzlichst. Ich übergebe Ihnen diese meine Söhne, das Kostbarste, was mir der liebe Gott geschenkt hat. Sie wollen ihnen nun Lehrer und Erzieher sein. Eine heilige Aufgabe! Die beiden Kinder sind wie weiches Wachs in Ihren Händen. Sie können daraus formen, was Sie wollen. Wir wollen mit dem Unterricht nicht heute oder morgen beginnen, sondern am Samstag, dem Tage der lieben Mutter Gottes. Unter ihrem Schutz und Schirm wollen wir beginnen und mit ihrer gütigen Hilfe arbeiten; dann wird alles gut gehen, und Gottes Segen wird gewiß nicht fehlen‘.“

Diese feierlich-ernsten Worte, die, wie der alte Lehrer schreibt, ihn so unvergeßlich tief für alle Zukunft beeindruckten, hätte Jahrzehnte später der Bischof in genau derselben Formulierung aussprechen können. In solchen Worten lag eben ganz das Denken und Fühlen der Familie. Voll Stolz berichtet der alte Lehrer, als ob er Zensuren schriebe, über den Fleiß, die Begabung, die Frömmigkeit der beiden kleinen Grafen. Er rühmt die rührende Dankbarkeit, die Bescheidenheit und Demut des Clemens August, dessen weiches Gemüt und mitfühlendes Herz. Ein Beweis seiner edlen Gesinnung seien die Briefe und Aufmerksamkeiten während der vergangenen 60 Jahre. Noch bei seinem letzten Aufenthalt in Vechta 1945 — Rektor Arens feierte sein 60jähriges Lehrerjubiläum — habe er, ihm herzlich die Hand zum Abschied drückend, gesagt, die Kinderjahre auf der Burg seien doch die schönsten im ganzen Leben gewesen.

Sie waren die schönsten, weil sie den großen Bischof als Wegweisung und Quelle heiliger Kraft durch das ganze Leben begleitet haben. Dem Elternhaus verdankte er seine tiefe Frömmigkeit, aber auch ihre besondere Art. Eine selbstverständliche religiöse Atmosphäre umgab alle Bewohner von morgens bis abends. Der ungebrochene, durch keine Skepsis der Zeit angekränkelte Glaube wurde ihm hier als bestes Erbteil geschenkt. Für ihn waren die Dinge der Überwelt, auch im späteren Leben, so real, so selbstverständlich wie die Dinge des Alltags. Gott Vater, der göttliche

Heiland, die Mutter Gottes, die Heiligen des Himmels waren für ihn keine ortsabwesenden Schemen irgendwo in der Höhe, sondern Wesen, von denen er sich umgeben wußte. Mit ihnen verkehrte er, als ob sie leiblich bei ihm wären, täglich, ja stündlich. So lernte er es seit den ersten Kinderjahren. Die Mutter erteilte allen Kindern, bis sie das Elternhaus verließen, persönlich den Katechismusunterricht, auch gab sie die Vorbereitung auf die erste hl. Beichte. „Dieser Unterricht", so schreibt der Chronist, „muß sehr gründlich und mit großem pädagogischem Geschick erteilt worden sein; denn ich bin mir bewußt, in der Gymnasialzeit, auch bei den Jesuiten in Feldkirch, kaum noch Neues an Wissen und Verständnis der Glaubenswahrheiten gewonnen zu haben. Erst das eigentliche Studium der Theologie brachte mir neue Erkenntnisse." Allmorgentlich begann das Tagewerk mit dem Besuch der hl. Messe. Wer zum Messedienen zu spät kam, erhielt beim Frühstück keine Butter aufs Brot. Völliges Fernbleiben wurde mit der Entziehung jeglicher Nahrung bis zum Mittag bestraft. Bezeichnend ist da eine kleine heitere Geschichte. Bruder Franz, genannt Strick, und Clemens August hatten sich eines Morgens verschlafen. Clemens August wurde zuerst wach, weckte voll Schrecken den Bruder: „Strick, schnell auf, es ist schon über die Zeit, wir kommen viel zu spät zur hl. Messe", worauf dieser noch schlaftrunken antwortete: „Clau, dann laß uns man weiterschlafen, denn ein Frühstück bekommen wir ja doch nicht mehr."

Kinderseligkeit

Aber was wären jene Jahre gewesen ohne die jubelnde, strahlende Freude des Kinderherzens! In den weiten Fluren und großen Waldungen gingen sie auf „Fahrt"; damals nannte man das noch Spazierengehen, Ausflug oder Streifzug. Gottes schöne Welt lernten sie kennen und lieben: die Blumen und Kräuter, die Fische im Wasser, die Nester der Vögel in den hohen Eichen und den dichten Hecken, das Wild in den Dickungen und Bauen. Was konnte es Schöneres geben? Doch ja, die zwei Esel und der Wagen aus Urgroßmutters Zeiten. Entweder wurden die Lieblinge eingespannt, oder die beiden Brüder kletterten auf ihre Rücken, und es gab ein Wettrennen, wobei die älteren Geschwister in oft radikaler Weise

Reitunterricht erteilten. Die beiden Tiere hatten es je nach Laune in sich; vom gemütlichen Schritt oder leichten Trab setzten sie plötzlich zum kräftigen Galopp an, stemmten dann noch plötzlicher die Vorderfüße in den Boden, neigten den Kopf, und der kleine schmucke Reiter flog im hohen Bogen in den Sand oder etwas unglimpflicher gegen einen Baumstamm, worauf der Esel, zufrieden schnuppernd, sich an den grasbewachsenen Wegrand zu begeben pflegte. „Mit ihrem Eselsgespann", so berichtet Pastor Meyer in Osterfeine, „brachten die jungen Grafen Clemens und Franz des öfteren Tannenpflänzchen ins Bockhorster Moor. Wir Blagen kletterten dann gern auf den Eselswagen, noch lieber auf die Esel, auf jeden Langohr mindestens zwei; besonders gern riskierten wir das, wenn Clemens August kutschierte." Folgendes Erlebnis stammt auch aus der Feder des Pastors Meyer: Während der Schuljahre nahmen die gräflichen Kinder auch am gemeinsamen Kommunionunterricht teil. Eines Tages lag verspäteter Schnee. Nach beendetem Unterricht Schneeballschlacht auf der Dorfstraße. Graf Clemens, wie ein Goliath alle überragend, kämpft wie ein Löwe an der Spitze der „Violensträßler". Da klirrt eine Fensterscheibe. Ein Schneeball hatte sein Ziel verfehlt. Der Hausbesitzer stürmt auf die Straße. Im Nu stiebt der Schwarm der Streiter auseinander. Der Goliath bleibt stehen, noch einen Schneeball in der Hand. Der ehrsame Bürger faucht ihn an: „Du büs dei Lümmel? Du hes mi dei Schieben inschmäten!" Mit aller Ruhe antwortet Clemens: „Dat kann woll stimmen. Met Willen hebb ick et nich daon. Diene Schieben krigst Du betaolt." Aufgeregt ruft der Bürgersmann: „Betaolt! Well betaolt mi dei? Wat büs du överhaupt för einen?" — Ick bin den Graof sin Jungen. För sonne Schieben is use Pappen noch woll gaut."

Mit 10—11 Jahren setzte der Vater seine Jungen aufs Pferd und gab ihnen wie einst seinen Rekruten Reitunterricht. Vom St. Georgstag 1889 ab gehörte der tägliche Ritt, wenn der Vater in Dinklage war, zum Tagesprogramm. Clemens August ritt damals meist einen ungarischen Rappen, der famos bocken konnte und manches Mal den jungen Reiter in den Sand setzte. Das Jagdgewehr kam erst viele Jahre später hinzu. Die Schußwaffe sollte kein Spielzeug sein. Der Vater ging selbst wenig auf die Jagd, hatte aber Verständnis für die mehr oder minder große Jagdpassion seiner Söhne. Wenn er sie fortgehen sah, wünschte er ihnen Weidmannsheil und fügte oft die Mahnung hinzu: „Nehmt eure Schutzengel und den hl. Hubertus mit!" An Sonn- und Feiertagen gab es weder Jagd noch Spazierritte. Sehr ungern ließ der Vater am Sonntag anspannen. Einmal war es doch geschehen. Auf einer Brücke trat sich das Pferd einen großen Nagel in den Fuß. „Siehst du", sagte sogleich der Vater zum Kutscher Joseph, „das ist die Strafe dafür, daß ich am Sonntag einspannen ließ." Der Nagel, den Kindern wohl bekannt, steckte seitdem in einem holzgeschnitzten Nagelschuh auf dem Schreibtisch des Vaters.

Gemeinschaft der Liebe

Es ist zweifellos bedeutsam, wenn die in adeligen Häusern aufwachsenden Kinder vor den Gefahren exklusiver Erziehung, allzu großer Eingeengtheit und Abgeschlossenheit bewahrt werden. Auch schon in den Kinderjahren muß der Blick geweitet und das Verständnis geweckt werden für die andersartige Umwelt und die Lebensbedingungen der Mitmenschen. In Dinklage wurde den Kindern kein weiter „Abstand von den Bürgerlichen" ins Herz gepflanzt. Sie spielten mit den Altersgenossen der Nachbarschaft, gingen mit ihnen zum Kommunionunterricht, sahen mit eigenen Augen oder hörten es, wie Vater und Mutter in christlicher Nächstenliebe den Hilfsbedürftigen zur Seite standen. In den ersten Jahren versuchte der Vater, im Geiste und nach der Praxis der Vinzenzvereine die Armen in ihren Häusern persönlich zu betreuen; als er jedoch merkte, daß es bei seiner Stellung sehr auffiel und den verschämten Armen peinlich war, gab er solche Besuche auf. Die kleineren Almosen gingen durch die Hand der Mutter, die fast täglich von Bittstellern aufgesucht wurde, sie immer persönlich anhörte und meistens auch erhörte. Unzählige Kleidungsstücke für arme Leute hat die Mutter mit ihren Töchtern eigenhändig angefertigt und verteilt. Zu Weihnachten wurden stets die von den Geistlichen empfohlenen Familien mit Kleidung beschert. Für die Erstkommunikanten kettete die Mutter Jahrzehnte hindurch, manchmal von ihren Kindern unterstützt, die Rosenkränze. Für sie und ihre Töchter war es eine Selbstverständlichkeit und Freude, Paramente anzufertigen und kunstvoll zu sticken. Welche bedeutsame Rolle der Vater als Reichstagsabgeordneter in der Entwicklung der sozialen Frage gespielt hat, wird an anderer Stelle gewürdigt werden (vgl. S. 45). Solche Worte und Taten der Eltern bewahrten die Kinder als Wegweisung fürs spätere Leben in ihrem Herzen. Aber noch viel unmittelbarer und eindrucksvoller erlebten die heranwachsenden Kinder in Dinklage die Lösung der sozialen Frage. In der Verwaltung des Galenschen Besitzes und im Schoß der Hausgemeinschaft waren Beamte und Dienstboten tätig, die in patriarchalischer Verbundenheit mit der adeligen Familie das Wohl und Wehe des Hauses wie ihr eigenes mittrugen. An der Erziehung der großen Kinderschar hatten sie einen beachtlichen Anteil, da sie sozusagen mit zur Familie gehörten. Die Chronik zählt die Namen auf, deren Träger noch zu Lebzeiten des Vaters ihr 50jähriges Jubiläum auf der Burg Dinklage gefeiert haben. Der Ehrenplatz gebührt unstreitig der Franziska Ferlemann, genannt ,,Ente'', die als Wärterin alle dreizehn Kinder betreut und als kindlich fromme Person die Erziehung der Mutter in ihrer resoluten, plattdeutschen Art unterstützt hat. 1904 starb sie im ehrwürdigen Alter von 85 Jahren eines friedlichen Todes. Der alte Graf trug persönlich mit seinen erwachsenen Söhnen in feierlichem Leichenzug den Sarg von der Burg zur Kapelle, wo die treue Franziska neben den Gräbern der schon verstorbenen gräflichen Kinder beigesetzt wurde. Erwähnung verdient auch der alte Jäger Röhling in Assen, ein frommes Original, der als Torwächter auf der ,,Lieftucht'' wohnte und nie an der Kapellentür vorbeiging, ohne einen Augenblick einzukehren. Die Hausangestellten Alwine Springenberg und Maria Bahlmann standen fast 50 Jahre im Dienst. Beschließen soll die Reihe des Grafen treuer Kammerdiener und Kapellenküster Ignaz Brand, der 1869 als Gärtnerjunge auf die Burg kam und 1924 bei zunehmender Altersschwäche in das Dinklager Krankenhaus übersiedelte. Sie alle, so schreibt der Chronist, gehörten zum Familienkreis und vervollständigen das Bild unseres geliebten Elternhauses.

Das geliebte Elternhaus, die Burg der Väter. Es war eine Welt, noch erfüllt von dem blutvollen Ablauf der Jahreszeiten, von Blumen und Nachtigallenschlag, von der Glut der Ährenfelder, von den Farben und der Fülle des Herbstes, von der kristallenen Härte und Sternenpracht der Winternächte, — eine Welt voll Wärme und heiliger Geborgenheit unter den Augen eines hoheitsvollen Vaters, an der Hand einer edlen Mutter, im Kreis vieler gleichgesinnter Geschwister. Das war der Wurzelboden der Kraft, die immerfort in das spätere Leben des Priesters und Bischofs hineinströmte. Dieses Reich der Kindheit blieb bei ihm und trug ihn. In Treue stand er bis zur letzten Stunde seines Lebens in der Welt der Heimat; sie hielt ihn umfangen, bis die ewige Heimat ihn rief[1].

[1] Im Oktober 1958 wurde vor der Pfarrkirche in Dinklage ein großes Denkmal errichtet, das den Kardinal mit Chormantel, Stab und Mitra darstellt. Schon in den ersten Jahren nach dem Tode des Kardinals begann man im weiten Bistum, Schulen, Krankenhäuser und Institute, Straßen und Plätze nach ihm zu benennen sowie hier und da Denkmäler zu errichten.

STUDIENJAHRE

Der erste Abschied

Westfälische Menschen haben ein weiches Gemüt, und es fällt ihnen schwer, dem, was ihnen ans Herz gewachsen, Lebewohl zu sagen. Die gräflichen Kinder pflegten in den Sommermonaten auf Schloß Assen die Ferien zu verbringen. Aber dort war ja auch noch alles wie in der Heimat, — das Schloß, die Wassergräben, die hohen Wälder, das Spiel mit Vettern und Kusinen, die Kapelle, die derselbe Großvater erbaut hatte. Nein, die Fahrt nach Assen war kein Abschiednehmen. Was richtiges Fortgehen bedeutet, hatten die kleineren Geschwister im Mai 1887 eindrucksvoll erlebt, als die beiden ältesten Schwestern für immer Dinklage verließen, um als Sacré-Coeur-Novizen in Riedenburg bei Bregenz am Bodensee einzutreten. Clemens August griff zum Atlas, und dann wurde ihm bewußt, wie weit die Reise von Dinklage bis Riedenburg sein mußte. Einige Jahre später, im Mai 1890, ging sein Finger wieder über die Landkarte, über die Berge und Täler des Alpenlandes; schließlich hat er es entdeckt, Feldkirch in Vorarlberg; halb stolz, halb traurig zeigte er es seinem Bruder Franz: „Dorthin geht es jetzt, zu den Jesuiten in die Lateinschule." Sie schauten sich beklommen an. Am 27. April hatten sie mit ihren Altersgenossen in der Dinklager Pfarrkirche die erste hl. Kommunion empfangen.

Mit diesem Tage, das fühlten sie, schloß sich das Tor des Kinderparadieses, wenigstens zum Teil; das Leben schien ernster zu werden. Aber die älteren Brüder Friedrich und Augustinus (der spätere Landrat in Bonn) waren ja auch nach Feldkirch gefahren. Das tröstete wieder.

An einem taufrischen Maimorgen stiegen sie in die Kutsche; alles war neu an ihnen — der Anzug, die Mütze, die Schuhe. Die Hunde sprangen noch einmal, wie wenn sie die lange Trennung ahnten, an ihnen empor; Clemens August wurden die Augen heiß beim Anblick der treuen Tiere. Dann der Peitschenknall des braven Kutschers Joseph, und mit Vater und Mutter ging es zur Station; die Eisenbahn trug die Knaben zum ersten Mal in die weite Welt. — Das Jesuitenkolleg hatte die letzten Vorbereitungen für die Schlußfeier der Maiandacht getroffen, als die gräfliche Familie das Reiseziel erreichte. Wie gebannt schauten die Knaben in all die Pracht und den Glanz von Licht und Blumen, der in der herrlichen Kapelle um das Bild der Maienkönigin ausgebreitet lag. Mit dem Gebet zur Mutter Gottes, das sie so oft im Dinklager Wald vor dem Marienheiligtum gebetet, gingen sie zur Ruhe. Am anderen Morgen gaben die Eltern die letzten Ermahnungen, und dann verließen sie das Kloster.

Stella Matutina

Von Stunde zu Stunde spürbarer legte sich die so ganz fremde Umwelt bleischwer auf die Seele der beiden Brüder. Eine merkwürdige Sprache hatten hier die Menschen. Auch das Essen war ganz anders. Gewiß, die Berge waren schön, aber sie hatten etwas Einengendes, sie versperrten den Blick in die Weite, in die unendliche Weite, wie sie es von daheim her kannten. Sie wurden immer schweigsamer. Von anderen hatten sie gehört und auch in Büchern gelesen, daß Menschen Heimweh haben können, aber nicht gewußt, was das eigentlich ist. Der Vater hatte ihnen einmal von seinem Oheim, dem großen Bischof Ketteler, erzählt; der sei in jungen Jahren fern der Heimat erzogen worden. Einmal habe der kleine Wilhelm Emmanuel seinen Vater angefleht, er möge ihm aus Harkotten eine Handvoll Erde zuschicken, damit er mit ihr seine Tränen trocknen könne. Diese Geschichte fiel ihnen jetzt so oft wieder ein, besonders abends, wenn im ganzen Kloster eine so eigenartige Stille sich ausbreitete. Die Augen wurden dann groß, sie schauten durchs Fenster nach Norden, wo in der weiten Ferne das geliebte Elternhaus lag, wo jetzt der Mond durch die hohen Bäume stieg, von Zeit zu Zeit die Hunde bellten — und der Esels-wagen stand allein, von niemand mehr betreut. Ihre Augen wurden feucht und rot, und wenn sie geschlossen wurden, immer wieder stieg vor ihnen die Heimat auf; bis in die Träume folgte ihr Bild.

Wochen und Monate vergingen. Die beiden Oldenburger hatten sich völlig eingelebt. Ihre Gesichter waren täglich heller geworden. Schnell wuchsen sie in die Gemeinschaft hinein; das Rücksicht-nehmen auf andere hatten sie zwar in Dinklage gelernt, aber hier mußte es sich bewähren. Das ist ja ein Hauptziel der Gemeinschafts-erziehung: Kante um Kante im eigenen Charakter abzuschleifen. Die ersten Gehversuche in der lateinischen Grammatik waren ge-macht. „Strick", so hat später der Bischof demütig gestanden, „war mir in den fremden Sprachen über; auf der Obersekunda erhielt er im Alter von 14 Jahren den ersten Klassenpreis." Woche um Woche schrieb ihnen die Mutter einen ausführlichen Brief (vgl. S. 167). Wie verstand sie es als verantwortungsbewußte und kluge Mutter, die Erziehungsarbeit der Jesuiten zu unterstützen und zu er-gänzen!

Als der 12jährige Clemens August nach Feldkirch kam, war er schon groß und stark, aber dazu auffallend breit und schwerfällig, sodaß ihm Sport und Spiel ziemlich sauer wurden. Aber bald schoß er in die Höhe, wurde unter allen Zöglingen der längste und er-reichte die 2 m-Grenze. Jetzt erfaßte ihn die Lust zu Spiel und Sport, zum Bergsteigen und Rodelschlittenfahren, das die Lungen weitete und die Muskel stählte. Auch in der Musikkapelle des Hauses tat er eifrig mit: er wurde ein beachtlicher Bariton- und Waldhornbläser. Kein Wunder, daß der Appetit des kerngesunden jungen Riesen in der klaren Bergluft nichts zu wünschen übrig ließ. Mit dem Leibgericht der Stella-Zöglinge, Schmarren mit Apfelmus, hatte er innige Freundschaft geschlossen, sodaß er als „Schmarren-Esser" eine alle erheiternde Berühmtheit erlangte. Im Rahmen einer lustigen Veranstaltung erhielt er einmal bei einer Lotterie „zu-fällig" als Spottpreis ein großes hölzernes Salatbesteck, „damit er besser Schmarren essen könne". Im übrigen wagte niemand, über den langen Galen zu spotten. Es wäre auch keinem zu raten gewesen. Allerdings nur in Theaterstücken, in denen ihm stets die Rolle des robusten und athletischen Hausknechtes zufiel, traten die gewaltigen Fäuste in Tätigkeit, sonst nicht; bei allen, ob Lehrer oder Mitschüler, war er gleich beliebt.

Vechta

Die Stella Matutina unter dem Schutze der Gottesmutter atmete den Geist des großen Jesuitenordens. Vier Jahre lang saß Clemens August hier zu Füßen der Söhne des hl. Ignatius, auch zu Weihnachten und Ostern; nur im Sommer gab es zwei Monate Ferien, die in Dinklage verbracht wurden. Wie einschneidend die Art der Erziehung die jungen Menschen während der Entwicklungsjahre zu formen vermag, bedarf nur des Hinweises, um verständlich zu machen, welche Bedeutung diesen vier Jahren in der Schule der Jesuiten beizumessen ist. An anderer Stelle wird davon näher die Rede sein (s. S. 46). Im Sommer 1894 verließen die beiden Galen für immer die Stella Matutina inmitten der liebgewordenen Bergwelt. Da das Jesuitengymnasium von der preußischen Regierung nicht anerkannt wurde, sollten die beiden Primajahre auf dem katholischen Gymnasium des Oldenburgerlandes in Vechta absolviert werden. Auf Grund der guten Zeugnisse wurden sie ohne Prüfung in die Unterprima aufgenommen. Sie nahmen Quartier im Hause des geistlichen Professors Brägelmann, eines herzensguten Lehrers von altem Schrot und Korn, der für die beiden Primaner sorgte, wie wenn es seine jüngeren Brüder gewesen wären. Mit den Schulkameraden schlossen die beiden Galen bald enge Freundschaft, die zum Teil bis ins späte Alter hinein Bestand hatte. Dieses Stehen mitten in der Gemeinschaft war zweifellos für den bislang zumeist in der „Aussonderung" aufgewachsenen Clemens August sehr wichtig. Der Gesichtskreis des jungen Menschen weitet sich, sein Urteil wird umfassender, das Verständnis für den Alltag der Mitmenschen vertieft sich; für einen späteren Priester eine unerläßliche Voraussetzung. Die zum Teil primitiven Lebensverhältnisse des Landstädtchens Vechta wirkten sich diesbezüglich ebenfalls erzieherisch positiv aus. Es wehte für die beiden in Vechta Heimatluft. Alle Sonntage konnten sie auf der nur 15 km entfernt liegenden Burg Dinklage zubringen. So ergab sich ein wohltuender Rhythmus zwischen ernstem Studium und froher Entspannung, ein ideales Zusammenwirken von Elternhaus und Schule. Das Zuhausesein wurde mit all seinen Freuden in vollen Zügen genossen. Im Dinklager Tiergarten erlegte Clau seinen ersten Damhirsch, in anderen Revieren Rehböcke, Hasen und Rebhühner. Er wurde ein passionierter und erfolgreicher Jäger. In jenen Jahren kam das Fahrrad in die Welt. Auch die beiden Brüder übten tapfer auf dem gefährlichen Instrument. Als an einem Sonntag im Spätherbst 1894 Bruder Strick bei derlei Exerzieren den Knöchel brach, hob ihn Clau als barmherziger Samariter sanft empor und trug ihn auf seinen starken Armen die etwa 800 m weite Strecke bis zur Burg nach Hause, „wie er überhaupt mit echt brüderlicher Liebe für Leib und Seele des ‚Kleinen' stets Sorge getragen hat".

Es kam der Tag der Reifeprüfung im Sommer 1896. Die große Freude war getrübt durch den Schmerz über den Tod der jüngsten Schwester Pia, die kurz zuvor im Alter von 10 Jahren gestorben war.

Freiburg und Rom

Bis Ostern 1897 blieben die beiden Abiturienten im Elternhaus. Eine herrliche Zeit, dieses Ausruhen auf den „Lorbeeren" in jungen Jahren. Doch der strenge Vater verlangte auch in den Monaten der großen Pause während bestimmter Stunden des Tages ernstes Studium, vor allem die Beschäftigung mit religiöser und philosophischer Literatur. „Wir alle haben", so heißt es in der Familienchronik, „unendlich viel vom Vater gelernt. Er ließ uns an seinen Studien teilnehmen; jeden Morgen nach dem Frühstück las er Mutter und den größeren Kindern aus einem ernsten, vielfach geschichtlichen Werk vor." Der Vater wußte, wie wertvoll das Studium der Philosophie und Geschichte war. Das bestimmte ihn, seine beiden Söhne im Frühjahr 1897 für zwei Semester an die katholische Universität in Freiburg in der Schweiz zu schicken. Dort sollten sie „denken lernen", um so für jeden geistigen Beruf vorbereitet zu werden.

In der herrlichen Bergwelt wehte für die jungen Studenten in jeder Beziehung Höhenluft. Hier wurde in kristallener Frische und katholischer Weite die Wissenschaft dargeboten, nicht angekränkelt von dem kraftlosen, blasierten Liberalismus vieler deutscher Universitäten. Dominikaner dozierten Philosophie; Männer wie Gustav Schnürer hielten Vorlesungen über Geschichte, Professor Jostes über deutsche Literatur. Im akademischen Vinzenzverein übten die beiden adeligen Söhne praktische Nächstenliebe; immer wieder führte sie der Weg in die Hütten der Armen in der Unterstadt. Auch das weitete Auge und Herz. In der Franziskanerkirche, die sie am meisten zu besuchen pflegten, ereignete sich das nette Geschichtchen, das bereits im I. Band[1] niedergeschrieben wurde. Während der Predigt des Paters lief plötzlich durch den Mittelgang der Kirche ein schwarzer Pudel, der offenbar seinen verlorenen Herrn suchte. Alles stutzte und wurde unruhig. Clemens August nahm mit Jägerblick den richtigen Augenblick wahr, verließ seinen Platz, mit gewohnter Kaltblütigkeit packte er den schwarzen Eindringling urplötzlich am Kragen und trug ihn trotz großen Geheuls und heftiger Gegenwehr nach draußen. Ein Vorfall, der jugendliche Herzen sicher höher schlagen und vielleicht auch erkennen läßt, daß große Taten und Ereignisse wie die des späteren Bischofs ihre „Schatten" vorauszuwerfen pflegen. Geistesgegenwart und Tatkraft bewies Clemens August nicht minder, als er eines Abends in sein Studentenzimmer kam und die schadhafte Petroleumlampe in hellen Flammen stehen sah. Kurzer Hand ergriff er sie und schleuderte sie durchs Fenster. Ein Hausbrand wurde verhütet, und draußen half der Schutzengel, daß die Lampe keinem Passanten an den Kopf flog.

Im Frühjahr 1898, nach Abschluß des Wintersemesters, ging die Reise nicht gen Norden in die Heimat, sondern über die Alpen zum Süden, in das Land der Sehnsucht aller Deutschen, nach Italien. Zum ersten Mal sah Clemens August die Ewige Stadt. Drei Monate lang blieb er in Rom. Jene Wochen waren entscheidend für sein Leben. An der Seite ihres älteren Bruders Friedrich, der als „alter Römer" (er hatte einige Semester im Germanikum Theologie studiert) sich gut auskannte, und an der Seite seiner jungen Gattin Paula, geb. Freiin von Wendt, wanderten die Freiburger Studenten über die ehrwürdigen Straßen und Plätze, durch die Kirchen und

[1] Über Bd. I und Bd. II vgl. Quellennachweis

41

Katakomben der Roma aeterna. Zum ersten Mal kniete Clemens August am Grabe des Apostelfürsten unter der gewaltigen Kuppel von St. Peter. In jener Stunde begann, so möchte man sagen, über seinen jungen Schultern sich eine Brücke zu spannen, an deren anderem Ende er nach Jahrzehnten wieder unter der Kuppel von St. Peter stand — als Kardinal in der Lichterglorie des Papstthrones über der Confessio Sancti Petri. Unvergeßlich blieb den Studenten die Teilnahme an der Papstmesse im Vatikan, die der 88jährige Leo XIII. zelebrierte. Über das jeden deutschen Katholiken tief beeindruckende Städtchen Assisi und über Florenz ging die Fahrt gen Norden zurück in das heimatliche Münsterland.

In die Weite der Weltkirche hatte Clemens August hineingeblickt. Die Liebe zur Kirche, zu Papst, Bischöfen und Priestern war gewachsen; all das, was im Elternhaus so selbstverständlich gewesen, die Ehrfurcht vor dem Hl. Stuhl, den Bischöfen, dem ganzen geistlichen Stand, erstrahlte nach jenem Erleben in der Ewigen Stadt in herrlichen Farben. ,,Niemals", so heißt es in der Chronik, ,,wurde in meinem Elternhaus ein Wort der Kritik an den Maßnahmen der kirchlichen Obrigkeit laut. Von Priestern durfte nur mit Ehrerbietung gesprochen werden; selbst die Eigentümlichkeiten der im übrigen vortrefflichen Hausgeistlichen wurden vor den Kindern ignoriert. Zum Vatikanischen Konzil waren die Eltern 1870 in Rom, wo Vater als Malteserritter sich an der Ehrenwache des Konzils beteiligte. Im Kulturkampf war ihm mit wenigen Vertrauten der Zufluchtsort des vertriebenen Bischofs von Münster Johann Bernard Brinckmann in Holland bekannt; zweimal hat er den Bekenner dort heimlich besuchen dürfen, wie er ihn auch im Gefängnis in Warendorf aufgesucht hatte." So lernte Clemens August das ,,Leben mit der Kirche" im Elternhaus.

In der Benediktinerabtei Maria-Laach machten beide Brüder Exerzitien. Die heilige Atmosphäre dieser Klöster kannten sie. Seit 1896 gehörte eine Schwester, seit 1897 der ältere Bruder Wilhelm Emmanuel (Patenkind des großen Arbeiterbischofs) als Pater Augustinus — beide in den Abteien zu Prag — der Beuroner Kongregation des Benediktinerordens an. Auf der Heimreise von Maria-Laach teilte Clemens August seinem Bruder Franz den Entschluß mit, Priester zu werden. Für den Jüngeren war es keine Überraschung, aber von nun an trennten sich die Wege der beiden

Unzertrennlichen. Franz ging zu Beginn des Sommersemesters an die Universität Freiburg im Breisgau, Clemens August im folgenden Herbst in das Canisianum, das Theologenkonvikt der Jesuiten in Innsbruck.

Die Schule des hl. Ignatius

Die Sommermonate verbrachte Clemens August in Dinklage. Da ihm das Rasieren nicht mehr gefiel, hatte er sich einen Vollbart wachsen lassen. Vollbärtig stieg er in den Zug nach Innsbruck. Als nach seinem Eintreffen die Ankunft des neuen Alumnus gemeldet war, machte Clemens August gleich, wie vorgeschrieben, Besuch beim Regens, der angesichts der eintretenden hohen bärtigen Gestalt sich rasch erhob und ihr mit den Worten entgegeneilte: „Wie schön, Herr Graf, daß Sie mitgekommen sind, um selbst Ihren Herrn Sohn hierher zu bringen!" Der Gegenüber war nicht wenig erstaunt, und als er verlegen den Irrtum aufdeckte, gab es ein beiderseitiges herzliches Gelächter. Am folgenden Morgen mußte jedoch den Statuten der Hausordnung gemäß der geliebte Vollbart sterben. Diese heitere Ouvertüre seiner Theologenjahre wußte der spätere Bischof mit viel Schmunzeln und Herzlichkeit zu erzählen.

Der neue Student, alle Kommilitonen um Haupteslänge überragend, erregte nicht geringes Aufsehen. Breitschulterig und dunkelhaarig („borstig" pflegte er selbst zu sagen) ging er mit ruhigen, schweren Schritten über die langen Korridore des Konviktes von der Kapelle zum Speisesaal, über die hohen Treppen in die Hörsäle der Universität. Scharf konnte sein Auge blicken, aber auch unendlich gutmütig. Das Aristokratische, das in kernig bauernhafter Mischung seinen Zügen eingeprägt war, kehrte er gegenüber seinen Mitstudenten nie heraus. Im Gegenteil, ihm war jede Art von Getue zuwider; urwüchsig war seine Sprache und stets „frei heraus". So kam es, daß er seine Freunde und Gefährten im großen Kreis der Nichtadeligen suchte. Mit ihnen verbrachte er die Stunden und Tage der Erholung. Der in Feldkirch und während der Schweizer Semester begonnene Bergsteigesport konnte in jedem gewünschten Ausmaß weiter betrieben werden. Bis in das rauheste

43

Gefels stieg er empor, mit dem steten Schritt des gewiegten Bergsteigers; der letzte Gipfel mußte bezwungen werden. Wie strahlte sein Gesicht, wenn dort oben der Blick in die Weite ging, in Gottes herrliche Alpenwelt, und seine Lippen sich zum Gebet bewegten: Ihr Berge mit Eis und Schnee, ihr Täler und Höhen, lobet den Herrn! Als einmal einen Mitstudenten die Kräfte verließen, umfaßten und trugen ihn Galens Bärenfäuste über die gefährlichen Stellen hinweg. Ein anderes Mal geriet er mit seinen Freunden in einen Schneesturm, der sie eine ganze Nacht im Hochgebirge festhielt; das dramatische Geschehen wurde damals in der Kölnischen Volkszeitung geschildert. Auch auf einer wilden Schlittenfahrt hat der Schutzengel ihn gerettet. Da er nie steil und schnell genug abfahren konnte, geriet sein Schlitten ins Schleudern, sodaß seine Fäuste ihn nicht auf der Bahn zu halten vermochten; es ging seitwärts in die Tiefe. Den Bewußtlosen packte man auf den Rodelschlitten; bald jedoch kam er wieder zu sich. Ein Bruch des Schädels oder der Knochen war nicht festzustellen; sie gehörten ja auch einem Westfalen; aber das Gesicht hatte Schnittwunden und blutete stark. In der Nähe fand man ein Irrenhaus, wo ihn der Arzt gleich operierte. Es ging ohne Narkose vor sich; ein Mitstudent hielt die Petroleumlampe. Plötzlich sagte Clemens August: „Theoken, ich glöw, di wät schlächt; kumm, dau mi es de Lamp!" Und er hielt selbst die Lampe, während der Doktor ihm das Gesicht vernähte. Auf der noch am Abend sich anschließenden Bahnfahrt nach Innsbruck schob Clemens August den Verband etwas vom Munde weg und sagte zum Nachbarn: „Sau, nu dau mi es dat Piepken; dann sallt wull better wän met de Pien." Die so am späten Abend in den ehrwürdigen Hallen des Canisianums Erschienenen wurden von der Hausleitung „schlicht" in die Nachtruhe entlassen.

Nicht nur dem Leibe nach, auch an Geist und Seele war Clemens August gesund. Sein Selbstbewußtsein, gepaart mit vornehmer Bescheidenheit, ließen seine Führerqualitäten erkennen, sodaß der Regens ihn zum „Bidell", zum Mittelsmann zwischen Hausleitung und der 250köpfigen Studentengemeinschaft, bestellte. Sein klares Urteil, die gute Begabung machten ihm das Studium leicht. Gewiß, er besaß nicht den Ehrgeiz zum Professorwerden. Die reine Theorie lag ihm nicht. Sein Temperament suchte die Tat, das Hineingreifen

ins Leben der Menschen; ihnen wollte er unmittelbar helfen und seine ganze Kraft schenken. Es wäre ihm sicherlich ein leichtes gewesen, nach der Priesterweihe sein Studium fortzusetzen und den „Doktor" zu machen. Als Bischof sagte er mal mit viel Laune und Genugtuung: „Gott sei Dank, daß ich kein Professor geworden bin!" Es interessierten ihn daher am meisten Gebiete, wo es um praktische Dinge ging; es waren Fragen kirchenpolitischer Art: Staat und Kirche, Staat und Wissenschaft, Staat und Schule, Staat und Familie; es waren Fragen der Sozialpolitik, letztlich Probleme moraltheologischer und soziologischer Natur. Schon in den Tagen der Kindheit hatte er aus dem Munde seines Vaters über jene brennenden Fragen in der Struktur der modernen Welt gehört. Sozialpolitisch dachte der Vater ganz in den Ideen seines Oheims, des Arbeiterbischofs Ketteler. Dreißig Jahre gehörte der Vater der Zentrumsfraktion des Reichstages an. 1877 trat er im Reichstag mit einer Rede hervor, über die der Ohrenzeuge Graf Hertling in seinen „Erinnerungen aus meinem Leben" folgendes schreibt: „Graf Galen kam als zweiter zu Wort. Eine Rede, wie er sie damals hielt, ist weder vorher noch nachher im deutschen Reichstag gehalten worden, sie war und blieb ein Ereignis. Wir, die wir den Redner kannten und verehrten, schätzten in ihm die geschlossene Persönlichkeit, für welche die tiefe, auf felsenfestem Glauben begründete Frömmigkeit nicht nur einen Bestandteil, sondern den Wesenskern bildete ... In jener Rede ging er davon aus, daß es, wie es eine gottgewollte Naturordnung, so auch eine christlich soziale Weltordnung gebe, und führte die von verschiedenen Seiten beklagten Mißstände auf den Geist des vom Christentum und seinen Geboten getrennten Egoismus zurück ... Diese grundlegenden Sätze waren es, welche einen Sturm der Entrüstung bei den liberalen Parteien entfesselten. Gleich der folgende Redner meinte, die Rede des Grafen von Galen sei die Negation der gesamten modernen Bildung. Wie zwei verschiedene Welten stehen wir von einander getrennt und können uns nicht verstehen."
Im Geiste seines Vaters sah der junge Student der Theologie die sozialen Probleme der Zeit. Nur eine tief in Gott gegründete Menschheit vermag sozial erträgliche Verhältnisse zu schaffen. Ein „Paradies auf Erden" läßt sich nicht einrichten. Diese Wahrheit hatte er in der religiösen Atmosphäre des Elternhauses bereits

erkannt. Bis zur letzten Konsequenz vertiefte sich bei ihm diese Erkenntnis in der Schule der Jesuitenpatres. In Feldkirch und Innsbruck entwickelten sich bestimmte Züge in seinem Charakter und Frömmigkeitsleben. Die Anschauung von der Verwundung der menschlichen Natur durch die Erbsünde prägte sich bei ihm immer stärker aus. Die jährlichen Exerzitien, die er später als Priester und Bischof regelmäßig unter Leitung von Jesuiten machte, die tägliche Betrachtung übernatürlicher Wahrheiten, hatten vorzugsweise den ersten Teil des Exerzitienbüchleins des hl. Ignatius — Sünde und ewige Wahrheiten — zum Inhalt. Daraus erwuchs bei ihm wie von selbst die pessimistische Beurteilung des Lebens und der menschlichen Natur. Als Konsequenz ergab sich der besondere Einschlag einer stark aszetischen Frömmigkeit, die sich in einer übergroßen Strenge und Härte gegen den Leib äußerte. Das Wort des hl. Paulus: „Ich züchtige meinen Leib und bringe ihn in Dienstfertigkeit" befolgte er mit seltener Energie. Vergegenwärtigen wir uns die Art seines Fastens, worüber an anderer Stelle die Rede sein wird (S. 136). So arbeitete er wie selbstverständlich mit aller Konsequenz in den Jahren der Vorbereitung auf das Priestertum an sich selbst. Seine Freunde in Innsbruck, so heißt es in einem Bericht, kannten die kleine Perlenschnur, die er unter seinem Rock verborgen trug. Sie sollte der besonderen Gewissenserforschung dienen und helfen, sich die Zahl der Fehler zu merken, die zu bekämpfen waren. Alles wollte er tun, das Letzte leiden und opfern, sein armseliges Ich in Zucht nehmen, um am Tage der Priesterweihe dem Herrn ein frommes und geläutertes Herz entgegentragen zu können. Das hohe Idealbild eines Priesters blieb für ihn der Innsbrucker Regens Pater Hofmann, dem er sich auch noch als Bischof in rührender Treue verbunden fühlte.

1903 wurde Clemens August in das Priesterseminar zu Münster aufgenommen. Mit seinen Kursusgenossen, denen er bald guter Kamerad und Freund wurde, stieg er die sieben Stufen der heiligen Weihen hinauf. Das Seminar, mit seinen schlichten Zimmern, seinen weiten Fluren, seiner überaus stimmungsvollen Kapelle wurde ihm Heiligtum und Heimat, wie den Hunderten und Tausenden von Priestern, die hier die entscheidendsten und glücklichsten Jahre ihres Lebens verbracht haben. Unter der Leitung des tieffrommen Regens Illigens und des gewissenhaften Subregens Rampelmann schritt er an den Weihealtar des Hohen Domes. Bischof Hermann Dingelstad hat ihm am 28. Mai 1904 die Hände aufgelegt. Wenige Tage darauf verließ er das geliebte Priesterseminar, nachdem er sich auch von allen Alumnen des jüngeren Kursus verabschiedet hatte.

Das war keine Sitte; umso mehr läßt es die edle Gesinnung erkennen, die einem Priester jenes Jahrganges noch nach dem Tode des Kardinals unvergeßlich geblieben war.

DER JUNGE PRIESTER

Domvikar

E s war an einem prachtvollen Junisonntagmorgen, als der neuernannte Domvikar zum ersten Mal in seiner neuen Würde über den von hohen Linden beschatteten Domplatz ging. Durch das Paradies betrat er die Kathedrale, wo die erhabene Steinfigur des hl. Paulus seit fast einem Jahrtausend das große Richtschwert in Händen hält, zu Füßen des im Dominnern aufragenden gewaltigen Marmorreliefs vom Jüngsten Gericht. Mit großen, schweren Schritten strebte er durch das linke Seitenschiff in die Sakristei, vorbei an den in den Bänken verstreut sitzenden und knieenden „Poalbürgern" mit den versonnten Kiepenkerlgesichtern, vorbei an den ihm begegnenden Damen in den langen Sommerkleidern, überdacht von breiten, schirmartigen Strohhüten. Voll stolzer Bewunderung nahm einer, der bei der Garde gedient, von oben nach unten und von unten nach oben blickend, das Körpermaß dieser respektablen Domvikarengestalt wahr. Zum ersten Mal kniete der Neuernannte im Hohen Chor nieder. Die Gesänge der Psalmverse erhoben sich, schwebten hinüber ins weite Hochschiff der Kathedralkirche und hallten leise wider in dem stets vom Dämmerlicht erfüllten Kapellenkranz. Wie war den Dombesuchern das alles ans Herz gewachsen, — dieser Reichtum, diese Vielfalt heiliger Melodien, so schön, so überzeitlich und formvollendet, — der Gottesdienst, so unaufdringlich und selbstverständlich, so vornehm und edel die Jahrhunderte überdauernd, — dann die in Ruhe und Gelassenheit Sonntag um Sonntag, ja Tag um Tag sich wiederholenden Bilder: Domkapitulare in ihrem matten Violett, manches markante Gesicht unter ihnen, in sich gekehrt, die Umgebung nicht beachtend, öffnen die Tür zum Hohen Chor, verneigen sich in edler Haltung vor dem Hochaltar und dem Bischof, nehmen in den jahrhundertealten Eichenbänken der Chorstühle ihren Platz ein. Wie fühlte sich Clemens August, der neue Domvikar, geborgen in dieser Welt des Heiligtums, hier, wo so viele aus der Reihe seiner Vorfahren gekniet! Wie war seine Familie mit dem Dom in Münster verwachsen! Das Bild seiner erdverbundenen Vorfahren, katholisch tief, unbeugsam und unerschütterlich fest, — spiegelte es sich nicht wieder in diesen wuchtigen Mauern, in dieser Riesengestalt des Christophorus mit dem Weltenheiland auf den starken Schultern? Sein Blick ging an diesem Morgen oft hinüber zu den Epitaphien, den Grabdenkmälern der hohen Domgeistlichen adeliger Familien. Jenseits des Hochaltars lag in den Galenschen Kapellen das Grab des großen Christoph Bernard und das des im Jahre 1748 gestorbenen Domdechanten Friedrich Christian von Galen.

Die Gestalt des neuen Domvikars überragte alle Kanoniker und Mitbrüder. Wegen seines bescheidenen, menschenfreundlichen Wesens war er gleich beliebt und gern gesehen. Der noch vielen Münsteranern bekannte originelle Domkapitular Rüping meinte eines Tages mit seiner so unendlich beruhigenden Baßstimme zu einem anderen Domkapitular, als soeben der neue Domvikar vorbeigegangen war, dieser sei doch nach Wuchs und Gangart ganz das Abbild seiner Väter, die einen großen Teil ihres Lebens auf dem Rücken der Pferde verbracht hätten. Sprudelnde Freude muß auf dem Konveniat der Domvikare damals heimisch gewesen sein. denn der auch teilnehmende Kaplan Brockhausen von St. Martini (später Dechant in Ruhrort) berichtet, Galen habe ihm eines Sonntagabends bei der Begrüßung derartig die Hand gedrückt, daß er als starker Bauernsohn (1,84 m groß) in dem sich anschließenden Hin und Her des Kräftemessens sehr bald auf dem Teppich gelandet sei und geseufzt habe: „Was soll ich Armer machen, wenn Du mal Bischof wirst? Gott bewahre uns davor! Wir gehen dann in eine

andere Diözese." Über einen ungewöhnlich kleinen Mitbruder sagte Clemens August mal in dessen Abwesenheit, um ihm nicht wehe zu tun: „Ich glaube, wenn ich den auf den Arm nähme, wäre das Bild vom hl. Joseph mit dem Jesuskind fertig."
Seine erste Predigt hielt er Pfingsten in dem Kirchlein von Angelmodde bei Münster. Für die Festtage wurde er zur Aushilfe dorthin geschickt, wo im Schatten des idyllisch gelegenen ehrwürdigen Gotteshauses am Ufer der Werse die Fürstin Gallitzin begraben liegt. Es sei damals sehr heiß gewesen, erzählte später der Bischof, sodaß auch seine Predigt unter der Hitze gelitten habe; aufrüttelnd habe sie anscheinend nicht gewirkt, denn einige Bauern hätten sogar geschlafen. So offenherzig und demütig konnte er sich selbst die Zensuren geben.

An der Seite des Weihbischofs

Die eigentliche Aufgabe des neuen Domvikars bestand darin, seinen Oheim, den Weihbischof zu begleiten. Es war eine offensichtliche Fügung Gottes, daß er die ersten Priesterjahre an der Seite dieses heiligmäßigen Bischofs verbringen durfte. Wer um den unschätzbaren Wert und die einschneidende Bedeutung des ersten Lehrmeisters im Priesterleben weiß, wird die Tragweite solcher Fügungen ermessen können. Die Lebensart, das Wesen und hervorstechende Tun des Älteren prägt sich dem Jüngeren auf, der ja in jugendlichem Idealismus nach Vorbildern ausschaut, der alles Große und Erstrebenswerte in sich zu verwirklichen trachtet. So geschah es auch bei Clemens August. Wir brauchen nur in der von ihm in späteren Jahren geschriebenen Familienchronik zu blättern und das zu lesen, was er über seinen großen Oheim schrieb. Zwei Jahre lang hat Clemens August aus nächster Nähe den rastlosen Eifer dieses edlen Gottesmannes, seine fast ängstliche Gewissenhaftigkeit, aber auch die Erfolge seines Wirkens, die Liebe und Verehrung, die er in der ganzen Diözese bei Klerus und Volk sich erworben hatte, beobachten können. Das „unbegrenzte Vertrauen" auf die Liebe des Herzens Jesu und die kindliche Hingabe an die Gottesmutter waren der Hauptinhalt seiner Predigten. Streng gegen sich selbst, ein Mann wahrer Aszese, lebte er in der Kurie am Spiegelturm inmitten eines geradezu auffallend bescheidenen Hausrates. Besonders durchreisenden Ordensleuten stand sein Haus immer offen, sodaß es den Namen „Gasthaus zur immerwährenden Hilfe" erhielt. Ein Priester, der ihn lange Jahre aus der Nähe beobachten konnte — es war Domvikar Kerkhey, als scharfer Kritiker gefürchtet —, äußerte des öfteren, Weihbischof Galen sei der einzige unter seinen Bekannten gewesen, der sich in jeder Lage als ein wahrer Christ bewährt habe. Bei den deutschen Regierungen war der streng kirchliche Mann eine „persona minus grata". So vereitelte die Oldenburgische Regierung seine von Bischof Johann Bernard geplante Ernennung zum Offizial in Vechta, so die hessische seine Wahl zum Bischof von Mainz, so die preußische seine Berufung auf den Stuhl von Fulda und dann von Osnabrück. Max Gereon hatte große Neigung zu geschichtlichen Studien. Lange plante er eine Biographie des hl. Gottfried von Kappenberg. Andere Vorstudien, z. B. über die Reisen des hl. Bonifatius im Sachsenland, über Herzog Widukind und seine Nachkommen Egbert und Ida, Norbert von Xanten usw. fesselten ihn so sehr, daß er nicht zur Vollendung des Werkes über Gottfried gekommen ist. Gerade auf den Firmungsreisen durch das weite Bistum wußte er im Kreis der Geistlichen hochinteressante Dinge aus der Vorgeschichte unserer Heimat zu erzählen. Seine nachgelassenen Manuskripte sind mit dem größten Teil seiner Bibliothek der Benediktinerabtei in Gerleve übergeben worden. Den von seinem Bruder Paul (vgl. S. 18) ihm geschenkten Bischofsstab vermachte er der Schmerzhaften Mutter Gottes in Telgte mit der Bestimmung, daß, wenn einer aus der Galenschen Familie zur bischöflichen Würde gelangen sollte, diesem der Stab für Lebenszeit zur Verfügung stehe. „Mir persönlich", so schreibt der Chronist, „ist er in den zwei Jahren ein unendlich gütiger und väterlicher Freund gewesen, der mir durch sein heiligmäßiges Leben, besonders durch die mich beschämende Demut, mit der er oft den soviel Jüngeren, Unerfahrenen fragte, ein unvergeßliches Vorbild bleiben wird. Es war mir eine schmerzliche Freude, Allerheiligen 1908 auf die Nachricht von seiner Erkrankung an sein Sterbebett zu eilen, ihn in den letzten Tagen zu pflegen und Zeuge seines seligen Hinscheidens zu sein. Er starb am 5. November 1908, nachdem er noch am 1. November die hl. Messe gelesen, am Morgen des Todestages aus meiner Hand die hl. Wegzehrung empfangen hatte. Seine Überreste erwarten die glorreiche Auferstehung zu Füßen des Maximus-Altares in der Galenschen Kapelle im Dom, wo auf seine Veranlassung der vielbesuchte Kreuzweg errichtet ist."

An St. Matthias in Berlin

Im Jahre 1906, als den bischöflichen Oheim die Kräfte immer mehr verließen und anstrengende Amtshandlungen ihm unmöglich geworden waren, nahm Clemens August Abschied von Münster und seinem Dom. An der Seite seines Oheims — ein von ihm verfaßtes Weihegebet an die Mutter Gottes, voll inniger Schönheit, fand sich im Brevier des verstorbenen Kardinals — hatte er auf den Firmungsreisen einen bedeutsamen Teil des Bistums mit seiner Vielfältigkeit von Stadt, Land und Industrie kennengelernt. Auch das lag im Plane der göttlichen Vorsehung — für den späteren Bischof von Münster. Nun verließ er die heimatliche Diözese, um als Seelsorger nach Berlin zu gehen, an die St. Matthias-Pfarrkirche, die nach altem Herkommen stets von Geistlichen des Bistums Münster betreut wird. Als Zwölfjähriger hatte er zum ersten Mal seine Heimat verlassen; vier Jahre blieb er in Feldkirch; dann kehrte er ins Land der Väter nach Vechta zurück. Es folgten weitere Pendelschläge zwischen Heimat und Fremde: zwischen Dinklage und Freiburg — Rom — Dinklage — Innsbruck — Münster. In diesem rhythmischen Hin und Her formten die Kräfte der Heimat und Fremde an ihm; beide hatten ihre Sendung an ihm zu erfüllen. Am stärksten mußte die Heimat bleiben; sie durfte das Übergewicht nicht verlieren. Und sie hat es in Clemens August nicht verloren. Alles, was die Fremde an Gutem schenkte, hat ihn bereichert, ihm den Blick geweitet, aber ihn nicht gefangen genommen und verschlungen. Auch das war Gottes Fügung, als sie den starken Sohn aus dem urkatholischen Westen in die Millionenstadt Berlin führte.

Clemens August spürte schon bald das Schwere der Weltstadtseelsorge. Er wußte aber auch um das Wort der Schrift: „Ich sende euch wie Lämmer unter die Wölfe." Die Liebe und Barmherzigkeit des Guten Hirten erfüllte ihn, wenn er den armen gestrandeten, von wilden Gefahren und dauernden Versuchungen umgebenen Menschen nachging in den Elendsvierteln. Franz Herwig läßt uns in seinem vor zwei Jahrzehnten erschienenen Buch „St. Sebastian vom Wedding" in jene Welt des Grauens hineinschauen, und kein geringerer als der Großstadtapostel Carl Sonnenschein schreibt über Berliner Straßenzüge: Können hier noch die Menschen die 10 Gebote halten? Mit seinem ganzen priesterlichen Idealismus ging der neue Kaplan an die Arbeit. Sein damaliger Pfarrer Sprünken, jetzt Dechant und Ehrendomherr in Emmerich, berichtet, er sei ein ausgezeichneter Seelsorger gewesen. St. Matthias war damals mit den 30 000 Katholiken eine Riesenpfarrei. An ersprießliche Seelsorgsarbeit konnte man unter solchen Umständen nicht denken. Der neue Kaplan erkannte das. Dezentralisation, Aufteilung, Abpfarrung wurden seine Lieblingsgedanken. Zusammen mit seinem Pastor ging er daran, den großen Bezirk zu „zerschlagen" und übersichtliche Arbeitsfelder zu schaffen. So entstand im Laufe der Jahre St. Elisabeth auf der sogenannten „Insel", St. Norbert mit dem gleichnamigen Krankenhaus, endlich St. Ludgerus. Die Verbindung zu den Gläubigen war nunmehr leichter geworden. Tag um Tag machte Clemens August sich auf den Weg, hinab in die Kellerbehausungen und in die Dachstuben, auch in die vornehmen Villen am Kurfürstendamm; aber in die Armenviertel ging er lieber. Viele treuherzige Menschen hat er gefunden, die so dankbar die echten Worte des Trostes entgegennahmen. Es kam, das spürte jeder, dem Priester aus dem Herzen, was er sagte. Manche Träne hat er trocknen können. Viele Bittsteller sah man vor seiner Tür; man kannte seine offene Hand, und so wurde er der Vater der Armen. Als die Norbertkirche mit dem Krankenhaus errichtet wurde, gab er sein Erbteil, 35 000 Mark, in den Baufonds. — Gewiß, viel Dornengestrüpp mußte beseitigt werden; manchen Abend ging der gute Hirt müde und enttäuscht seinen Heimweg. Und wie widerwärtig umwogte ihn dann dieses Meer von Häusern, Menschen, Schaufenstern, Lichtreklamen! Zwischen allem so viel Not und Armut, so viel Verbrechen und Schuld! Ja, St. Ignatius hatte schon recht, wenn er seinen Söhnen und allen Priestern den ersten Teil des Exerzitienbüchleins über Sünde und ewiges Gericht so bitterernst und kompromißlos vor die Seele stellt. In späteren Jahren verglich Clemens August die seelsorgliche Situation in der Reichshauptstadt mit der eines Landmannes, der auf sandigem Boden mit dem Pflug die Furchen zieht; das Erdreich ist locker, und die Furchen werden leicht gezogen, sie bleiben eine Zeitlang sichtbar, aber dann kommt der Wind und weht sie wieder zu. Gutwillig und ansprechbar sind oft die Menschen, gerade in der Großstadt; aber wie groß ist die Schwäche, wie heftig und vielfältig sind die Stürme der Versuchung und Verführung!

Der Gesellenvater

Des Großstadtseelsorgers Aufgabe war es, das sah Clemens August immer mehr ein, die Menschen innerlich stark zu machen und die auf sie einstürmende sündige Welt zu entkräften. Stark wird der Mensch in der lebendigen Gemeinschaft Gleichgesinnter. Die katholischen Vereine wurden daher seine Herzenskinder. Immer wieder machte er die Erfahrung, wie selbst in der Weltstadt mit ihrem wilden Gewoge die Ideale eines Vereines die Mitglieder zu einem unerschütterlichen Block zusammenbanden, sie geistig und seelisch ausfüllten, sie zu Bannerträgern des Laienapostolates entflammten. Gern erzählte er in späteren Jahren, wie ihm, dem Präses des katholischen Gesellenvereins in Berlin, die Aufgabe zugefallen sei, an der Vollendung des Gesellenhauses mitzuwirken, — wie er auf die Suche ging nach einem geeigneten Grundstück und es am Anhalter Bahnhof fand, mitten im Herzen der Stadt, — wie er ohne Unterlaß die kirchliche Behörde in Breslau auf die unbedingte Notwendigkeit des Baues aufmerksam gemacht habe. Er blieb der Präses, auch als Kardinal Kopp ihn zum Kuratus und selbständigen Seelsorger der mit dem Gesellenhaus verbundenen, auch von ihm erbauten Clemens-Hofbauer-Kirche ernannt hatte. Es ist schon wahr, was Dechant Sprünken schreibt: „Wie war er mit den Söhnen der großen Kolpingsfamilie verwachsen!" Fast Abend für Abend saß „Papa Galen" unter ihnen, ließ sich erzählen von ihnen, die aus allen Gauen des Vaterlandes kamen; Westfalen und Ermländer, so meinte er später mal, seien die treuesten gewesen. Diese familienhafte Atmosphäre liebte er; sie erinnerte ihn an die traute Stube des Elternhauses. In seinen Vorträgen hörten die Gesellen immer wieder die vier großen, zu erstrebenden Ziele: guter Christ, guter Staatsbürger, tüchtiger Meister und vor allem idealer Familienvater. Wie manchem wandernden Gesellen ist er in den schweren Stunden und Gefahren der Großstadt Stütze und Stärke gewesen! Er hielt es für seine ernste Pflicht, darüber zu wachen, welchen Umgang sie pflegten, welche Bücher und Zeitschriften sie lasen. Als einmal auf dem Zimmer eines als Leichtfuß bekannten Gesellen ein anstößiges Bild gefunden wurde, mußte dieser zum Präses kommen. Die Verweisung aus dem Hause, die als sicher zu erwarten war, verfügte der Präses nicht. In seiner väterlichen Art redete er dem Übeltäter ernstlich ins Gewissen. Viele Jahre später hat der so Behandelte in Ergriffenheit gestanden: „Dem Präses Galen bleibe ich ewig dankbar für seine Güte und seinen Edelmut; hätte er mich damals hinausgeworfen, ich wäre völlig unter die Räder gekommen." In eigenartiger Fügung erzählte mir wenige Stunden nach dem Niederschreiben der letzten Sätze ein Universitätsprofessor eine Begebenheit, die ihm am Tage zuvor ein christlicher Politiker in Köln folgendermaßen geschildert hatte: Als Kardinal von Galen noch unser Gesellenpräses in Berlin war, kam ich zeitweise sehr spät heim ins Gesellenhospiz. Eines Abends machte er mir selbst die Tür auf, schaute mich liebevoll, aber ganz durchdringend an und sagte: „Johannes, ich habe soeben für dich einen Rosenkranz gebetet." Das hat mich so erschüttert, daß ich jene Nachtstunde nicht mehr vergesse. — So sehen heilige Menschen aus; daran ist nicht zu rütteln; mag auch eine überheblich-blasierte moderne Menschheit achselzuckend darüber beiseite schauen.

Für Heiterkeit und sprudelnden Frohsinn hatte der Präses vollauf Verständnis. Wenn der vielgeplagte Großstadtseelsorger in später Abendstunde zur Ruhe gehen wollte, aber nicht einschlafen konnte, weil ein lustiger Kreis auf dem Zimmer eines Pfälzer Gesellen den guten Pfälzer Wein probierte, dann klopfte wohl mal der Präses an die Tür; er schimpfte nicht, sondern lächelnd meinte er, die Sitzung sei zwar sehr gemütlich, aber es sei doch auch allmählich „Kleinkinder Bettzeit".

Im Jahre 1912 nahm der Berliner Gesellenverein am Eucharistischen Kongreß in Wien teil. Als es während des Festzuges plötzlich stark zu regnen anfing, rollten die Abordnungen ihre Fahnen ein. Auch die Berliner Gesellen schickten sich an, das Gleiche zu tun. Da rief der Präses mit durchdringender Stimme ihnen zu: „Unsere Fahne wird nicht eingerollt, und wenn ich selbst eine neue kaufen muß; der Herrgott ist mir das wert." Hohes und Heiliges dem Krämergeist kleinlicher Berechnung zum Opfer bringen —, nichts war dem

Sohn aus dem alten Adelsgeschlecht mehr zuwider. Auch das hatte Gott ihm ins Herz gelegt; es sollte die Kraftquelle für Größeres werden.

Die von ihm betreute Clemens-Hofbauer-Kirche, die inmitten moderner Backsteinbauten und mehrerer Binnenhöfe lag, wurde an allen Tagen gut besucht, insbesondere auch von den Abgeordneten des Reichs- und Landtages. Als Kuratus wohnte er in einer Etagenwohnung über den Räumen des Gesellenhospizes mit drei geistlichen Mitbrüdern in der gleichen Haushaltung, die von Grauen Schwestern besorgt wurde. Selten kamen prominente Besucher zu einem schlichten Mahl. Für derlei Dinge fand sich keine Zeit. Er selbst hatte nur zwei Zimmer mit mönchisch einfachen Möbelstücken. In einer Ecke stand ein Satz langer Pfeifen, die sich durch die „flottere" Zigarette nicht hatten verdrängen lassen. Auch darin wollte er den Sitten der Väter die Treue halten.

Tod der Eltern

Von 1906 bis 1919 war Clemens August Kaplan und Kuratus in Berlin. Am Anfang jener Jahre starb der Vater, an deren Ende die Mutter. Für den Priester bedeutet das Sterben der Eltern mehr als für Söhne und Töchter, die nicht allein durchs Leben gehen, sondern in Gemeinschaft einer neugegründeten Familie das Tiefste an irdischer Heimat gefunden haben. Am 5. Januar 1906 hat Gott den Erbkämmerer Grafen Ferdinand Heribert von Galen durch einen sanften gottseligen Tod zu sich genommen. Noch am Tage, da die Lungenentzündung abends sich zeigte, hatte er an einer Dinklager Gemeinderatssitzung teilgenommen und zwei Tage vorher wie immer zu Fuß um 4 Uhr früh die Weihnachts-Ucht in der Pfarrkirche besucht. Mit dem Weihbischof und dessen Bruder Wilderich knieten die Mutter und alle noch lebenden Kinder außer den Klosterschwestern um sein Sterbebett. Wie sein Vater Matthias starb auch er in der Weihnachtszeit. Mit christlichem Starkmut, ja mit „übernatürlicher Freudigkeit" hat die Mutter den Tod hingenommen und sogleich nach seinem Verscheiden in tapferer Selbstbeherrschung das Magnifikat vorgebetet. Und doch lag seitdem eine stille Trauer über ihrem von Natur so fröhlichen Wesen. Sie konnte sich nicht entschließen, die Burg Dinklage, den Schauplatz.so langen Familienglücks, zu verlassen und auf den Witwensitz des Galenschen Hofes in Münster überzusiedeln. „So hat sie uns", schreibt der Chronist, „den fernweilenden Kindern, nicht nur das Elternhaus, sondern auch die liebe Heimat erhalten, wo wir mit den Kindheitserinnerungen sie selbst und ihre mütterliche Liebe und Fürsorge stets wiederfinden konnten. Ich darf wohl behaupten, daß es wirklich unser, der Kinder, aller eifriges Bestreben war, unsere liebe Mutter auf Händen zu tragen." Ihre Tochter Paula Ursula, die durch mannigfache körperliche Leiden an der Ergreifung des Klosterberufes gehindert war (1923 starb sie und wurde als Oblatin des Benediktinerordens in der Klosterkirche zu Gerleve begraben), blieb bei der Mutter; sie beide haben 14 Jahre hindurch in Dinklage ein stilles, man kann fast sagen, ein ganz gottgeweihtes Leben geführt. Nach dem Tode ihres ältesten Sohnes Friedrich 1918 nahm die Mutter ihren jüngsten Sohn Franz und dessen Familie zu sich. Am 24. März 1920 wurde sie auf der Haustreppe, vom gewohnten Nachmittagsbesuch in der Kapelle zurückkehrend, vom Schlage getroffen. Bei vollem Bewußtsein konnte sie noch die Sterbesakramente empfangen; am 26. März, dem Tage der sieben Schmerzen, schlummerte sie sanft in die Ewigkeit hinüber. 26 Jahre später, auch in den Tagen am Ende des Märzmonates, hat die Mutter ihren großen Sohn zu sich heimgeholt.

Weg der Geschwister

Clemens August hatte jetzt nur mehr seine Geschwister. Den ältesten Bruder Friedrich hatte er im November 1918 verloren. In jungen Jahren begab sich dieser, auf das Recht der Erstgeburt verzichtend, nach Rom, um im Collegium Germanicum Theologie zu studieren. Eine Krankheit zwang ihn, das Studium wieder aufzugeben. Von neuem versuchte er es im Collegium Borromäum in Münster; aber auch hier trat die Krankheit hindernd in den Weg. Er erkannte, daß Gott ihn nicht zum Priestertum berufen hatte. So trat er in das Erbrecht wieder ein und heiratete die Freiin Paula von Wendt, deren Vater es gewagt hatte, während des Kulturkampfes im Preußischen Landtag die Bulle Papst Pius' IX., durch welche die Maigesetze Bismarcks verurteilt wurden, unter den Wutausbrüchen des Hauses vorzulesen, sodaß daraufhin die Zeitungen die Möglichkeit hatten, die Bulle als Protokollbericht des Landtages der Öffentlichkeit bekanntzugeben, während vorher der Abdruck verboten gewesen war. In Assen, wo das junge Paar Wohnung nahm, verlief das Tagewerk in derselben religiösen Atmosphäre wie in Dinklage. Graf Friedrich, der lange Jahre Mitglied des Herrenhauses und dann des Reichstages war, fuhr gewöhnlich am Samstagabend mit dem Nachtzug von Berlin ab und blieb nüchtern, um morgens in der Assener Kapelle die hl. Kommunion empfangen zu können. Als einmal in Soest, so berichtet Pfarrer Schackmann, der 13 Jahre hindurch auf Haus Assen Vikar gewesen ist, der Nachtzug Verspätung hatte und die Kleinbahn nach Lippborg, der Assen am nächsten gelegenen Station, abgefahren war, ging Graf Friedrich nüchtern zu Fuß nach Östinghausen, empfing dort die hl. Kommunion, marschierte dann nüchtern weiter nach Haus, insgesamt eine Strecke von drei Stunden. Seine öffentlichen Reden waren Predigten im besten Sinne des Wortes, so seine Ansprache bei der Tagung des Eucharistischen Apostolates in Köln. 1911 war er Präsident des Katholikentages in Mainz. Sein einziges Kind, eine Tochter, wurde Ordensfrau in der Genossenschaft der Clemens-Schwestern. Nach seinem Tode ging daher das Erbrecht auf den nächstältesten Bruder August über. Dieser war aber schon 1912 als Landrat in Bonn gestorben; somit wurde dessen zweitältester Sohn — der älteste war im Weltkrieg gefallen —, Graf Bernard von Galen, Erbkämmerer und jetziges Haupt der Familie auf Haus Assen. Zwei leibliche Brüder des Bischofs leben noch heute. Der Benediktinerpater Augustinus lebt in Freiburg in der Schweiz; er war Beichtvater des 1914 ermordeten Erzherzogs Ferdinand von Österreich. Graf Franz, der seine Jugendzeit in enger Verbundenheit mit Clemens August verbrachte, ist als Zentrumsabgeordneter bekannt geworden. 1932 warnte er eindringlichst vor dem Nationalsozialismus; eine diesbezüglich im Münsterland gehaltene Rede liegt heute im Manuskript noch vor. Als einziger seiner Fraktion legte er vor der Abstimmung über das Ermächtigungsgesetz 1933 sein Mandat als Abgeordneter des Preußischen Landtages nieder. Aus wiederholten Gesprächen bei Tisch, die erstaunlich freimütig geführt wurden, weiß ich um den Ingrimm, mit dem er den Sturz des Nazismus alle die Jahre herbeisehnte. 1944 schleppte man ihn in Verbindung mit dem 20. Juli ins KZ Oranienburg, aus dem er in den Tagen des Zusammenbruchs glücklich entkam. Drei Söhne und seinen Schwiegersohn hat er im Kriege verloren. — Außer der schon genannten Schwester Paula starben zwei Schwestern von Clemens August als Ordensfrauen im Kloster. Eine Schwester, nämlich Agnes, heiratete und wurde die Gattin des Freiherrn von Wendt in Gevelinghausen im Sauerland.

PFARRER IN BERLIN

Im Jahre 1919 mußte der Kuratus von St. Clemens sein geliebtes Kirchlein und die große ihm ans Herz gewachsene Kolpingsfamilie verlassen. Mit Einverständnis des Heimatbischofs Poggenburg war er zum Pfarrer von St. Matthias ernannt worden. In die große Gemeinde, die er 8 Jahre zuvor als Kaplan verlassen, kehrte er mit leichtem Gepäck zurück. „Er telephonierte uns", so berichtet der damalige Kaplan Holstein, „daß seine Möbel gleich kämen, wir möchten sie ihm aufstellen. Ob er denn nicht selbst kommen und anordnen wolle, wie alles eingerichtet werden solle, fragten wir. ‚Nein, das ist nicht nötig, stellt sie nur auf, es wird schon recht werden!' Und dann kamen die Möbel. Für sein Arbeitszimmer ein großer brauner Tisch mit grünem Tuch überspannt, es war sein Schreibtisch; daneben ein Tischchen mit Schreibmaschine, hohe Regale für seine Bibliothek, eine alte Kommode in Mahagoni, zwei alte lederne Klubsessel und einige Wiener Stühle. Das war alles. Dazu allerdings viele Bilder, Photos seiner Familie für Schreibtisch und Wände, ein großes Ölgemälde seines großen Vorbildes, des Bischofs Ketteler. Ebenso einfach war sein Wohnzimmer: ein diwanähnliches Polstermöbel, so unbequem, daß niemand sich darauf setzen wollte, ein tannener Bücherschrank, ebenso Tisch und vier

Stühle, gelb gebeizt. Kein Teppich, keine Gardine. Als wir beim Auspacken von diesen Dingen nichts fanden, telephonierten wir nach St. Clemens, ob derlei nicht mitgenommen sei; wir erhielten die schroffe Antwort, daß er solche Sachen nicht wolle. Die Leute könnten durch die Fenster ruhig sehen, was er tue. Neue Gardinen haben wir ihm aber doch aufgehängt, und er hat sie hängen lassen. So kahl und ungemütlich war es in seinem Arbeitszimmer, auch wenn wir Konveniat hielten. Er nahm dann die Schreibmaschine von dem kleinen Tisch, stellte diesen an den Kachelofen, die Sessel und Stühle um ihn herum."

Zu demselben Thema wußte die Haushälterin Katharina Bußmann auch einiges zu berichten: „Als ich vor 26 Jahren, am 1. März 1920, bei ihm die Stelle antrat, fand ich in der Wohnung kein Sofa vor. Nach der Inflation wurde ein Sofa und ein kleiner Teppich gekauft. Zeitweise ging es im Pfarrhaus sehr beengt zu; für die Einrichtung des Caritasbüros stellte er das letzte Fremdenzimmer zur Verfügung." In seiner Kleidung war er äußerst schlicht und spartanisch herb. Als die Haushälterin Stimmen aus der Gemeinde hörte, der Mantel des Pfarrers sei allmählich altersschwach, er schimmere schon in zartem Grün, da wandte sie ein Radikalmittel an und versteckte den Mantel; es blieb nichts anderes übrig, als einen neuen zu kaufen. Ein ähnliches Verfahren führte auch bei den Hüten zum Erfolg. Im Sommer und Winter trug er dieselbe Unterwäsche, stets aus Leinen; bei starker Kälte oder Erkältung zog er seine berühmte Lederjacke an, die er auch bei der Bombardierung des Bischöflichen Hofes im Oktober 1943 getragen hat. Dieselbe Zielsetzung harter Lebensführung, die im tiefsten von rein religiösen Motiven bestimmt war, beobachten wir an ihm bei Speise und Trank. Schwestern des hl. Franziskus besorgten die Küche. Beim bescheidenen Mittagsmahl, das er in der von ihm zeit seines Lebens geförderten Vita communis, in Gemeinschaft mit seinen Kaplänen einnahm, duldete er kein Wort der Kritik über Speisen; so hatte er es im Elternhaus gelernt, und so wollte es sein klösterlicher Sinn. „Guet Swien frett alles", war der urwüchsige Ersatz bei fehlendem Gewürz. Sogenannte Zwischenmahlzeiten wie zweites Frühstück lehnte er ab. Als eines Tages der Milchhändler auf Veranlassung der Haushälterin ihm einen 10-Uhr-Trunk verabreicht hatte, weil er so schlecht aussehe, erging sogleich die Weisung an die Haushälterin: Einmal und nicht wieder. „Das Fasten", so berichtet Pfarrer Holstein, „war für den großen, stark gebauten Mann keine Kleinigkeit. Da wir in Berlin mittags spät vom Schulunterricht zurückkamen, aßen wir gewöhnlich erst gegen 1.45 Uhr. Bis dahin begnügte er sich mit einer kleinen trockenen Schnitte Brot und einer Tasse schwarzen Kaffee. Natürlich litt darunter auch seine Kraft. Eines Mittags erklärte ich ihm, wenn er faste, müßte ich auch fasten, worauf er entgegnete, ich sei ihm schon zappelig genug. Nun erklärte ich ihm, auch er werde bei dem strengen Fasten nervös und darunter habe nicht nur er zu leiden. Ganz erstaunt fragte er dann: ‚Merkt ihr das wirklich bei mir? Lasse ich mich so gehen?' — ‚Gewiß, das merken wir recht wohl.' Darauf schwieg er. Die Folge davon war, daß er nicht das Fasten einschränkte, sondern die Energie verdoppelte, mit der er jetzt gegen seine Nervosität anging." — Als eines Tages ein Kaplan meinte, der Nachbarpfarrer sei nervös, da sagte Clemens August: „Was heißt schon nervös? Der Mensch muß sich beherrschen können. Ich möchte auch oft losschimpfen, aber ich beherrsche mich." Ja, so war Clemens August, erst recht später als Bischof, wie noch an anderer Stelle zu zeigen sein wird. In einer Beziehung hat er den „alten Adam" nicht ganz zu Boden bekommen; auch in der Fastenzeit vermochte er der langen Pfeife nicht ganz untreu zu werden; seine Arbeitskraft hätte zu sehr gelitten.

Es ist ergreifend zu lesen, was einer seiner Kapläne über das Innenleben des Pfarrers von St. Matthias niedergeschrieben hat: Jeden Samstagabend ging er zu seinem ältesten Kaplan aufs Zimmer, kniete dort nieder und beichtete seine Sünden. Dem Kaplan war es anfangs furchtbar schwer, seinem Pfarrer, der als Priester haushoch über ihm stand, Beichtvater und Gewissensberater zu sein. „Ich bat ihn beim ersten Mal, doch davon abzustehen, und flehte ihn inständig an; doch er bestand darauf. Ich war so ergriffen von dieser demütigen Art, daß ich beim ersten Mal in der Absolutionsformel verkam ... Wenn er in die jährlichen Exerzitien ging, kam er immer vorher zu mir mit der Bitte, ihm zu sagen, worauf er besonders zu achten habe und welche Fehler er ablegen solle ... Rührend und tief ergreifend war es, mit welcher Demut, mit welch heiligem Streben er die Mahnungen, die zu geben mir so schwer fiel, annahm und wie er in der Folgezeit die Fehler abzulegen sich bemühte."

Solche Sätze, voll Zartheit und seelischer Größe, für die manchem modernen Menschen das Verständnis fehlen mag, dürfen in einer Biographie nicht verschwiegen werden. Es sind die schönsten Farben in seinem Lebensbild. Jenem Kaplan hat er zur Feier des 25jährigen Priesterjubiläums sein Bischofsbild geschenkt und darunter die Worte geschrieben: „In domo Dei ambulavimus cum consensu — Eines Sinnes sind wir gewandelt im Hause des Herrn."

Auf seinen Wunsch hin hatten die Schwestern die Kapelle über sein Zimmer verlegt; ganz nahe wollte er seinem Meister sein; nur eine Treppe trennte ihn vom eucharistischen Heiland. „Als ich eines Abends", so teilte eine dort tätig gewesene Schwester mit, „es mochte zwischen 10 und 11 Uhr sein, in die Kapelle kam, um eine Besuchung zu halten, bemerkte ich in einer der ersten Bänke den Pfarrer von Galen. Nach einiger Zeit stand er auf, ging auf den Altar zu, kniete nieder, streckte die Arme weit aus, sodaß er mit den Armen unsern nicht großen Altar umfaßte, und legte sein Gesicht ganz nahe an den Tabernakel. So kniete er längere Zeit im Gebete. Ich wagte kaum zu atmen; denn er hatte meine Anwesenheit wohl nicht bemerkt, da ich ja auch an der unteren Tür hereingekommen war. Nach einiger Zeit stand er auf und ging hinaus. Ich war von dem Vorgang so ergriffen, daß er mir immer lebendig im Gedächtnis geblieben ist."

Fast jeden Nachmittag ging er zum Friedhof, wo er die neue Fideliskirche erbaut hatte, um hier zwischen den Gräbern sein Brevier und in der Fastenzeit täglich den Kreuzweg zu beten. Anschließend besuchte er die Kranken. Besuche zu seinem eigenen Vergnügen machte er nicht. Einladungen zum Mittag- oder Abendessen in Laienkreisen lehnte er ab; auch verkehrte er nicht in Adelskreisen. Weibliche Personen durften, außer wenn sie mit ihm verwandt waren, nie in sein Arbeitszimmer geführt werden. Mit den zu Besuch weilenden weiblichen Verwandten pflegte er nicht zu speisen, weil er mit seinen Kaplänen beim Mittagsmahl zusammen sein wollte. Fürwahr, ein Mann klösterlicher Regel und Härte.

Solche Gesinnungen im Herzen tragend, folgte er dem großen Wort des hl. Franz Xaver: „Da mihi animas, cetera tolle — Gib mir Seelen, Herr, alles andere kannst du mir nehmen." Auf den weiten Dornenwegen des guten Hirten begann kein Tag ohne das in heiliger Ehrfurcht gefeierte Opfer, kein Tag ohne die halbstündige Morgenbetrachtung. Es waren die Quellen der Kraft in der Wüste der Großstadt. Ob er im Beichtstuhl die Sünder wiederaufrichtete, ob er in die Dachwohnungen der Verlassenen hinaufstieg, immer stand das Bild des guten Hirten vor seiner Seele. Ihm suchte er ganz gleichförmig zu werden. Gewiß, es lag ihm nicht, auf der Kanzel der Reichshauptstadt hinreißende Predigten zu halten; schlicht war sein Wort und ohne besonderen Schwung der Tonfall seiner Stimme. Predigtliteratur benutzte er nie, weil sie ihm nicht das bot, was er suchte, wie er ja auch sonst seinen Weg nach seinem eigenen Gewissen ging und sich überall seine eigenen Gedanken machte. Und doch wirkten seine Predigten auf das einfache gläubige Volk, das in ihnen nicht ein religiöses Erlebnis, eine Sensation oder einen ästhetischen Genuß erwartete, sondern das starke Brot des Lebens, auf die Dauer tiefer und nachhaltiger als feingeschliffene und vollendet vorgetragene Predigten. Mehr als einmal geschah es, daß gerade die kunstlose, aber ganz fromme Art seiner Predigt jemanden zur Beichte zurückführte. Es stand eben hinter jedem Wort die demütig gläubige, für Christus wirkende Persönlichkeit, der warme, werbende, bittende Ton des um seine Herde besorgten Hirten, der seine Schafe lockt. War es ein Geheimnis, wenn die aus der Echtheit solchen Wollens formulierten Worte tiefer in die Seelen drangen als das brillierende Feuer der glänzenden Kanzelredner anderswo?

Wenige Monate nach seiner Pfarreinführung ließ er gleich eine Volksmission halten. Als während jener Tage aus der Heimat die Nachricht vom Schlaganfall der Mutter eintraf, mußte seine Umgebung zur Heimfahrt drängen, da er meinte, er dürfe in den so überaus wichtigen Tagen seine Gemeinde nicht verlassen. Seine Mutter hat er nicht mehr lebend gesehen.

Als einst eine Frau ihn um Almosen bat, erfuhr er, daß ihr dreijähriger Junge, den sie bei sich hatte, noch nicht getauft war. Sogleich ging er mit den beiden in die Sakristei und taufte im Einvernehmen mit der Mutter den Kleinen. Ganz ursprünglich und unmittelbar war in solchen Fällen sein Handeln. Eines Tages besuchte er einen kranken alten Mann, dessen gebrechliche Frau gerade damit beschäftigt war, dem Kranken frische Wäsche anzuziehen; das fiel ihr sichtbar schwer. Ohne Umstände und ohne sich lange zu zieren, griff der Pfarrer tatkräftig zu, holte aus der Küche Waschwasser usw. Solche Taten diktierte ihm sein mitleidvolles Herz. Der Seelsorger und Wohltäter der Armen und Kranken! „Ja, das war er wie keiner von uns", schreibt einer seiner damaligen Kapläne. „Aber so still, so verborgen und unauffällig. Hier gab er aus der ganzen Fülle seiner mitleidenden, gütigen und hilfsbereiten Art. Er sprach nie davon. Was er an Geld übrig hatte — und wie einfach und spartanisch lebte er! — gab er für mildtätige Zwecke. Und wie rührend saß er lange am Bette der Kranken und hörte geduldig und tröstend ihre Klagen an! Während er sonst oft schwer rang im Ausdruck seiner Gedanken, hier bei den Armen und Kranken fand er das Wort und den Ton leicht und von selbst. Von Haus zu Haus ging er zu seinen Schäflein, für Berlin eine außergewöhnliche Seltenheit. An seiner frohen und heiteren Stimmung abends bei Tisch merkten wir dann, wie er auf den Pfaden des guten Hirten so recht seine seelsorgliche Kraft hatte anwenden können, Liebe und Güte ausgeteilt, Vertrauen und Dankbarkeit gefunden hatte. Damit er keinen Armen, der bei ihm anklopfte, und keinen Kranken, der litt, vergaß, führte er darüber für sich Tagebuch, ein Beweis, wie gewissenhaft er gerade diesen Teil der Seelsorge nahm und ausübte."

Bei einer Schülerabschiedsfeier erschien ein Junge, der auf böse Abwege geraten war. Die Lehrer beachteten ihn beim Eintreten nicht und nahmen auch sonst keinerlei Notiz von ihm. Das beschämte den Armen in schlechten Kleidern. Als der Pfarrer das sah, stand er auf, reichte dem Jungen die Hand, ließ ihn neben sich Platz nehmen, unterhielt sich mit ihm während der Feier und erwähnte ihn in der Schlußansprache. Diese Begebenheit erzählte während der Tage der Kardinalserhebung in Rom ein Berliner Geistlicher, der seinerzeit als kleiner Volksschüler jene Abschiedsfeier miterlebt hatte.

Die Höhepunkte der seelsorglichen Freude waren die großen Feste

des Kirchenjahres. Da gab es für ihn keine Ruhe und Müdigkeit. Als letzter von allen Geistlichen verließ er am Heiligen Abend den Beichtstuhl. Zu Bett ging er in der Heiligen Nacht nicht. Um 12 Uhr feierte er die Mitternachtsmesse in der Schwesternkapelle über seinem Zimmer in der ganzen Ergriffenheit dieser Stunde und seines für solche Eindrücke so empfänglichen, weichen Gemütes. Fast immer, wenn er beim Verlesen des Weihnachtsevangeliums die Worte sprach: „und sie legten ihn in eine Krippe" war er so gerührt, daß er die Tränen kaum zurückhalten konnte. Nach der Christmette ging er wieder in sein Zimmer und verharrte dort im Gebet, bis um 5 Uhr in der Pfarrkirche die Licht begann. In dieser predigte er aus seinem überfließenden Herzen von der Liebe des göttlichen Kindes, teilte dann die hl. Kommunion aus und blieb bis zu Beginn des Levitenhochamtes im Beichtstuhl. Ununterbrochen gingen die Wege zwischen Kanzel, Altar, Kommunionbank und Beichtstuhl. Erst nach der hl. Messe 11.30 Uhr kam er nach Hause. Trotz der Nüchternheit zeigte er keine Ermüdung, in überströmender Freude meinte er dann lächelnd zu seinen Kaplänen: „Es ist doch ein schönes Fest."
Ebenso tief und heilig gestaltete er die Leidenstage Christi in der Karwoche. Bei den Höhepunkten der altehrwürdigen Zeremonien war sein Miterleben so stark, daß er oft die Tränen nicht zurückhalten konnte und mit aller Macht seiner großen Stimme es versuchte, die Rührung zu überwinden. Welche Freude war es für ihn, als er in den Jahren nach 1918 die Fronleichnamsprozession aus der Kirche in die Öffentlichkeit nach draußen ziehen lassen konnte! Mit welcher Freude bereitete er sie vor und führte er sie durch!

Am Gestade der Zeit

Es gab keine Gebiet der Seelsorge, über das er nicht tief nachdachte und sich ein eigenes Urteil bildete. Die Probleme der Zeit wälzte er beständig in seinem Innern; Fragen des öffentlichen Lebens wie Hebung der Religiosität in der Weltstadt Berlin bewegten ihn ununterbrochen. Es gab keine Zusammenkunft oder Tagung der Berliner Seelsorger, auf der er nicht zu den zu behandelnden Fragen Stellung genommen hätte. Und er hatte wirklich meistens etwas zu sagen, das wertvoll und brauchbar war. Neben Pfarrer Kaller von St. Michael, dem späteren Bischof von Ermland, gab es keinen Seelsorger in Berlin, der wie Galen aus sich so oft Probleme aufwarf, Lösungen erwog und Anregungen geben konnte. Nicht selten holte er seinen ältesten Kaplan ab zu Spaziergängen in den Grunewald; dann wußte dieser gleich, daß den Pfarrer wieder einmal eine Zeitfrage, ein Seelsorgsproblem nicht zur Ruhe kommen ließ; er mußte auf diese Weise seine Ansichten und Vorhaben im Gespräch klären. In den verschiedensten Einrichtungen und Plänen der Seelsorge für Großberlin hatte er seine Hand im Spiel, jedoch still und verborgen. Bis in die späten Abendstunden saß er dann an der Schreibmaschine und verfaßte lange Gutachten und Vorschläge, die er den zuständigen Stellen zuleitete. Die Errichtung des Exerzitienhauses in Biesdorf und des Jesuitengymnasiums sowie die Gründung des Winfriedbundes u. a. waren seiner starken Mitwirkung zu verdanken. Leider scheiterte sein Plan, das Gymnasium der Jesuiten mit einem Internat zu verbinden und beides draußen vor die Tore Berlins nach Stansdorf zu verlegen.

Gewiß, das eine oder andere mochte er bei seiner selbständigen Urteilsbildung etwas einseitig sehen; aber von Hause aus und durch die Erziehung besaß er ein ganz feines Gefühl für die gerade katholische Linie; es war der gesunde Instinkt, der ihn leitete. Daraus ergab sich die kompromißlose Art, mit der er in unbeirrbarer Konsequenz den unchristlichen Zeitströmungen zu Leibe rückte. Nach seiner Meinung hatten die revolutionären Ideen von 1918 auch innerhalb der katholischen Christenheit bedenklichen Schaden angerichtet. Mit Besorgnis beobachtete er, wie Autoritätsgefühl und Ehrfurcht in der heranwachsenden Jugend immer mehr schwanden, wie der moderne Mensch selbstherrlicher, überheblicher und kritiksüchtig wurde, wie man weitgehend die alten Bande der Pietät hemmungslos zerschnitt, auch im kirchlichen Bereich, gegenüber Priestern, Bischöfen und Papst. Das alles tat ihm in tiefster Seele weh; er spürte schmerzvoll, wie die Zeitmeinungen so viel Zartes in den Mitmenschen zerbrachen und zerrissen. Von Jugend auf hatte für Clemens August das Verhältnis zum Hl. Vater einen ganz besonderen Klang gehabt; es war ein inniges Treueverhältnis, an das niemand rühren durfte. Jedes Wort, das verletzend — wenn auch in etwa berechtigt — war, konnte ihn zu aufbrausendem Zorn hinreißen. So wagte einmal auf einem Spaziergang einer seiner

Kapläne Päpste des Mittelalters zu kritisieren, weil sie hin und wieder den Kirchenbann mißbraucht hätten. Clemens August konnte das nicht hören, wurde unwillig und verlangte in zornigen Worten den klaren Beweis. Der Kaplan zog es vor, auf ein anderes Thema überzulenken. Clemens August wollte ein treuer Sohn der Kirche sein, ohne alle Abstriche; ein guter Sohn aber kann es nicht vertragen, wenn die Fehler des eigenen Vaters bloßgestellt werden. In den Jahren nach dem ersten Weltkrieg fielen neben den Schranken der Autorität auch weitgehend die der Sittlichkeit. Clemens August war sittenrein aufgewachsen und durch die strenge Schule der Jesuiten gegangen. Er haßte jede Frivolität aus tiefster Seele. „Mein Vater sagte einmal: ‚Mädchen sind wie Glas, das leicht zerbricht'." In seiner großen Predigt in der Überwasserkirche zu Münster sprach er das aus: „Ich müßte mich schämen vor Gott und vor euch, ich müßte mich schämen vor unseren edlen Vorfahren, vor meinem ritterlichen seligen Vater, der meine Brüder und mich mit unerbittlichem Ernst zu zarter Hochachtung vor jeder Frau und jedem Mädchen, zu ritterlichem Schutz aller unschuldig Bedrängten, besonders jener, die als Frauen Abbilder unserer eigenen Mutter, ja der lieben Gottesmutter im Himmel sind, ermahnt, erzogen und angeleitet hat, wenn ich Gemeinschaft halten würde mit jenen, die schuldlose und schutzlose Frauen aus Heim und Heimat vertreiben". Aus dieser ehrfürchtigen Scheu heraus verhielt er sich gegenüber Frauen äußerst reserviert; das steigerte sich zeitweise zu einer Art schroffer, abweisender Haltung. Gewiß, die Mütter, die treu-katholischen Mütter hatte er sehr gern; zu ihnen fühlte er sich hingezogen als guter Hirt. Als er in jenen Jahren mit zwei Geistlichen durch die schöne Münsterländische Davert ging, radelte eine Schar Mädchen daher, die — zu damaliger Zeit noch sehr auffallend — keine Strümpfe trugen; Clemens August wurde zornig, fuhr sie an, ob sie sich nicht schämten, sie seien doch sicher katholische Mädchen. In St. Matthias war der Hirtenbrief der Bischöfe über die immer frecher sich gebärdende Frauenkleidung verlesen worden mit den betreffenden Vorschriften. Die Kapläne meinten, ohne Übergang und längere Vorbereitung könne man wohl kaum in einer Stadt wie Berlin die Vorschriften durchführen. Der Pfarrer aber verlangte es, und gleich am nächsten Sonntag begann er, das Dekret in die Tat umzusetzen.

Er überschlug an der Kommunionbank zwei junge Mädchen aus gut katholischen Familien. Es kam zu scharfen Auseinandersetzungen zwischen dem Pfarrer und den beiden Vätern. Clemens August sah ein, daß er in so rigoroser Weise nicht weitermachen dürfe. Aber es tat ihm doch bitter weh, ohnmächtig zusehen zu müssen, wie gute Sitte und Schamhaftigkeit immer mehr von den Menschen abglitten; intuitiv erkannte er, wie der furchtbare Bergrutsch für die Ehe und Familie im ganzen Abendland folgen würde. Auch hier hat er richtig gesehen.

Clemens August stand in Berlin am großen Strom der politischen Geschehnisse. Die Fragen der Sozialpolitik ließen ihn nicht zur Ruhe kommen. Wie Emmanuel von Ketteler sah er die Masse der Armen, entwurzelt, mittellos, religionslos dem Radikalismus entgegentreiben. Auch ihn erbarmte des Volkes. Die Monarchie der Vorkriegszeit war zerbrochen, die Demokratie trug ihre Banner durchs Land. Ein geschichtlicher Ablauf. Politische Parteien rangen ernstlich um den gottgewollten und notwendigen Einfluß oder nur um den Platz an der Sonne. Der Pfarrer von St. Matthias hielt sich bewußt von politischen Kämpfen fern, wenn es ihm auch oft schwer fiel. Er sah, wie jahrhundertealte Werte in den Staub sanken und mit ihnen der Glaube an Gott und Kirche. Jahre später, auf den Trümmern des Domplatzes am 8. Juli 1945, hat er als Bischof es ausgesprochen, wie in der Zeit nach der Revolution 1918 der Grund gelegt worden sei zur Gottlosigkeit des Staatslebens und damit auch die Voraussetzung für den „Aufstieg" des Hitlerreiches. Wenn man glaube, daß alle Gewalt vom Volke ausgehe und nicht vom ewigen Gott im Himmel, dann stehe der Staat auf rein menschlichen Fundamenten, und diese seien brüchig. Das mißfiel ihm an der Weimarer Republik, diese Art der Gottlosigkeit in den Fundamenten des Staates, die er dort zu sehen vermeinte. Gewiß, er hat sein Leben später eingesetzt für die unveräußerlichen Rechte der menschlichen Persönlichkeit, aber ebenso fest war er davon überzeugt, daß der Wahlzettel allein kein wahres christliches Volksleben zu schaffen vermöge. Wenn Demagogen und geschickte Trommler auf das Volk sich loslassen könnten, folge die Masse, so sagte er. Legal, eben durch den Stimmzettel, komme ein solcher Trommler an die Macht, wie wir es bei Hitler erlebt hätten. Und, so hat er bei Beginn der neuen Demokratie 1945 gegenüber hohen

Alliierten es vertreten, wenn dem deutschen Volk von außen her
die Freiheit geschenkt sei, wer garantiere dann dafür, daß nicht
auf dem Weg der Parteiherrschaft schließlich wieder eine Partei die
überwiegende Mehrheit des Volkes gewänne und dann wieder eine
Diktatur aufrichte, und das alles im Namen der Demokratie! — Clemens
August dachte konservativ, patriarchalisch; im Volk, so
meinte er, in Dorf, Stadt und Staat, müßten religiöse, untadelige
Männer die Führer sein, die den Beweis ihrer Führerbefähigung
erbracht hätten und in Wahrheit das Wohl der Gemeinschaft, aber
nicht das der eigenen Sache unerbittlich verfolgten.

Unter seinen Mitbrüdern

In einer Welt des Patriarchalischen war er aufgewachsen und wollte
er leben. Schon als Pfarrer umgab ihn die würdevolle und geruhsame
Festigkeit solcher Führergestalten aus vergangenen Jahrhunderten.
,,Es war für mich", schreibt einer seiner Kapläne, ,,leicht,
trotz des Du-Verhältnisses den nötigen Abstand zu wahren; denn
Galens Art war so fromm, so übernatürlich und er selbst eine so
geschlossene Persönlichkeit, daß sie unwillkürlich Respekt einflößte.
Er nahm sein Amt so ernst, so gewissenhaft in allen Teilen,
er war dabei so selbstlos und hilfsbereit, so innerlich geformt durch
sein tieffrommes, gütiges Wesen, daß man ihn immer mehr schätzen
und lieben mußte." Jedes Anliegen, das die Kapläne ihm vortrugen,
griff er wie sein eigenes auf, dachte darüber nach, kam wieder und
wieder darauf zurück, bis alles geklärt war. ,,Zudem hatte er eine
himmlische Geduld mit uns, den noch oft sehr ausgelassenen jungen
Kaplänen, mit unseren Mängeln, Fehlern und Ansprüchen; er
ertrug uns in feinster Liebe und Freundschaft. Später als Bischof
erklärte er mir mal, daß ich ihn oft geärgert hätte. Das war gewiß
unbewußt von mir; aber ich glaube schon, daß hier meine der
seinigen so entgegengesetzte Art ihm auf die Nerven gehen mußte."
Ein Beispiel für seine selbstlose Liebe. 1920 war mit seiner Hilfe
das Berliner Exerzitienhaus der Jesuiten fertig geworden. Da die
ersten Exerzitien für Priester und zwar von dem bekannten Pater
Lippert gehalten werden sollten, wollte Clemens August gern diese
hl. Übungen in dem ihm so lieben Haus mitmachen. Als er jedoch
hörte, daß seine drei Kapläne denselben Wunsch hatten, trat er

sogleich zurück und war nicht mehr zur Teilnahme zu bewegen. Nie bürdete er seinen Mitarbeitern eine Aufgabe auf, die er selbst erledigen konnte; im Gegenteil, immer, wenn er merkte, daß ihnen eine Sache unangenehm oder lästig wurde, nahm er die Arbeit selbst auf sich. Diese gutmütige Art des Pfarrers belegten die Kapläne mit einem Spitznamen. Um sein eigenes Wohlbefinden und um seine eigene Gesundheit kümmerte er sich nicht; über Beschwerden und Schmerzen ging er hinweg; das mußte ertragen werden. Aber für andere, für seine Kapläne, war er besorgt; sie schickte er zum Arzt, verlangte Schonung und Ruhe.

Treue war für ihn kein leeres Wort. Über die in Aussicht genommene Versetzung seines ältesten Kaplans mußte er Schweigen bewahren. Als dieser später erfuhr, daß sein Pfarrer darum gewußt, aber nichts gesagt habe, wurde er sehr unwillig. Mit Tränen in den Augen gestand der Pfarrer seinem Kaplan, der Kardinal von Breslau habe ihm Schweigen auferlegt. In solchen Fällen schwieg er wie das Grab. Noch bezeichnender aber war es, daß er am gleichen Abend zum Kardinal nach Breslau fuhr, um die Versetzung rückgängig zu machen. — Wie für fast jeden Geistlichen, waren auch für ihn die Stunden des Koneviats der Inbegriff schönster priesterlicher Freude. Inmitten seiner Kapläne saß er dann wie ein Vater, in der Hand die lange Pfeife, von der in der Wohnung jedes Geistlichen ein Exemplar von entsprechender Länge bereitgehalten wurde. Nach den anfänglichen ernsten Gesprächen über Seelsorgsfragen nahm man bald Kurs in ein recht fröhliches Geplauder, wo Witz, Humor und schallendes Gelächter einander ablösten. Der Pfarrer tat nach Herzenslust mit; aber die jungen Kapläne waren zumeist noch schlagfertiger, sodaß er einmal nach einem Koneviat treuherzig gestand: „Ich weiß gar nicht, wo ihr so schnell die Antworten alle herbekommt; mir fallen sie erst abends im Bett ein." Und doch war er selbst ein vorzüglicher Plauderer mit einer sehr urwüchsigen und witzigen Ausdrucksweise. Dabei vermied er es stets, andere zu kritisieren. Es war ihm ein Bedürfnis, nach Lichtseiten im Verhalten der Mitmenschen zu suchen und diese gegen Angriffe in Schutz zu nehmen.

Im Frühjahr machte er stets mit seinen Kaplänen einen Tagesausflug in die Mark Brandenburg. Das müssen herrliche Stunden gewesen sein; mit Begeisterung erzählen seine ehemaligen Kapläne noch heute von solchen Ausflügen während ihrer Berliner Jahre. So tief saß der alte Jäger noch in ihm, daß er alljährlich im Oktober den einen oder anderen Kaplan in den Kaiserlichen Wildpark mitnahm, wo er dann nicht müde wurde, die Hirsche zu beobachten. Ernst und Schweigsamkeit wichen von ihm, mit hellen Augen erzählte er von seiner Jugend, den langen schönen Ritten durch das Oldenburgerland und den Weidmannsfahrten. Für Theater, weltliche Musik und schöne Literatur hatte er wenig Verständnis. Romane las er nie, wohl geschichtliche Werke. Die Kapläne besaßen einen Grammophonapparat mit sehr feinen Platten klassischer Musik. Viel Sinn hatte er nicht dafür; als ihm einmal die Vorführungen zu lange dauerten, meinte er: „Habt Ihr denn gar keinen vernünftigen Militärmarsch?" Der erste lyrische Tenor an der Staatsoper, Alexander Kirchner, war ein tieffrommer Mann und bat eines Tages den Kaplan Holstein, doch den Pfarrer zu bewegen, in eine Parsifal-Aufführung zu kommen; er wolle gern einmal den Parsifal vor seinem Pfarrer singen. Clemens August wies zuerst das Ansinnen zurück. Als aber der Kaplan ihn bat, Kirchners wegen es zu tun und diesem treuen Menschen die Freude zu machen, gab er resigniert nach, schellte seine Haushälterin herbei und sagte: „Katharina, machen Sie mir ein paar Butterbrote, ich muß in die Oper."

Brief an die Heimat

Ja, die Großstadt, selbst mit ihren schönen Geschenken, blieb ihm letztlich innerlich fremd. Auch in Berlin ist er der naturverbundene Sohn der weiten westfälischen Erde und ihrer schweigenden Wälder geblieben. Wie oft ging in den stillen Abendstunden seine Sehnsucht zurück in dieses Land seiner Väter! Wie eingeengt fühlte er sich zwischen den Häusermassen der Weltstadt, fast erdrückt wie von einem Sündenbabylon! Er sah, wie das Gift der Entchristlichung und Gottlosigkeit aus den Großstädten immer mehr aufs Land getragen wurde. Voll Sorge schaute er darum auch auf den katholischen Westen. Am 16. Januar 1928 schrieb er einen 9 Seiten langen Brief in Maschinenschrift an seinen Neffen Bernard, der in jenen Tagen 21 Jahre alt und damit der Erbkämmerer und das Haupt der Familie von Galen geworden war. Dieser Brief enthält tiefe Gedanken und, ungeachtet dessen, daß er aus einem ganz persönlichen Anlaß geschrieben wurde, so viel Allgemeingültiges, daß seine Zeilen hier insgesamt, besonders für die heranwachsende Generation, abgedruckt zu werden verdienten. Nur wenige Gedanken und Sätze können jedoch in diesem Zusammenhang herausgestellt werden.

„Wehe euch, ihr Reichen, wehe euch, die ihr satt seid!" so beginnt tiefernst das Schreiben des geistlichen Onkels an seinen Neffen; „wie schwer ist es für einen Reichen, ins Himmelreich einzugehen!" Es klingt wie ein Anliegen unserer Tage, wenn es dann heißt, alle, die mit dem Eigentümer arbeiten, die Dienstboten, Beamten, Arbeiter, Pächter, hätten auch ein Anrecht darauf, an den Früchten des Besitzers zu partizipieren. „Wenn der Besitzer die rechte Ordnung zu seinem Besitz nicht einhält, entweder ihn selbstsüchtig nur für sich gebraucht oder ihn vernachlässigt oder verkommen läßt, schadet er nicht nur sich selbst, sondern tut auch Unrecht gegen alle jene, die, selbst mehr oder weniger besitzlos, mit ihm von den Früchten leben müssen. Jeder Besitzer soll sich nach einem Wort des Onkels, Bischof Ketteler, nicht als ‚Herr', sondern als ‚Verwalter' betrachten." In väterlich liebevollen Worten legt er seinem Neffen ans Herz, in seiner ganzen Lebensführung das Beispiel der Vorfahren stets vor Augen zu haben. „In Assen und Dinklage stehen Hauskapellen, von Deinem Urgroßvater erbaut. Als gläubige Christen haben die Vorfahren den Wert des täglichen Besuches der hl. Messe so hoch eingeschätzt, daß sie nicht geruht haben, bis man ihnen erlaubte, ein Gebäude ihres Besitzes als Gotteshaus einzurichten und einen Priester fest in ihren Dienst zu nehmen, der täglich für sie die hl. Messe liest, ihnen, ihren Familien und Hausleuten den täglichen Besuch der hl. Messe leicht macht. Mit dem Besitz der Hauskapellen haben sie fast priesterliche Funktionen übernommen und die Verantwortung, die Wohnung Gottes bei den Menschen der Majestät Gottes entsprechend auszustatten, zu pflegen und als ehrwürdigsten Teil ihres Besitzes in Ehren zu halten."

Über die Rechte und Pflichten des Patronatsherrn heißt es: „Ich weiß nicht, ob der Bischof auch Dir diesen Verzicht nahelegen wird. Wenn ja, würde ich Dir raten, auf das Patronatsrecht zu verzichten, denn die Verantwortung für die richtige Besetzung einer Pfarrstelle, von der doch so viel für das Heil der Seelen abhängt, ist so groß, daß man sie, wie mir scheint, vernünftigerweise von Herzen gern dem Bischof allein überlassen möchte. Auf jeden Fall möchte ich Dir raten . . ., nur einen solchen für ein geistliches Amt zu präsentieren, von dem Du Dich vorher vergewissert hast, daß der Bischof mit seiner Kandidatur voll einverstanden ist . . . Wenn Du die anderen Rechte hast und behältst, dann mache doch auch von ihnen nach Möglichkeit regelmäßig Gebrauch! Trotz der Unbequemlichkeit, die in dem weiten Weg liegt, und obgleich Du der Sonntagspflicht in der Assener Kapelle genügen kannst, denke daran, daß Dein den Vorfahren verliehener Ehrensitz leersteht, wenn Du ihn nicht wenigstens beim Pfarrhochamt am Sonntag benutzest, daß der sich der Ehre unwürdig macht, der durch Vernachlässigung zeigt, daß er die Ehre nicht zu würdigen weiß." Über mehrere Seiten hin bittet der Onkel seinen Neffen, wie nur ein Vater seinen Sohn bitten und ermahnen kann, doch auch in Dinklage die uralte Tradition zu pflegen, als echter katholischer Edelmann in echter Verbundenheit mit dem dortigen Volk zu leben und ihm stets ein Vorbild im Geiste der Vorfahren zu bleiben. — „So, nun bin ich aber am Ende meiner Vorlesung. Vielleicht bist Du auch schon das Geschreibsel des altmodischen Onkels längst leid. Verzeih' die unerbetene Einmischung! Es ist gut gemeint, und Du wirst es auch so aufnehmen, nicht wahr?! Mit herzlichem Gruß Dein alter treuer Ohm . . ."

Als der Neffe im Januar 1947 diesen Brief seines Oheims mir zusandte, hieß es u. a. in dem Begleitschreiben: „Es kommt mir immer wieder wie ein untrüglicher Beweis dafür vor, daß er wirklich selbst ein großer Heiliger ist, wenn wir ihn nicht nur als seine Zeitgenossen aus persönlicher Wertschätzung und Verehrung betrauern und seine mächtige Erscheinung in den Bedrängnissen der Zeit jetzt entbehren, sondern wenn wir auch feststellen können, wie sehr der Maßstab, mit dem die hl. Kirche, ja mit welchem Gottes Wort selbst die Heiligen Gottes mißt, auch bei ihm Gültigkeit hat."

Die Berliner Jahre gingen für Clemens August zu Ende. Bischof Johannes Poggenburg rief 1929 den Sohn der Roten Erde zurück in die Heimat, ihn, der 23 Jahre hindurch in der Steinwüste der Reichshauptstadt unermüdlich gearbeitet und seine beste Manneskraft dort verbraucht hatte. Jahre zuvor waren bei einer Festfeier zu Ehren des Pfarrers von einer Schülerin einige Verse vorgetragen worden, die heute nicht nur heiter, sondern auch prophetisch anmuten:

> „Ein Sprüchlein sag ich Dir, ganz kurz und gut,
> Es macht mir wenig Qual,
> Trägst du nur erst den Bischofshut,
> Wirst du auch Kardinal."

Schweren Herzens nahm er Abschied von seiner Gemeinde und seinen Mitbrüdern. Bevor er seinen Kaplänen die Hand reichte, kniete er vor jedem einzelnen nieder, bat um den priesterlichen Segen und gleichzeitig um Verzeihung, wenn er ihm einmal Unrecht angetan. Jedem schenkte er eine Krankenpatene mit den eingravierten Worten: „Memento mei C. G."

ST. LAMBERTUS UND ST. LUDGERUS

Der Turm mit den Käfigen der Wiedertäufer

Die ersten Sonnenstrahlen des 24. April 1929 fielen auf die Spitze des hohen gotischen Turmes der Stadt- und Marktkirche St. Lamberti. Der Prinzipalmarkt war in ein Meer von Fahnen und Grün getaucht. Vor dem Rathaus wehte das Wahrzeichen der Stadt. Die hohen Pforten des Kirchenportals öffneten sich langsam. Dichtgedrängt erwarteten die Gläubigen die Prozession mit ihrem neuen Pfarrer. Weit überragte die Gestalt, auf die alle Blicke gerichtet waren, in schlichter Priesterkleidung alle geistlichen Mitbrüder. Zum ersten Mal stieg Pfarrer von Galen die Stufen der Kanzel hinauf, um, wie es seit Jahrhunderten der heilige Ritus vorschreibt, das Evangelium vom guten Hirten zu verlesen. Zum ersten Mal sah er zu seinen Füßen die große Herde, die der Bischof ihm inmitten der Hauptstadt Westfalens anvertraut hatte. An den Taufstein wurde er geführt, zum Tabernakel und an den Beichtstuhl, in sinnvoller Darstellung der Vollmachten des pastor animarum. Im Chorstuhl knieten die Räte der Stadt, an ihrer Spitze Oberbürgermeister Sperlich, geschmückt mit der goldenen Amtskette. Nach der kirchlichen Feier erschien das Oberhaupt der Stadt im Pfarrhaus, um namens der Bürgerschaft den neuen Pfarrer der „Stadt- und Marktkirche" willkommen zu heißen. In seiner Ansprache fand er ebenso herzliche wie edle Worte über die uralten Beziehungen der Stadtverwaltung zur ältesten Stadtpfarrkirche St. Lamberti, ein Beweis und Zeugnis für die unwandelbare katholische Grundlage des öffentlichen Lebens in Münster. Solche Sätze waren dem neuen Pfarrer aus der Seele gesprochen. Allein, er hatte in Berlin erlebt, wie Jahr um Jahr das Christentum mehr aus der Öffentlichkeit verdrängt wurde. Der Geist des Materialismus und reiner Diesseitsorientierung hatte die Masse der Menschen gepackt und wie betäubt in die Irre getrieben. Nach fast 25 Jahren war er in die heimatliche Bischofsstadt zurückgekehrt. Welcher Wandel hatte sich inzwischen auch hier vollzogen, — infolge des Weltkrieges und der verwirrenden Nachkriegszeit! Gewiß die traditionellen Formen im öffentlichen Leben der Stadt waren geblieben: aber war nicht manches leere Form, vielleicht sogar Fassade geworden?

Wie oft schaute der neue Pfarrer, wenn er von seinen Seelsorgsgängen zurückkam, mit einer gewissen Beklommenheit zum alten Lambertiturm hinauf! Hatten die drei Wiedertäuferkäfige dort oben den Menschen der Jetztzeit nicht eine eindringliche Predigt zu halten? War nicht bei vielen, die äußerlich sich zur Herde Christi zählten, im Innern fast alles morsch geworden? Zog nicht im Deutschland der Gegenwart etwas Ähnliches herauf wie eine Wiedertäuferzeit? Immer deutlicher und unheimlicher erschienen die Konturen des Verhängnisses am Horizont.

Im Jahre 1932 schrieb der Pfarrer von St. Lamberti die letzten Zeilen zu seiner aufsehenerregenden Schrift „Die Pest des Laizismus und ihre Erscheinungsformen. Erwägungen und Besorgnisse eines Seelsorgers über die religiös-sittliche Lage der deutschen Katholiken." Das der Enzyklika Pius' XI. vom Königtum Christi (1925) entnommene Wort „Laicisme" hat mit dem Begriff Laienapostolat unserer Tage nichts zu tun, sondern bedeutet „Säkularisierung", Verweltlichung der menschlichen Gesellschaft, Loslösung von Gott und seinen Gesetzen. Seit dem Ausgang des Mittelalters, da Religion und Leben noch im engsten Bunde standen, vollzog sich allmählich dieser unheilvolle Prozeß der Hinwendung zur Welt und ihren Werten und damit die Abwendung von der Übernatur. Wie eine Seuche, so sagt der Verfasser, ist diese Verweltlichung in unserer Zeit in die Reihen der Katholiken eingedrungen.

Nachdrücklich weist er hin auf die Erbsünde, die praktisch viel zu wenig beachtet werde; er zitiert das Johanneswort: „Alles, was in der Welt ist, ist Augenlust, Fleischeslust, Hoffart des Lebens." Wer solche Wahrheiten nicht gebührend respektiere, stehe zur christlichen Dogmatik und Moral im Gegensatz. „Sind alle Katholiken sich der Tragweite dieser Ideen bewußt und ihres Einflusses auf unser öffentliches Leben, in Literatur und Presse, in Theater und Kino, in Geselligkeit und Sport, in Sitte und Mode, in Erziehung und Schule, in Gesetzgebung und Strafgerichtsbarkeit, in Politik und Wirtschaft? Sehen sie klar diese ‚Krankheit, von der die menschliche Gesellschaft befallen ist', diese ‚Seuche, die ansteckend um sich greift'? Und sind sie in Wachsamkeit und Abwehr gefeit gegen die schleichende Infektion, die, wenn wir ihr erliegen, die Grundlagen des christlichen Glaubens in uns zu zerstören droht? Pius XI. befürchtet, daß ‚selbst gute Christen, ja Priester, vom falschen Schein des Wahren und Guten verlockt, beklagenswerter Ansteckung durch Irrtümer erliegen' " (ebd. S. 12 f.).

Ein Jahr später begannen jene Worte sich zu bewahrheiten. Das Blendwerk des Nationalsozialismus stieg empor und vergiftete die Masse des Volkes. Gewiß, die vielen, die ihren Glauben tief im Herzen trugen und nach ihm lebten, spürten in gesunder Instinktsicherheit den Atem des Teufels, der ihnen aus dem „Neuwerden" auf allen Lebensgebieten entgegenwehte. Aber wie viele durchschauten nicht mehr die Vorgänge in ihrem eigentlichen Wesen: zu sehr waren sie schon Kinder dieser Welt geworden. Der Pfarrer von St. Lamberti hatte schon Recht, wenn er in jener Schrift warnend seine Stimme erhob und die Katholiken zur Gewissenserforschung aufrief. Das regnum Christi in den Herzen der Menschen zu verwirklichen, das weite Gebiet der Öffentlichkeit für Christus zu erobern, war seit den Berliner Jahren sein ganzes Bestreben. Darum verfolgte er mit Aufmerksamkeit alle Strömungen in Politik, Kultur und Wirtschaft; darum studierte er immer wieder die Enzykliken Leos XIII., Pius' XI. und die Schriften seines Oheims Ketteler; darum gab er in Referaten und Aussprachen mit führenden Männern solche Gedanken kund, besonders auf den jährlichen Konferenzen des katholischen Adels in Westfalen und Rheinland. Die Öffentlichkeit hat es nie erfahren, mit welcher Zähigkeit er seine urkatholischen Ziele verfolgte, wie es sein Bestreben war, die Vertreter des Adels mit dem Geiste seines Vaters zu erfüllen, selbstlose Führer zu sein im katholischen und sozialen öffentlichen Leben. Zeitnahe Aufklärung und Belehrung des katholischen Volkes tat not. Er bat daher die Düsseldorfer Jesuitenpatres um ihre Mithilfe. Allmonatlich standen sie auf der Kanzel von St. Lamberti, um in religiös-wissenschaftlichen Vorträgen zur katholischen Männerwelt zu sprechen.

De graute Pastaor

Die düsteren Zeichen der Zeit durften sich nicht lähmend auf seine Schultern legen. Rastlos ging er die Wege, welche die Liebe des guten Hirten ihn führte. Erholung, so schreibt die Haushälterin, gönnte er sich fast gar nicht mehr. In der ganz persönlichen Fühlungnahme mit den Menschen seiner Gemeinde erkannte er auch hier das Geheimnis des seelsorglichen Erfolges. Tagaus, tagein sah man die hohe Gestalt des Pastors über die Kirchherrengasse und den Prinzipalmarkt gehen. „Noch größer als Donders ist unser Pastor", wird mancher mit zufriedenem Lächeln festgestellt haben. Die Schlichtheit seines Wesens wirkte unendlich wohltuend. Als beim Einzug in die Pastorat ein Packer ihn mit „Herr Graf" anredete, legte er ihm die Hand auf die Schulter mit den Worten: „Mein Lieber, das müssen Sie sich aber abgewöhnen; hier bin ich der Pastor und nicht der Graf." Die Armen und Kranken hatte er besonders ins Herz geschlossen; in Berlin war es ja auch schon so; mancher Schwindler hat es allerdings auch verstanden, ihn zu erweichen. Auf diesem Gebiet war der Pastor nicht so kritisch wie in anderen Bereichen. Der Küchenzettel wurde immer dürftiger. „Einst fragte er", so berichtet die Haushälterin, „ob nicht noch mehr in der Küche gespart werden könne."
Sehr gern ging Clemens August zu den Festfeiern der Bülter Schützenbrüder „Einigkeit"; es waren sogenannte „kleine Leute", aber mit einem Herzen auf dem rechten Fleck; der Pastor fand stets die rechten Worte, auch für solche, die schon mal hinter der roten Parteifahne hergezogen waren. Alle schworen sie ihrem Pastor auf solchen Schützenfesten unentwegte Treue. Als er sie mal scherzhaft fragte, ob sie als Schützenbrüder ihn auch schützen würden, wenn

es gegen die Kirche ginge, da war die donnernde Antwort: „Jau, Här Pastaor, dat doht wi, an usen Pastaor lot wi niks dran kummen." Er war ein echter Volkspastor geworden. Ein solcher ist vor allem ein Freund der Kinder. Hier war Clemens August in seinem Element. Diese kleinen unschuldigen, so ganz noch für Christus und alles Gute aufgeschlossenen Seelen zum Heiland zu führen, verstand er wunderbar. Der große Mann ließ sich dann in Wort und Inhalt seiner Katechese herab zur Fassungskraft der Kleinen. Da begegneten sich die verwandten Seelen, die der unschuldigen Kinder und seine eigene, die sich den Glauben der Kindheit ungebrochen und unangekränkelt bewahrt hatte. Eine Freude war es, während der Christenlehre, des Kommunionunterrichtes — oder auch später auf der Firmungsreise — zuzuhören und zu beobachten, wie die Kleinen mit ihren Gedanken und sogar mit dem äußeren Verhalten folgten und mitmachten. Der Jugendbewegung mit ihren revolutionären Äußerungen jedoch begegnete er mit gewisser Skepsis; er fand zu ihr kein Verhältnis. Darüber schreibt einer seiner Kapläne: „Wie oft habe ich ihm die Ziele dieser Bewegung, ihr starkes katholisches Wollen klarzumachen versucht; ich erhielt dann immer die Antwort: Ja, das alles haben wir doch auch in unserer Jugend gehabt und gewollt; was ist denn da Neues? In dem frommen, ganz katholischen Milieu seines Elternhauses, des Internates zu Feldkirch brauchte eine solche Auflehnung der Jugend gegen die Heuchelei und unnatürliche Veräußerlichung des Menschen, wie sie in dem dekadenten Bürgertum der liberalen Großstädte erfolgte, nicht zu kommen." Sein Verhältnis zur Jugend war durchaus patriarchalischer Natur. Bei allem Verständnis für jugendlichen Freiheitsdrang und entsprechendes Eigenleben hielt er doch dafür, daß die Alten und nicht die Jungen die Führer blieben im Sinne des vierten Gebotes, das Ehrfurcht und Gehorsam auch von den Jugendlichen verlangt.
Volkstümlichkeit und eine gediegene, an wohlbewährter Tradition sich orientierende Haltung zeigte er auch im Hause des Herrn. Seine Predigten waren herzlich und schlicht. Eine Dame erklärte in späteren Jahren: seine Predigten über das hl. Meßopfer haben mich so beeindruckt, daß ich daraufhin allmorgendlich mich gedrängt fühlte, zur hl. Messe zu gehen. Er liebte die Zierde des Gotteshauses. Den alten herrlichen Silberschmuck ließ er wieder

am Tabernakel anbringen. Zu Weihnachten verwandelte er den Altar- und Chorraum in einen Wald hoher Tannenbäume. Als aus dem Kreis der Kapläne die Ansicht laut wurde, so etwas störe doch zu sehr die Architektur, da meinte er schmunzelnd: „Das mag für einige Kunstbeflissene zutreffen, aber den meisten Leuten macht es Freude, und im übrigen haben wir die Architektur das ganze Jahr." (Bis zur Bombardierung 1943 haben Architektur und Tannenbäume in St. Lamberti sich gut vertragen.) Ja, er liebte das Haus des Herrn. Wie oft hat er in der Dämmerung des Abends dort gekniet und gebetet! Ein Priester vom Niederrhein erzählte, es habe auf ihn einen unauslöschlichen Eindruck gemacht, wie er den Pastor in der Seitenkapelle den Kreuzweg habe beten sehen. Welche Freude empfand er darüber, daß nun nach der Berliner Zeit die Gnadenmutter von Telgte ihm so nahe gerückt war. Er begann, die Wege durch die Felder und Wälder nach Telgte zu gehen, die er als Bischof über alles liebte. Als er einmal bei völliger Dunkelheit in der Morgenfrühe durch die Kreuzweg-Allee zwischen St. Mauritz und dem Kanal ging, fiel ihm plötzlich ein Mann zu Füßen und bat um Gnade: „Oh Här, doht Se mi doch nix!" Er hob den Ängstlichen freundlich auf und redete ihm lachend zu, er wolle niemandem „was tun", er wolle zur Mutter Gottes nach Telgte. Es stellte sich heraus, daß es ein schwerhöriger alter Mann war, der sich auf dem Weg von Handorf nach Münster befand. Als er in der Dunkelheit unter den dichtbelaubten Linden plötzlich die Riesengestalt des Pastors — für ihn zuvor unhörbar — auftauchte, glaubte der gute Mann, ein Gespenst zu sehen.

1933 schrieb der Pfarrer von St. Lamberti folgende Sätze in die Chronik: „Am Montag, dem 6. März, wurde gegen einstimmigen Protest des Magistrates am Rathaus die rote Fahne mit dem Hakenkreuz der Hitlerpartei aufgezogen. Nach den entgegenkommenden Erklärungen des Reichskanzlers Hitler bei der Eröffnung des neuen Reichstages zogen die Bischöfe am 28./29. März ihre Warnungen vor der Teilnahme an der nationalsozialistischen Bewegung zurück. Daraufhin konnte es geduldet werden, daß bei dem vor der Einführung der neuen Stadtverordneten in Lamberti gehaltenen Hochamt am 3. April die Nationalsozialisten in Uniform mit einer Fahne erschienen. Der Pfarrer hielt eine ernste Ansprache (siehe Münsterscher Anzeiger vom 3. 4. 1933)." Unter dem 1. Juli folgten längere Aufzeichnungen über die Proteste des Pfarrers gegen die Auflösung des Jungmännervereins.

Das verwaiste Bistum

Die Maske der Neuerer lockerte sich. Der Kampf hatte begonnen. Um die Käfige der Wiedertäufer am Lambertiturm ging ein unheimliches Wehen. An der Pastorat von St. Lamberti stand das Wort „Modicum — eine kleine Weile". Ob der Pastor, wenn er in jenen Monaten nach dem Tode des Bischofs Poggenburg im Januar 1933 morgens von der Sakristei durch die Kirchherrengasse in sein Haus zurückging, jenes Wort gelesen und sich darüber Gedanken gemacht hat? Das Volk fragte, die Presse riet und deutete an, in Kreisen der Geistlichkeit wurde dieser oder jener als neuer Bischof genannt, wie es zur Zeit der Sedisvakanz zu geschehen pflegt. Schnell hatte es sich herumgesprochen, daß Regens Francken, ein Mitglied des Domkapitels, plötzlich im Flugzeug nach Rom geflogen sei. Man kombinierte weiter. Der Pastor von Lamberti hielt damals, so erzählte man später, eine Katechese über das Bischofsamt, wobei er die Kinder fragte, ob er denn auch wohl Bischof werden könne; das in solchen Fällen unentbehrliche Fritzchen soll dann aufgezeigt haben: „Nein, unser Vater hat gesagt, du könntest überhaupt nicht predigen."

Da, an einem Sommertag, brachte der Postbote einen Brief des päpstlichen Nuntius in die Pastorat von St. Lamberti. Einige Tage später erklärte der Pastor seinem ältesten Kaplan, er müsse verreisen, ohne aber das Reiseziel anzugeben. In Berlin eröffnete ihm der Nuntius Orsenigo, der Hl. Vater beabsichtige, ihn zum Bischof von Münster zu ernennen. Der Zweck dieser Reise müsse aber in Münster und Berlin ganz geheim gehalten werden. Vielleicht, so meinte der Nuntius, werde man in seinem Bekanntenkreis annehmen, er sei nach Berlin gekommen, um an der aufgebahrten Leiche des Berliner Bischofs Christian Schreiber seine Anteilnahme zu bekunden. Daraufhin lächelte Clemens August ungläubig und zog es vor, sich bei seinen Berliner Bekannten nicht zu zeigen, sondern in den Zoo zu gehen, dessen Bewohner ja wohl das Geheimnis nicht ausplaudern würden. Mit dem Nachtzug fuhr er nach Münster zurück. Vom Bahnhof ging er gleich zur Kirche, um das hl. Meßopfer darzubringen. Niemand hatte von der Reise etwas gemerkt; nur dem Küster waren die ungewichsten Schuhe aufgefallen. In den folgenden Tagen ging im Kreise der Kapläne ein schmunzelndes Gemunkel über jene staubigen, ungewichsten Schuhe um, bis alles in jubelnde Freude mündete, als das Hohe Domkapitel von den Kanzeln des Bistums am 2. Septembersonntag 1933 feierlich verkünden ließ, der Hl. Vater habe den Pfarrer von St. Lamberti, Clemens August Graf von Galen, zum Nachfolger des hl. Ludgerus ernannt. Stolz und Freude erfüllte die Herzen der Gläubigen; ihr ganzes Vertrauen setzten sie auf den Ernannten. Sie wußten um seine Frömmigkeit und die katholische Kraft des Geschlechtes derer von Galen. Im Paramentengeschäft auf der Salzstraße sah die Jugend die neuen Pontifikalschuhe; die Maße imponierten ihr.

Nach den Bestimmungen des soeben abgeschlossenen Konkordates hatte Clemens August als erster neuernannter Bischof im Dritten Reich vor dem preußischen Ministerpräsidenten Göring den Treueid zu leisten[1]. Der Bischof nahm ein neues Testament mit; zur Vorsicht steckte er auch sein Bischofskreuz ein. Und in der Tat war im Ministerium kein Kruzifix vorhanden; man entschuldigte sich und versicherte, beim nächsten Mal, d. h. beim nächsten Bischof, für alles sorgen zu wollen. Göring verlas unter Hinweis auf die erstmalige Eidesleistung im Sinne des Konkordates eine Rede, auf die Clemens August wohlüberlegt und nach vorher festgelegtem Text antwortete. Im Anschluß daran gab Göring ein Frühstück, bei dem er darauf hinwies, wie notwendig es sei, die Geistlichkeit für den Nationalsozialismus zu gewinnen. Der Bischof entgegnete, auf Grund des Konkordates sollten sich die Geistlichen von jeder Parteipolitik fernhalten, worauf Göring wieder meinte, man brauche als guter Nationalsozialist durchaus nicht Parteimitglied zu sein. (Wenn in den folgenden Jahren im

---

[1] Im Oktober 1947 war es wieder ein Münsterischer Bischof, Dr. Michael Keller, der als erster deutscher Oberhirt nach dem Zusammenbruch den Eid ablegte. Der Ministerpräsident, das gesamte Kabinett und der Landtagspräsident von Nordrhein-Westfalen waren in Düsseldorf anwesend, ein großes Barockkruzifix und Silberleuchter hatte man aufgestellt; davor lag in feierlicher Weise das aufgeschlagene Meßbuch mit dem Johannesevangelium.

kleineren Kreise Görings Popularität und zeitweilige Maßhaltung gerühmt wurden, wies der Bischof stets solche Prädizierungen energisch zurück, indem er versicherte, nach seiner Ansicht sei dieser um kein Haar besser als die anderen.) Clemens August hatte bei den hohen Reichsstellen in Berlin Besuch zu machen; schweißtriefend mußte sein Begleiter, Pfarrer Coppenrath von St. Matthias, die Visitenkarte abgeben. Von seiten Adolf Hitlers wurde dem Bischof nur auf dem Postwege eine Karte zurückgesandt. Um dem greisen Reichspräsidenten einen wirklichen Besuch abstatten zu können, verlängerte er seinen Berliner Aufenthalt um einen Tag. Hindenburg fragte interessiert nach des Bischofs Heimat, wußte sich des Oldenburgerlandes noch gut aus einem Manöver in den achtziger Jahren zu erinnern, erzählte u. a. von seiner Verwundung in der Schlacht von Königgrätz. Als der Bischof ihm zum Schluß versprach, er und das Bistum würden für ihn beten, nahm Hindenburg das dankbar an und bat darum.

Von seiten des schlichten Volkes — es wurde schon bemerkt — brachte man dem neuen Bischof uneingeschränktes Vertrauen entgegen; es war der gesunde Instinkt, der inmitten der Zeitwirren vom „Brutal-katholischen" des Galenschen Geschlechtes Geborgenheit und Rettung erwartete. Allein, es gab auch Gruppen, die sich ihre eigenen Gedanken machten, die teils frohe Erwartungen, teils bange Befürchtungen hegten. Die erste Gruppe gehörte zur höheren Parteiführung; sie bauten auf den „Mann von rechts", der die widerspenstigen christlichen Schäflein des Westens in die braune Hürde treiben würde. Gott aber ließ gerade diese Gegebenheit, d. h. die vermeintliche, immer wieder im Volk kolportierte Verbundenheit des Kirchenfürsten mit den Rechtskreisen und der Wehrmacht, zu einer sehr beachtlichen Machtposition anwachsen, mit deren Hilfe der Bischof in den folgenden Jahren die härtesten Schläge gegen den Nazismus führen konnte. Die zweite Gruppe meinte mit erhobenem Zeigefinger, ob es angesichts der betrüblichen sozialen Lage des deutschen Volkes wohl opportun sei, einen Adeligen mit der Bischofsmitra zu bekleiden. Ähnlich wie beim Arbeiterbischof Ketteler vor hundert Jahren aber geschah es: der Mann der Aristokratie hatte ein Herz für die Ärmsten und die unheilbar Kranken; er setzte für sie sein Leben ein. Und die dritte Gruppe glaubte, seine rednerische Begabung lasse zu wünschen übrig. Es dauerte nur Wochen, da waren auch diese Menschen, deren Urteil durchaus ernst zu nehmen war, nicht nur beruhigt, sondern hocherfreut ob ihres großen Irrtums. Prophezeien ist schwer. Es war so im Sommer 1933: Die Menschen dachten, Gott aber lenkte die Dinge.

Nachfolger des hl. Ludgerus

Die Morgensonne eines Spätherbsttages lag mit ihren matten Strahlen auf den beiden Domtürmen. Die große Bernardusglocke läutete schwer und feierlich zum Fest der Apostel Simon und Judas. Langsam öffneten sich die Flügel des hohen Domportales. Vom Bischöflichen Hof bewegte sich die Prozession zum Dom, die Stufen des Westportales hinauf. Die Klänge der Domorgel brausten durch die weiten Gewölbe der altehrwürdigen Gottesburg. Drei Kirchenfürsten, Kardinal Schulte von Köln, die Bischöfe von Osnabrück und Trier, geleiteten den neuen Oberhirten in seine Kathedrale. Der lange Zug der Priester, im schlichten Rochet der Seelsorger, im Violett der Domherren, hatte Platz genommen im Hohen Chor und in den Bänken des Mittelschiffes. Man sah die Malteserritter in ihren leuchtenden Uniformen, Vertreter der Provinz, der Stadt — und in den Seitenschiffen die Kolonnen der SA und SS. Wie die Maskengebilde an den Wasserspeiern gotischer Dome, so schauten die unheimlichen Umrisse des Hakenkreuzes aus den roten Fahnen dem frommen Geschehen zu. Am ehrwürdigen Mittelaltar (zu dessen Häupten seit 1938 das Kreuz des großen Meisters Beldensnyder thronte) begannen die heiligen Zeremonien der Bischofskonsekration. In Demut und feierlichem Ernst, der Größe des Augenblicks ganz hingegeben, kniete der vom Hl. Vater Ernannte vor dem Kardinal. Wie seit Jahrhunderten wurden an ihn die Fragen gerichtet, ob er glaube an den Dreieinigen Gott, ob er die Irrlehren verurteile, ob er dem Volk das wahre Evangelium zu predigen beabsichtige, ob er dem Papst in Rom in Treue ergeben bleibe, — und jedes Mal hörte man die tiefdunkle Stimme in ihrer beruhigenden festen Klangfülle: Credo — Volo (ich glaube — ich will es). Sein Haupt wurde mit heiligem Öl gesalbt; der Kardinal sang über den vor ihm Knieenden die Worte der Weihepräfation: ,,Diese heilige Salbung, o Herr, fließe in Fülle über sein Haupt . . . Die Kraft

deines Heiligen Geistes ströme in seine Seele und umschirme seinen Leib . . . Sein Wort und seine Predigt seien nicht das Wort menschlicher Rede, sondern die Offenbarung des Geistes und übernatürlicher Kraft . . . Wer ihm fluchet, der sei verflucht, wer ihn segnet, der sei gesegnet . . . In Sorge soll er sich verzehren und glühen in Eifer; er hasse den Stolz und liebe Demut und Wahrheit bis ans Ende, unbeirrt von Menschenlob und Menschenfurcht." Er, der die letzten Worte sich zum Wahlspruch genommen, empfing die Zeichen seines hohen Amtes: Den Stab des guten Hirten und die Mitra. Als der Konsekrator und die beiden anderen Bischöfe ihm zum ersten Mal die Mitra aufsetzten, sprachen sie die symbolhaft tiefen, fast prophetischen Worte: ,,Wir umkleiden, Herr, das Haupt deines Hirten und Priesters mit dem Helm der Wehr und des Heiles; bewaffnet sei sein strahlend Haupt; Schrecken gebiete es in der Kraft des Alten und Neuen Bundes den Feinden der Wahrheit." Auch der Bischofsring wurde ihm angesteckt, als Symbol der Liebe und Vermählung. Als der Neugeweihte dann zum ersten Mal, man möchte sagen, in der Waffenrüstung des Herrn auf der Domkanzel stand, galten seine ersten Worte dem tiefsten Symbol seines bischöflichen Amtes, dem goldenen Ring an seiner Rechten: ,,Heute ist Hochzeitstag! Vom Traualtar komme ich, wo soeben der Erzbischof von Köln . . . mir den geweihten Ring an den Finger steckte, das Zeichen der Treue, damit ich die Braut Christi, die heilige Kirche, mit unverletzlicher Treue geschmückt, unbefleckt bewahre. Die Braut Christi hier auf Erden, die heilige Kirche, das Bistum Münster ist mir anvertraut, angetraut."
Die hohe Gestalt des neuen Oberhirten stieg die Stufen der Domkanzel herunter, schritt durch die Menge der Gläubigen, zum ersten Mal immer wieder die Hand zum Segen erhebend, vorbei an der langen Reihe der Priester, der alten Dechanten, der ehrwürdigen Prälaten, die alle soeben an seinem Thron vor ihm gekniet und den Eid der Ergebenheit ihm geleistet. Tränen standen nun in seinen Augen.
Am Abend zog die Jugend mit Fackeln auf den Domplatz vor den Bischöflichen Hof. Der neue Oberhirt öffnete das Fenster und hörte die Worte der Jugend. Im Schein der Lichter sah man seine edle Gestalt, und jeder spürte den Atem der Stunde: Treue um Treue.
— Am folgenden Morgen, am Christkönigsfest, hielt er sein erstes

Pontifikalamt. Es wurde in der St. Servatiikirche gefeiert, deren Wiederherstellung soeben vollendet war. Sie sollte die Stätte sein, an der die Gläubigen alle Stunden des Tages vor dem ausgesetzten Allerheiligsten zu beten Gelegenheit fänden. Hier begann der Oberhirt des großen Bistums sein Beten und Opfern. Nur Christus, der Herr, konnte im Dunkel der Zeit das Licht und der Weg sein.

Die ersten Monate

Am Konsekrationstag des Bischofs hatte man viele braune Uniformen gesehen. Vor Beginn der Feierlichkeiten entrollte sich am Bischöflichen Hof ein seltsames Bild: zwischen den kirchlichen Vereinsabordnungen mit ihren Fahnen schoben sich mit unbekümmerter Selbstverständlichkeit die Hakenkreuzbanner; die SA nahm Aufstellung zum Spalierbilden. Nach der Feier defilierten die Parteifunktionäre, vom Gauleiter angefangen bis herunter zum kleinsten SA-Führer, an dem Bischof vorbei mit dem „Hand-Hoch"-Händedruck, einem Glückwunschwort und wieder „Hand-hoch". Der Bischof pflegte sich die Handerhebung zu schenken bzw. sie nur anzudeuten. Daß Partei- und Staatsstellen auf derlei Demonstrationen „friedlicher" Zusammenarbeit mit den Kirchen großen Wert legten, zeigte sich bereits eine Woche zuvor, als nämlich ein Automobil mit Oldenburgischen Würdenträgern im Festtagskleid auf dem Domplatz eintraf; man hatte sich im Datum vertan. Münsters höchster SA-Führer, der zunächst nicht zum Imbiß im Borromäum geladen war, erbat sich die Einladung, da er entsprechend hoch im Range stehe; am Erscheinen war er dann allerdings verhindert. Der katholische Oberpräsident[1] von NS-Gnaden hielt es für angebracht, bei Tisch eine farblos kühle Rede zu halten, — bezeichnend für die Situation jener Jahre; ein Protestant, so meinte nachher der Bischof, hätte es besser gemacht.

In den ersten Monaten nach der Thronbesteigung hatte es den Anschein, als ob die Beziehungen zwischen Bischof und NS-Behörden korrekt seien. Bei den Partei- und Regierungsstellen, die

---

[1] Der damalige Oberpräsident wurde bald durch Dr. Meyer abgelöst; er hat seinen Irrtum erkannt, dann mannhaft gegen die Tyrannei sich erhoben; im Dezember 1944 wurde er mit den Kampfgefährten des 20. Juli gehängt.

sich durch Anwesenheit oder Glückwunsch an den Weihefeierlichkeiten beteiligt hatten, machte er seinen Kartenbesuch. Den Gauleiter Meyer besuchte er später sogar einmal in dessen Wohnung, „wobei der Gauleiter sowohl durch seine Kleinheit, die eine Fußunterlage notwendig machte, als auch durch seine Bibelkenntnis auffiel"; so berichtete Dr. Eising. Auf einer Rückreise von Berlin traf es sich, daß Bischof und Gauleiter im gleichen Flugzeug heimflogen; letzterer war ob dieses Ereignisses außerordentlich beglückt und devot. „Ich konnte während des Fluges", so erzählte später der Bischof, „den Gedanken nicht loswerden, wie seltsam und sensationell sich wohl der Pressebericht ausmachen würde, wenn wir beide zusammen abstürzten."

DER GROSSE BISCHOF

Die Fronten klären sich

Die Zeichen der Zeit, wie sie im Jahrzehnt vor dem Auftreten des Nationalsozialismus düster und konturenhaft am Horizont erschienen, hatte Clemens August erkannt und seine Sorgen in der „Pest des Laizismus" sich von der Seele geschrieben. War er nun nach dem Kommen des Diktators wie so viele im christlichen Lager auch geblendet? Schenkte er jener Hitlerschen Reichstagserklärung über die getreuliche Zusammenarbeit des neuen Staates mit den christlichen Kirchen Glauben und Vertrauen? Es hat sicherlich Augenblicke gegeben, da Clemens August die stille Hoffnung hegte, durch starke christliche Männer, sagen wir aus dem konservativen Lager, könnten vielleicht den wildesten NS-Vertretern die Giftzähne ausgebrochen werden. Auch er hatte wohl nicht gleich die abgrundtiefe Bosheit und Verschlagenheit derer durchschaut, die ihr Ehrenwort nur gaben und Verträge nur schlossen, um diese, wenn die Gunst des Augenblicks es gebot, eiskalt zu brechen. Darum mußte der Bischof von Münster wie alle deutschen Oberhirten zunächst abwarten und abtasten. Nicht eher konnte er öffentlich den Bannfluch aussprechen, als bis die Christentumsfeindlichkeit der Bewegung klar zu Tage getreten war. Der schon in der ersten Stunde bei ihm vorhandene Argwohn wuchs von Woche zu Woche; Stein fügte sich zu Stein und ließ so das furchtbare Bild des Neuheidentums entstehen. Da, als keine Zweifel mehr ihn zurückhielten, trat er in die heilige Kampfbahn, im tiefsten Gewissen dazu aufgerufen; das heilige Ziel vor Augen, hat er wie keiner seiner Brüder im Amt den Kampf durchgefochten. Wer will sich heute erkühnen, denen, die damals die Verantwortung trugen, vorzuwerfen, sie hätten eher auftreten müssen. Darin liegt ja die ganze Tragik für das deutsche Volk, daß es damals dem christlichen Mäntelchen des großen Trommlers Glauben schenkte. Der Teufel selbst hatte dabei die Hand im Spiel; er gab allem, was in Szene gesetzt wurde, nicht nur den phantastischen Impuls und die unheimliche Dynamik, sondern auch den hemmungslosen Schwung zur Lüge und Heuchelei. Wer hätte schon im März 1933, zur Zeit jener entscheidenden Reichstagserklärung und des aus ihr erwachsenden Reichskonkordates, dem Gefolge des Satans die Maske abreißen können? Wer erkannte schon damals mit absoluter Sicherheit jene Tarnung? Wer hätte bei solchem Gegenschlag auf eine ins Gewicht fallende Gefolgschaft im deutschen Volk rechnen können? Lag nicht die den Großteil des Volkes wie magisch beherrschende Parole in der Luft — von vielen zwar dumpf und bang betrachtet, von den meisten aber vertrauensselig aufgegriffen —, man dürfe den Neuerern die Chance der Bewährung nicht vorenthalten. Und so kam fast zwangsläufig die tragische und folgenschwere Periode des Abwartens, Zusehens und Abtastens, während der Nationalsozialismus seine entscheidenden Positionen ungestört auszubauen vermochte, aus denen ihn in der Folgezeit weder eine physische noch geistige Macht des Inlandes zu vertreiben imstande war. Auch in den folgenden Jahren wußte die NS-Führung zur Täuschung vieler den Schein gegenüber den christlichen Kirchen zu wahren. — Wenn unser heutiges Urteil über die Geschehnisse jener Jahre nicht in die Irre gehen will, muß uns die aufgezeichnete Ursachenkette stets vor Augen schweben.

+

Der Rest des Jahres 1933 und der Anfang von 1934 waren durch kleinere Auseinandersetzungen gekennzeichnet, die aber immer klarer die Fronten hervortreten ließen. Der Bischof verfolgte gewissenhaft das Schrifttum des Nationalsozialismus. In seinem ersten

Fastenhirtenbrief vom 29. Januar 1934 wandte er sich gegen den Fundamentalsatz der Neuerer über die „Anbetung der Rasse". Der Christ kenne eine höhere Art der Blutsverbundenheit, „die Gemeinschaft der Erlösung, welche in Christus die Menschen aller Völker, aller Zeiten umschließt, die durch den Lösepreis des Blutes Jesu Christi für Gott erkauft sind". Wenn auch dieser Hirtenbrief ein wesentliches Thema der kommenden Auseinandersetzungen berührt, so enthält er doch noch keine aus Kampfesstimmung formulierten Sätze. Wenige Wochen später setzte sich der Bischof zur Abfassung des Osterhirtenbriefes an den Schreibtisch (vgl. Bd. I, S. 7). Er dachte nicht daran, in die Arena des politischen Kampfes zu treten; aber seinen Eid, den er einige Monate zuvor vor dem Vertreter der Reichsregierung in Berlin geschworen hatte, wollte er kompromißlos halten. Jetzt war es ihm zur Gewißheit geworden, wohin der Kurs des Nationalsozialismus ging; dieser düster und brutal heraufziehenden Gefahr der Entchristlichung seiner Diözese und seines Vaterlandes mit allen Mitteln seines bischöflichen Amtes und mit Hilfe der Gnade Gottes entgegenzuwirken, fühlte er sich in tiefster Seele verpflichtet. Er hielt den Zeitpunkt für gekommen, da eine absolut klare Sprache nottat, um die Gutwilligen zur Einsicht zu bringen, die Gedankenlosen, Oberflächlichen und Leichtfertigen zu warnen und vor Verführung zu bewahren. In außergewöhnlich feierlicher Form wurde der Hirtenbrief im Dom verlesen, sodaß alle Beteiligten den Beginn einer neuen Epoche in der Kirchengeschichte des Bistums nunmehr erkannten. Nach dem Pontifikalamt bewegte sich die Prozession vom Hohen Chor zum Mittelaltar, vor dem auf erhöhten Stufen der Bischof mit seiner Assistenz zum Volke gewandt, angetan mit Mitra und Stab, Aufstellung nahm, während der Dompropst die Kanzel bestieg und eindrucksvoll die Bischofsworte verlas. Atemlose Stille lag über den langen Reihen der vielen Tausende von Zuhörern. Man muß sich die damalige öffentliche Meinung vergegenwärtigen: Die NS-Propaganda hatte weithin die Köpfe verwirrt; man empfand den Nationalsozialismus als eine Macht, die bislang nur Gutes für Deutschland anzustreben schien, die den deutschen Katholiken sogar das Reichskonkordat geschenkt hatte. Gewiß, man verschloß nicht die Augen vor der Propagierung des Neuheidentums. Aber da meinten viele, solche Bestrebungen wünsche die Partei- und Staatsführung nicht, sie sei ja für „positives Christentum". In diese vielfältig schillernde Stimmung des Tastens, Abwartens, Schwankens, des „Nochmitmachenkönnens" fielen wie Donnerschläge die Worte des Bischofs. Sie waren freilich noch keine Anklage gegen die Staatsführung als solche, aber sie warnten vor Dingen, welche den ganzen Staat und das ganze Volk in den Abgrund führen könnten. Auf den größten Teil der Gläubigen machten die Hirtenworte einen gewaltigen und klärenden Eindruck. Wie das Befreitwerden von einem Alpdruck der Unentschiedenheit, wie das Zerreißen eines Nebeldunstkreises wurden diese kristallklaren Formulierungen empfunden. In zwei Kirchen kam es zu störenden Zwischenrufen, die als Protest verbucht werden mußten. Zwei solcher Protestierenden kamen in Gestalt von SS-Leuten gegen Mittag in den Bischöflichen Hof, wo sie in höflichen Worten um den Text des Hirtenbriefes baten, an dem sie und andere Anstoß genommen hätten. Der Bischof gab ihnen ein Exemplar und empfahl dessen aufmerksame Lektüre. Die Partei war nervös geworden; es wurde hin- und hertelephoniert. Der Oberbürgermeister rief beim General-vikar an, ob nun von der Kirche ein neuer Kurs eingeschlagen werde, bisher sei doch alles sehr einträchtig verlaufen. Der Hirtenbrief erschien im Kirchlichen Amtsblatt und in der Wochenzeitung „Junge Front"; solches war damals noch möglich. Weit über die Grenzen des Bistums erregte er Aufsehen. Der Postbote brachte die ersten begeisterten Zuschriften aus verschiedenen Gauen Deutschlands in den Bischöflichen Hof. Clemens August hatte den offenen Kampf begonnen, und er begann der Träger des öffentlichen Vertrauens zu werden.

Wenige Wochen nach Ostern 1934 stand er in Billerbeck am Ludgerusbrunnen; um ihn scharten sich bei strahlender Frühlingssonne 20—30000 Männer und Jungmänner des Münsterlandes; er sprach über das Christentum unserer Vorfahren. Im NS-Schrifttum wurde damals Widukind als der germanische Held gefeiert, der nur zum Schein Christ geworden sei, um den Rest des Sachsenvolkes vor der Vernichtung zu bewahren. Der Bischof nahm die ehrliche Tat des Sachsenherzogs und sein Christsein in Schutz. In klaren Worten verwarf er Rosenberg und dessen Irrlehren. Jene Ansprache bei der Ludgerusfeier in Billerbeck wurde noch vom Rundfunkwagen aufgenommen; übertragen wurde sie jedoch in „gereinigter" Ausgabe.

Im Juni 1934 feierte Xanten das Norbert-Jubiläum. Der Bischof sprach im Dom über St. Norbert, den Heiligen der Eucharistie, und dann auf dem Domplatz zur Jugend. Weil in jener Zeit alles im Zeichen des Eintopfes stand, wurde auch das Festessen in dieser Form eingenommen. Die „Dispens" vom Eintopf war von dem teilnehmenden Bürgermeister nicht gegeben worden. Der Eintopf bedeutete eben in jenen Monaten symbolhaft soviel wie Hitlergruß und Hakenkreuzfahne.

Gleich in den ersten Monaten nach der Weihe stattete der Bischof seinen Amtsbrüdern in der Kölner Kirchenprovinz einen Besuch ab. Die enge Fühlungnahme mit dem Episkopat Nordwestdeutschlands hielt er in den wechselvollen Situationen der Kampfzeit für unerläßlich; er regte daher ein periodisches oder in besonderer kirchenpolitischer Lage stattfindendes Konveniat an, das als mehr lokale Ergänzung und Erweiterung der Fuldaer Bischofskonferenz gedacht war. Kardinal Schulte ging gleich darauf ein und berief die erste Zusammenkunft ins Kölner Priesterseminar nach Bensberg. In der Folgezeit wurden die Sitzungen zumeist im Priesterhaus zu Kevelaer abgehalten. Wenn Clemens August schon jedem Geistlichen mit aller Achtung begegnete, so erst recht seinen bischöflichen Amtsbrüdern, über die er sich nie abfällig zu äußern wagte. Freilich waren ihre Charaktere durchaus verschiedenartig, sodaß ihre Meinungen über die gegen den Nationalsozialismus anzuwendende Kampfmethode in konkreten Einzelfällen nicht völlig übereinstimmten. „Ob der Kardinal das gutheißt? Ob der Bischof von . . . mitmacht?" Solche oder ähnliche Bedenken äußerte Clemens August schon einmal. Jeder Bischof, das war seine Überzeugung, mußte seinem Gewissen gemäß handeln; einem anderen stand darüber kein Urteil zu. Clemens August suchte in wichtigen Fragen bei den Mitbischöfen ein gleichmäßiges Vorgehen zu erzielen, und er hat in dieser Beziehung manche Anregung nach Köln gegeben. Die letzte Verantwortung hatte aber jeder Oberhirt selbst für seine Herde zu tragen. Wenn er Predigten hielt, die von anderen Bischöfen weniger zu hören waren, dann trieb ihn dazu sein bischöfliches Gewissen.

Wie der Bischof über die hohen, entscheidenden Werte des Gewissens und der Verantwortung im Kampf der Weltanschauungen dachte, brachte er in dem intimen Kreis der Versammlung der Malteser-Ritter am 5. Juli 1934 zum Ausdruck: „Unter den liebevollen Fügungen der göttlichen Vorsehung, die mich unverdienterweise zum Priestertum und jetzt sogar zur Bischofswürde geführt haben, muß ich ja mit nie verlöschender Dankbarkeit gerade auch das als gnadenvoll und wirksam erkennen, daß er mich einer jener Familien entstammen ließ, deren vornehmste Vertreter sich jetzt 75 Jahre in der Genossenschaft der Rheinisch-Westfälischen Malteser-Ritter zusammenschlossen und heute hier versammelt sind. In diesen Familien, so auch in meinem lieben Elternhaus, war und ist ja seit Jahrhunderten der katholische Glaube und das Leben nach katholischen Grundsätzen heimisch. Nicht nur heimisch: Das Festhalten am Glauben, das religiöse Denken und Handeln war nicht nur Gewohnheit oder gar nur eine neben anderen Pflichten geübte Pflicht. Nein, die von Gott geoffenbarte Wahrheit war das alle anderen Wahrheitserkenntnisse grundlegend bestimmende sichere Fundament des Denkens und der Maßstab, an dem alle menschlichen Lehren und Ansichten geprüft und gewertet wurden . . . Wir wollen umsomehr bewußt dankbar sein für diese Geschenke der göttlichen Güter, weil wir tagtäglich beobachten, wie vielen unserer Mitmenschen, auch unserer deutschen Volksgenossen, solche Wohltaten nicht zuteil wurden, und wie sie daher in die Irre gehen trotz vielleicht subjektiv guten Willens: wie sie Teilwahrheiten für letzte Wahrheiten halten, wie sie zweite und dritte Werte und Ziele als höchste Werte und letzte Ziele betrachten und anstreben. Gerade Erfahrungen der letzten Zeit haben uns gezeigt, wie verwirrend, ja suggestiv überwältigend eine rücksichtslose einseitige Propaganda für Modeideen und blendende Schlagworte auf die weitesten Kreise wirkt. Wenn glaubensfeindlichen, christusfeindlichen Mächten solch zugkräftige Mittel der Beeinflussung zur Verfügung stehen, dann muß jeder auf der Hut sein, daß nicht auch sein Inneres, daß nicht die Seelen der ihm Anvertrauten falschen Idolen huldigen, daß nicht zum mindesten infolge der beständigen Beschuldigungen, Verleumdungen der Kirche und ihrer Vertreter, innere Kühle und Entfremdung eintritt und das kindliche Vertrauen zu unserer Mutter, der hl. Kirche, zu ihrer Lehre und ihrer Führung erkaltet. Leider ist solche Gefährdung des ererbten Glaubens zur Zeit in

unserem deutschen Vaterlande nicht zu verkennen. Wie andere Bischöfe habe ich auch schon öffentlich darauf hingewiesen, in pflichtmäßiger Wahrnehmung meiner Amtspflicht, aus Liebe zu Christus und zu den mir anvertrauten Seelen, aus Liebe auch zu unserem Volk und Vaterland. Denn größerer Schaden könnte unserer lieben Heimat nicht werden, als wenn christlicher Glaube und christliches Leben in ihr beeinträchtigt oder gar ausgerottet würden, und ich habe es feierlich vor meiner Bischofsweihe geschworen, daß ich alles einsetzen will, um sie vor Schaden zu bewahren. Das ist nicht Einmischung in die Parteipolitik, wie man fälschlich behauptet hat, sondern heilige religiöse Pflicht des bischöflichen Amtes. Von höchster Stelle, vom Hl. Vater, wurde es öffentlich ausgesprochen — ich selbst habe es bei der Pilgeraudienz am Vorabend von Pfingsten dieses Jahres aus seinem Munde gehört —, daß heute in Deutschland der katholische Glaube angegriffen und gefährdet sei, und daß wir deutschen Katholiken in Wachsamkeit und Starkmut diesen Gefahren begegnen müssen. ‚Und wenn man euch sagt, es handele sich in Deutschland nicht um einen Kampf um Glauben und Religion, so glaubet das nicht; tatsächlich, es geht wirklich um Glauben und Religion!‘
Wo stehen wir in diesem Kampfe? Wo stehen Sie in diesem Kampfe? Ich hoffe, es sagen zu können: In furchtloser ritterlicher Treue stehen die rheinischen und westfälischen Malteserritter als lebende Schutzwehr vor der makellosen, aber vielfach gelästerten und verhöhnten Braut Christi, vor unserer ehrwürdigen Mutter, der heiligen katholischen Kirche. Ich hoffe, Ihr offenes Bekenntnis, Ihr pflichttreues Leben wird meine Worte bestätigen, wenn ich sage: In selbstloser opferwilliger Kampfbereitschaft verteidigen wir das kostbarste Vätererbe des katholischen Adels, den Besitz des heiligen Glaubens, des christlichen Sittengesetzes, der Gnadenmittel und Sakramente, in denen das Blut unseres Heilandes uns reinigt und stärkt. — Ja, harren Sie unerschrocken aus in diesem heiligen Kampfe! Gott will es. Erhalten Sie Ihren Kindern diesen unbeschreiblich kostbaren Besitz! Bewahren Sie Ihren Nachkommen, den Familien des katholischen Adels, jene rückhaltlose, kompromißlose katholische Haltung, jenes ungezwungen selbstverständliche Leben mit der Kirche, welches ein trotz aller Bedrängnisse im Grunde frohes Leben, ein in Gott seliges Sterben gewährleistet.‟

Eine tiefernste Sorge um die christliche Zukunft des deutschen
Volkes sprach aus solchen Bischofsworten. Er sah die furchtbaren
Gefahren und ruhte nicht, ihnen zu begegnen. Im Oktober 1934
etwa waren die „Studien zum Mythus"Rosenbergs vollendet. Dieser
Antwort an den NS-Philosophen und Weltanschauungspapst sollte,
so war die Absicht der Verfasser, ein bischöfliches Geleitwort vor-
ausgehen. Sie fuhren nach Münster, um dort ein solches zu erbitten.
Der Generalvikar erklärte, der Bischof befinde sich in Gevelinghausen (Sauerland) bei seinen Verwandten; er müsse über ihre Bitte
unterrichtet werden, da die Angelegenheit zu wichtig sei. Die beiden Herren, Professor Neuß und Dr. Bachem, fuhren noch während
der Nacht nach Gevelinghausen. Am folgenden Morgen konnten
sie dem Bischof, der soeben das hl. Opfer gefeiert hatte, ihr Anliegen vortragen; mit einem Schmunzeln meinte er, im Stillen habe
er schon oft auf die Theologieprofessoren geschimpft, weil sie sich
nicht rührten; jetzt nehme er aber alles zurück. Leuchtenden Auges
verfaßte Clemens August sogleich das Geleitwort zum „Antimy-
thus", der daraufhin zuerst im Bistum Münster erschien. Andere
Diözesen folgten. Das Erscheinen erregte großes Aufsehen; Aufatmen, Klärung und Ermutigung brachte die Lektüre dieser Schrift;
man erkannte, daß die deutschen Bischöfe es wagten, Rosenbergs
Schriften zu zerpflücken und ihn als Geschichtsfälscher öffentlich
an den Pranger zu stellen.

Es kam der Gauparteitag 1935 in Münster. Der Bischof hatte frühzeitig von den Planungen, insbesondere von dem beabsichtigten
Auftreten Rosenbergs, erfahren und an den Oberpräsidenten einen
Brief geschrieben, in dem er seine schweren Bedenken gegen Rosenbergs Erscheinen geltend machte. Obgleich dieses Schreiben einen
mehr privaten Charakter hatte, hielt es der katholische Oberpräsident doch für angebracht, dieses ohne vorherige Fühlungnahme
mit dem Bischof nach Berlin weiterzureichen. Die Stimmung auf
der Gegenseite war entsprechend. Rosenbergs Rednerpodium stand
auf dem Neuplatz, wo es natürlich nicht an Hörern fehlte. Die
Partei hatte für Zufuhr von SA-Männern aus besonders „braunen" Teilen Westfalens reichlich Sorge getragen. In den Rundfunk-
lautsprechern klang der Beifall teilweise beachtlich, wenn Rosen-

berg seine Verunglimpfungen gegen den Bischof ausstieß; doch Anwohner des Platzes versicherten, der Beifall sei auffallend zurückhaltend gewesen. Solchen persönlichen Angriffen im Tonfall der Straße stand der Bischof völlig kalt gegenüber. Ihn bekümmerte mehr das Verhalten des Oberpräsidenten und die Gefahr der Verhetzung der Masse durch die unverantwortlichen, demagogischen Redner. So hatte Frick, der Reichsinnenminister die „völlige Entkonfessionalisierung des öffentlichen Lebens" gefordert, was natürlich gleichbedeutend war mit „Entchristlichung". So beanspruchte Robert Ley, der auch zugegen war, die „alleinige Seelsorge Deutschlands" für die Partei. Solche Worte machten den Bischof tief nachdenklich. Die Lage während des Gauparteitages mit den vielen fremden Besuchern war äußerst gespannt. In großer Aufmachung brachten die Zeitungen den Wortlaut der Reden. Selbst der „Völkische Beobachter" widmete dem Bischof eine Schlagzeile. Wenn Geistliche sich zeigten, waren sie vor dem Gejohl des Devisenschieberliedes nicht sicher.

Rosenbergs Rede hatte für den Bischof eine unbequeme Folge. In der Nacht vom Sonntag auf Montag wurde er durch heftiges Rütteln am großen eisernen Tor des Vorhofes aufgeweckt. Es war ein Ergebenheitstelegramm in Münster angekommen, das der Postbote noch in der Nacht prompt zustellen wollte. Es stammte vom Freiherrn von Boeselager aus Heessen, der die Rede Rosenbergs am Radio gehört hatte und sogleich ein Telegramm aufgab, ohne zu bedenken, daß es den Bischof in seiner Nachtruhe stören würde. Nach der großen Prozession mehrten sich die Ergebenheitszuschriften; die Adresse des Vertreters des rheinisch-westfälischen Adels war auch von dem Bruder des Münsterschen Oberpräsidenten unterschrieben.

Die Große Prozession

Die Antwort der Katholiken Münsters folgte am Tage danach, am Montag der „Großen Prozession". Der Hakenkreuzschmuck des Parteitages war verschwunden und störte nicht mehr. Die Beteiligung war überwältigend. Rosenberg und Genossen hatten es fertiggebracht, die Teilnehmerzahl um 7000 gegenüber dem Vorjahr ansteigen zu lassen auf rund 19 000. Als der Bischof nach der Prozession in seine Wohnung zurückbegleitet wurde, gab es stürmische Ovationen, wie man sie bislang noch nicht erlebt hatte. Eine unheimliche Spannung und Schwüle lag in der Luft. Der Bischof erschien oben am offenen Fenster; Jubel und Begeisterung wogten zu ihm auf. Wie ein Kämpfer stand er dort oben und sprach. Nie zuvor waren seine Formulierungen so dramatisch gewesen wie in diesen Minuten. Er wies darauf hin, daß in diesem Bischöflichen Hof Caspar Max Droste zu Vischering gewohnt habe, der es gewagt habe, in Paris gegen Napoleon seine Stimme zu erheben; aus diesem Hause sei der Bekennerbischof Johann Bernard in die Gefangenschaft geführt worden; jetzt seien wieder solche Zeiten gekommen; man könne versichert sein, er werde niemals zurückweichen vor den Feinden des Christentums und den Verfolgern der Kirche. Gebannt standen alle da. Heiliger Zorn und unbedingte Festigkeit erfüllten seine Worte. Im Fortgehen sagte ein Regierungsbeamter zu seinem Nachbarn: welche Blindheit der Braunen, den „Löwen von Münster" so zu reizen! Es kam der Tag der großen Prozession 1936. Freund und Feind des Bischofs erinnerten sich lebhaft des Geschehens im Vorjahr. Wieder beging die Partei eine Torheit. Starke Polizeikräfte sollten die Kundgebungen vor dem Bischöflichen Hof unterbinden; den größten Teil des Domplatzes hatte man mittels Stricken abgesperrt, um die Gläubigen durch eine Art von Passage möglichst schnell vom Domplatz wegzuleiten und Ansammlungen im Kern zu ersticken. Dieses Bild der gezogenen Stricke bot sich der in den Dom heimkehrenden Prozession. Vom Palais bis zur Universität war Polizei aufgestellt; außerdem lag ein Polizeiaufgebot aus Recklinghausen in der Universität als Reserve bereit. Domvikar Holling gab dem Bischof beim Eintritt in den Dom Bericht darüber. Der Bischof fragte das Domkapitel: „Was soll ich tun?" Die einen antworteten: „Auf die Kanzel!" die anderen hielten zurück. Der Bischof: „Wir wollen erst den sakramentalen Schlußsegen geben." Dann sagte er zum Dompropst: „Ich steige auf die Kanzel." Gebannt schaute das Volk zu ihm auf, als etwa diese Worte heiliger Entrüstung wie Donnerschläge aus seinem Munde kamen: Was bedeutet eine solche Maßnahme der Gewalt? Will man Hirt und Herde voneinander trennen? Kann die Polizei das katholische Volk durch Stricke und Ketten von seinem Bischof trennen? (Stürmische Zurufe: „Nein, Clemens August, Heil, Heil, Heil...")。 Sie lassen sich nicht trennen. Sie bleiben eins, wie sie in unverbrüchlicher Einheit dem Heiland heute trotz Regen und Unwetter nachgefolgt sind. Schwere Tage, meine geliebten Münsteraner, werden kommen. Aber, ich weiß es, die Treue ist größer.

Der Bischof wollte mit seiner engeren Begleitung auf dem üblichen Weg durch das Westportal den Dom verlassen. Dort stand die Polizei spalierbildend bereit, um den Bischof durchziehen zu lassen, natürlich ohne Begleitung des Volkes. Es kam aber anders. Am Westportal stauten sich infolge der beengenden Absperrung die Massen; der Bischof nahm geistesgegenwärtig den Weg durch das Paradies über den Domplatz zur Universität, dann zum Bischöflichen Hof. Großes Jubeln der Menge, daß der Bischof so der Polizei ein Schnippchen geschlagen hatte. Immerfort suchte diese die Massen zurückzudrängen. Sie war aber machtlos; Kinder und Jugendliche sprangen zuerst unbeschwert und unbekümmert über die Stricke, andere folgten, und schließlich war die Polizei so dicht von Menschen umringt, daß sie im Gewoge in Richtung zum Bischöflichen Hof mitgeschoben wurde. Stürmische Ovationen stiegen zum offenen Fenster des bischöflichen Arbeitszimmers auf. Er erschien. Ein Orkan des Jubelns. Die Polizei gab jeden Widerstand auf, zum Teil mit zufriedenem Lächeln, ein Beweis mehr, daß viele Beamte nur gezwungen solchen Dienst versahen.

Im Anschluß an die Prozession kam es zu Schlägereien zwischen HJ und katholischer Jugend, wobei die Hitlerjungen Schlagringe und ähnliche Instrumente gebrauchten. Wie nicht anders zu erwarten, wurden die katholischen Jugendlichen verhaftet. Beamte, die sich an den Ovationen beteiligt hatten, wurden, so hieß es später, von ihren Behörden gemaßregelt. — 1937 ist der Polizei in ähnlicher Weise das Konzept verdorben worden. Der Abschluß der Prozession sollte im Film eindrucksvoll festgehalten werden, und zwar zu Zwecken der Propaganda im Ausland gegen die Berichte über die Kirchenverfolgung in Deutschland. Aber gerade dort, wo unter einträchtiger Zusammenarbeit zwischen Filmleuten und Gestapo die Filmapparate aufgestellt waren, wurde kein Bischof sichtbar; im Sinne der Hl. Schrift, so möchte man sagen, kehrte er auf einem anderen Weg in seine Heimstatt zurück.

Rosenberg in Münster, Große Prozession, Stricke der Polizei auf dem Domplatz: das alles war zu einem festen Begriff des katholischen Widerstandes in Westdeutschland geworden. Derlei Großkundgebungen spontaner Art bildeten sich im Laufe der Jahre heraus. Es war eines der wenigen gebliebenen Mittel, dem Oberhirten die Treue zu zeigen. — Im Sommer 1937 stand der Bischof nach einer Feierstunde in der Pfarrkirche zu Goch vor den Massen, die ihm draußen stürmisch zujubelten. Vom Fenster des Pfarrhauses aus ergriff er noch einmal das Wort: „Wir.wissen, was deutsch ist; wir brauchen uns nicht von anderen belehren zu lassen, was deutscher Art entspricht, mögen sie aus Riga, Reval, Kairo oder aus Chile kommen." Mit Schmunzeln nahm die Menge derlei geographische Randbemerkungen zur Kenntnis; die NS-Größen Rosenberg, Heß und Darré dürften ob solcher Heimatklänge weniger beglückt gewesen sein. Einige böswillige Aufpasser verbreiteten tags darauf das Gerücht, es sei auch der Name Braunau gefallen. „Ob mir Hitlers Geburtsstädtchen entschlüpft ist", sagte der Bischof „weiß ich nicht; gedacht daran habe ich schon in dem Augenblick." Als 1934 nach der Firmungsfeier in Hamm-Norden das Volk jubelnd in den Pastoratsgarten drängte und schließlich der Bischof in der Tür sich zeigte, trat ein Polizeibeamter vor ihn hin: „Herr Bischof, Sie dürfen hier nicht reden." Schlagfertig antwortete der Bischof: „Nun, ich darf doch den Leuten wohl sagen, sie sollten nach Hause gehen und nicht dem guten Pastor alle Kartoffeln im Garten kaputt treten." Alles lachte und ging nach Hause.

Turmbau zu Babel

Solche strahlenden Kundgebungen christlicher Treue ließen gewiß auch das Herz des Bischofs höher schlagen, sie vermochten aber nicht über das düstere Gewölk, das immer drohender und unheimlicher am Horizont aufzog, hinwegzutäuschen. Wir wissen heute, daß die Pforten der Hölle in dem furchtbaren Jahrzehnt die Kirche in Deutschland nicht überwältigt haben; aber die gottselige Anna Katharina Emmerick hatte schon recht, wenn sie vor über 100 Jahren sagte, die Hölle würde dann losgelassen. Ja, ein gigantisches Teufelswerk wurde aufgetürmt mit all dem, was nur Ausgeburt einer satanischen Welt sein kann: blendender Glanz und phantastische Farbenpracht, riesenhafte Fülle und kraftstrotzender Schwung, Schneid und Elan, Uniform und Rhythmus; das Ganze

„Bewegung" genannt, die ein Volk in eine Art von Rausch und Benommenheit zu versetzen vermochte; Vernunft und Einsicht wurden ausgeschaltet oder eingenebelt. Millionen kannten sich nicht mehr aus in dem raffinierten Gemisch von Wahrheit und Irrtum, von Idealismus und Gemeinheit, von Echtheit und Fassade, von gesunder Autorität und brutalem Machtmißbrauch. Dieses Durcheinandermengen von guten und bösen Dingen war das eigentlich Teuflische im Nationalsozialismus. „Eine Täuschung der Hölle ist im Gange, die auch die Guten irreführen könnte", so hat es der Bischof in seinem Osterhirtenbrief 1934 genannt. Wir erinnern uns, wie die Menschen fasziniert waren, mitgerissen wurden von dem Schwung, mit dem der Nationalsozialismus die Probleme anpackte und scheinbar auch löste. Die Arbeitslosen verschwanden, die Wirtschaft wurde angekurbelt, das Geld rollte. Die Kolonnen des Arbeitsdienstes marschierten in die Moore und gewannen Neuland. In den Schaufenstern leuchteten die neuen Uniformen der Wehrmacht; Riesenflugplätze wurden gebaut und Kasernen; Paraden wurden abgehalten, und über den Garnisonstädten kreisten die Geschwader der Luftwaffe. Selbst die Alten wurden wieder jung; — und die junge Generation? Sollte sie das nicht begeistern? Dem Adolf Hitler glückte auch wirklich alles; selbst das Wetter war hitlerisch geworden. Voll Schmerz und Zorn beobachteten es die Einsichtigen; andere wurden zwar nachdenklich, aber sie meinten schließlich, das könne doch nicht alles vom Teufel sein; die Vorkommnisse mit den Juden und der Religion seien gewiß sehr übel, — man dürfe jedoch nicht immer so schwarz sehen, — das werde sich später schon geben. Die Gruppe solcher Schwankenden, die nach Motiven suchten, um ihr „Mitmachen" vor sich selbst und anderen rechtfertigen zu können, war nicht klein an Zahl. Soll man heute auf sie Steine werfen? Wie dachte und handelte denn damals das Ausland? Die Menschen dort haben auch gestaunt, und die Staatslenker haben mit Hitler verhandelt, Glückwunschadressen ausgetauscht, ihn als Oberhaupt Deutschlands anerkannt und — den Turmbau zu Babel wachsen lassen.

Man muß sich das alles wieder vergegenwärtigen, um erkennen zu können, wie unendlich schwer es für die deutschen Bischöfe war, das Heidentum und die Gottlosigkeit, die rastlos, teils getarnt, teils offen von der nationalsozialistischen Führung als Fundament und Eckpfeiler in jenen Riesenturm mit eingebaut wurden, zu bekämpfen und den deutschen Menschen über derlei Vorgänge die Augen zu öffnen, sie über die katastrophalen Auswirkungen für die deutsche Zukunft zu belehren. Wir wissen es noch zu gut, wie das gesamte NS-Schrifttum in den Dienst der offenen oder versteckten Propagierung des Neuheidentums gestellt wurde; Christentum und Kirche wurden in raffiniertester Weise angegriffen; in Versammlungen, im Arbeitsdienst zwang man der jungen Generation die neuheidnischen Ideen auf. Das katholische Schrifttum, das sich dagegen hätte wehren können, hatte man niedergetrampelt; es blieb schließlich nur noch die Kanzel.

Als seine heiligste Pflicht erachtete es der Bischof, diesen wilden Lehren der Gottlosigkeit die Wahrheit des Evangeliums entgegenzustellen, und zwar in kristallklarer Formulierung. So wandte sich der Fastenhirtenbrief 1935 gegen den Pantheismus, der behauptete, einen persönlichen Gott gebe es nicht, die Rassenseele der Deutschen sei vielmehr der wahre Gott. So wies er am 22. März 1936 in Gelsenkirchen-Buer unmittelbar vor der Reichstagswahl in einer aufrüttelnden Männerpredigt den Vorwurf zurück, der christliche Glaube, die Hoffnung auf ewiges Leben mache untüchtig für das Diesseits und für die Mitarbeit beim Wiederaufbau des Vaterlandes. Wenige Monate später, am 6. September 1936, hielt er in Xanten (vgl. Bd. I, S. 224) seine wuchtige Predigt gegen den Totalitätsanspruch des Staates: ,,Ein Gehorsam, der die Seelen knechtet, der in das innerste Heiligtum der menschlichen Freiheit, in das Gewissen greift, ist roheste Sklaverei.'' Am 17. November 1937 hielt er in Vreden (Bd. I, S. 236) die schon gleich darauf weithin bekanntgewordene Predigt über die ,,Artfremdheit'' des Christentums. Aber nicht nur die Theorien des Nationalsozialismus griff er an, auch dessen verbrecherische Praktiken. Am 9. Februar 1936 weilte er zur Altarweihe in Xanten. Er sprach über die Auferstehung des Fleisches, über die Treue der Bekenner und Blutzeugen in unseren Tagen: ,,Der Leiter der bischöflichen Informationsstelle in Berlin, Dr. Banasch, schmachtet seit Monaten im Kerker. Monsignore Wolker ist vor drei Tagen verhaftet worden, und wie lange wird es dauern, bis er vor einem unabhängigen deutschen Gericht seine Unschuld beweisen kann? Es gibt in deutschen Landen frische Gräber, in denen die Asche solcher ruht, die das katholische Volk für Märtyrer des Glaubens hält, weil ihr Leben ihnen das Zeugnis treuester Pflichterfüllung für Gott und Vaterland, Volk und Kirche ausstellt und das Dunkel, das über ihren Tod gebreitet ist, ängstlich gehütet wird." Diese Anspielung auf den 30. Juni 1934 und die Ermordung des Berliner Katholikenführers Klausener war auch von Berliner Stellen verstanden worden, sodaß der Kirchenminister Kerrl in einem Brief an den Bischof sein Befremden über den bischöflichen Hinweis auf jenes Vorkommnis zum Ausdruck brachte.

Die kirchenfeindliche Propaganda scheute vor der Anwendung gemeinster Methoden nicht zurück. Wer erinnert sich nicht mehr an die Devisen- und Sittlichkeitsprozesse? Wieviele junge Menschen sind damals seelisch vergiftet worden! Gott sei Dank, der Schaucharakter solcher Verfahren artete bald in plumpes Machwerk aus, sodaß sie bei den Einsichtigen ihre Wirkung völlig verfehlten. Man lese das Kapitel „Vor dem Sommer 1941" im II. Band. Dann erkennt man die damalige große Enttäuschung in den Parteikreisen Münsters. Ähnlich wirkten die an allen Litfaßsäulen aufgeklebten Plakate „Deutsches Volk, horch auf!", die jeden Volksgenossen darüber belehren sollten, daß der Katholizismus mit dem Bolschewismus Arm in Arm gehe und Deutschlands Untergang anstrebe. Eine ernstere Gefahr erblickte der Bischof in dem NS-Schrifttum, das Tag um Tag, Woche um Woche das Gift in die Seelen träufelte. 1936 verlas er selbst im Dom einen diesbezüglichen Hirtenbrief; in heiligen Zorn geriet er, als er aus der Stimmung des Augenblicks einen Kommentar hinzufügte; aus einem Leitartikel der HJ-Zeitschrift „Krummstab, Kommunismus und Kaiserkrone" zitierte er einen Passus; vor Entrüstung konnte er kaum weitersprechen; zu sehr griffen ihm solche gegen die Kirche geschleuderten Gemeinheiten ans Herz, und er rief in den Dom hinein: „Ein Schuft, wer es erträgt und sich nicht empört wehrt, wenn seine Mutter, sein Bruder, sein Vater ungerecht angegriffen und beschimpft werden!" Der Nationalismus erkannte bald, daß die Alten schwer zu bekehren waren; darum stürzte er sich mit der ganzen Virtuosität der Propaganda und mit schärfstem Terror auf die junge Generation. Alle katholischen Jugendorganisationen wurden im Laufe der Jahre aufgelöst. Gott sei Dank, es ist den Neuerern nicht leicht gefallen; bis aufs Blut haben sich stellenweise unsere Jungen und Mädchen gewehrt. Als sie öffentlich kein Banner mehr zeigen durften, hielten sie insgeheim und getarnt ihrem Verein, ihrem Bund, der Gruppe die Treue. Dem Bischof, der in patriachalischer Liebe und Sorge der jungen Kirche zugetan war, blutete das Herz, als er es erleben mußte, wie seine öffentlichen Proteste und Predigten bei den Machthabern, wenigstens nach außen hin, nichts fruchteten. — Auch in die Schule drangen die Tyrannen ein und vergriffen sich als moderne Bilderstürmer an dem Kreuzbild unseres Herrn und Heilandes. Solange es eine Kirchengeschichte gibt, wird ein Ruhmesblatt über den heldenhaften und siegreichen Kampf der Katholiken des Oldenburgerlandes berichten. Das Kreuz blieb in den Schulen der Kinder, und die Hände, die sich gegen das Bild des Erlösers erhoben, sind verdorrt. Die Bekenntnisschule hat man zerschlagen. Gegen den Willen der Eltern und den geltenden Gesetzen zum Trotz wurde die Gemeinschaftsschule eingeführt. Eltern und Kindern gab Gott die Aufgabe, Amboß zu sein, fest und unerschütterlich, während der Hammer der Brutalität und Geistesknechtung auf sie einschlug. Und selbst die Wege ins Gotteshaus hat man zu versperren die Stirn gehabt; während nach mitternächtlichem Fliegeralarm jeder Volksgenosse sein Tagewerk in früher Morgenstunde zu beginnen verpflichtet war, mußten die Pforten der Kirchen bis 10 Uhr geschlossen bleiben. Auch diese, wohl die teuflischste der Maßnahmen, wollen wir nicht vergessen. Gott sei Dank, vielerorts hat unser Bauerntum die Amboßrolle mit der des Hammers vertauscht; es lieferte die Milch auch entsprechend später ab, und das bewog die „Ortsgewaltigen" zu milder Auslegung des Hitlerschen Befehls.

Der Turmbau zu Babel wuchs ins Unheimliche. Wie haben wir als Kinder in der Biblischen Geschichte gelesen?: „Und sie sprachen zueinander: ,Kommt, laßt uns eine Stadt bauen und einen Turm, dessen Spitze bis an den Himmel reicht! So machen wir uns einen großen Namen, bevor wir uns über die ganze Erde zerstreuen.' Und sie brannten Ziegelsteine und fingen an, Stadt und Turm zu bauen." Der irregeleitete deutsche Mensch, von wilder Romantik berauscht, griff und schichtete ins Maßlose hinein. Im Frühjahr 1937 sprach Papst Pius XI. seinen Fluch gegen das Reich ohne Gott. Die Enzyklika „Mit brennender Sorge" zerriß vor der Weltöffentlichkeit die Maske der Machthaber. Die deutschen Bischöfe hatten vom Vater der Christenheit die eindeutige Wegweisung erhalten. Es kam das Jahr 1939 und der Krieg. Der Turm luziferischen Stolzes und gottwidrigen Übermenschentums erstrahlte in unheimlicher Lichtfülle; dann empfing er Riß um Riß; er wankte und barst; nach Jahren stürzte er und begrub unter sich ganze Völker. — Wie hatte die Menschheit seit Jahrtausenden gebetet: „Wenn der Herr das Haus nicht baut . . .!"

AUF APOSTELPFADEN DURCH DAS BISTUM

Alte Droschke und modernes Auto

Wenn um die Jahrhundertwende die ersten Strahlen der Frühlingssonne Strom und Bäche vom Eis befreiten und neues Leben die Natur gebar, dann wurde im Bischöflichen Hof die alte Droschke, noch ein wenig geschmückt mit barockem Zierrat, nach der Winterruhe aus dem Schuppen hervorgezogen, blank geputzt und mit zwei flinken Pferden bespannt. Gleich den Aposteln zog der Bischof hinaus in die Gemeinden, in Dörfer und Städte, um den jungen Christen im Sakrament der Firmung den Heiligen Geist zu spenden. Der Oberhirt mit Roß und Wagen, ein Bild aus den längst vergangenen Zeiten der Fürstbischöfe, da in Geruhsamkeit und ohne moderne Hast, über holperige Straßen und weiche Sandwege ein Nachfolger der Apostel durch die Lande fuhr. Als Clemens August 1933 den Hirtenstab des hl. Ludgerus in seine festen Hände nahm, gab es im Bischöflichen Hof die alte Droschke nicht mehr. Das Auto des Caritasverbandes hielt vor dem großen eisernen Tor des Vorhofes; einige Koffer nahm es auf; außer dem Bischof stiegen sein Kaplan und sein Diener mit ein. Schade, dieses Bischofs Gestalt paßte in jeder Beziehung besser in eine Droschke als in das Auto der modernen Welt! Im Tempo der Zeit ging es durch die Tore der Stadt hinaus: über die Weselerstraße, über Dülmen und Haltern ins

Industriegebiet oder an den Niederrhein, — über die Hammer, Steinfurter, Grevener und Warendorfer Straße in die Dekanate des Münsterlandes oder über Osnabrück hinaus in das weite Land Oldenburg. Wie groß ist das Gebiet unter dem einen Hirtenstab, vom Rhein bis in den Teutoburgerwald, von der Lippe und Ruhr bis an die Nordsee! Wie verschieden gestaltet und gegliedert ist das Bistum! In den Jahrzehnten seit der Jahrhundertwende wanderten immer neue Menschen aus allen Zonen Deutschlands in den Südwesten der Diözese. Das gewaltige Industriegebiet schuf völlig neue Gemeinden. Tag um Tag entstanden für den Oberhirten neue Aufgaben und Probleme, ins Unermeßliche gesteigert durch die sozialen, politischen und weltanschaulichen Kämpfe zwischen zwei Weltkriegen.

In solche Gedanken versunken, griff der Vater des Bistums, wenn die Tore der Münsterstadt hinter ihm lagen, zum Brevier. „So, nun wollen wir das Reisegebet verrichten!" Eine eigentümliche Weihe lag immer über jenen Minuten, wenn die tiefdunkle Stimme des Bischofs die alten Anrufungen sprach, in denen Gott der Herr gebeten wird, den Reisenden Schutz und Führung zu verleihen, wie einst dem Abraham, dem Volke Israel auf dem Weg durchs Rote Meer, wie den drei Weisen aus dem Morgenland, — den Engel Raphael möge er senden als Reisebegleiter. Gott hat des Oberhirten Gebet erhört. Kein Leid ist ihm geschehen in all den Jahren, da die Feinde des Heiles so viel Böses gegen ihn sannen.

Menschen zwischen Wallhecken

Die Enge der Häuser und Straßen lag schon weit zurück. Wie freute sich des Bischofs Herz auf solcher Fahrt in den erwachenden, blühenden Frühling! Das schöne Münsterland, mit seinen Äckern und Wiesen, mit seinen Bächen, Wallhecken und Wäldern, mit seinen Kreuzen und Bildstöcken an den Wegen, mit den hohen Kirchtürmen und stillen Friedhöfen! Wie hatte er das alles in sein Herz geschlossen! Wie liebte er dieses Volk in seiner Schlichtheit und Wortkargheit, in seiner Treue und Sittenstrenge! Wie tut es uns Münsterländern wohl, wenn wir die herrlichen Erzählungen des Dichters Augustin Wibbelt über dieses Land und seine Menschen zur Hand nehmen! „Schöneres, Gemütvolleres in plattdeutscher Sprache", so schreibt der aus Köln stammende, weit bekannte Franziskanerpater Elpidius in seinen Lebenserinnerungen, „habe ich nie gelesen. Was für kraftvolle Bauerngestalten weiß uns Wibbelt auf dem Untergrund menschlicher Armseligkeiten zu schildern! Wie viele fleißige, treu besorgte und auch wohltätige ‚Meersken' lernen wir da kennen! Die Religion ist das Beherrschende im Leben dieses Landvolkes. Welche Wege müssen viele machen, um zur Kirche zu kommen! Aber am Sonntag im Gottesdienst fehlen, das gab es überhaupt nicht, außer bei schwerer Krankheit. Wie oft habe ich später in Gegenden, wo man es so leicht in diesem Punkte nahm, auf dieses erbauliche Beispiel der Münsteraner hingewiesen, besonders wenn Frauen sich wegen der Arbeit und wegen der kleinen Kinder so leicht entschuldigten." Das wußte der Bischof; aber er sah auch die Stürme modernen Geistes immer näher kommen, immer stärker an den Fundamenten jahrhundertealter Überlieferung rütteln. Zu Beginn seines letzten Buches „Der versunkene Garten" (S. 13f.) schreibt darüber der greise Dichter Wibbelt: „Die Heimat ist mit mir gealtert; mit schmerzlicher Wehmut mußte ich immer mehr wahrnehmen, daß so manche liebe vertraute Züge aus dem mütterlichen Antlitz verschwanden, daß die Heimat, nicht zu ihrem Vorteile, sich wandelte und immer mehr von ihrer alten Schönheit verlor. In den gut 70 Jahren, die meine lebendige Erinnerung umfaßt, hat sich sehr viel geändert im äußeren Ansehen der Heimat, in den Sitten und Gewohnheiten der Bewohner, in der Lebens- und Arbeitsweise, auch in den Anschauungen, in dem herrschenden Geiste, wie ich meine, sogar in dem Charakter der Leute, obwohl man das Westfalenland und besonders das Münsterland als konservativ zu bezeichnen pflegt und sagt, daß hier eine zähe Tradition zu Hause sei. Es mag sein, daß sich anderswo der Wechsel der Zeit noch schneller und eingreifender vollzogen hat, und ich bin nicht willens, als einseitiger Lobredner der ‚guten alten Zeit' aufzutreten. Vielmehr erkenne ich gerne an, daß manches besser geworden ist; aber ich meine, es sei noch mehr vom Guten und Schönen verschwunden. Mir kommt es so vor, als sei das ‚Deftige', das schlicht Solide und Geruhsame, einer zu unrastigen Betriebsamkeit gewichen, als habe die fromme Einfalt und edle Gutmütigkeit Schaden gelitten, als sei auch die innere Verbundenheit mit der Scholle und die Liebe zu den getreuen Haustieren durch den Geist des Merkantilismus bedenklich geschwächt worden, als sei die bäuerliche Arbeit durch starke Mechanisierung großenteils entseelt worden, als habe sich die Maschine viel zu sehr zwischen den Bauer und die Natur gedrängt und habe begonnen, den naturnahen Stand langsam der Natur zu entfremden. Das mußte ich mir", so schließt der sonst so frohe Wibbelt seine ernste, uns alle verpflichtende Betrachtung, „von der Seele schreiben."

Reiter, Blumen und Kränze

„Herr Guddorf (später, während des Krieges, war Herr Kempkes der zuverlässige Fahrer des bischöflichen Autos), wieviel Kilometer sind es noch bis Emmerich? Lassen Sie es nur etwas langsamer gehen! Wenn wir zu früh ankommen, gibt es eine große Aufregung. Sie wissen ja, Dechant Sprünken war in Berlin mein Pastor; ich möchte nicht gern, daß er seinen ehemaligen Kaplan mit bösem Gesicht empfängt." An der Grenze des Dekanates warteten stattliche Radfahrer- und Reiterzüge sowie ein mit Tannengrün und Blumen geschmückter Landauer. „Gott sei Dank", pflegte dann der Bischof zu sagen, „daß wir endlich aus dem Auto, diesem St. . . kästchen, herauskommen." Strahlende Freude ging über die Gesichter der Reiter und Fahrer, wenn der große Bischof mit schweren Schritten sich den stolzen Pferden näherte, ihnen lächelnd den Hals klopfte, sie musterte und fachmännisch das Urteil sprach. Dann stieg er ein, stehend grüßte er noch einmal vom Wagen aus all die Gläubigen aus der Nachbarschaft, die hier an stiller Landstraße den prachtvollen Empfangsbogen errichtet hatten, und dann erfüllten sich des Dichters Worte: „Der Staub wallt auf, der Hufschlag dröhnt."

In den ersten Jahren der Naziherrschaft entboten noch die Bürgermeister an der Gemeindegrenze den Willkommgruß. Bald wurde das anders. Reiter und Flaggenschmuck mußten verschwinden. Die althergebrachte Prozession mit Geistlichkeit, Meßdienern, Engelchen und Kirchenvorstand erschien nicht mehr an der Dorfgrenze. Auto oder Landauer fuhren zumeist bis vor das Kirchenportal, wo inmitten der dichtgedrängten Menge der feierliche Empfang stattfand. Hier, auf kircheneigenem Boden, war Flaggenschmuck erlaubt. Zu Beginn des Krieges hatte die Bischöfliche Behörde mit Rücksicht auf den Ernst der Zeit jeglichen Schmuck und Aufwand anläßlich der Firmungsreisen verboten. Nach den großen Predigten des Sommers 1941 setzte sich jedoch die Bevölkerung spontan über solche Bestimmungen hinweg. Kinder und Jugendliche kletterten auf die Fahrräder, und zu Hunderten umscharten sie den Bischofswagen. Tannengrün, Maien und Blumen umsäumten die Straßenränder. Jubelnd winkten die Tausende von Gläubigen, immerfort Heil rufend, wenn sich der Bischofswagen nahte. Immer wieder hob der Bischof die Hand zum Segen; die Menschen knieten für einen Augenblick still nieder, den Segen zu empfangen, um dann aufs neue zu winken und zu jubeln. Auf dem Kirchplatz schob sich die Menge beängstigend nahe an die durch Ordner mit weißer Binde freigehaltene Gasse; die Mutter mit dem Jüngsten auf dem Arm, daneben der Vater den Vierjährigen auf „Huckepack"; lächelnd faßte der Bischof das Händchen der Kleinen zur unbeschreiblichen Freude der Eltern. Man muß in die Augen dieser Menschen gesehen haben, — die Kinderaugen, vor Staunen starr und gebannt, — die Augen der Jugendlichen voll Glanz und strahlendem Feuer, — bei den Alten mischten sich Tränen in die leuchtend offenen Gesichter. Wenn man das all die Jahre gesehen hat, dann weiß man um die Echtheit und Ehrlichkeit, um die Tiefe der Liebe der Gläubigen zu ihrem großen Bischof. Im Kirchenportal, umgeben von der Geistlichkeit, stand dann die hohe Gestalt des Oberhirten, farbenprächtig umleuchtet von den Strahlen der untergehenden Abendsonne. Er kniete nieder, um die Wundmale des gekreuzigten Heilandes mit seinen Lippen zu berühren, an jenem Holzkreuz, das ihm vom Pfarrer der Kirche dargereicht wurde. Mit Weihwasser besprengte er die Gläubigen, und der Pfarrer inzensierte darauf den Kirchenfürsten dreimal mit Weihrauch. In einem kleinen Ort herrschte an dieser Stelle bei den Zeremonien des Empfanges übergroße Nervosität; anstatt den Bischof zu inzensieren, reichte der Pastor mit zitternder Gebärde dem Bischof das Rauchfaß; in seiner Güte und Ruhe, um die Wogen der Aufregung zu glätten, nahm der Bischof das Rauchfaß und inzensierte dreimal den alten würdigen Pastor.

109

„Ein Haus voll Glorie schauet"

In der Kirche folgte die Predigt. Kopf an Kopf standen die Menschen. Seine Worte brachten Freude und Trost, Zuversicht und Kraft in die Herzen; klar und unmißverständlich sprach er über die Zeit und ihren Ungeist. In einer dunklen Ecke unter der Orgelbühne standen die Spitzel der Gestapo; das wußte er, aber es kümmerte ihn nicht. Wutschnaubend sahen sie hier die Früchte ihrer gegen Christentum und Kirche gerichteten Propaganda. Wie hatten sie in Zeitungen und Zeitschriften die „undeutschen" Lehren des Christentums, die „Schandtaten" der Kirche hohnvoll angeprangert, im gleichen Zuge das katholische Schrifttum ausgerottet. Diese Volksmenge im Gotteshaus, auf dem Kirchplatz, in den Straßen, war die Antwort. Und diese Tausende, von niemand kommandiert, völlig freiwillig, ja auf die Gefahr hin, denunziert, vielleicht benachteiligt zu werden, — sie jubelten, wenn der Bischof erschien. Gewiß, es gab auch solche, die es peinlich vermieden, an solchen Empfängen teilzunehmen. Es waren die Vorsichtigen, die mit der Kirche zwar nicht brechen wollten, denen aber die Hirtenbriefe zu scharf, zu wenig versöhnlich formuliert erschienen; sie meinten, der Bischof solle es doch einmal ganz ehrlich mit dem „herrlichen Führer" versuchen, dann werde schon alles gut werden. Viele Jahre später sind solchen Mitläufern Fragebögen vorgelegt worden. Derlei Fragebögen kennt die Kirche nicht; sie öffnet weit die Arme der verzeihenden Liebe, verlangt jedoch im Namen Gottes wahre Reue über die Sünde der Schwäche und Feigheit.

Andächtig und voll Ehrfurcht, fast scheu und ängstlich, nahte am folgenden Morgen die lange Reihe der Firmlinge dem Hochaltar, wo der Oberhirt, mit Chormantel, Mitra und Stab bekleidet, jedem Kind die Hand aufs Haupt legte und die heiligen Worte der Firmung sprach. In den ersten Jahren pflegte er immer stehend zu firmen, erst später, als sein Knieleiden sich verschlimmerte, setzte er sich zeitweise. Wenn die Reihe besonders lang war, spürte man seine Ermüdung, und manchmal holte er tief Atem, wenn er die Stimme erhob zum „Ostende nobis misericordiam tuam", — wenn er mit ausgebreiteten Armen die sieben Gaben des Heiligen Geistes herabrief, die der Weisheit, die der Stärke, die der Furcht des Herrn. Dann ging er zur Kanzel. Des öfteren sagte er schmunzelnd unten an deren Stufen: „Ich glaube, Sie müssen nachkommen und mir die Mitra abnehmen, der Deckel scheint nicht hoch genug zu sein." Und wirklich, die Mitra fand nicht genügend Platz. Wie leuchteten dann die Augen der Kinder vor Freude, wie waren sie stolz auf einen so großen Bischof, und mancher ergraute Krieger strich sich den Schnurrbart und lächelte zufrieden vor sich hin. Schlicht und kindlich fromm sprach er zu den Kleinen und zu den Erwachsenen. Bei Katechesen wußte er stets einen herzlichen Scherz einzuflechten. Jeder spürte, da spricht ein guter Hirt; die Worte kamen aus dem Herzen, und darum gingen sie auch in die Herzen. Häufig schloß er seine Katechesen am Nachmittag, im Mittelgang der Kirche zwischen den Kindern stehend, mit der heiteren, aber doch so mahnenden Erinnerung: „Also auf Wiedersehen, spätestens im Himmel, da können wir weiter plaudern. Daß ihr mir aber alle dahin kommt ...!" Bei den Firmungspredigten, vor allem in kleineren Gemeinden, vermied er es, in kämpferischer Weise über die Zeitereignisse zu sprechen. Jede Predigt beendete er mit einer Bitte an die Mutter Gottes. Seine Begleitung wußte das, kannte aber lange Zeit hindurch nicht den eigentlichen Grund. Nach der großen 300jährigen Jubiläumsfeier 1942 in Kevelaer — es war Mariä Namensfest — gab er dafür in eigentümlicher Ergriffenheit aus der Stimmung des Augenblicks die Erklärung. Dicht gedrängt standen die Jugendlichen auf dem Kapellenplatz vor dem Priesterhaus; er schaute, angetan mit Stab und Mitra, oben durchs Fenster, sprach zu ihnen Worte des Dankes, der Ermahnung und Anfeuerung. Plötzlich fragte er, wer denn heute Namenstag habe; wer Maria heiße, möge die Hand hochheben. „Gott sei Dank, daß es noch viele sind! Eure Eltern waren doch noch nicht dem Wahn verfallen, als sei der Name Maria unmodern, und man müsse einen möglichst ‚verrückten‘ Vornamen für die Kinder aussuchen[1]." Dann ermahnte er alle noch einmal zur Verehrung der lieben Gottesmutter; das habe auch er von Jugend auf getan. Als junger Priester sei er der Begleiter seines Onkels, des Weihbischofs Max Gereon, gewesen; es habe ihn so tief beeindruckt, daß dieser große Muttergottesverehrer zum Ab-

---

[1] In einer größeren, fast rein katholischen Gemeinde wurde im Jahre 1947 kein Kind auf den Namen Maria getauft. Wie schade, daß der Geist der Mode selbst in diese zarten Bezirke unseres Lebens einzudringen vermochte!

schluß jeder Predigt einige Sätze an die Königin des Himmels zu richten pflegte. „Als ich", so fuhr der Bischof tief bewegt fort, „die erste Firmungspredigt hielt, tat ich das Gleiche; ich habe es bisher immer getan und werde es weiter tun bis zur letzten Firmungspredigt meines Lebens." Und wie hieß sein Lieblingslied?: „Maria zu lieben." Auf seinem Nachttisch daheim lag außer einem Silberkreuz eine Plakette mit dem Bild der Gottesmutter; beides begleitete den Oberhirten auf allen seinen Reisen. „Gibt es heute", so schreibt der Jesuitenpater Heinrich Keller, der Bruder unseres Bischofs, in seinem Büchlein (Am Herzen der Mutter, 1946, S. 8), „eine schlimmere Folge der Gottlosigkeit, als daß ‚die Liebe so vieler erkalte', daß die Menschen mitleidlos, hart, kalt, brutal sind, eben ohne Herz? Ob nicht ‚herzliche' Verehrung des Herzens der Mutter Gottes da helfen kann und damit ein Heilmittel gibt für die Rettung der Welt?"

Wenn die Kinder und Jugendlichen nach der Firmungsfeier den Bischof über den Kirchplatz in die Pastorat begleiteten, kannten sie oft kein Maß im Jubeln und Rufen. Immer wieder mußte sich dann der gute Hirt an Fenster oder Tür der Pastorat zeigen und dem jungen Völkchen einige Schlußworte mit nach Hause geben. Die Firmungsfeier mit Ansprache nahm den Bischof körperlich ziemlich mit, besonders in den heißen Sommermonaten. Das Predigen fiel ihm, rein äußerlich betrachtet, nicht leicht. Er habe, so gestand er oft in Selbstironie, in der Jugendzeit das technisch richtige Sprechen nicht gelernt. Aber der eigentliche Grund für die Anstrengung war wohl der, daß das Herz zu stark mitging. Alles, was er sagte, war echt, und sein Inneres schwang dabei mit. Das zehrte auf die Dauer an der Lebenskraft. Oberflächliches, leichtes Plaudern über religiöse Dinge lag ihm nicht. Auch auf der Firmungs‧reise trug er schwer an den Tagessorgen seines bischöflichen Amtes. Gewiß, vieles, vieles war für ihn eine helle Freude. Aber letzten Endes sah er die kirchenpolitische Lage völlig nüchtern und illusionsfrei. Eine Position nach der anderen wurde der Kirche geraubt; systematisch verdrängte man sie aus den Einflußsphären der Öffentlichkeit.

Schulen, Krankenhäuser und Ordensfrauen

Das Herzensanliegen des Bischofs war die Schule. In den ersten Jahren der Naziherrschaft war es noch möglich, die Schule zu visitieren, die Lehrpersonen zu begrüßen, in den Klassen die Kinder zu unterrichten und so vor aller Öffentlichkeit die Verbundenheit von Kirche, Lehrerschaft und Schule zum Ausdruck zu bringen. Es gab Klassen, die dem Bischof zu Beginn das einexerzierte „Heil Hitler" entgegenschmetterten. An dieses Heil knüpfte er gleich an, um dann auf das wahre Heil überzuleiten. In Emmerich jedoch — und an vielen anderen Orten — liefen die Dinge anders. Vom Rektor in SA-Uniform wurde er begrüßt; beide gingen sodann nebeneinander über den Schulplatz, der Bischof in seiner ganzen, durch die violette Toga noch betonten Größe und der recht kleine, rundliche Rektor in Stiefeln und Dienstmütze. Man hat dieses Bildchen photographisch festgehalten und darunter geschrieben: „Staat und Kirche." Als man den Klassenraum betrat, ging der Bischof vor, und der hinter ihm befindliche Rektor versuchte nach Leibeskräften, durch Zeichen und flüsternde Befehle das „Heil Hitler" herauszulocken; die Emmericher Kinder aber blieben stumm. — Der Bischof hatte den Mut — seelsorgliche Liebe trieb ihn dazu —, wenn schwankende oder schon untreu gewordene Lehrpersonen an der Katechese teilnahmen, auch ihnen eine solche zu halten, so einmal in Recklinghausen einem Rektor die Katechese über die Tat des Judas. Die Jungen und Mädchen der Oberklassen mußten innerlich gefestigt werden, selbst auf die Gefahr hin, daß die Autorität der Judas-Lehrpersonen in den Augen der Kinder zerschlagen wurde. Höher als Lehrereinfluß stand das Recht der Eltern, das vom Nationalsozialismus mit Füßen getreten wurde. Gegen ihren Willen hatte die Faust des Neuheidentums im Jahre 1938 die Bekenntnisschule zerschlagen. Von jetzt ab waren die katholischen Lehrpersonen auf sich selbst gestellt, und in ihre Entscheidung war es gegeben, ob sie die katholischen Kinder im Unterricht positiv oder negativ beeinflußten, ob sie weiterhin Religionsunterricht zu erteilen den Mut hatten oder, um bei den Nazis „lieb Kind" zu werden, den Religionsunterricht niederlegten, ob sie weiterhin innerhalb des Gotteshauses sich um die Kinder kümmerten oder nicht. Sorgenvolle Jahre waren es, als das Gift des Unglaubens, der

Barbarei und Brutalität auch von ehemaligen katholischen Lehrpersonen in die Herzen der Kinder getragen wurde. Aber — den vielen Braven und Tapferen, die allen Schikanen zum Trotz aushielten, sei es zur Ehre gesagt — der Bischof hat nie, auch nicht in den schlimmsten Kampfzeiten, das Vertrauen zur katholischen Lehrerschaft verloren.

Auf den Firmungsreisen pflegen die Bischöfe in den einzelnen Gemeinden die Krankenhäuser und Niederlassungen von Ordensgenossenschaften zu besuchen. Für sie, die Ordensschwestern, deren opferreiches Leben in Abgeschiedenheit und Stille verläuft, deren Arbeit und Leistungen barmherziger Liebe die notleidenden Menschen so viel verdanken, zählte jener Festtag zu den schönsten des Jahres. Wie wurde in den Tagen vorher geputzt und geglättet und geschmückt! Kinderchen der Spielschule streuten Blumen auf den Weg des Oberhirten; im Portal warteten zwei Engel mit klopfendem Herzen, um das Begrüßungsgedicht zu sprechen. Dann ging der Bischof lächelnd durch die im Hausflur knieenden Schwestern und Lehrköchinnen. Wenn er in der Kapelle des Hospitals stand, all die Blicke der Kranken, der alten, gebrechlichen Leute, teils auf Bahren liegend, auf sich gerichtet, dann hatte seine Stimme eine wunderbare Wärme. Jeder spürte, hier spricht einer, der im letzten ein Seelsorger und barmherziger Samaritan sein will. Es waren immer Worte tiefer Weisheit vom Kreuztragen, Sühneleiden, von der kurzen Pilgerschaft dieses armen irdischen Lebens. Wie gespensterhaft und brutal zugleich erschienen in solchen Augenblicken die in jenen Jahren von den Einrichtungen „Kraft durch Freude", „Glaube und Schönheit" in die Herzen und Hirne gehämmerten Irrlehren, — jenes zur widerlichen Parole verzerrte Lied „Freut euch des Lebens". Wie sollte ein Gelähmter, seit Jahrzehnten an das Bett gefesselt, mit solcher „Weisheit" sich trösten? Ähnliche Worte sprach der Oberhirt zu den Schwestern in der Kapelle oder in den Räumen der Klausur, zu ihnen, die ihr Leben im Dienst der Caritas, der Kinderbetreuung, der Krankenpflege verzehrten. Jene braven Töchter unserer besten katholischen Familien, wie hat er als Anwalt des Rechtes und der Liebe für sie gekämpft, als man im Sommer 1941 diese wehrlosen Frauen, die nur Gott und den Mitmenschen dienen wollten, auf die Straße und in die Verbannung jagte!

So ging des Bischofs Weg von Gemeinde zu Gemeinde, von Kirche zu Kirche, durch die Pfarrhäuser, durch die Schulen, Hospitäler, Klöster und Ordenshäuser. Das Quartier mit nächtlichem Aufenthalt war zumeist in der Wohnung des Dechanten aufgeschlagen. Von dort wurden allmorgendlich strahlenförmig die Städte und Dörfer des Dekanates aufgesucht, vormittags eine Gemeinde und nachmittags eine zweite. Das bedeutete ein ausgefülltes Tagesprogramm. Früher einmal verliefen solche Reisen gemächlicher; aber in schwerer Verfolgungszeit mußte die Abwesenheit des Bischofs von der Diözesanhauptstadt möglichst eingeschränkt werden. Wenn während einer Reise wichtige Entscheidungen zu treffen waren, setzte sich der Generalvikar am Abend mit dem Bischof telefonisch in Verbindung; und das geschah nicht selten.

Der kleine „Märtyrer" und die wilden Rosse

Auf den Fahrten von Gemeinde zu Gemeinde hatte es sich während des Krieges, wie schon erwähnt, in stillen Abmachungen herausgebildet, daß die Jugend, zum Teil auch die Erwachsenen, auf Fahrrädern in dichten Schwärmen den Bischofswagen begleitete. Dabei kamen die Waghalsigen nicht selten beängstigend nahe an die Pferde und Wagenräder heran. Wie oft hat der Bischof, halb lächelnd, halb drohend, rufen müssen: „Seid vorsichtig, Kerls, daß ihr nicht unter die Räder kommt! Paßt auf, gleich liegt ihr am Boden!" Über die Bürgersteige oder durch die Chausseegräben liefen die Zehn- und Zwölfjährigen kilometerweit mit. Je mehr man in herzlichem Mitleid ihnen zuredete, nun sei es aber gut, sie würden sich überanstrengen, desto mehr wurden Ehrgeiz und Begeisterung entfacht, und mit roten Gesichtern und wehenden Haaren liefen sie weiter mit. Wie ein Wunder mutet es fast an, nie ist ein Unglück geschehen. Wendig und flink wie die Katzen saßen sie auf den Rädern oder trippelten sie durch die vorhandenen engen Lücken. Nur ein Junge in Stadtlohn hat sich beim Formieren des Radfahrzuges, eine Stunde vor dem Abholen des Bischofs in Vreden, den Arm gebrochen. Am folgenden Morgen jedoch war er schon wieder wohlauf und wurde — das Ärmchen in Gips gelegt — gefirmt; draußen auf dem Kirchplatz führte man den kleinen Bekenner und

Märtyrer vor den Bischof, der ihm väterlich und dankbar auf die Schulter klopfte und ein Bildchen schenkte. Es kam auch vor, daß die Pferde scheuten und in geringem Ausmaß Unheil anrichteten. So einmal in Schüttenstein. Bei strömendem Gewitterregen floß den Reitern das Wasser in kleinen Bächen über den schwarzen Rock und die weißen Hosen, die jungen Füchse vor dem Bischofswagen bäumten sich wild auf, und die Deichsel brach vorne ab. Der Bischof stieg selbst aus, gab fachmännische Ratschläge für eine notdürftige Reparatur, und die Fahrt ging weiter. Bedenklicher konnte es bei Vier- und Sechsgespannen werden. Wenn ein Sechsgespann, das natürlich vom Bock aus gelenkt wurde, vorgefahren kam, musterte der Bischof eingehend alle sechs Pferde, während die Blicke der Fahrer sein Tun begleiteten. „Sind die Paare auch aus einem Stall?" fragte er dann; „die beiden vordersten Pferdchen müssen Menschenverstand haben, sonst gibt es ein Unglück." Aber es ging stets gut, vorbei an tiefen Gräben und Abgründen, durch die von laut jubelnden Menschen angefüllten Straßen. Was waren die Leute stolz, wenn die Söhne ihrer Gemeinde „nach alter Vätersitte" den Empfang eines Nachfolgers der Apostel so festlich wie möglich zu gestalten wußten! Wie jauchzten die Kinder, wenn sie ein solch herrliches Pferdegespann sahen und im blumenbekränzten Wagen den großen Bischof mit seinen gütigen, dankbaren Augen. Ja, nach alter Vätersitte den Bischof fahren! Einmal vollführten Liebe und Eifersucht dabei ihr tragikomisches Spiel. Vor der Pastorat in Wüllen standen zwei Kutschen, die eine aus Wüllen, die andere aus Graes. Die Wüllener Kutsche wollte den Bischof bis zur Grenze bringen; die Graeser Kutsche war dagegen. Der Bischof, der ja nun nur in eine einsteigen konnte, entschied sich für die Graeser Kutsche, um nicht an der Grenze umsteigen zu müssen, während noch immer um die altverbrieften Rechte gestritten wurde. Die Fahrt begann. Die Zornesader schwoll bei dem Verschmähten. Plötzlich schlägt er wild auf seine Pferde, rast hinter dem Bischofswagen her, überholt ihn und fährt dann seitlich an ihn heran, um ihn zu rammen. Der Fahrer des Bischofswagens erkennt die Gefahr, biegt nach rechts aus durch das Spalier der Maibäume hindurch, die Leute fliehen, der Wagen wird seitlich gegen die Mauer gedrückt; der Fahrer des Bischofswagens sucht sich zu befreien, schlägt mit der Peitsche unter Aufbietung aller Kräfte auf die Pferde des Wüllener Wagens ein, die dann mit ihrem wütenden Kutscher auf einem Seitenweg verschwinden. Auch er, das wollen wir nicht vergessen, hat den Bischof geliebt.

Schweigender Abend

So ging es von Ort zu Ort, ob die Sonne schien oder der Himmel wolkenschwer sich zu entladen drohte. In solchem Falle gehörte viel Überredungskunst dazu, die bischöfliche Erlaubnis zum Hochklappen des Wagenverdecks zu erwirken. Das Schutzsuchen vor Regen war ihm aus innerster Seele zuwider, wenn er auch schließlich einsah, daß die zarten Paramente trotz allem in ihren Rechten respektiert werden mußten. Schön, erheiternd und begeisternd waren die Fahrten inmitten der Reiterscharen, wenn der Staub aufwallte und der Hufschlag dröhnte. Noch schöner war es, wenn es durch den sinkenden Abend zum Standquartier zurückging, ohne Reiter und Radfahrer; man hörte nur den Hufschlag der beiden Pferde, in stiller Fahrt zogen Felder und Wälder vorbei. Eine köstliche Ruhe umfing dann den Bischof nach des Tages Last und Hitze; tief sog er die herrliche Abendluft ein. Sein Blick ruhte auf den Bildern des Friedens, den Saaten und Früchten der Felder, hier und da flog noch ein Vogel. Wie wenn er auf dem Hochsitz säße und in den Wäldern von Dinklage das Wild beobachte, so lugte von Zeit zu Zeit sein Auge. Seinem Jägerblick entging dann kein Fasan, kein Feldhuhn, kein Hase und Kaninchen. Auch Rehe sahen wir und einmal einen Fuchs. „Seit meiner Subdiakonatszeit", erzählte er gelegentlich, „habe ich keine Flinte mehr geführt. Ich glaube, im Himmel wird es für solchen irdischen Verzicht besonders verklärte Jagdfreuden geben." Wenn es dann dämmerig wurde, wenn an Herbstabenden der Nebel sich senkte und Fluren und Wälder umhüllte, hin und wieder an einem Kötterhaus der Hund bellte, wenn mit dem Rauch der Kartoffelfeuer sich der Duft von Pfannkuchen mischte, dann sagte wohl der Bischof: „Jetzt wollen wir eine Weile schweigen." Er griff in die Tasche und nahm den Rosenkranz. Es war der Feierabend auf den Firmungsreisen. — Feierabend und Ferien waren im Leben des Bischofs kurz bemessen. Für einige Tage im Jahr zog er sich in die Einsamkeit des Schlosses von Dinklage zurück oder zu seiner Schwester in Gevelinghausen im Sauerland, wo er im Kreise seiner Angehörigen und in den stillen Wäldern Erholung fand. Lange hielt es ihn dort nicht, obwohl es für die Erhaltung seiner Gesundheit ratsam gewesen wäre. Gewissen und Verantwortung hießen ihn in die Arbeit zurückkehren.

Kirchweih und Auferstehung

Von besonderer Art war die Fahrt zur Einweihung einer neuen Kirche. Tiefe Freude erfüllte ihn, wenn ein Pastor melden konnte, trotz aller Schwierigkeit sei das Gotteshaus fertig geworden, und er möchte kommen, es zu weihen. Mit welcher inneren Anteilnahme und Gewissenhaftigkeit vollzog er die mehrere Stunden dauernden Zeremonien, angefangen von der Besprengung der Außenmauern mit Weihwasser bis zur Salbung des großen Altartisches! Tränenfeuchten Auges schaute er zum Altar hinauf, wenn auf diesem die Flammen des heiligen Feuers emporschlugen; zu dem heiligen Opfertisch schaute er, in den er zuvor die Märtyrerreliquien eigenhändig eingemauert hatte. Im Geiste sah er in diesem Augenblick die Generationen, die vielleicht durch die von ihm gesalbten Pforten einziehen, unter den zwölf Apostelkreuzen knien und dem Opfer auf dem von ihm konsekrierten Altar beiwohnen würden. Diese persönliche Verbindung, die er im Laufe der Jahre mit den heiligen Mauern so mancher Kirche einging, beglückte ihn tief. Sah er doch sich selbst bei der Weihe eines Gotteshauses als auserwähltes Werkzeug des Herrn und als demütigen Diener im Reiche Christi. Sein großer Vorfahre Christoph Bernard hatte im 17. Jahrhundert viele Kirchen gebaut. So war es auch sein heiliger Ehrgeiz, dem Herrn zahlreiche Gotteshäuser zu weihen. Desto größer sein Schmerz, als der Ausbruch des Krieges den Neubau von Kirchen unmöglich machte.

Jahrzehnte zuvor, da er als Domvikar seinen Onkel, den Weihbischof, auf Firmungsreisen begleitete, hatte dieser aus seinem reichen historischen Wissen und aus übervollem Herzen über interessante Epochen der Diözesangeschichte zu erzählen gewußt. Auch Clemens August lebte in der Geschichte; die Geschehnisse aus vergangenen Jahrhunderten berührten tief sein Denken, das Auf und Nieder im Wachsen des Reiches Gottes auf Erden, jenes heiligen Reiches, das von schwachen Menschenhänden in zerbrech-

lichen Gefäßen Jahrhundert um Jahrhundert weitergetragen wurde. Er lebte in dem, was vergangen war und was noch kommen würde. „Wir werden es später vom Himmel aus sehen, mit dem Auferstehungsleib, wie alles hier auf Erden weitergeht." So pflegte er sich auszudrücken; nur zum geringeren Teil war es scherzhaft, in Wirklichkeit tief ernst gemeint. „Dann kann man vom Himmel her all die Straßen sehen, die man gewandert ist, was man schlecht und recht für Gott und das Heil der Menschen zu tun sich bemüht hat."
Eine furchtbare Tragik, menschlich gesprochen, war seine letzte Fahrt durch das Bistum im Jahre 1945. Sie führte ihn dorthin, wo der Krieg die Gemeinden mitsamt den Gotteshäusern zerschlagen hatte, durch das Industriegebiet, durch das westliche Münsterland, durch das Oldenburger Land und an den am meisten heimgesuchten Niederrhein. Ein bitterer Weg, diese seine letzten Straßen. Nur Trümmer und Greuel der Verwüstung an heiliger Stätte. Manche Träne hat er geweint, wenn er vor den Gläubigen und ihren Priestern stand, wenn er sie tröstete, doch den Mut nicht zu verlieren, sondern in allem Gottes Zulassung zu erkennen und seine Fügungen als Sühne hinzunehmen.

Die Getreuesten

Es war seine letzte Fahrt durch das Bistum. Alle Dekanate hatte er im Laufe der Jahre besucht, jede Kirche und jedes Kapellchen hatte sein Fuß betreten. Alle Schäflein seiner großen Weide hatten ihn sehen können. Er, der von hoher Geburt war und dem Volk natürlicherweise ferner stand, wurde im Fluge ein Volksbischof in des Wortes bester Bedeutung. Nicht, als wenn er das gesucht hätte. Nein, fast mit Zögern und verlegenem Lächeln begegnete er mitunter den Menschen, die voller Jubel ihn umdrängten. Alle spürten, daß dieser echte Mann nicht um die Gunst des Volkes buhlte. Die Sache Gottes und das Heil der Seelen, das wußten sie, war der Inhalt seines Lebens. Was er tut, das tut er ganz, unter Einsatz seiner Persönlichkeit allen Opfern und Unbilden zum Trotz; dieser starke Mann, das spürten alle, hat ein Herz für uns, ein weiches, fühlendes Herz. Das schlichte Volk hat so den Bischof gesehen, gehört, erlebt, wie er sich in seiner Echtheit gab, mit den Äußerungen der Gemütsbewegung eines Naturkindes, ohne Maske und Fassade falscher Zivilisation. Vox populi vox Dei. Des Volkes Stimme ist Gottes Stimme. Und darum glaubte und folgte es diesem Oberhirten. Besser als viele, die auf Grund ihres Studiums, ihrer Bildung und Stellung die Irrtümer jener satanischen Weltanschauung hätten erkennen müssen, schaute der einfache, gläubige Mann des Volkes instinktiv das Werk des Teufels; tiefer als jene erkannte er im Bischof den Gottesmann der Zeit. Und sie, die schlichten, die braven, die unentwegt katholischen Christen waren ihm ans Herz gewachsen. In der Verbundenheit mit ihnen fühlte er sich stark; sie waren für ihn der große Rückhalt.

EIN TAG IM BISCHÖFLICHEN HOF

In der Hauskapelle

Wenn die Schläge der alten Domuhr sechsmal durch die Morgenstille über den Domplatz langsam verhallten, öffnete der Bischof seine Schlafzimmertür, überquerte den kleinen Flur und betrat die nur vom Schein des Ewigen Lichtes erleuchtete Hauskapelle. Auf einem thronartigen Betstuhl, der in einer Nische der hinteren Wand eingebaut war, kniete er nieder vor seinem Herrn und Heiland, der sich herabgelassen hatte, mit dem Hirten des Bistums unter einem Dach zu wohnen. Eine halbe Stunde verharrte er, teils knieend, teils sitzend, in stiller Betrachtung, um sich in Zwiesprache mit dem Himmel für das beginnende schwere Tagewerk seelisch zu sammeln und zu rüsten. Wenige Schritte vor ihm erhob sich in schlichter Linienführung der 1933 neu erbaute Altar. Durch eine Glaswand sah man unter der Mensa die große Reliquie der hl. Märtyrerin Äliana, in kostbare Gewänder gehüllt, ganz nach Art römischer Altarbauten und Heiligengräber. Im vergangenen Jahrhundert war diese Reliquie durch Vermittlung eines Kardinals aus der Ewigen Stadt nach Münster überbracht worden. Jahrzehnte hindurch hatte sie sich im Priesterseminar befunden. Der Bischof bereitete ihr, wenngleich Urkunden über ihre Echtheit fehlten, in seiner nächsten Nähe ein ehrenvolles Grab, wie er auch einen

121

Kupferschrein für viele in seinem Besitz befindliche kleinere Reliquien anfertigen und in der Kapelle aufstellen ließ. Der Schrein, in den er pietätvoll den Bußgürtel seines Oheims, des Weihbischofs, mit einschloß, trug die Aufschrift „Sancta sanctorum — das Geheiligte der Heiligen", in Anlehnung an die gleichnamige große Reliquienkapelle neben der Laterankirche in Rom. Die Verehrung heiliger Reliquien war ihm ein Herzensanliegen; nicht anders hatte es die fromme Überlieferung in seiner Familie gekannt. Über dem Altar, auf den jetzt die ersten Lichtstrahlen der aufgehenden Sonne fielen, hing ein kunstvoll gestickter Wandteppich mit den Bildern des hl. Joseph und Paulus, der Schutzpatrone des Bistums, sowie des hl. Ludgerus und Lambertus. In dem Antlitz des letzteren glaubte man die Züge des Bischofs, des ehemaligen Pfarrers der Marktkirche St. Lamberti, zu erkennen. In der Mitte des Wandteppichs über dem Tabernakel thronte der von Dinnendahl geschaffene Silberkruzifixus. Rechts neben dem Altar war eine lange, prunkvolle, buntbemalte Kerze befestigt, die der Hl. Vater, als er noch Kardinalstaatssekretär war, dem Bischof im Jahre 1937 geschenkt hatte.

Der Seminarist

Kurz vor 6.30 Uhr zog ein Seminarist draußen an dem Messinggriff der Hausglocke. Allmorgendlich kam je einer in alphabetischer Reihenfolge aus dem Priesterseminar, um dem Oberhirten beim hl. Opfer, an dem nur die Hausbewohner teilnahmen, zu ministrieren. Im Anschluß daran feierte um 7 Uhr der bischöfliche Kaplan das hl. Meßopfer, dem der Bischof in Danksagung und Betrachtung bis zum Ende beiwohnte. Entgegen andersartiger, übertriebener „liturgischer" Auffassung legte er größten Wert auf eine längere Danksagung nach der hl. Messe, wie er auch den Gläubigen eine solche nach dem Empfang der hl. Kommunion immer wieder ans Herz legte. In Begleitung des Seminaristen verließ er sodann die Kapelle, ging über den langen Flur, der sich hinter den Zimmern des Mittelbaues hinzog, durch dessen Fenster man über Hof- und Stallgebäude, über die Aa und die Dächer der Nachbarschaft auf den majestätischen Turm der Überwasserkirche schaute. An den Wänden hingen Erinnerungen aus dem Leben des Bischofs, vor allem aus der Berliner Zeit, Lichtbilder aus dem Dom, eigenhändig von ihm an die Wand genagelt. Unter seinen schweren Schritten bogen sich die langen, nicht mehr ganz waagerechten, über zweihundert Jahre alten dicken Eichenbohlen. Es war ein eindrucksvoller Anblick, wenn der Bischof dann durch das hohe Treppenhaus langsam, fast feierlich anmutend, die Stufen herunterkam und aus dem Prachtgemälde an der hohen Wand der Fürstbischof Clemens August (1719—61) seinen Nachfolger im 20. Jahrhundert wie zum brüderlichen Morgengruß entgegenschaute. In dem mit den berühmten Delfter Platten ausgestatteten Speisezimmer, das zum Garten hin gelegen war, wurde das Frühstück eingenommen. Die anfängliche Beklommenheit des ihm gegenübersitzenden Seminaristen wußte der Bischof in väterlich herzlicher Weise schwinden zu machen. Ernst wechselte bei der Unterhaltung mit Scherz, und so hatte der Oberhirt Gelegenheit, seine geistlichen Söhne, die die letzten Stufen zum Heiligtum hinaufstiegen, aus nächster Nähe kennenzulernen, mit den Auffassungen, Gedanken und Wünschen der jungen Generation jeden Morgen aufs neue vertraut zu werden. Mehrere Male hat so jeder Seminarist während seiner Ausbildungszeit seinem geistlichen Vater Aug in Aug gegenübergesessen. In der Fastenzeit, wenn der Bischof zwei Schnitten trockenen Brotes, ohne Aufstrich und Aufschnitt aufeinandergelegt, in den schwarzen Kaffee tunkte und der Seminarist, zaghaft zuschauend, solchem Beispiele zu folgen sich anschickte, ermunterte ihn ein freundliches Lächeln des Oberhirten zu entschlossenem Zugreifen; denn, so meinte er schmunzelnd und nicht mit Unrecht, die Seminaristen müßten viel leisten und dementsprechend auch essen.

Am Schreibtisch

Gleich nach dem Frühstück setzte sich der Bischof an den Schreibtisch, schlug die Hl. Schrift auf und las, wie es die Regel der Unio apostolica vorschreibt, wenigstens ein Kapitel, sodaß er im Laufe der Jahre des öfteren die Bücher des Alten und Neuen Bundes ganz durchzulesen vermochte. Dann kam die lange Pfeife an die Reihe. Sie wurde in einem hohen, zylinderartig geflochtenen Korb, der in der Fensterecke stand, aufbewahrt. Sobald das Stopfen, was er immer selbst tat, besorgt war, schuf sie, das ist nicht übertrieben, mit ihrem

Duft zu einem Gutteil die Grundlage des kraftvollen Wohlbefindens zu der nun zu leistenden Arbeit. Stets begann er um diese frühe Stunde, da sie die ungestörteste war, mit einem Schriftsatz an der Schreibmaschine, wobei nur der Zeigefinger der rechten Hand, und zwar ziemlich fix, die Tasten schlug, während die linke zweitrangige Dienste leistete. So hatte er es im Jahre 1912 begonnen und durch all die Jahre beibehalten. Seine Gedanken brachte er gleich durch die Maschine zu Papier, er legte sie nicht etwa zuvor handschriftlich nieder. Die lange Pfeife blieb ihm fast immer als treuer Freund zur Seite. Kamen kernige und markante Sätze, die es in sich hatten, dann wurde das Klappern der Tasten wohl durch ein kraftvolles, langgezogenes Husten unterbrochen. Er selbst nannte es den Galenschen Husten. Dann wußte jeder im Haus, selbst der Rat Ricking im Seitenflügel, zumal wenn die Fenster nicht dicht geschlossen waren, daß wieder ein Gewitter gegen die „Braunen" heraufzog. Es gab auch Stunden, da es ihm beim Schreiben schwer von der Hand ging, wenn z. B. kein akuter Angriff der Gegner ihn in Gereiztheit versetzt und seinen heiligen Zorn in Wallung gebracht hatte. Dann wird er von Zeit zu Zeit aufgeschaut haben zu den Bildern seiner seligen Eltern und Ahnen, die er im Himmel wußte, und die in Fürbitte seiner sicherlich nicht vergaßen in der Schwere der Verantwortung, die er zu tragen hatte. An den Wänden hing die Galerie der schlichten Ahnenbilder im Stil der Jahrhundertwende; sie waren durch all die Jahre seines Priesterlebens bis in den Bischöflichen Hof die ebenso zuverlässigen wie treuen Begleiter gewesen. Über sie hin ging der Blick und blieb auf dem Coesfelder Kreuz und der Vinnenberger Madonna links auf dem Schreibtisch ruhen. Ihr Anblick gab ihm neue Kraft und tiefen Trost in der Einsamkeit der Verantwortung, — hier in diesem Raum, wo er das Steuer führen mußte, wo über das Wohl und Wehe des Bistums zu entscheiden in seine Hand gegeben war. Wie manches Mal ist er vom Schreibtischsessel aufgestanden, um langsamen Schrittes im großen Arbeitszimmer auf und ab zu gehen, den Rosenkranz in der Hand, vorbei· an den schlichten, zum Teil schon sehr abgebrauchten Möbelstücken, die ihn von Berlin bis hierher begleitet hatten, von denen er sich nicht trennen konnte, denn er hatte sie ob ihrer klösterlichen Einfachheit, frei von überflüssiger Dekoration, und ob ihrer praktischen

Zweckmäßigkeit lieb gewonnen. Durch die hohen gardinenfreien Fenster (Gardinen und Teppiche nannte er zuweilen unnützen Plunder, weswegen sie bis auf ein Mindestmaß verdrängt wurden), durch die Fenster mit den regelmäßig aufgegliederten Scheibenfeldern ging dann wohl sein Blick über das Eisengitter des Vorhofes auf die beiden Domtürme, auf das Westportal mit dem Steinbildwerk vom Einzug Jesu in Jerusalem; weiter rechts über den Michaelisplatz hinweg suchte das Auge den herrlichen Giebel des Rathauses. Ja damals, als glaubensstarke Geschlechter solche Giebelbauten schufen und an dem Wahrzeichen ihrer Stadt die Bilder von Heiligen thronen ließen, unter deren Schutz und Segen sie Gott dem Herrn zu dienen und in friedlicher Eintracht ihr Tagewerk zu tun bestrebt waren! Wie war das alles anders geworden! Einer modernen Welt bedeuteten die grandiosen Monumente christlicher Vergangenheit nur mehr Kultur- und Museumswerte, die vielleicht in stiller Ehrfurcht bewundert wurden, bei weitem aber nicht mehr den ganzen Menschen innerlich verpflichteten. Während solche ernsten Gedanken seine Seele erfüllten, klopfte es an die Tür. Der bischöfliche Diener Bernhard Rüsenberg meldete den ersten Besucher.

Die Besucher

Behenden Schrittes nahte Monsignore Leufkens, Generalvikariatsrat, Redakteur des Kirchlichen Amtsblattes und Kursusgenosse des Bischofs; er war reich an Einfällen, vor allem bei der Drucklegung kirchlicher Erlasse, sodaß er nicht selten einen Ausweg aus dem Netz der NS-Verordnungen zu empfehlen vermochte; dem Bischof ist er stets ein erheiternder Freund geblieben. Es gab Tage, da die Kette der Besucher zwischen 10 und 13 Uhr nicht abriß. Auch der dem Aufgabenbereich der Seelsorge und kirchlichen Verwaltung fernstehende Laie wird in etwa sich vorstellen können, welches Maß von geistiger Energie und seelischer Spannkraft vonnöten war, um denen, die Tag um Tag in bunt wechselnder Folge an die Tür des Bischofs klopften, die richtige Entscheidung zu geben, den guten Rat, den Trost, die Ermunterung, — ob es nun Priester waren, die in vorderster Front gegen den Ungeist der Zeit für die Rechte der Kirche in Schule, Religionsunterricht oder Verein zu kämpfen hatten, oder ob Laien in der Not und Bedrängnis der Verfolgung nicht mehr ein noch aus wußten und beim Bischof ihre letzte Zuflucht suchten. Gewiß, es kamen auch Menschen, die gute Botschaft brachten und ihn zu Tränen der Freude bewegen konnten. Aber sie blieben sehr in der Minderheit, wie ja überhaupt im Leben nicht so sehr das Gute, sondern das Böse, das Schwierige registriert wird und von uns die Entscheidung fordert. Was Wunder, wenn dieses Kreuz, Tag um Tag erleben zu müssen, wie die Macht des Bösen mehr und mehr in die Front des Christentums einbrach, — wenn ein solches Kreuz schwerer und schmerzlicher auf seine Schultern drückte und an seiner Lebenskraft zehrte! Es mag schon sein, daß er in solchen Stunden wie Hilfe suchend aufblickte zu den an den Wänden des Vorzimmers hängenden Bildnissen seiner geistlichen Onkel, des Pfarrers von Lembeck, des Dechanten von Dülmen, des Weihbischofs Max Gereon, des Mainzer Bischofs Emmanuel von Ketteler.

Generalvikar Meis

Auch die Mehrzahl der Briefe, die der Postbote ins Palais brachte, waren mit Bitten und Hilferufen angefüllt, die sich dann oft bleischwer auf das Herz des Bischofs legten. Einen Teil der Sorgen trug er mit in die Sitzungen, die an bestimmten Vormittagen im Generalvikariat abgehalten wurden, in denen er seine Geistlichen Räte über entscheidende Fragen unterrichtete und deren Urteile entgegennahm. Immer ging dann von ihm eine große Ruhe und Sicherheit aus, sodaß man sich in jenen schweren Jahren an ihn hätte anlehnen können. Wenn er in die Sitzung kam und mit tiefdunkler Stimme sagte: „Haben Sie es schon gehört, was sie wieder vorhaben?", dann huschte ein überlegenes Lächeln und ein Scherzwort über seine Lippen. Er war sich wohl bewußt, er mußte der Fels bleiben und durfte keine Schwäche und innere Not zeigen. Daß der wenige Monate nach ihm verstorbene Generalvikar Franz Meis in all den schweren Jahren die sicherste Stütze blieb, bedarf für die Wissenden keiner Erwähnung. Ein Generalvikar nach dem Herzen Gottes, so möchte man sagen, war dieser überaus gewissenhafte und kluge Priester. Unvergeßlich wird er uns allen bleiben, wie er still und abwägend seine Entscheidungen traf, ausgestattet mit reichem Wissen und langjähriger Erfahrung, sich schnell hineinfindend in das Denken und Wollen seines Oberhirten, klar im Urteil, unerbittlich fest im Durchsetzen der einmal getroffenen Entscheidung. Tief fromm war er; jeden Morgen betrat er als erster nach dem Küster den Dom zur Betrachtung und zur Darbringung des hl. Opfers. Seinen Generalvikar hat der Bischof hochgeschätzt und verehrt, ihm unbedingtes Vertrauen geschenkt, sodaß dieser während seiner Abwesenheit seine gesamte Post öffnen und bearbeiten durfte. Clemens August, man darf es sagen, hat ihn und sein Urteil in aller Demut und Bescheidenheit respektiert.

Etikette im Speisezimmer

Pünktlich um 13 Uhr begab sich der Bischof, wenn ihn nicht noch Besucher zurückhielten, ins Speisezimmer, wo ein bürgerlich bescheidenes Mittagessen auf ihn wartete. Er liebte gediegene, kräftige Speisen, wußte aber auch, als der Krieg ausbrach, sich über Gebühr Einschränkungen aufzuerlegen. Schon gleich in den ersten Kriegstagen im September 1939 trug er persönlich der Haushälterin auf, jeglichen Aufschnitt vom Frühstückstisch fernzuhalten. Vor und nach dem Frühstück betete er nicht; dem erstaunt aufschauenden Seminaristen erklärte er: „Das hat mich meine Mutter nicht ‚gelernt‘, und übrigens kommen wir ja gerade von der Kapelle." Beim Essen beobachtete er, ähnlich wie an der Schreibmaschine, seine eigene Etikette. Auch in Gesellschaft anderer scheute er sich nicht, das Butterbrot in seiner völligen Aufmachung in den Kaffee zu „stippen". Messer und Gabel benutzte er nie gleichzeitig, was er auch wahrscheinlich gar nicht konnte. Fleisch oder Pfannkuchen wurden von ihm zuvor in passende Stücke geteilt. Man könnte meinen, es handle sich hier doch wirklich um Belanglosigkeiten; immerhin, auch in solchen Gewohnheiten und scheinbaren Kleinigkeiten offenbart sich das Wesen eines Menschen. Dem auf der Burg seiner Väter Erlernten wollte er auch in solchen Dingen unbedingt treu bleiben, ganz gleich, was andere darüber dachten. Das Getue der Menschen, die in bemitleidenswerter Unselbständigkeit den Modetorheiten sklavisch verfallen waren, konnte dem spartanisch einfachen und kernig bäuerlich empfindenden Bischof wahrhaftig nicht imponieren; es fehlten ihm beileibe nicht der Mut und die Eigenwilligkeit, auch in kleinen Dingen gegen den Strom zu schwimmen. Er ließ sein volles Haar, um darüber in diesem Zusammenhang ein Wort einzufügen, entgegen dem Zeitgeschmack völlig kurz scheren und dann viele Wochen hindurch scheitellos wachsen. Daß unsere männliche Jugend in dieser Hinsicht „weibischer Weichlichkeit und Putzsucht" verfallen war, bedauerte er, wie es ihm auch nicht gefiel, daß der Schnurrbart der Männer immer mehr verdrängt wurde. Er selbst hätte am liebsten, wenn die kirchlichen Bestimmungen dem nicht entgegengestanden hätten, einen Vollbart getragen, wie er es ja schon als Zwanzigjähriger ausprobiert hatte. In fast übertriebener Strenge gegen sich selbst legte er keinen Wert auf angenehme, wohltuende Kleidungsstücke, sodaß ihm ein Knieleiden jahrelang zu schaffen machte. Als er die Knie mit wollenem Unterzeug hinreichend wärmte, wurde es besser. Amüsieren konnte ihn der unmännliche Regenschirm, erst recht jemand, der bei entfernt möglichem Regenwetter sich nicht nur mit dem Regenmantel, sondern auch mit dem Regenschirm zu versehen pflegte.

Schildkröte und Vogelflug

Ein kurzer Mittagsschlaf im Ledersessel, mehr in sitzender als in liegender Haltung, schenkte ihm die notwendige Entspannung und Erholung. Gegen 2.30 Uhr trank er im Speisezimmer eine „trockene" Tasse Kaffee, wie er sich auszudrücken pflegte, ohne nämlich etwas dazu zu essen. Durch die hohe, zum Garten führende Tür des Speisezimmers ging er über die kleine Freitreppe nach draußen. Wenn die Herbst- oder Wintersonne schien, tröstete er seine beiden geistlichen Hausgenossen, den Rat Ricking und seinen Kaplan, die im Schweiße ihres Angesichtes Holz sägten und spalteten, nicht nur der Öfen, sondern auch des bekömmlichen Sportes wegen. Im Sommer spielte er eine Weile mit den beiden Schildkröten, die am Fuße der eufeuumrankten alten Gartenmauer sich sonnten, hin und wieder ein Scherzwort hinüberwerfend zu dem alten treuen Gärtner Schmidt, der mit dem ratternden Rasenschneider für den Schmuck des Vorgartens sorgte, der aber dann ebenso eifrig wie erheiternd von den Dompröpsten und Domkapitularen aus den letzten sechs Jahrzehnten zu erzählen wußte. Der Bischof spazierte daraufhin allein weiter über die Aabrücke in den schattigen Park, wo er auf all das lauschte, was der kleine Wald mit den wenigen hohen Bäumen, den Sträuchern und Blumen darzubieten hatte. Das war stets wie ein sanfter Nachhall aus den großen Wäldern seiner Heimat Dinklage, aus dem Paradies der Kindheit und Jugend. Wie konnte ihn z. B. der Flug der Vögel erfreuen! „Sehen Sie mal", sagte er, wenn jemand bei ihm war, „wie das nette Tierchen fliegen kann! Wunderbar hat das der Herrgott eingerichtet; ich glaube, wenn wir uns noch so angestrengt hätten, wir hätten uns das nicht besser ausdenken können", und dann fiel sein liebevoller Blick auf die drei Silberfasanen, die in vornehmer Zurückhaltung von weitem ihrem Herrn über die Aabrücke gefolgt waren. Hier im Garten und Park war das einzige Plätzchen, wo er in Ruhe und frischer Luft sich ergehen konnte. Wohin sollte er, der im Brennpunkt der Tagesmeinungen stand, innerhalb oder außerhalb der Stadt Münster sich wenden, um unbeobachtet und ungestört sein zu können? Monatelang blieb ihm für den Spaziergang nur die Enge des Parkes, abgesehen von den Wegen einsamer Wallfahrt nach Telgte in ganz früher Morgenstunde. Wenn der Bischof über die stillen Parkwege ging, zündete er sich schon mal eine Zigarre an und dann — das ist wieder so eigentümlich und bezeichnend — betete er manches stille Stoßgebet vor sich hin. Er hatte in jungen Jahren aus dem Munde eines Jesuitenpaters gehört, man dürfe zwar nicht beim Beten rauchen, aber es sei nicht verboten, beim Rauchen fromme Gedanken zu haben, mit dem lieben Gott zu sprechen und zu beten. Dieser erbauliche Spruch, so pflegte er des öfteren scherzhaft zu erzählen, hatte ihn tief beeindruckt und zur Befolgung aufgerufen. Jeden Freitag folgte dem Spaziergang der Kreuzweg, vorbei an den schlichten Stationsbildern unter dem Laufgang neben dem Garten.

Die Unwillkommenen

Nach dem halbstündigen Spaziergang begab sich der Bischof, wenn nicht ein kranker Priester in einem münsterischen Hospital auf ihn wartete, in die Hauskapelle, um dort das Brevier zu beten. Währenddessen erschienen aber meist schon die ersten Nachmittagsbesucher. Gelegentlich waren es Jugendgruppen irgendwoher aus dem Bistum, eine Schar von Rekruten, die in Münster an Exerzitien teilgenommen hatten, oder Menschen von weither auf der Durchreise, die dem Bischof teils aus Neugierde, teils aus Begeisterung und Dankbarkeit, vor allem nach den Predigten 1941, ihre Aufwartung machen wollten. Es klopften auch unwillkommene Leute, sogar verdächtiger Art, an die Pforte. Der Diener hatte dafür ein gutes Auge und pflegte in solchen Fällen den bischöflichen Kaplan einzuschalten, der sich dann, um dem Bischof die kostbare Zeit nicht zu rauben, verpflichtet fühlte, die Schwindler, Querulanten und Hysterischen abzuweisen. Immerhin gelang es doch dem einen oder dem anderen, durch das „Netz des Vorzimmers" durchzuschlüpfen. So war ich einmal Zeuge, wie der Bischof einen jungen Mann zur Tür hinauswies und ihm nachrief: „Machen Sie, daß Sie fortkommen, Sie gemeiner Schwindler!" Gegenüber schlichten Bettlern wurde sein Herz weich, selbst wenn er ihren Berichten nicht ganz traute; er pflegte sich, wie er scherzhaft sagte, nach dem Rezept zu richten, wer mit Bettlern noch nie hereingefallen sei, der habe eben kaum einem etwas gegeben. In den Höhepunkten der Kampfzeit erübrigte sich wahrhaftig nicht eine scharfe Kontrolle der verdächtigen Besucher; es gab sicherlich fanatische Elemente, die es gewagt hätten, getarnt in die Wohnung des Bischofs sich einzuschleichen, um diesen schlimmsten Feind des Nationalsozialismus umzubringen. Im Nachlaß des Kardinals fanden sich drei aneinandergeheftete, geheimnisvolle Zettel. Auf den beiden ersten standen in Maschinenschrift einige zusammenhanglose Worte nebeneinander, auf dem dritten war aus jenen Worten folgender Satz gebildet, von der Hand des Bischofs geschrieben: „Der Bischof von Berlin hat sichere Kunde, daß man Eure Exzellenz im Wort fangen will und leider durch einen Geistlichen, der aber der Münsterschen Diözese nicht angehört; Obiger läßt dringend um Vorsicht bitten." Wie ich kürzlich erfuhr, hatte Dr. Eising zur Zeit der Gefahr die zusammenhanglosen Worte auf dem Postwege von Berlin nach Münster gesandt.

Abendfrieden

Die Abendstunden verbrachte der Bischof in völliger Einsamkeit auf seinem Arbeitszimmer. Er griff zur Zeitung, drehte im Nebenraum für eine Weile den Rundfunk an; im übrigen ließ er sich über die Geschehnisse der Politik und des Krieges bei Tisch unterrichten

bzw. durch die NS-Zeitschriften, deren Artikel Dr. Rabeneck vorher zu lesen und mit roten Strichen zu markieren hatte. Dieser im Laufe der Jahre aufgewachsene Zeitschriftenberg der „NS-Weisheit" ist restlos von den Flammen des 10. Oktober 1943 verschlungen worden. In der Folge lohnte es sich nicht mehr, eine neue Sammlung anzulegen. In den letzten Stunden vor dem Schlafengehen las der Bischof neben rein religiösen und theologischen Schriften mit Vorliebe kirchengeschichtliche Werke über die Glaubenskämpfe der Reformationszeit, deren Parallelität zur Gegenwart ihn oft nachdenklich stimmte und die bittere deutsche Tragik neuer Glaubensspaltungen erkennen ließ. Bücher über die große katholische Vergangenheit des Abendlandes konnten ihn tief beeindrucken. So las er auch das bedeutsame Werk von Ludwig Pfandl „Philipp II.". Eines Abends bei Tisch kam die Rede auf das herrliche Kapitel über den Escorial, das Mahnmal des ewigen Spaniens: die Bastion des Friedens im Leben des alternden Königs, das Haus der Einkehr, Palast, Pantheon, Reliquienschrein, Museum der Künste und Wissenschaften, Gralsburg, Tempel der beschaulichen Andacht und der emsig stillen Arbeit, Weihestätte einer Idee, Symbol eines Lebens, Königsburg und Kloster. Der Bischof sagte an jenem Abend in sichtlicher Ergriffenheit: „Wie schön müßte es sein, in solcher Umgebung, auf dieser Insel des Friedens, die letzten Jahre zu verbringen und den Tod zu erwarten."
Gedanken des Todes, der Ewigkeit, beschlossen sein Tagewerk. Müde erhob er sich gegen 11 Uhr, um in die benachbarte Hauskapelle zu gehen. Sie lag, seitdem er Bischof war, ganz nahe seinem Schlafzimmer; früher war sie im Erdgeschoß eingerichtet gewesen. Das Ewige Licht zeigte ihm durch die Dunkelheit den Weg zum Tabernakel. Auf den Altarstufen kniete er nieder, seine gefalteten Hände legte er auf den Altar vor den Tabernakel, sein Haupt war tief gebeugt. Der große Bischof in seinen Ölberg- und Taborstunden mit Gott allein.

PASSION UND OSTERJUBEL

Heiliges Erbe

Der Berliner Großstadtapostel Carl Sonnenschein hatte in den Jahren nach dem ersten Weltkrieg den damaligen Pfarrer an St. Matthias aus nächster Nähe erlebt und kennengelernt. Er nannte ihn, wie berichtet wird, einen Heiligen, ,,ganz 13. Jahrhundert". Mag auch dieses Wort bei einer Gelegenheit wie flüchtig hingeworfen gesprochen sein, jeder, das ist nicht zu leugnen, der den späteren Bischof lange Jahre beobachten konnte, wird zugeben müssen, daß Sonnenschein Wesentliches im geistigen Bild jenes Pfarrers ausgesagt hat.

In der religiösen Welt des urkonservativen Elternhauses war der junge Grafensohn nach den seit Jahrhunderten geltenden Gesetzen und Sitten katholischer Tradition geistig-seelisch geformt worden. Wie über eine lebendige Brücke hatten die Generationen in seiner Familie das heilige Gut des Glaubens aus den Jahrhunderten des Mittelalters von Geschlecht zu Geschlecht bis in die Neuzeit weitergetragen. Dieser am Überkommenen festhaltende Charakterzug im Glaubensleben des Bischofs ist unverkennbar. Wie oft erzählte er in Ergriffenheit, daß in seinen ersten Kinderjahren die Mutter seine ausschließliche Religionslehrerin gewesen sei! Alles religiös-kirchliche Tun, von den seligen Eltern anerzogen und vorgelebt, begleitete ihn als unantastbares, unumstößliches Ideal, als unabänderliche Richtschnur in sein ganzes späteres Leben hinein. Moderne Richtungen und Bewegungen, die ihn wie eine Art Modeerscheinung anmuteten, ob liturgischer Art oder sonstwie, mit Aspekten, die eine Akzentverschiebung, eine einseitige Herausstellung von Glaubenssätzen bei gleichzeitiger Zurückdrängung anderer Wahrheiten bedeuteten, — derlei Strömungen prallten bei ihm unweigerlich ab.

Seine Glaubenswelt war völlig abgerundet und harmonisch, weil sie von so kindlich frommer Gesinnung getragen wurde, von einer bewußten Demut, von Glaubensfreude und -bereitschaft, angefangen von dem Erzittern vor Gottes Majestät und den letzten Dingen, über die innige Liebe zu Christus im Sakrament des Altares — eine Liebe, der er in der Ewigen Anbetung von St. Servatii ein Denkmal setzte, — bis zu Rosenkranz, Reliquienverehrung und Wallfahrt. Im Kreislauf des Kirchenjahres vollendete sich für ihn immer wieder in herrlicher Vielfalt das Heilsgeschehen der Erlösung durch Jesus Christus. Er erlebte es, das darf man ruhigen Gewissens sagen, wie nur ein Mensch in den letzten Tiefen seines Wesens etwas zu erleben vermag. Es war für ihn der sich immer wiederholende Weg aus der erbsündlichen Dunkelheit der Seele in das strahlende Licht des Erlöstseins, aus der Wüste der Gottverlassenheit in die Gnade und Geborgenheit der Kindschaft Gottes, — der Weg des Heiles durch die Passion in den Osterjubel. Dieser im Leben jedes echten Christen vorherrschende Doppelakzent, das Sichloslösen aus der Sünde auf dem Weg der Buße und das selige Frohlocken an den Freudenfesten des Herrn, dieser Doppelklang gab seinem Innenleben eine wunderbare, harmonische Prägung.

Furcht des Herrn

Timor Domini initium sapientiae, die Furcht des Herrn ist der Anfang der Weisheit. Seit den frühesten Tagen seiner Kindheit hatte er gelernt, die Sünde zu hassen und die Leidenschaft zu bekämpfen. In Herbheit und Ernst hielt der Bischof Gericht über sich selbst; er machte wirklich kein Hehl daraus. Wenigstens alle 14 Tage, in der Regel aber wöchentlich, ging er am Freitag abend allein durch das eiserne Tor des Bischöflichen Hofes, dann quer über den Platz vor dem Westportal des Domes, um in der stillen Klause des Kapuzinerpaters Jakobus im Schatten der Domtürme seine Sünden zu beichten. Wie er als Beichtvater, bevor er die Bischofsmitra trug, hohe Anforderungen an seine Beichtkinder stellte, so tat er dies erst recht bei sich selbst. Buße und Sühne hatten für ihn noch die Tiefe und Härte unserer Vorfahren, wie es das Fastenlied vom strengen Richter aller Sünder ihnen alle Jahre ins Gewissen rief. Für Verniedlichung und Verharmlosung, für schwächliche Rücksichtnahme auf menschliche Unvollkommenheit blieb da kein Raum. Die Befreiung von Sünden und Fehlern suchte er nicht nur im Gnadenakt des Bußsakramentes, sondern auch auf dem Weg des rein menschlich-psychologischen Bemühens, in Selbstkontrolle und Gewissenserforschung. Es war der tägliche Kampf der eigenen Seele gegen Leidenschaft, niedere Neigung und menschliche Schwäche, ein Kampf, wie die Ideale und Forderungen der Priestervereinigung „Unio apostolica" ihn in besonderer Weise geboten. Was geistliche Übung und Aszese als Mittel der Selbstheilung begrifflich in sich schließen, war ihm selbstverständlich und liebenswert. Worte wie Kreuztragen, Selbstaufopferung, Abtötung, Fasten, Nachfolge Christi im Geiste des Thomas von Kempen, wie man sie bedauerlicherweise im heutigen religiösen Schrifttum immer seltener findet, standen tagtäglich als verpflichtende Wegweiser im Streben nach Vollkommenheit und Heiligkeit vor ihm.

Der Weg des Kreuzes

Es war im Jahre 1936, als ich in der Ewigen Stadt Rom wenige Tage zum ersten Mal an der Seite des Bischofs weilen durfte. Unvergeßlich bleiben mir die Bilder und Erlebnisse aus jenen Stunden. Mit welcher Demut und Inbrunst kniete der Bischof vor den heiligen Gräbern der Katakombenzeit! Wir standen vor der heiligen Stiege, jener von der Kaiserin Helena aus Jerusalem nach Rom übertragenen Marmortreppe, auf welcher der dornengekrönte Heiland im Spottgewand als Ecce homo dem jüdischen Volk vorgeführt wurde. Der Bischof kniete auf der ersten Stufe nieder und betete. Wie alle anderen, schlichte Mütter, Kinder und Offiziere, erstiegen wir kniend, altem heiligen Brauch gemäß, die vielen Stufen, auf jeder Stufe eine längere Weile im Gebet verharrend. Man spürte, wie sehr es den Bischof schmerzte, auf seinen leidenden Knien den schweren Körper in solch ungewohnter Haltung aufwärts zu bewegen. Über das, was man in jenen Augenblicken an der Seite eines solchen frommen Mannes empfand, kann man nur schweigen. Die Münsteraner wissen, wie oft er in frühester Morgenstunde den langen Weg der Wallfahrt nach Telgte ging, obwohl die Ärzte ihm zeitweilig dringend anrieten, solche Strapazen seinen kranken Knien nicht zuzumuten. So lange es aber nach seiner Meinung nicht gegen das 5. Gebot verstieß, wanderte er die harte Straße der Buße und Sühne. Er wollte leiden und so seinem Meister ähnlich werden. Warum nahm er so wenig Rücksicht auf seinen Körper? Warum nahm er ihn in so überaus strenge Zucht? Für ihn war der Bußgürtel, den sein Onkel Max Gereon, der Weihbischof, noch getragen, etwas ganz Heiliges. Eine Welt, die für die Aszese solcher Art kein Verständnis mehr hat, wird das Frömmigkeitsideal eines Bischofs Clemens August nie als für sich verpflichtend hinnehmen, aber auch nicht den Bußruf eines Johannes des Täufers in der Wüste, — jene moderne Welt der weichen Kleider.

Seinem kreuztragenden Heiland wollte er ähnlich werden; darum ging er am Freitagnachmittag so gern den unter einem Abdach in 14 schlichten Bildern angebrachten Kreuzweg hinten im Garten des Bischöflichen Hofes; darum ergriff es ihn in tiefster Seele, als er im April 1941 sein Bistum erneut dem Herzen Jesu weihte; darum war damals seine Stimme von Tränen erstickt, als er die Worte betete, alles lieben zu wollen, was dem Herzen Jesu gefalle, und alles hassen zu wollen, was seinem Herzen mißfalle. Wer Zeuge dessen war im Hohen Dom und die Predigt des Dompropstes hörte, wird die Größe jener Stunde nicht vergessen. Wie hat der Bischof die Herz-Jesu-Verehrung geliebt und gefördert! Wenn er in Münster weilte, sah man ihn stets am Vorabend des Herz-Jesu-Freitags bei der hl. Stunde neben dem Mittelaltar im Dom auf seiner Betbank knien. Am folgenden Morgen feierte er dann das hl. Opfer in Gemeinschaft mit den Theologen des Collegium Borromäum.

Alle, die den Bischof näher kannten, wissen, wie gern er rauchte. Als für ihn als Bischof im Jahre 1934 die erste Fastenzeit herannahte, entschloß er sich, bis zum Oster-Alleluja auf jegliches Rauchen zu verzichten. Einige Tage ging es gut, aber dann wurde er krank und nervös, da der Körper auf solch plötzlichen Wechsel zu stark reagierte. Was tat der Bischof? Beschämt vor sich selbst, so hat er später erzählt, suchte er die Hauskapelle auf und sagte dem Herrgott, er habe sich zu viel zugetraut und zu viel versprochen; er müsse wenigstens nach dem Frühstück ein wenig aus der langen Pfeife rauchen, um ganz arbeitsfähig sein zu können; stattdessen wolle er aber ein Stück Brot weniger essen. So kindlich selbstverständlich sprach er mit dem Himmel; es ist schon wahr, zwischen ihm und dem Herrgott stand kein eisernes Tor. Und wie war sein Fasten? Er nahm am Morgen eine kleine Schnitte trockenes Weißbrot, legte darauf eine Schnitte Schwarzbrot — ohne Butter, ohne Marmelade —, tunkte dieses in schwarzen Kaffee und aß es. Mehr nahm er bis zum Mittagessen um 13 Uhr nicht zu sich, trotz der schweren und aufreibenden Beschäftigung während der Kampfjahre zur Zeit des Nationalsozialismus. Wenn er dann zum Mittagessen erschien, sah man ihm deutlich an, wie nachhaltig ein derartiges Fasten in seinen körperlichen Organismus eingriff. Es sollte eben wehetun, Schmerzen bereiten und Opfer kosten. Als er die Altersgrenze schon überschritten und das Fastengebot für ihn nicht mehr galt, fragte er doch in aller Demut seinen Beichtvater, ob es wohl recht sei, mit Rücksicht auf sein anstrengendes Tagewerk das Fasten zu unterlassen.

Kartage im Dom

Seine ganze Liebe schenkte er dem leidenden, kreuztragenden Heiland. In innigster Verbundenheit mit ihm wollte er die Passion leiden und zutiefst auch für sich selbst bejahen. So gab die Karwoche, der Höhepunkt der Liturgie des Kirchenjahres, dem Bischof den größten Reichtum eigenen religiösen Erlebens. Wer sieht nicht noch im Geiste am Palmsonntag seine hohe Gestalt durch die weiten Hallen des Domes schreiten, begleitet von den Domkapitularen, in der Hand den geschmückten Palmzweig, draußen mit verhaltener Kraft den Schaft des Kreuzes gegen das Domportal stoßend! Wer denkt nicht mit leiser Wehmut zurück an die düsteren Metten in der alten Domkirche! Nicht auf seinem Thron nahm der Bischof Platz, sondern in der Chorbank neben den Domherren; am Schluß, wenn nur noch eine Kerze brannte, trat der Oberhirt vor die Stufen des Hochaltares; mit herber, tiefer Stimme erklang das „Respice quaesumus"; wie ein Klageruf erstarb diese Stimme, die für die große Familie des Bistums betete, in dem harten disharmonischen Geräusch (Zuschlagen der Bücher und Beiseiterücken von Gegenständen). So versinnbildet die Kirche den schmerzvollen Aufschrei ob des Todes ihres Herrn.

Durch die Stille des Gründonnerstagmorgens ging der Bischof in den Dom. Auf dem langen weißgedeckten Tisch standen die Krüge mit den zu weihenden Ölen. Umgeben von Subdiakonen, Diakonen und Priestern, sang er als oberster Liturge des Bistums die Weiheworte über die heiligen Öle, die dann wie alle Jahre aus dem Geschehen jener Morgenstunden in die Dörfer und Städte der Diözese getragen wurden, — für die Spendung der Taufe, der Firmung und der letzten Ölung. Vom hl. Opfer, das Christus im Abendmahlssaal uns Menschen geschenkt hat, nehmen ja alle Sakramente ihre Kraft. Sichtbarer als sonst im Laufe des Kirchenjahres stellte der Bischof am Gründonnerstag als Herr und Vater des Bistums die Person Christi dar. Aus seiner Hand empfingen alle, die wie im Abendmahlssaal an der Opferfeier teilnahmen, den Leib des Herrn. Ganz die Person des Herrn darstellend, schritt der Oberhirte dann, von einer Prozession geführt, in das Westchor des Domes, wo 12 alte Männer, in weiße Mäntel gehüllt, seiner warteten. Vor ihnen kniete er nieder, wusch ihnen die Füße und küßte sie, wie Christus es bei seinen Aposteln getan. Das war für ihn nicht eine bloße fromme Zeremonie; er vollzog die Handlung in tiefer Ergriffenheit und bewußter Demut; mit seinen Lippen berührte er die Füße dieser schlichten Männer, eingedenk der großen Heiligen, die sogar Pestkranken die Wunden küßten.

Einige Male im Laufe der Jahre hat er am Abend des Gründonnerstags gepredigt. Es brannten dann nur wenige Lichter vor der Grabkapelle im rechten Domturm. In Rochett und Mozetta kam er aus der Sakristei über das hohe, dunkle Chor zur Kanzel. Wie

137

ganz anders stand er jetzt vor seinen Gläubigen! Eine seltsame Wärme lag in seiner Stimme; die Worte waren so schlicht und fromm. In heiliger Betrachtung führte er alle, die zu ihm aufschauten, in das Geschehen der großen Nacht vor dem Karfreitag. Er ging voraus, und sie folgten ihm in den Abendmahlssaal, über den Bach Zedron auf den Ölberg, durch die Straßen Jerusalems. In solchen Stunden offenbarte sich in einzigartiger Weise das tiefste Wesen unseres großen Bischofs. Die wirklich Frommen, wie haben sie ihn verstanden!

In der Frühe des Karfreitags verließ er seine Wohnung, um sich der Prozession der stillen Beter einzureihen, die nach uralter Sitte die Grabkapellen der 7 Hauptkirchen Münsters aufsuchten. Von Kirche zu Kirche ging er mit und kniete mitten zwischen den Leuten vor den mit Blumen und Kerzen geschmückten Sakramentsaltären nieder. Jedes Jahr feierte er selbst als erster Priester des Bistums die Karfreitagsliturgie. Das war ihm ein Herzensbedürfnis. Wie lebendig sind uns die heiligen Augenblicke der Verehrung des Kreuzes geblieben! Vor dem Mittelaltar des Domes wurde es nach der Enthüllung auf dem Boden niedergelegt. Unter den ergreifenden Weisen des „Popule meus“, vom Domchor im Kapellenumgang gesungen, schritt der Bischof ohne Schuhe vor das am Boden liegende Kreuz, kniete dreimal nieder, um dann, ganz niedergeworfen, die Wundmale der Füße des Heilandes zu küssen. Ein weihevolles, tiefes Schweigen lag über den Reihen der Gläubigen im weiten Dom. Es folgten das Domkapitel, die Priester, die Leviten, die Seminaristen. Der Bischof hatte die Schuhe wieder angezogen und begab sich neben den Hochaltar, wo er sich niedersetzte und abwechselnd mit den beiden Leviten betete, was der Chor gesungen: „Mein Volk, mein Volk, was tat ich dir.“ Dabei war er innerlich so bewegt, daß er vor Tränen kaum zu sprechen vermochte. Nur die allernächste Umgebung hat das miterlebt, wenn die Ergriffenheit jedes Jahr gerade bei diesen Gebeten über ihn kam. Wie tief und zart mußte die Liebe im Herzen des sonst so starken Mannes sein! Was in der Welt hätte ihn trennen können von jener Liebe? Augenblicke solcher Art wiederholten sich alle Jahre auch am Karsamstagmorgen. In würdevoller Ruhe feierte der Bischof diese viele Stunden dauernde Liturgie, die wohl schönste im ganzen Kirchenjahr. Nicht wahr, wir sehen ihn noch, wie er in der Prozession, der brennenden Osterkerze folgend, durch die weiten Hallen des schon morgendlich erhellten Domes schritt und in die Taufkapelle hinabstieg! Das Wasser im Taufbrunnen teilte er segnend nach allen Himmelsrichtungen seines Bistums, es so den bösen Mächten entreißend. Tief und immer tiefer senkte er die Osterkerze in das Wasser hinein; wir hören noch seine Stimme, wie sie dreimal immer wuchtiger sich erhob: „Descendat in hanc plenitudinem fontis virtus Spiritus Sancti — Es steige herab in diesen reich gefüllten Born die Kraft des Heiligen Geistes!" Wenn nach dem Beginn des Pontifikalamtes der Bischof, auf seinem Thron sitzend, die Verkündigung der Osterbotschaft aus dem Munde des vor ihn hintretenden Subdiakons entgegennahm, dann war er stets zu Tränen gerührt, und es dauerte eine Weile, bis es ihm möglich war, das über alles herrliche, dreimal sich steigernde Alleluja unter der zart zurückhaltenden Begleitung der Domorgel anzustimmen. Es waren Tränen des Glükkes und der Freude. Der tiefe Ernst und die stille Betrachtung der Kartage hatten sich gewandelt in jubelnde Osterfreude, die nun sein Herz umfangen hielt. Feierlich und verheißungsvoll lag über den Stunden des Karsamstagnachmittags die Vorfreude des Festes, wenn in so vielgestaltiger Weise die Zeichen treuer Liebe, die Glückwünsche, besonders aus den Ordens- und Schwesternhäusern, eintrafen.

Das Alleluja

Am Ostermorgen öffnete sich gegen 9 Uhr am Bischöflichen Hof das weiße Hauptportal, das nur an den Hochfesten des Kirchenjahres seine Flügel auftat. Mitten im Saal stand die hohe Gestalt des Bischofs, umkleidet mit dem Festgewand der Cappa magna, dem langen violetten, mantelartigen Umhang, der in einer Schleppe endet. Wenn sich am Westportal des Domes die hohen Türen langsam öffneten, schritt der Oberhirt durch das eiserne Tor des Vorhofes über den Domplatz die Treppenstufen zum Westchor hinauf. Im Portal überreichte der Dompropst an der Spitze des Domkapitels das Weihwasser. Festlich brausten die Akkorde der altehrwürdigen Orgel durch die weiten Hallen der Kathedralkirche. Der Domchor sang „Ecce sacerdos", „Tu es Petrus". So zog der Bischof in feierlicher Prozession am Ostermorgen in seinen Dom. Wie hat er ihn

139

geliebt, seinen Dom, in den seine Vorgänger Jahrhunderte hindurch auf solche Weise eingezogen waren! Wie oft haben wir dieses Schauspiel erlebt und die tiefe Freude in seinen Augen gelesen! Es war das Schönste, was er auf Erden liebte, das Osteralleluja, für ihn der Abglanz des ewigen Alleluja im Himmel. — Dieselbe Freude und Seligkeit erfüllte ihn an den anderen Hochfesten des Jahres, ob Pfingsten, Weihnachten, Fronleichnam oder am Tage der Großen Prozession; über all diesen Höhepunkten des Jahres lag ja die Osterfreude, das Alleluja der Erlösten ausgebreitet.

Wie groß war daher der Schmerz für das Herz des Bischofs, als sein Dom in Trümmer sank und mit ihm der glanzvolle Gottesdienst an den hohen Festtagen! 1942 und 43 trug er am Palmsonntag den aus einem Balkensplitter des Domes angefertigten Hirtenstab. 1944 war der Dom zerstört. Die Liturgie der Karwoche wurde in St. Ludgeri gefeiert und der Ostermorgen in der wiederhergestellten Überwasserkirche. Am Gründonnerstag 1945 weihte der Bischof die heiligen Öle in Sendenhorst. Es war ein langsamer und stetiger Abstieg von der Höhe äußerer Pracht. Die lange weiße Schar der Seminaristen, die die Chorstühle des Domes füllten, wurde kleiner und kleiner. Sie zogen in die Kasernen und dann in die Steppen Rußlands. Bald mußten die Gymnasiasten allein die Ministrantendienste tun. Pusillus grex, die kleine Herde. Sie wurde vertrieben aus dem Dom, schließlich ganz aus der Bischofsstadt. Es war der bitterste Leidensweg für den Hirten der Herde. Das erste Osteralleluja nach dem Kriege hat er auf Erden nicht mehr singen können. Es sollte das ewige Alleluja sein nach der Vollendung seiner irdischen Passion.

DIE HEILIGE SCHULE

Herz-Jesu-Freitag

Wenn in der Frühe des Herz-Jesu-Freitags die Domglocke den Angelus läutete, verließ der Oberhirte den Bischöflichen Hof, ging durch das eiserne Tor quer über den Domplatz in das große Haus des hl. Karl Borromäus. Über 200 Menschen wohnten dort, Schüler der hl. Theologie, die ihr Elternhaus verlassen hatten, um sich in Gottes Weisheit zu versenken, um in klösterlicher Abgeschiedenheit und Stille, in Opferkraft und Sammlung unter der Leitung des dem Bischof freundschaftlich verbundenen Direktors Schmäing die Stufen zum Priestertum hinaufzusteigen. „Iam non dicam vos servos, sed amicos — Ich nenne euch nicht mehr Diener, sondern Freunde." Dieses Wort, das der Heiland zu seinen Aposteln gesprochen, war im Herzen des Bischofs lebendig, und es führte ihn allmonatlich am ersten Freitag in die Kapelle des Collegium Borromäum zur gemeinsamen Opferfeier. Am Tag der Herz-Jesu-Verehrung wollte er als geistlicher Vater ihnen nahe sein, mit ihnen beten und opfern, denen er einmal die Hände auflegen würde. Das war kein Zufall, wie es ja auch einen so tiefen Sinn hat, dem Herz-Jesu-Freitag den Priester-Samstag folgen zu lassen. Die enge Verbundenheit beider Geheimnisse bedeutete dem Bischof ein tiefes Anliegen; der Reichtum des Erlöserherzens mußte jedem Priester Quellgrund der Kraft und die Wegweisung sein. Auch in den Kriegsjahren, als die Reihen der Theologen sich immer mehr lichteten, machte er allmonatlich den Weg ins Borromäum. In den Bänken, wo sie gekniet, die jetzt an den Fronten lagen, waren andere, verwundete Soldaten aus allen Teilen des Vaterlandes. Auf Krücken gestützt, kamen sie an die Kommunionbank, wo der Oberhirt auch ihnen den Leib des Herrn reichte. Ein unsichtbares Band vertrauensvoller Liebe wuchs so im Laufe der Jahre zwischen dem Bischof und seinen Theologen. Er neigte sich tief zu ihnen herab. Zu tief? Nein. Ehrfurcht und Abstand blieben wie von selbst. Das lag schon in der Herkunft und Abstammung des Bischofs begründet. Und gerade diese natürliche Grenzmauer wollte er nicht so unübersteigbar bestehen lassen.

Liturgische Bewegung

Er wollte sie kennen- und sie sollten ihn kennenlernen. Die junge Generation betete und dachte in vielem anders, als er in seiner Jugendzeit vor Jahrzehnten getan. Er hat sich der Mühe unterzogen, mit den Gedankengängen der neueren Theologie vertraut zu werden. Es konnte ihm nicht ganz gelingen; zu tief war das geistig-religiöse Bild seiner Jugendzeit in ihm verwurzelt. So mußten ihm modernere Auffassungen innerlich fremd bleiben, auch die liturgische Bewegung. Gewiß, er begrüßte das Bestreben nach Verschönerung und feierlicher Gestaltung des Gottesdienstes und unterstützte all das. Aber der Bewegung als solcher mit ihren Folgeerscheinungen, in ihren verschiedenen Ausstrahlungen und Auswirkungen, begegnete er mit Reserve. Er liebte auch weiterhin die sogenannte „stille Messe", er hatte Verständnis dafür, wenn so mancher Erwachsene sich über die „Unruhe" der Gemeinschaftsmesse beklagte und so beten wollte, wie er es früher gelernt hatte. Gewiß, die Schar der Jugendlichen, die in Ehrfurcht und wohltuendem Tonfall mit dem Priester die Gebete des hl. Opfers sprachen, verachtete er nicht, aber das Mütterchen, das die Perlen des Rosenkranzes durch die welken Hände gleiten ließ und so dem Geheimnis der Eucharistiefeier, man möchte sagen, in Demut und Schlichtheit ganz von weitem folgte, imponierte ihm gleichermaßen. Wesentlich war ja nur eines, für die Schar der Jugendlichen wie für das alte Mütterchen, daß der tiefe Glaube an das Geschehen auf dem Altare in ihren Seelen lebte und glühte, unwesentlich dagegen, ob in jedem Augenblick das eigene Gebet dem Gebete des Priesters und seiner Handlung entsprach. In Wirklichkeit, so hat der Bischof es manches Mal in seiner schlichten Art gesagt, sehen sie ja doch nichts, wenn sie auch noch so nahe am Altare stehen und das Tun des Priesters verfolgen oder mitvollziehen; der Glaube allein ist entscheidend. Etwas eigenartig empfand er es, daß die Eiferer der liturgischen Bewegung, die sich doch gerade für die Liturgie der Ostkirche zu begeistern pflegten, die Ikonostase, die sogenannte Bilderwand, übersahen, hinter der, vor den Augen der Gläubigen verhüllt, der Priester allein das Opfer feierte, wie ja auch im Alten Bunde nur der Hohepriester das Allerheiligste betreten durfte. Die Ikonostase, die Verhüllung des großen Eucharistiegeheimnisses, spricht sie nicht ganz eindringlich das Wort: „Ziehe deine Schuhe aus, denn der Ort, wo du stehst, ist heiliges Land!"? Fordert sie nicht Schweigen und Stille, Abstand und Scheu? Weckt sie nicht heilige Ehrfurcht und tiefe Demut? Solche Betrachtungen, wie sie Clemens August nicht selten anzustellen pflegte, sind geeignet, darauf hinzuweisen, wie heilsam es ist, maßvolle Zurückhaltung bei der Hinführung der Gläubigen an den Opferaltar und die hl. Opferhandlung zu beobachten. Das ist notwendig angesichts der hastigen Unbekümmertheit, Betriebsamkeit, Ehrfurchtslosigkeit, Kritiksucht und Blasiertheit unserer Tage. Nicht alles sehen und wissen wollen, nicht nur das tun und hinnehmen wollen, was erkannt, kritisch gewertet, geprüft ist, was allen ästhetischen Normen, sagen wir des Opernhauses, entspricht, — sondern in kindlicher Demut das Heilige im Gotteshaus entgegennehmen so, wie menschlich gebrechliche Gefäße es tragen, und in Furcht erzittern vor dem „tremendum mysterium", dem allgewaltigen Geheimnis.

Es konnte dem Bischof nicht gefallen, wenn die liturgische Bewegung Glaubenswahrheiten einseitig herausstellte und andere dabei zurückdrängte, wenn sie dem objektiven Vollzug der liturgischen Handlung fast den alleinigen Wert beimaß und das persönliche Gebetsbemühen der Gläubigen für wertlos erachtete, wenn sie den Empfang der hl. Kommunion nur in Verbundenheit mit der Opferfeier duldete und die Danksagung nach der hl. Messe als unerheblich bezeichnete oder völlig fallen ließ. Der Bischof sah deutlich die Gefahren: einseitige Betonung des „opus operatum" unter Minderung des Wertes des „opus operantis". Der neueren Losung „Frohes Gehen zu Gott" folgte er nicht bedenkenlos. Hatte er doch als Student entsprechend molinistischer Auffassung in der Schule der Jesuiten gelernt, unerbittlich und beharrlich die Kraft der menschlichen Willensleistung einzusetzen, im sogenannten „agere contra", d. h. anzugehen immerfort gegen die niederen erbsündlichen Triebe und Neigungen im eigenen Innern. Das führte wieder zu der Forderung, über den Altarraum und die Sakristei hinaus ins gottentfremdete Leben draußen hineinzuwirken, auf die Straßen und an die Zäune zu gehen zur Masse der hilfsbedürftigen, irrenden Menschen, nicht aber ausschließlich mit dem „kleinen Kreis" einiger frommer auserwählter Christen religiöse und ästhetisch feine Unterhaltungen zu führen. Es sprach der erfahrene Großstadtseelsorger aus ihm, wenn er immer wieder die Notwendigkeit der Hausbesuche und breiter Vereinsarbeit betonte, wenn er darauf hinwies, daß hinter jeder Arbeit, eine Elite auszubilden, der Weg in die Masse nie aus dem Auge zu verlieren sei. „Griechen und Barbaren, Menschen mit und ohne Bildung", sagt der hl. Paulus, „fühle ich mich verpflichtet" (Röm. 14). Was sagte der Hl. Vater am 18. September 1947 bei der Feier des XIV. Centenars des Todes des hl. Benedikt in der Basilika St. Paul in Rom zu solchen Fragen?: „Auch hier kann durch ein Übermaß gefehlt werden. Es gibt Kreise, welche die liturgischen Formen der Urzeit allzu sehr preisen, die späteren leicht verachten und die privaten Gebete und Volksandachten gering schätzen. Die Liturgie, ein ganz durch die Autorität der Kirche geregelter Kult, ist etwas dauernd Lebendiges, das durch Jahrhunderte herangewachsen ist: Gefällt einem das Jugendalter, so sind doch die reiferen Jahre nicht gering zu schätzen. Und was gilt von den Gebeten und Frömmigkeitsübungen, welche von der Kirche gebilligt worden sind? Vom ganzen Reichtum und allen Schätzen des Gottesdienstes, so wie er von der Kirche gebilligt wurde und geübt wird, mögen die Gläubigen schöpfen, so viel sie können und was immer sie können, zur Mehrung ihres Glaubens, zur Stärkung der Hoffnung, zur Entzündung der Liebe, und mag auch je nach Umgebung, Lebensart, Bildung und Veranlagung die Art und Weise verschieden sein, so mögen doch alle etwas daraus entnehmen, was ihnen nützlich ist. Im Dienste Gottes und in der Seelsorge ist immer das die Hauptsache: die Jünger des Evangeliums sollen im Heiligtum eines guten Gewissens Gott suchen, des Allerhöchsten Majestät und Gesetz achten, Buße tun für ihre Sünden, ihre Sünden beichten und durch Tränen und Werke der Barmherzigkeit sühnen ... Es gibt solche, die sich vom festen Brote nähren, und solche, die Milch genießen. Herrlich wohlklingend sind die goldenen Zithern, aber süß tönen auch die zarten Flöten."

Neuere Theologie

Eine weitere Gefahr erblickte Clemens August in der Tatsache, daß die Moraltheologie über Gebühr hinter die Dogmatik zurückgedrängt wurde. Gewiß, die Theologie als Glaubenslehre ist nicht nur die schönste und herrlichste, sondern auch die höchstrangige vor allen anderen Disziplinen der Gotteswissenschaft. Aber die Härte der Glaubensentscheidung, das darf nicht übersehen werden, fällt stets mit dem Setzen der Tat; die Nachfolge Christi ist ein Tun. „Nicht, wer zu mir sagt: ,Herr, Herr!', wird ins Himmelreich eingehen, sondern wer den Willen meines Vaters tut, der im Himmel ist." Zum reichen Jüngling sagte der Heiland dasselbe: „Willst du zum Leben eingehen, so halte die Gebote!" Im Schrifttum der neueren Theologie sah der Bischof die Festigkeit des Glaubens irgendwie bedroht, auch dessen Unmittelbarkeit und Schlichtheit. Als einst der Philosophieprofessor Wust, dessen apostolisches Wirken er zweifellos sehr schätzte, zu ihm kam und sein Buch „Ungewißheit und Wagnis" überreichte, meinte der Bischof, für ihn sei der Glaube weder Ungewißheit noch Wagnis, solche Lektüre sei auch, so fügte er lächelnd hinzu, nicht gut für seine Theologen. Vieles in neueren Büchern und Zeitschriften kam ihm unverständlich vor, bisweilen verschwommen und phantastisch verstiegen. Die häufig wiederkehrende Terminologie wie „Gegebenheit, Wagnis, fragwürdig, hintergründig, Begegnung, unabdingbar, Existenz u. ä." blieb ihm innerlich fremd; es waren für ihn Worte, die in vielen unklaren Farben schillerten. Er gehörte nicht zu denen, die der Meinung waren: je unverständlicher formuliert, desto tiefer gedacht. Er hielt es auch weiter mit den klar umgrenzten, durchsichtigen Begriffen, mochten auch die Neuerer sie für überaltert und abgegriffen erachten. Die nationalsozialistische Ideologie hatte sich ja auch sehr darin gefallen, nichts Überkommenes und Bestehendes anzuerkennen, sondern in jedem Bereich des geistigen Lebens Neues an die Stelle des Alten zu setzen. Der moderne Mensch liebt eben das Ungewöhnliche, das Absonderliche, das Pikante, das Subtile; mehr als die Alten ist er solcherlei Reizen zugänglich. Das Ganze trägt dann das Gesicht des Modischen. Es macht auch vor den Formulierungen von Gebetstexten nicht Halt. Wie oft äußerte der Bischof nach dem Lesen solcher modernen Gebete etwa dieses: „Sprechen Sie auch so mit dem Herrgott? Ich spreche einfacher und verständlicher mit ihm. Ich weiß nicht, mir scheint, viele Menschen heute bewegen sich gern auf Stelzen." Eines Tages erhielt er einen Totenbrief, dem man es ansah, daß der schwarze Rand bewußt fortgelassen war. „Was ist das für eine merkwürdige Geschichte? Der schwarze Schleier bei den Frauen ist verschwunden, und nun will man auch von dem Trauerrand an Totenbriefen nichts mehr wissen, als ob beim Tode eines lieben Angehörigen die Herzen der Menschen nicht mehr mit Schmerz erfüllt sein dürften. Wenn ich mal tot bin, dann soll aber um meinen Totenbrief ein schwarzer Rand sein."

Der geistliche Vater

Der Bischof scheute sich nicht, seine Ansichten über die liturgische Bewegung und die moderne Theologie auszusprechen, wenn er auch das Streben, Suchen und ehrliche Bemühen der jungen Theologengeneration zu respektieren wußte und zu verstehen sich bemühte. Alle spürten, wie er in väterlicher Liebe und Nachsicht ihnen zugetan war. Wenn sie dann in den letzten beiden Jahren der theologischen Ausbildung als Seminaristen ihrem Oberhirten beim hl. Opfer in der Bischöflichen Hauskapelle ministrierten und ihn allein beim Frühstück in herzlicher Plauderei gegenübersaßen, haben sie das erneut und vertieft empfunden. Man konnte es immer wieder beobachten, wie er sich für die einzelnen Seminaristen interessierte, wie er schon gar bald zu den betreffenden Gesichtern auch die Namen kannte. Während der sonntäglichen Domdienste hatte er Gelegenheit, sie zu sehen, und auch bei der Ablegung der Prüfungen. Der großen Verantwortung war er sich bewußt, nur geeignete und würdige junge Menschen mit reinen Händen hinaufsteigen zu lassen auf den heiligen Berg. Diese Verantwortung war ihm ein schwere Bürde. Nach einer Audienz in Rom 1936 — ich erinnere mich noch genau daran — wiederholte er das ernste Wortspiel Pius' XI.: „Wichtiger als die Zahl ist die Wahl." Damals waren die Kurse der Theologen im Borromäum und Priesterseminar außergewöhnlich stark.

Enger und inniger fühlte der Bischof die Verbundenheit zu seinen Seminaristen werden, wenn sie aus seiner Hand die sieben heiligen Weihen empfingen und Stufe um Stufe zum Priestertum emporstiegen. Ganz wußte er sich dabei als Werkzeug und Beauftragter des Herrn. Mit welcher inneren Anteilnahme, mit welcher Gewissenhaftigkeit vollzog er an seinen geistlichen Söhnen jede der zahlreichen liturgischen Handlungen, durch die in so sinnvoller Vielfalt und Steigerung die heiligen Vollmachten übertragen werden, ob er sie bei der Tonsur des Schmuckes der Haare beraubte. ob er ihnen Dalmatik, Stola und endlich das Meßgewand über die Schultern legte, ob er die Hände der Neugewählten, die ausgebreitet auf seinem Schoße lagen, mit hl. Katechumenenöl salbte. Das alles ergriff ihn, man hörte es aus dem Tonfall seiner Worte, die er zum Teil in tiefer Rührung sprach. Den Höhepunkt bei den Weihehandlungen, und das war so eigenartig, erlebte man am Ende der Priesterweihe, wenn er jedem einzelnen die Gewalt übertragen hatte, Sünden nachzulassen. Unmittelbar darauf fragte der Bischof den vor ihm knienden jungen Priester, dessen Hände umfassend: „Versprichst du mir und meinen Nachfolgern Ehrfurcht und Gehorsam?" — „Ich verspreche es." Der Bischof, zu Tränen gerührt, umarmte den Neugeweihten. Warum stets in diesem Augenblick die sichtliche Ergriffenheit?, so fragte man sich im Laufe der Jahre. Der Grund war dieser: Der Neugeweihte gibt sich, seine Kraft, sein Wollen in die Hand des Bischofs, er verspricht Treue und Gefolgschaft. Dieser Akt, vergleichbar dem des Ritterschlags und der Lehnstreue im Mittelalter, füllte die Augen des Bischofs mit Tränen; der vor ihm kniende junge Mensch, ausgestattet mit der priesterlichen Vollmacht, spricht das Treuegelöbnis der Selbsthingabe, bindet sich innerlich an ihn, den Nachfolger der Apostel, schenkt ihm die ganze Kraft, will helfen am Aufbau des Reiches

Gottes auf Erden, in idealer Begeisterung, in Opfermut und Verzicht, in Gesinnungsgemeinschaft mit dem geistlichen Vater und dem ersten Bannerträger des Bistums. Diese Empfindungen bewegten in jenen Augenblicken immer das Herz des Bischofs; in einer Ansprache an die Neugeweihten hat er es einmal selbst geäußert.

Allen, denen er die Hände aufgelegt hatte, fühlte er sich in besonderer Weise verbunden. Wie oft sagte er, jener gehöre zu denen, die er dann und dann geweiht habe, zu den Erstlingen, d. h. zu denen, die durch ihn im ersten Jahr seiner bischöflichen Amtshandlungen Priester geworden seien! In der Übertragung der geistlichen Gewalten auf die nachwachsende Generation erblickte er die heilige Brücke, die er als Bischof zwischen Vergangenheit und Zukunft zu verkörpern berufen sei; es bedeutete ihm eine wahre successio und traditio, eine gottgewollte Nachfolge, Weitergabe, Überlieferung. Wie gern hätte er, man hörte es aus gelegentlichen Äußerungen, einen neuen Bischof konsekriert, der dann seinerseits später einmal einen weiteren Bischof weihen würde. Auf diese Weise, so meinte er, könne sein Wunsch in Erfüllung gehen, ein Glied in der langen Kette der „successio episcoporum", der apostolischen Nachfolge, sein zu dürfen. Das müßte doch, so fügte er fromm lächelnd in kindlicher Schlichtheit hinzu, vom Himmel her schön aussehen, sich selbst in dieser heiligen Reihe als Glied zu erkennen. Dompropst Donders hat es einmal so ausgedrückt: „Die Sendboten der Gnade und des Friedens folgen einander, von den Aposteltagen angefangen, in langen Reihen, in fortlaufender Kette, Ring in Ring gefügt. Die Bischöfe haben die Kirche bewahrt, weil sie einer dem anderen in fortgesetzter Erbfolge folgten und sich folgen werden bis zum letzten aller Erdentage, wenn der letzte Bischof mit seiner Herde vor dem Richterstuhl Christi hintreten wird, um die große Kette zu schließen, die vom Himmelfahrtsberge ausging und sich über die weite Welt hin ausdehnte."

SEINE PRIESTER

Die erste Stelle

Die Freude der Neugeweihten war auch seine Freude, wenn sie, voll des Hl. Geistes von ihm gesandt, in die Städte und Dörfer des weiten Bistums hinauszogen. Den einen erfüllte heiliger Sturm und Drang, den anderen bedrückte noch ein wenig die Zaghaftigkeit. Dankbare Genugtuung beglückte das Herz des Oberhirten, wenn er nach Wochen oder Monaten aus dem Munde des Pfarrers Lob und Anerkennung über den neuen Kaplan hören durfte. Man konnte es auf Firmungsreisen immer wieder beobachten, daß er seine „Jüngsten" besonders gut kannte. Er betrachtete es als heilige Verpflichtung, alle seine Priester möglichst genau kennenzulernen. Über sie, ihre Veranlagung, Frömmigkeit und Leistungen dachte er viel nach; immer wieder ließ er sich in diesen wichtigen Punkten vom Generalvikar und Regens unterrichten.

Um dieses lebendige Band zwischen Oberhirten und Priestern wußte jeder Geistliche. Trotz des großen Abstandes (des Bischofs adelige Herkunft fügte die besondere Note hinzu) kamen sie vertrauensvoll zu ihm in ihren Anliegen. Den meisten jungen Kaplänen mußte er durch die erste Versetzung den ersten Schmerz bereiten. Nicht selten erschienen dann der Pastor, Vertreter des

Kirchenvorstandes und der Vereine mit der dringenden Bitte, den Kaplan doch dort zu belassen; die entstehende Lücke könne durch einen anderen bestimmt nicht ausgefüllt werden. Daheim wartete der Kaplan auf die Botschaft; selbst mochte er nicht hingehen zu ihm, dem er Opferwilligkeit und Gehorsam gelobt. Und der Bischof, was pflegte er solchen Abordnungen scherzhaft zu antworten? „Ich freue mich, daß Sie gekommen sind; jetzt weiß ich erst recht, daß ich es richtig gemacht habe; denn für die ausersehene Stelle ist dieser tüchtige Kaplan gerade der geeignete." Betrübt lächelnd gingen die Bittsteller von dannen. Der Bischof war jedoch nicht unerbittlich, wenn triftige Gründe die Zurücknahme der Versetzung ratsam erscheinen ließen. Auf besonders gelagerte Fälle einer Pfarrgemeinde, auf Wohnungsverhältnisse in Verbindung mit der Sorge für die alten Eltern usw. nahm er während des Krieges weitgehend Rücksicht, nach dem Urteil mancher sogar zu weitgehend. Sein Herz war weich; seine Autorität litt ja nicht, wenn er nachgiebig war; das wußte er.

Der beste Seelsorger

Wie er selbst seinen geistlichen Söhnen sich verbunden fühlte, so wünschte und förderte er eine echte und tiefe, wahrhaft brüderliche Gesinnungsgemeinschaft unter den Priestern. Als Großstadtpfarrer in Berlin hatte er das Erhebende, Tröstende und Wohltuende solcher Verbundenheit zwischen Pfarrer und Kaplänen kennengelernt. Am idealsten sah er das zielstrebige seelsorgerliche Zusammenwirken in der sogenannten vita communis, dem Zusammenwohnen der Pfarrgeistlichkeit in einem Hause und an einem Tisch, gewährleistet, wie er es als Bischof im Priesterhaus zu Kevelaer vorfand und in Wesel durch Pfarrer Janssen neu schaffen ließ. Auch hier offenbarte sich des Bischofs Sinn für klösterliche Lebensart und Gemeinschaft, die ohne den Opfergeist, die Verzichtleistungen der einzelnen nicht möglich ist, mit ihnen jedoch die acies ordinata der Pfarrgeistlichen in ihrer zielklaren Ausrichtung und Straffheit zu schaffen vermag. Daß gerade in schwerer Kampfzeit eine solche Art der Seelsorge ein erstrebenswertes Ideal darstellt, war dem Bischof wohl bewußt.
Ein wirklich erfolgreiches Arbeiten im Weinberg des Herrn, auch

dann, wenn die Geistlichkeit nicht die Form der vita communis gewählt hat, wird auf die Dauer nur durch das tiefe Frömmigkeitsleben gesichert. Gebet und Glaube schenken dem Priester den wahren Eifer für die Rettung der Seelen; sie allein formen den wirklich guten Hirten. Geistige und praktische Fähigkeiten müssen wie Talente im Evangelium pflichtbewußt in den Dienst am Höchsten eingesetzt werden; sie machen aber nicht das Wesen des Priesterlichen aus. Ein Pfarrer von Ars war arm an Talenten und doch der überreich austeilende Seelsorger und heute der Heilige auf unseren Altären. Wenn der Bischof auf Priesterkonferenzen, auf Firmungsreisen in herzlicher Wärme über die Regeln der Priestervereinigung Unio apostolica sprach, dann deswegen, weil er es aus jahrzehntelanger Erfahrung wußte, wie Betrachtung und Gebet, Rosenkranz, geistliche Lesung, Selbstdisziplin und öftere Beichte, das alles in fester Regelmäßigkeit getan, Priester nach dem Herzen Gottes bildet. Er kannte seine „heiligen, wahrhaft frommen" Priester, die sozial und selbstlos gesinnten, die unscheinbaren, die in der Stille wirkenden, deren Namen in der Öffentlichkeit wenig genannt wurden. Diese liebte er; wenn er voll Zartheit, Hochachtung und stiller Verehrung von ihnen erzählte, war er stets bis zu Tränen ergriffen. Frömmigkeit und Streben nach Heiligkeit waren für ihn das eigentliche Kriterium in der Beurteilung seiner Priester. Als in einem zu Beginn des Krieges erscheinenden Buche die Forderung aufgestellt wurde, der zeitnahe und erfolgreiche Priester müsse auf dem Gebiet der Literatur, der Kunst, des Theaters usw. dem Höhenmaß der Zeit entsprechend sich bilden, in seinem Auftreten die Werte des Humanismus und feiner Kultur in sich verkörpern, — da schüttelte der Bischof den Kopf und meinte, der ganz demütige, kreuztragende Seelsorger vermöge die gottentfremdete Menschheit zu retten, beileibe aber nicht elegantes Akademikertum. Und Dompropst Donders unterstrich damals dieses Bischofswort mit allem Nachdruck.

Instinktiv klar sah der Bischof die Entwicklung, das weitere Abgleiten der großen Massen in Unglaube und Unmoral. Die ewigen Wahrheiten predigen und die letzten Dinge, in neuer Art! Nicht meinen, verwässert und versüßt sie den Gläubigen darreichen zu müssen, man möchte sagen, in einer Art Unverbindlichkeit, wie wenn man Furcht hätte, durch Verkündung der ganzen unerbitt-

lichen Wahrheit den Menschen wehezutun! Auch hier wird nur
die volle Wahrheit die Menschen frei machen; sie allein vermag
den Menschen in Einsamkeit und Elend den wahren Gottesbegriff
zu vermitteln und echten Trost zu spenden. Träger solcher Botschaft, so wollte es der Bischof, muß der Priester sein. Priester
wünschte er, die auf Hausbesuchen ihre Pfarrkinder in den Nöten
des Alltags sehen, ihnen Aug in Aug Trost spenden, wie er selbst
als Pfarrer in Berlin mehr in die Kellerwohnungen der Armen hin-
einstieg als in die Paläste auf dem Kurfürstendamm. Mit Unwillen
und fast mit Entrüstung erzählte er wohl mal von seinen Hausbesuchen in St. Lamberti in Münster; beim Betreten der „besseren“
Häuser habe das Mädchen, obwohl es den „großen Pfarrer“ kannte,
zuweilen schablonenhaft gefragt: „Wen darf ich melden?“ Solche
konventionelle Kälte stieß ihn ab, und er pflegte zu antworten:
„Sagen Sie nur, der Pastor wäre da!“ Die Unterhaltung kreiste dann
um religiöse Dinge, nicht so sehr um Theater und Literatur. Der
Vater einer großen Pfarrfamilie hatte sich um wichtigere Dinge zu
kümmern; der pastor animarum, der Hirt der Seelen sollte ja nicht
Kirchenbeamter sein, der in mehr oder weniger geschickter Weise
die Gemeindemitglieder zu interessieren und zu unterhalten, zu
beeinflussen und rein menschlich zu fesseln versteht. Das Bild eines
Seelsorgers dieser Art, fromm, gediegen, deftig, patriarchalisch,
war für den Bischof selbstverständlich. Als Pastor hatte er in solcher
Weise das Hirtenamt in sich verkörpert; es blieb mit derselben
Echtheit, Innigkeit, mit derselben Menschennähe und -verbunden-
heit in seinem bischöflichen Herzen lebendig.

Die Verfolgten

Als er 1933 den Bischofsstuhl bestieg und allen Priestern der
Diözese geistlicher Führer wurde, standen seine Priester in hartem
Abwehrkampf gegen das neue Heidentum. Es dauerte nur Monate,
da wußten sie, die in vorderster Front kämpften, um die stählerne
Kraft des Oberhirten, der keinen Zoll breit aus der gottbefohlenen
Stellung zurückweichen würde. In diese lange Reihe der Priester,
die in treuer Kampfverbundenheit in den folgenden Jahren zum
Teil in heroischer Weise ihre Pflicht erfüllten, griff die mörderische
Hand des Nationalsozialismus. Hier wurde einer vor die Gestapo

geladen, dort einer in Schutzhaft genommen; hier einer aus der Schule verwiesen und als Religionslehrer abgesetzt, dort wanderte einer in die Verbannung außerhalb der Provinzen Rheinland und Westfalen oder ins KZ. Die „Verfehlungen" waren vielgestaltig. Wo der Haß und die Verschlagenheit des Systems einen „Schwarzen erledigen" konnten, ohne allzu großes Aufsehen zu erregen, geschah es skrupellos. So gut er es vermochte, wehrte sich der Betroffene. Jedem lieh der Bischof seine starke Hand, für jeden trat er ein, wenn er ihm helfen konnte. Niemandem machte er einen Vorwurf, selbst wenn er sich auf dem Kampfplatz ungeschickt benommen hatte, und den sogenannten Rundfunkverbrechern (Abhören ausländischer Sendungen) gegenüber war er der letzte, der solchen Unvorsichtigkeit und Unklugheit zum Vorwurf machte. Letztlich litten alle eingesperrten und verurteilten Priester um Christi willen unter der teuflischen Tyrannei des Systems. Wie manchem Priester wurde in solcher Lage von der Gestapo nahegelegt, den schwarzen Rock auszuziehen; sogleich könne er eine hohe Stelle in den Ministerien bekleiden. Tapfer wiesen sie den Versucher ab. Es gab Fälle, in denen der Bischof für die Verfolgten nichts tun konnte, weil sein Name wie ein rotes Tuch wirkte und die Lage des betreffenden Priesters nur verschlechterte. Nach der Fällung des Todesurteils über den Osnabrücker Priester Hermann Lange (vgl. S. 197) wandte sich der Vater in seiner furchtbaren Not an den Bischof mit der Bitte um Fürsprache. Ganz erschüttert schrieb der Bischof zurück, er würde gern alles tun, aber sein Dazwischentreten könne nur negativ wirken.

Wenn der Bischof auch den hohen Wert priesterlichen Sühneleidens in solcher Verfolgung der Kirche erblickte, so geißelte er doch unter Einsatz seines Lebens die brutalen Maßnahmen der Gestapo. Denken wir nur an die beiden großen Predigten im Juni 1941, in denen er hinwies auf die Keller der Gestapo und die Konzentrationslager, in denen seine Priester schmachteten. Wie erschütterte es ihn, als die Nachrichten über den Tod seiner Priester aus Dachau kamen: Poether, Storm, Lodde, Wessing; wenige Monate nach der Befreiung starb der in Dachau geweihte Neupriester Leisner. Am Grabe des Dechanten von Hoetmar, den er wie einen Heiligen verehrte, sprach er tief ergriffen die Worte des Gedenkens; sie galten allen Priestern seines Bistums, die zur Zeit der Verfolgung um Christi willen Schmach gelitten, auch denen, die im Sommer 1945 heimkehrten aus dem KZ, aus den Gefängnissen und der Verbannung. „Umarmt hat er mich", so sagte einer von ihnen, „wie ein Vater und dabei geweint." So tief fühlte er sich seinen leidenden Priestern verbunden.

Im grauen Rock

Der Krieg brach aus. Kriegspfarrer rückten ins Feld. Seelsorgsstellen verwaisten. An die 300 Kapläne wurden eingezogen, die meisten als Sanitätssoldaten. Wenn gelegentlich ein Priester zum Dienst mit der Waffe abkommandiert wurde, ruhte der Bischof nicht eher, als bis dieser Priester gemäß den Bestimmungen des Konkordates die Waffe wieder aus der Hand gelegt hatte. Wie sehr auch der Bischof das Fehlen von Priestern in der Heimatseelsorge bedauerte, es war doch ein tiefer Trost für ihn, wenn Priester seiner Diözese als Kriegspfarrer oder Sanitätssoldaten ihren Kameraden wahrhaft priesterliche Berater und Helfer sein konnten. Mancher Geistliche lebte damals in seelischem Konflikt, wissend, zum wenigsten doch ahnend, um die Ungerechtigkeit des Krieges, um die auf Befehl deutscher Menschen ausgeführten Verbrechen, überzeugt, daß solche Schmach und Schande das deutsche Volk trotz aller scheinbaren Siege doch einmal in den furchtbaren Abgrund führen werde. Wenn er während des Urlaubs dem Bischof gegenübersaß und seinem geistlichen Vater solche seelischen Konflikte offenbarte, dann tröstete und ermunterte ihn dieser, um der Seelen der vielen Soldaten willen treu seine Pflicht zu tun, ihnen in den Lazaretten, auf den Schlachtfeldern, in der Todesnot beizustehen. Wie viel Trost und religiöse Kraft konnte gerade auch der die einfache Landseruniform tragende Priester seinen Kameraden schenken! Tausende von Feldpostbriefen hat der Postbote im Laufe der Jahre in den Bischöflichen Hof getragen. Mit väterlicher Anteilnahme las er die zum Teil sehr langen und eingehenden Schilderungen aus dem Fronterleben seiner Priester, über ihre Freuden und Nöte, über ihre seelsorglichen Erfolge und Enttäuschungen. Er sammelte sie alle und bündelte sie, führte genau Buch über die eingelaufenen Briefe und die erfolgte Beantwortung. Zu den hohen Festtagen ging stets ein Rundbrief an seine geistlichen Söhne in der Ferne; sie erzählten von den Sorgen und Freuden der Heimat. Auch Priester anderer Diözesen, so wußte ein Kriegspfarrer zu berichten, waren erbaut ob des herzlichen Tones solcher Rundschreiben. Jedem einzelnen antwortete er, mit Worten der Mitfreude oder des Trostes, eingehend auf das Vielerlei seiner Erlebnisse. Geradezu ergreifend waren die Priestersoldatenbriefe aus den Weihnachtstagen an der russischen Front, wo das Geheimnis der Heiligen Nacht in Wahrheit im Stall von Bethlehem gefeiert wurde. Mit welcher Inbrunst beteten da die Soldaten in jenen Winternächten, im Herzen die Sehnsucht nach der Heimat, nach Vater und Mutter, nach Frau und Kind! Diese Zeugnisse aus schwerer Zeit sind am 10. Oktober 1943 bei der Zerstörung des Bischöflichen Hofes mit untergegangen. Es kamen neue Briefe. Der Bischof begann von neuem, sie zu sammeln und Listen anzulegen. Es war rührend zu sehen: in dem großen Nachlaß der Briefe des Kardinals, die sich in geräumigen Kartons befanden, waren nur die Briefe seiner Priestersoldaten in chronologischer Folge geordnet und säuberlich gebündelt. Ja, für sie hatte er Zeit, ihnen fühlte er sich verbunden und verpflichtet, die in Kälte und Hitze, in Entbehrung und Todesgefahr den verlorenen Söhnen als gute Hirten nachgingen, das Wort Gottes verkündeten, die inmitten der sittlichen Gefahren als Jünger Christi allen Kameraden Vorbild und Beispiel zu sein berufen waren. Er betete für sie, daß sie, an Leib und Seele gesund, den Tag der Heimkehr erlebten. In der Heimat warteten ja so viele auf sie. Mancher hat draußen den Tod gefunden, nicht nur von seinen Angehörigen betrauert, sondern von allen, denen er Seelsorger gewesen. Man könnte sie aufzählen, die jungen, hoffnungsvollen Priester, die nach menschlichem Ermessen noch Großes für das Reich Gottes geleistet hätten. Nicht wenige kamen geschwächt zurück, vielleicht krank für das ganze Leben; einige verloren den Arm, das Bein, und ihr Weg ist wahrlich ein Kreuzweg geworden. Für ein ruchloses System haben sie sich geopfert, so möchte man meinen. Nein, nicht für dieses, sondern in Kameradschaft und echter Verbundenheit mit der Heimat, Gottes und der unsterblichen Seelen wegen. Sie haben den Krieg gehaßt, aber das Opfer bejaht und gewollt, vielleicht geliebt. So dachte der Bischof über den Einsatz der Priester im Kriege und derer, die heute noch in den Gefangenenlagern den Soldatenrock tragen.

Konveniat

Es entsprach dem Ernst, der Gemütstiefe seines Temperamentes, der Strenge und Zartheit seines Gewissens, kurz, seinem bischöflichen Verantwortungsbewußtsein, als Ideal für seine Priester die kompromißlose Disziplin, das Streben nach Vollkommenheit, das Sichverzehren in seelsorglicher Hirtenliebe anzusehen und zu fordern. Wie er aber selbst bei all dem Mensch blieb, wie er in natürlicher Selbstverständlichkeit der Erholung und dem Frohsinn ihre Rechte einräumte, so wünschte er es bei jedem Priester. Jedoch Freude der Priester unter ihresgleichen, in der Form der althergebrachten, konfraternellen Geselligkeit des allwöchentlichen Konveniats. Dieses hat er sehr geliebt, nicht nur als Großstadtseelsorger in Berlin, sondern auch als Bischof, weil er um die unschätzbaren Werte solcher Ausspannung, um die Notwendigkeit dieses frohen Atemholens wußte. Wie schön waren die Abendstunden auf der Firmungsreise gelegentlich im Kreis der Priester einer Gemeinde! Wie heiter ging es da zu, wie herzlich und erfrischend konnte der Bischof erzählen, wie witzig und schlagfertig in die Runde sprechen, besonders wenn ein Original — auch unter Priestern soll es ja solche geben — vorhanden war, das dann bald Zielpunkt des Frohsinns wurde, aber selbst strahlend mitscherzte und das auf seine Kosten erfolgende Lachen gern den anderen gönnte. In solchen Stunden offenbarte der Bischof den kindlich-volkstümlichen Mutterwitz unverbildeter Menschen, diese beste Schutzwehr gegen Seelenverderbnis. Menschen dieser Art, sagt Julius Langbehn, haben etwas von Naturgewächsen an sich; sie lassen Wahrheiten fallen wie der Baum den reifen Apfel; in unbewußter Weisheit reden sie kurz und bündig wie in Stein gehauen.

Ratgeber und Freunde

Das Konveniat des Domkapitels am Sonntagabend hat er nie versäumt. Ja, damals lebten sie noch, die im Laufe der Jahre starben: Surmann, Gieben, van de Loo, Emmerich, Diekamp, Donders, Meis. Man braucht nur ihre Namen aufzuzählen, und man erinnert sich, was ihre Namen besagen, bei den meisten von ihnen das Programm eines Menschenlebens. Mit ihnen allen verband den Bischof Treue und Gesinnungsgemeinschaft in der schweren Kampfzeit, jene wohltuende Eintracht im Verfolgen der großen gemeinsamen Ziele. Gewiß, das Verhältnis zu den einzelnen war verschiedenartig; es wechselte zwischen vornehmer Zurückhaltung und Hochschätzung, zwischen Verehrung und tiefer priesterlicher Freundschaft. Am Sonntagabend erschienen sie, im Turnus wechselnd, in einer Domkurie zum Konveniat. Wenn der immer schweigsame, nur fein zuhörende Dogmatikprofessor Diekamp gegen 10 Uhr sich zum Aufbruch rüsten wollte, hielt der Bischof ihn lächelnd zurück: „Eine Zigarre können wir uns wohl noch anstecken; der Generalvikar ist ja heute abend nicht da; da darf es etwas länger dauern." Der Generalvikar hielt es mit „Frühzubett" und Frühaufstehen und war in seiner Regel unerbittlich.

Neben dem Generalvikar ist der Regens des Priesterseminars die bedeutsamste Persönlichkeit, die dem Bischof in der Leitung einer Diözese zur Seite steht. Wie wichtig es war, daß Regens Francken, dessen Klugheit und Urteilskraft, dessen staunenswerte Gedächtnistreue, dessen hervorragende Führungseigenschaften er seit den ersten Priesterjahren der Berliner Zeit schätzen gelernt hatte, fast alle Sonntagnachmittage zu ihm in den Bischöflichen Hof kam, mit dem er dann in freundschaftlicher Vertrautheit über Verhältnisse in der Diözese und Personalfragen sprechen konnte, das vermag jeder zu ermessen, der nur eine kleine Vorstellung von den Aufgaben hat, die mit der Regierung einer Diözese solchen Ausmaßes sowie der verantwortungsvollen Betreuung von über 1500 Diözesanpriestern gegeben sind. Regens Francken hat seit 1908 an führender Stelle im Priesterseminar die Kandidaten die Stufen des Heiligtums emporgeführt. Welch eine Stütze war für den Bischof ein solcher Regens, der das uneingeschränkte Vertrauen wohl aller Priester, die zu seinen Füßen gesessen, sich erwerben konnte! Mit ihm ging der Bischof an hellen Sonntagnachmittagen durch den Garten und Park. Gelegentlich stellte sich auch Domkapitular Krapp ein, der ehemalige Klassenkamerad vom Vechtaer Gymnasium. Es steht uns nicht zu, den noch Lebenden hohes Lob zu spenden, aber es wäre Unrecht, in diesem Zusammenhang der großen Verdienste unseres Weihbischofs Roleff nicht zu gedenken. In selbstloser Hingabe und rastloser Bereitschaft, in vornehmer Zurückhaltung stand er als starke Stütze dem großen Bischof zur Seite.

Unermüdlich fuhr er durch das weite Bistum; überall in seltener Frische und Herzlichkeit das Wort Gottes verkündend, bei jedermann gleich beliebt, in sonnig froher Art die Menschen erfreuend und in rührendem und tiefem Mitgefühl die Leidenden tröstend. Übermenschliches an Kraft leistete er in den langen Monaten der Sedisvakanz nach dem Tode des Kardinals.

Eine Reihe von Priestern gab es, denen der Bischof menschlich besonders zugetan war. Man konnte beobachten, wie er allen, die einmal seine Studiengenossen oder Mitkapläne gewesen waren, die als Kapläne ihm unterstanden hatten, die Treue hielt, wie er gern von ihnen erzählte und ihre guten Eigenschaften neidlos herausstellte. Wenn sie erschienen, lachte er herzlich, legte seine schweren Hände und Arme ihnen auf die Schultern. Wie gern plauderte er dann mit ihnen über das schöne Vergangene, das nicht wiederkehrt.

Pessimisten und dunkle Nacht

Man wird fragen: Gab es auch Priester, die dem Bischof nur korrekt, vielleicht mit herber Zurückhaltung oder sogar Kälte begegneten? Den einen oder anderen wird es gegeben haben. Welcher Berufsstand ist völlig frei von den ewigen Besserwissern, die in Nervosität, Kritiksucht und charakterlicher Verdrehtheit an allem herumnörgeln. Es sind Menschen, die nie in ihrem Leben zu herzhaftem Schwung und Tun haben ausholen können. Die geborenen Nörgler fallen sich selbst am meisten zur Last, und darum verdienen sie als Kranke unser Mitleid. Gott sei Dank, ihre Zahl unter den Priestern war so gering, daß man in Verlegenheit käme, müßte man sie aufzählen. Unseres Wissens ist nirgendwo ein politischer „Judas" tätig gewesen. Darum war ja der Gestapobeamte D. in Münster so ärgerlich, daß er keinen V-Mann für die Bespitzelung des Bischofs finden konnte (S. 195; Bd. II, S. 45). Vielleicht gibt es heute oder in Zukunft solche, die mit bedächtigem Augenaufschlag und erhobenem Zeigefinger erklären, der Bischof würde im Sommer 1941 besser daran getan haben, wenn er damals nicht drei, sondern vier Predigten gehalten hätte; das wäre noch wirksamer gewesen. Nein, Nörgler oder Verräter haben dem Bischof damals keinen Kummer bereitet, im Gegenteil, wie haben die Priester landauf, landab, in Städten und Dörfern die scharfen Predigten von 1941 verbreitet und von der Kanzel verlesen! Dazu gehörte wahrhaftig Mut. Für die hl. Kirche, in unverbrüchlicher Verbundenheit mit dem Bischof haben sie es getan. Er hatte Kerker und Tod nicht gefürchtet. Sie wollten ihm ähnlich werden. Treue um Treue. Es hat den Bischof zu Tränen gerührt.

Und doch, bei aller Freude, die ihm in solchen Taborstunden geschenkt wurde, es kamen auch Tage, da er den dunklen Weg über den Bach Zedron auf den Ölberg gehen mußte. Unter den 12 Aposteln gab es einen Judas. Gott ließ es in der Heilsgeschichte zu. Die Kirchengeschichte hat es erleben müssen, und das ist der tiefste Schmerz, daß dem ersten Judas andere gefolgt sind. Dem Bischof blieb auch das nicht erspart. Es war das schwerste Kreuz seines Bischofslebens, wenn einer seiner Priester als Abtrünniger hinging wie Judas in die dunkle Nacht, — das Dunkel mehr liebte als das Licht. Tagelang ging er — ich war einmal Zeuge — gedrückt einher; alles andere konnte er überwinden und nach außen vor den Augen der Mitmenschen abstreifen, aber diesen Schmerz vermochte er nicht zu verbergen. Wie hat er gebetet, gelitten, geopfert für den armen Verirrten!

WERKE DES HASSES

Kalte Taktik

Unter den Waffen, die der Nationalsozialismus im Kampf gegen Christentum und Kirche gebrauchte, war die Tarnung wohl die gefährlichste. Sie kam zur Anwendung, wenn nach dem Urteil der maßgeblichen Führer die eigene Stellung einen Kampf mit offenem Visier nicht tunlich erscheinen ließ. An diesem Prinzip hielt das Dritte Reich bis zu seinem Untergang fest, wenngleich dessen praktische Durchführung fast nur in den ersten Monaten der Gründerzeit genau beobachtet wurde. So geschah es, daß viele guten Glaubens durch den Beitritt zu allen möglichen Organisationen sich äußerlich oder zum Teil auch innerlich an die Ideologien der neuen Weltanschauung binden ließen. Das Christentum, so tröstete man sich, stand ja nicht in Gefahr; im Gegenteil. Man sah und hörte, wie bei der Trierer Heiligtumsfahrt 1933 die SA Ordnungsdienste leistete. Selbst der dortige Bischof war auf Lichtbildern in Begleitung von Hoheitsträgern seines Gaues zu sehen. Am Vorabend des Weihetages des Bischofs von Münster Ende Oktober 1933 schritt der damalige Dompropst Donders mit Parteiführern durch die weiten Hallen des Domes, um im einzelnen auszumachen, wo die Formationen der SA und SS bei der Feier am besten Aufstellung nehmen könnten. Die große Täuschung der

Hölle, wie der Bischof im Osterhirtenbrief 1934 schrieb, war im Gange. Sobald er sich stärker fühlte, lockerte der Nazismus seine Maske, stieß nach einem raffinierten Rezept hundert Meter tief in die kirchliche Front vor, um sich dann — der Täuschung wegen — zwanzig Meter zurückzuziehen, indem er solches Einbrechen den angeblich überhitzten Unterführern in die Schuhe schob und so vor den Augen der vielen Einfältigen die Wogen der Entrüstung propagandistisch wieder glättete. Dann folgten je nach Gunst der Umstände und Zeit weitere Vorstöße von hundert Metern, und man vermochte leicht auszurechnen, wie aus achtzig Metern Fronteinbruch die hundertsechzig und zweihundervierzig Meter wurden. Propaganda und Terror sahen ihr eigentliches Ziel darin, die Ideen und Ideale des Christentums niederzutrampeln, sie den Volksgenossen förmlich wegzureißen oder zu verleiden. Zu diesem Zwecke wurden kirchliche Institutionen in großer Zahl, wie Vereine, Presse, Bekenntnisschule kurzerhand ausgelöscht. Daneben richtete man sein Hauptaugenmerk darauf, die einflußreiche Stellung der katholischen Geistlichkeit zu unterminieren, die Autorität, Achtung und Verehrung, die Priester, Bischöfe und Ordensleute weithin in unserem Vaterland genossen, zu untergraben. Man suchte die Hirten als Verbrecher und Nichtstuer anzuprangern, sie der öffentlichen Lächerlichkeit preiszugeben, um ihnen die Herde abspenstig zu machen und diese zu sich herüberzuziehen. Es hatte Zeiten gegeben wie den Kulturkampf, da nahm man der Herde die Hirten; jetzt wollte man, das war viel schlimmer, den Hirten die Herde nehmen. Die Sittlichkeitsprozesse 1936 bildeten im Zuge solchen Vorgehens propagandistisch den Höhepunkt; die Bilder und Artikel im „Stürmer" und „Schwarzen Korps" waren die allwöchentliche Propagandaspeise. Trotz allem inneren Widerstand und Ingrimm in den Herzen der Getreuen konnten die für die Kirche nachteiligen Folgen nicht ausbleiben. Wir erinnern uns, daß man in der Öffentlichkeit, auf Bahnhöfen und in Wartesälen den katholischen Geistlichen mit Reserve zu begegnen anfing, teils mit haßerfüllten Augen, teils mit einer Art von Mitleid. Das wußte die NS-Führung zu notieren und in Schulungskursen oder in dem für Unterführer bestimmten Schrifttum hohnlachend und siegestrunken als Grundlage für tiefer gehende, radikalere Aktionen zu propagieren.

So folgte die Periode, da verhetzte Menschen die Stirn hatten, Priester und Ordensleute auf offener Straße anzurempeln. Selbst in Gegenden mit überwiegend katholischer Bevölkerung konnte es geschehen, daß halbwüchsige Burschen dem Geistlichen das Spottlied „Heidewitzka, Herr Kaplan, der Katechismus geht uns nichts mehr an" nachgröhlten. Es war dann Temperamentssache, ob man solchen Flegeln die schallende moralische Ohrfeige gleich verabreichte oder, alles ignorierend, seines Weges weiterging. Mit dem 11-Uhr-Abendzug fuhr damals ein Geistlicher die Strecke Hamm—Münster. Der Wagen war, der Aufteilung einer Straßenbahn ähnlich, übersichtlich und mit nur wenigen Fahrgästen besetzt. Drei ein wenig angetrunkene Jünglinge, etwas über die Zwanzig alt, stiegen ein. Der Anblick des Geistlichen reizte sie. Ihre Gespräche wurden immer lauter und frecher. Sie sangen das Spottlied auf den Bischof von Münster. Der Geistliche sprang auf, fuhr die Unverschämten an und verbat es sich, wie Freiwild behandelt zu werden. Das hatten sie nicht erwartet; sie stotterten Ausreden, auch dem herbeigebetenen Bahnbeamten gegenüber, der ihre Personalien bahnpolizeilich feststellen lassen wollte. Auf dem Bahnsteig in Münster trafen sie mit Kameraden, die anderen Abteilen entstiegen, zusammen, in deren Mitte sich ein uniformierter Hoheitsträger befand. Schnurstracks trat der Geistliche vor diesen hin, berichtete den Tatbestand und gab in gleicher Tonstärke wie zuvor seiner Entrüstung über das unverschämte Benehmen der anscheinend ihm Unterstellten Ausdruck. Es war schon so: der unmittelbare harte Gegenstoß allein konnte solchen Horden imponieren.

Um die Zeit, da die Synagogen in Deutschland brannten, im November 1938, als SA und SS in den mit bestürzt dreinschauenden Menschen angefüllten Straßen „Ordnungsdienste" taten und man sich in die Wochen der Revolution und des Reichstagsbrandes zurückversetzt glaubte, — da drangen in Süddeutschland braune Kolonnen in die Wohnungen der Bischöfe und Kardinäle. Man denke an die schmachvollen Geschehnisse in Wien, München und Rottenburg! Man scheute sich nicht, johlend und lärmend in die ehrwürdigen Höfe und Räume, bis in die Kapellen einzubrechen, Paramente, Bischofskreuze und -kleidung zu beschmutzen, zu zerreißen, zu verbrennen. So weit war es: der Mob erlebte seine Stunde. In jenen Wochen rechneten die Bewohner des Bischöflichen Hofes in Münster mit ähnlichen Szenen. Wie leicht konnte man im Schutz der Dunkelheit am Stadtrand ortsfremde Elemente aus Lastwagen ausladen und sie zum nächtlichen Sturm auf das Palais loslassen. Allen Ernstes haben die damals im Bischöflichen Hof wohnenden Geistlichen, der aus Oldenburg vertriebene Offizial Vorwerk, der in einem Seitenflügel wohnende Generalvikariatsrat Ricking und der bischöfliche Kaplan über eventuell zu treffende Vorsichtsmaßnahmen nachgedacht: Alarmvorrichtungen, geheime telefonische Sonderverbindung mit der Pastorat von Überwasser, da in einem Ernstfall mit dem Durchschneiden der vorhandenen normalen Leitungen zu rechnen war. An das Absingen des Spottliedes auf den Bischof um die mitternächtliche Stunde hatte man sich schon beinahe gewöhnt. Alle Beschwerden und Proteste verliefen im Sande. Die Klinke am eisernen Tor des Vorhofes war wiederholt abgeschlagen und erneuert worden. Schließlich wurde auf eine Wiederherstellung verzichtet.

Sein Haus wird gesteinigt

Am Samstag, dem 10. Dezember 1938, in der frühen Morgenstunde gegen 5 Uhr wurde ich plötzlich aufgeweckt. Schwere Steine sausten gegen die Außenmauer meines Schlafzimmers im linken Seitenflügel. Dann scharfe Würfe gegen die Fenster am Schlaf- und Wohnzimmer. Die Scheiben klirrten, die inneren Blendladen flogen zum Teil auseinander. Zwischen Traum und Wirklichkeit folgte man den Sekunden. Wieder neue Steinwürfe. Dann völlige Ruhe. Notdürftig bekleidet ging ich bei Licht aus meinen Zimmern, deren Boden mit Glassplittern bedeckt war, in Flur und Treppenhaus. Eine Stunde später hörte ich in der Kapelle aus dem Munde des Bischofs, daß die ersten Steinwürfe Scheiben an seinem Arbeitszimmer und im Erdgeschoß zertrümmert hätten. Er fügte lächelnd hinzu, solange wir noch keinen Stein an den Kopf bekämen, müßten wir zufrieden sein und Ruhe bewahren. Gegen 8 Uhr rief ich im Polizeipräsidium an und teilte den Tatbestand mit, den der Kriminalrat als Vertreter des Polizeipräsidenten nicht ohne sichtliche Bestürzung entgegennahm. Gleichzeitig verwies ich auf den sich immer wiederholenden mitternächtlichen Lärm und das Absingen des Spottliedes; ich betonte, man müsse den Eindruck haben, daß jeder Protest sinnlos sei und von Seiten der Polizei kein Wert darauf gelegt werde, die Dinge abzustellen. Wenige Minuten später erschien ein Kriminalbeamter, ein sehr braver Katholik, dessen Söhne damals noch im Jugendbund Neudeutschland mitmachten. Er zählte die zertrümmerten Scheiben und die Steine; dann machte er Notizen. Der Bischof, den ich inzwischen über die innere Einstellung des Beamten unterrichtet hatte, gab seiner tiefen Entrüstung Ausdruck und gebrauchte dabei sehr scharfe und sarkastische Worte gegen die Polizei, die sich ja geradezu lächerlich mache. Im gleichen Zusammenhang verwies er auf die Ohnmacht und das Versagen der Polizei in der Verfolgung der Räuber am Telgter Gnadenbild. Der Beamte nickte traurigen Blickes zu jedem Wort des Bischofs seine Zustimmung und versprach, diese Erklärungen genau an seine Vorgesetzten weiterzugeben. Kurz darauf rief im Auftrage des Polizeipräsidenten ein Kriminalrat an, sprach dessen tiefstes Bedauern aus, erfragte Einzelheiten über die mitternächtlichen Szenen, stellte verstärkten Streifendienst der Polizei in Aussicht und bat, im Wiederholungsfall gleich das Überfallkommando anzurufen. Dompropst Donders begab sich in Begleitung zweier Pfarrer der Stadt zum Polizeipräsidenten, der eine sofortige Untersuchung des Falles und schärfste Bestrafung der Täter zusagte. Es unterblieb daraufhin die in Aussicht genommene, von der Partei und Polizei so gefürchtete Kanzelerklärung am folgenden Sonntagmorgen.

Das Ereignis hatte sich schnell in der Stadt herumgesprochen. Als erste erschienen die Marktbesucher im Vorhof, dann die Vertreter der älteren Generation, welche die 10-Uhr-Messe im Dom besucht hatten. Sie sahen die Löcher in den Fenstern, auf dem Boden die Glassplitter und Steine. Auf allen Gesichtern las man gleichermaßen Erschütterung und Entrüstung. Inzwischen rückten die Glaser mit ihren langen Leitern an, und so erhielt das Ereignis auch die Note der Sensation. Der dem Bischof gemachte Vorschlag, die zerbrochenen Scheiben vorerst demonstrativ durch Holz oder Pappdeckel zu ersetzen, wurde mit einem Lächeln und der Bemerkung quittiert: „Wir wollen sie nicht weiter reizen; sie ziehen ja doch den Kürzeren." Tags darauf, am Sonntag nachmittag, erschienen viele brave Leute aus der Umgebung Münsters. Man wurde unwillkürlich an

eine Szene erinnert, die sich etwa 6 Jahrzehnte vorher, im Kulturkampf, an der gleichen Stelle abspielte. In Schürmanns Buch über
den Bekennerbischof Johann Bernard Brinckmann heißt es auf
S. 10 ff. etwa folgendermaßen:

Am 23. Februar 1874, gegen 9 Uhr vormittags erschien am Bischöflichen Hof
der Gerichtsvollzieher mit zwei Dienstmännern und einem Aktuar des Gerichts,
um die gepfändeten Möbel des „unbotmäßigen Oberhirten" abzuholen und zu
versteigern. Gegen den Protest des Bischofs begann man, die Möbel aus dem Haus
auf den Vorhof zu schaffen. Eine große Menschenmenge sammelte sich an. „Jeder
Stuhl und jeder Sessel wurde mit lautem Hurra von den Zuschauern in Empfang
genommen." Gegen 10 Uhr, als der Vorhof schon voller Möbel stand, geschah
aber folgendes: es war am Morgen äußerst schwer gewesen, für solcherlei Arbeit
die erforderlichen Dienstmänner zu dingen; alle hatten, da sie nichts Gutes
ahnten, sich geweigert; nur diese zwei hatten sich täuschen lassen; da gegen
10 Uhr erschien die Frau des einen: „Mein Gott, Franz, was fängst du denn hier
an? Du miserabler Kerl! Willst du denn deinen Glauben verleugnen? Du brauchst
mir nicht wieder ins Haus zu kommen, wenn du noch mit einem Finger die Sachen
des Bischofs anrührst." Das schlug ein: „Lisette, schweig still, ich gehe mit, ich
tu's nicht mehr." Sprachs, zog seinen Rock an, wischte sich den Schweiß von der
Stirn und zog mit seiner Ehehälfte von dannen. „Franz warte, ich gehe mit",
rief jetzt sein Kamerad, der am die Predigt der Lisette ebenfalls Eindruck gemacht hatte, „ich will auch mit der Arbeit nichts mehr zu tun haben." Mit
donnerndem Bravo wurden die beiden Flüchtlinge von den Zuschauern auf dem
Domplatz empfangen. Der Auktionator war ratlos. In der 10-Uhr-Pause strömten die Gymnasiasten in hellen Scharen zum Schauplatz der köstlichen Sensation.
Während die Kleineren am Gitter emporkletterten, fielen die Größeren über die
Möbel her, um sie ins Haus zu tragen; dafür mußten sie später von der Schule
aus „brummen". Der Auktionator wurde noch ratloser. Er suchte weiter nach
Hilfe. Da ging plötzlich ein stämmiger Israelit vorbei, dem er 6 Mark für even-
tuelle Hilfeleistung anbot. Doch nur eine abwehrende Handbewegung war die
Antwort mit einem grinsenden „Gott bewahre!" Ganz hilflos erklärte nun der
Auktionator, die Auktion sei einstweilen aufgehoben. Da erscholl ein home-
risches Gelächter, ein Hoch- und Hurrarufen. Tausend Hände regten sich, die
Möbel ins Palais zurückzuschaffen. „Vier Personen trugen einen Stuhl, sechs junge
Burschen hatten einen großen Tisch erfaßt, ihn bei den Beinen in die Höhe ge-
hoben und trugen ihn hoch über sich ins Haus, während einer mitten darunter
ging, seine Mütze schwang und tolle Sprünge machte. Die Frauen standen zur
Seite und weinten und lachten zu gleicher Zeit, während einige unter ihnen,
vornehmere Damen, es sich nicht nehmen ließen, wenigstens an den Füßen eines
Tisches oder Sessels mit anzufassen, der von den Männern hineingetragen
wurde."

Soweit der ehemalige bischöfliche Kaplan Schürmann über jene
Begebenheit, die als Einblendung in unsere Tage nachdenklich
stimmt. Wie ehrlich und offen, im Namen des Gesetzes und
bei Tageslicht vor aller Augen rollte damals das Kampfgeschehen
ab! Noch irgendwie mit dem wohltuenden Akzent des Ritterlichen versehen! Die Denkweise jener Zeit ist in der Tat

nicht zu vergleichen mit einem SS-Staat, dessen Wesensmerkmale Nacht, Nebel, Maske, Hinterhalt und Brutalität gewesen sind.

Wenige Tage nach jenem Samstag fuhr der Bischof in die Pfarreien von Osterfeld im Dekanat Sterkrade auf Firmungsreise. Polizeibeamte bewachten, vor allem bei Nacht, die Pastorat, begleiteten das Bischofsauto auf allen Fahrten von Kirche zu Kirche, von Schule zu Schule; anscheinend wollte man eine Wiederholung der Szene von Münster im Keime ersticken. An den Umfassungsmauern der Schulhöfe, an Eisenbahnbrücken las man in großen Schmierbuchstaben: „Clemens August, du bist hier unerwünscht!" Zum Teil hatte man das nächtliche Unkraut des bösen Feindes in Weizen verwandelt, in die Worte: „Clemens August, sehr erwünscht!" Das stärkte und erheiterte die Getreuen. In der Pankratiuskirche zu Osterfeld fand eine gewaltige Jugendkundgebung statt. Darüber heißt es in meinem Tagebuch: „Der Weg zur Pastorat zurück war stürmisch bewegt; wir konnten kaum den Bischof schützen vor den begeistert nachdrängenden, Heil rufenden Jungen und Mädchen. Sehr oft mußte sich der Bischof in der Haustür zeigen, die mit dem Vorgarten und den Fenstern in bunten Kerzen und Ampellichtern festlich erstrahlte, immer wieder stürmisch begrüßt von der katholischen Jugend." Das war eine der Antworten auf die schmähliche Tat der dunklen Elemente in Münster. Dompropst Donders sandte einen Zeitungsausschnitt nach Osterfeld, der über den jugendlichen Unfug des Scheibeneinwurfs an verschiedenen Telefonzellen und an einem Pfarrheim berichtete. Vom Bischöflichen Hof war wohlweislich nicht die Rede. Das Ziel der Zweckmeldung war eindeutig: Ablenkung und Verharmlosung der als so unerquicklich empfundenen Palais-Szene. Man wollte es also in Münster auf politischweltanschaulichem Gebiet nicht zu weit treiben; das war für uns positiv zu buchen.

Etwa eine Woche nach dem Vorfall erschien ein höherer Kriminalbeamter, der im Namen des Gauleiters und Oberpräsidenten Dr. Meyer bat, Strafantrag gegen Unbekannt zu stellen, was auch geschah. Bei dieser Gelegenheit gab der Bischof sehr offen seiner Entrüstung Ausdruck. Der Kriminalbeamte erklärte, zwei der vermutlichen Täter seien bereits am Vormittag verhaftet worden. Im Laufe der Zeit hörte man, es handle sich um SS-Männer. Nachdem der Staatsanwalt, der Ober- und auch der Generalstaatsanwalt sich mit der Angelegenheit befaßt hatten, wurde sie ans Justizministerium weitergeleitet. Dann brach der Krieg aus, und die Täter, deren Namen nicht bekannt wurden, fielen unter die Amnestie. Der gute katholische Kriminalbeamte wußte es schon vorher besser, wenn er sagte: „Denen wird nie ein Haar gekrümmt werden." Seit jenem Samstag ist der Bischöfliche Hof nicht mehr mit Steinen beworfen worden. Auch das nächtliche Singen ließ erheblich nach. Stärker war es in der Januarnacht 1939, da wenige Stunden vorher Rosenberg, zum Ehrenbürger der Stadt Münster ernannt, auf einer Großkundgebung gesprochen hatte. Wie insgeheim in Erfahrung gebracht werden konnte, waren alle Gliederungen der Partei schärfstens angewiesen worden, solchem Treiben entgegenzuwirken. Man band sich wieder eine Maske vor. Der Boden war für alle NS-Ideale noch nicht hinreichend aufgelockert, und der Krieg stand vor der Tür; man hatte andere Sorgen.

Nächtlicher Besuch im Juni 1892

Zum Abschluß dieses Kapitels ein Geschichtchen über einen ganz andersartigen Angriff auf den Bischöflichen Hof viele Jahrzehnte vorher. Graf Franz von Galen, der Bruder des Kardinals, teilte mir im Juli 1947 folgendes mit: Beim Durchsehen alter Briefe fand ich heute einen Brief meiner Mutter an Clemens August nach Feldkirch am 8. Juni 1892. Er enthält einen Passus, der für die Diözesangeschichte festgehalten werden sollte. Meine Mutter schreibt: „In der Nacht vor Pfingsten gegen 1 Uhr wird der Bischof aus tiefem Schlaf geweckt durch eine dumpfe Stimme: ‚Bischof Hermann, wache auf! Ich bin gekommen, dich zu richten.' Er bemerkt dann, daß ein Mensch in seinem Wohnzimmer ist — die Tür stand offen — und dieser Eindringling kniet nieder, um laut die Mutter Gottes und alle Heiligen um Beistand anzurufen, damit er das Gericht gut vollstrecken könne. Der Bischof springt auf, macht die Tür zu und schließt ab. Darauf rappelt der Betreffende am Schloß und droht, daß Abschließen nur noch schlimmere Folgen haben werde. Ob er auch von Ermordung gesprochen hat, wird verschieden erzählt. Es geht dann herum und versucht, durch eine andere, ebenfalls schnell verschlossene Tür ins Schlafzimmer zu gelangen. Unterdessen hat der Bischof seine Diener wach- und herbeigeschellt, und diese führen den Narren auf den Domplatz, wo er sich auf die Stufen des Domportals hinsetzt und seine durch die eingeschlagenen Fensterscheiben blutigen Hände abwischt. Dann kam er noch zu ihnen zurück, um ihnen für den Bischof die Mitteilung aufzutragen, ,er habe sein Fastenalmosen richtig bezahlt'. Unterdessen waren dann auch Nachtwächter da, und der Mann wurde in Verwahr genommen, soll jetzt in der Irrenanstalt sein. Er war über das hohe Gitter des Vorhofes gestiegen, hatte die Glastür des

167

unteren Saales nach Zerschlagen einer Scheibe von innen geöffnet und so ohne Hindernis zum Bischof kommen können. Du kannst Dir denken, lieber Clemens, wie ganz Münster über diese Begebenheit aufgeregt war. Am Montag nach dem Hochamt haben die auf dem Domplatz Stehenden dem Bischof ‚Hoch' zugerufen und dgl., als er vom Dom nach Hause ging." — Soweit der Brief der Mutter an den kleinen Clemens August. Diese Geschichte, so schreibt Graf Franz von Galen zum Abschluß, war mir erinnerlich, aber nicht mehr in den Einzelheiten. Dasselbe dürfte bei vielen älteren Münsteranern der Fall sein.

DOMKAPITULARE IN DER VERBANNUNG

Drei dunkle Gestalten

Das Schutzfest des hl. Joseph am 4. Mai 1941, dem dritten Sonntag nach Ostern, war gefeiert. Der Bischof nahm an der Schlußandacht des Ewigen Gebetes in der Josephskirche teil. Um diese Stunde hielt ein Auto auf dem Überwasserkirchplatz. Ihm entstiegen einige Herren, von denen einer den Spiegelturm hinaufging und an der Tür der Kurie des Domkapitulars Vorwerk die Schelle zog. Die Tür wurde von der Haushälterin geöffnet. „Grüß Gott, könnte ich den Herrn Domkapitular sprechen?" — „Jawohl, bitte nehmen Sie hier Platz!" Der Domkapitular kam kurz darauf ins Besuchszimmer. Dann schellte es zum zweiten Mal. Zwei weitere Herren erschienen mit derselben Bitte. Gleichzeitig öffnete sich die Tür des Besuchszimmers, heraustrat der Domkapitular, sah die beiden Herren und sagte zur Haushälterin: „Das sind Gestapobeamte, ich bin verhaftet. Machen Sie bitte meinen Koffer fertig!" Die alte kränkliche Haushälterin zitterte an allen Gliedern. Die Beamten eröffneten ihr, eine sehr schwere Strafe würde sie treffen, wenn sie vor dem folgenden Mittag einem anderen Menschen diesen Vorgang zur Kenntnis brächte. Die telefonische Verbindung nach außen wurde sogleich unterbrochen. Eine halbe Stunde später verschwand der Domkapitular im Auto in Richtung Gutenbergstraße, wo das berüchtigte Gestapohaus lag. Auf einer Pritsche ruhte er, bis kurz vor Mitternacht zwei andere Beamte erschienen und ihn aufforderten, zu folgen. Sie stiegen in den Nachtzug nach Hamburg. Noch immer wußte der Domkapitular nicht um das Reiseziel, ob KZ, ob Ausweisung oder sonstige Verschleppung. Erst am anderen Vormittag, nach der Fahrt Hamburg-Schwerin, wurde ihm von der dortigen Gestapo mitgeteilt: Einweisung in die Stadt Brüel in Mecklenburg.

Um dieselbe Stunde fragte das Bischöfliche Generalvikariat bei der Stapoleitstelle in Münster an und erhielt dieselbe kurze Auskunft ohne Angabe von Gründen, die zu der Ausweisung geführt hätten. Am gleichen Tag fuhr der Bischof über Osnabrück ins Dekanat Damme in Oldenburg auf Firmungsreise. In Osnabrück unterbrach er die Fahrt, um den dortigen Bischof bzw. das Generalvikariat aufzusuchen. Es wurde ihm mitgeteilt, in Brüel, das zur Diözese Osnabrück gehöre, gebe es weder eine katholische Kirche noch Katholiken; eine Stunde Bahnfahrt sei Brüel von Schwerin entfernt, wo die nächsten katholischen Geistlichen erreichbar seien.

Im D-Zug nach Hamburg

Etliche Wochen später erhielt ich vom Bischof den Auftrag, den Domkapitular in Brüel aufzusuchen und ihn über die Schritte und Gegenmaßnahmen des Bischofs zu unterrichten. Soeben hatte ich am Vormittag des Fronleichnamsfestes (12. Juni) den 10.28 Uhr abfahrenden D-Zug bestiegen und in einem Abteil meinen Koffer untergebracht, als plötzlich in der Abteiltür der kurz zuvor ernannte Domkapitular Echelmeyer erschien. Noch eine Stunde vorher hatten wir dem Festhochamt im Dom beigewohnt. Er war guter Dinge. Nur fiel mir auf, daß er einen dunklen Zivilanzug trug. Ich vermutete, er würde als Diözesanpräses der Kolpingsfamilie vielleicht an einer Konferenz irgendwo in der Diaspora teilnehmen und aus diesem Grunde eine solch ungewöhnliche Kleidung gewählt haben. Wir standen nebeneinander im Gang des vollbesetzten Zuges. Als die Rede auf kirchenpolitische Dinge kam, raunte er mir in lateinischer Sprache ins Ohr: „Favete linguis — Gestapo!" Also schweigen! In einem günstigen Augenblick ließ ich mich näher über die Gefahr unterrichten. Es handelte sich um zwei Herren, um einen mittelgroßen, etwa 45jährigen, mit gut bürgerlichem, biedermeierartigem Gesichtsausdruck und einer gut duftenden Zigarre im Mund. Er unterhielt sich zeitweise angeregt mit uns, insbesondere mit Echelmeyer, als ob er dessen alter Bekannter wäre. Der andere war schmalgesichtig und hager, zurückhaltender und jünger, ganz nordischer SS-Typ. Der Diözesanpräses der Gesellenvereine, so dachte ich mir, hatte wohl mit diesen Herren gelegentlich zu tun gehabt, und ich ahnte weiter nichts Böses. Zwar fürchtete ich, es könnte meine Anmeldungskarte, die ich zwei Tage vorher nach Brüel geschickt hatte, in die Hände der Gestapo gefallen sein, diese Beamten über mein Vorhaben in Kenntnis gesetzt und bewogen haben, meinen Spuren zu folgen. Doch schon bald kam mir eine solche „Ursachenkette" unsinnig vor. Als Echelmeyer und ich eine Weile später in dem mittlerweile leerer gewordenen Abteil nebeneinander Platz gefunden hatten, ergab sich die Möglichkeit, mir dieses mitzuteilen: „Die beiden da bringen mich weg." Das traf mich wie ein Schlag vor den Kopf. „Und dabei bist Du so seelenruhig?" Er lächelte und berichtete weiter. Seit der Ausweisung Vorwerks habe auch er mit dem gleichen Geschick gerechnet. Von einem Herrn am Oberpräsidium sei ihm diesbezüglich eine vertrauliche Mitteilung gemacht worden. So habe er sich frühzeitig den dunklen Zivilanzug anfertigen lassen. „Schon um 7 Uhr heute morgen sah ich die beiden Kerle auf dem Domplatz auf und ab gehen. Nach Beendigung des Hochamtes sind sie dann bei mir im Haus erschienen, und unter Vorzeigen der Gestapomarke erklärten sie, es tue ihnen zwar leid, aber sie müßten mich ausweisen. Die Fahrkarten hätten sie schon, ich solle nur schnell meinen Koffer packen, dann könnten wir den 10-Uhr-Zug nach Hamburg benutzen, sonst müßten wir bis in die folgende Nacht hinein auf den nächsten Zug warten, und das sei für beide Teile unangenehm. Kurz darauf sind wir in dem bereitstehenden Auto zum Bahnhof gefahren, ganz unauffällig drückte man mir die Fahrkarte in die Hand, und gleich friedlichen Reisenden haben wir die Sperre durchschritten." — Wir schwiegen. So weit war es also gekommen; kein Mensch hier im Zuge ahnte die Gemeinheit des Spieles, das vor den Augen der Öffentlichkeit abrollte. Links und rechts neben der Abteiltür standen wie zufällig die beiden Gestapowachtposten, harmlos dreinschauend und die Pistole in der Tasche. Der Ältere war der berüchtigte D. In Roten-

burg, einer Stadt zwischen Bremen und Hamburg, stiegen die drei
aus. Die hohe Gestalt des Domkapitulars bewegte sich ruhig über
den Bahnsteig, flankiert von den Gestaposchergen. Es ging in die
vierjährige Verbannung in das Örtchen Vishö ... Mehr hatte er
bei der diesbezüglichen Mitteilung der Gestapo nicht verstehen
können. Auf der Landkarte im Gang des Zuges fand ich nach
längerem Suchen den Ort Visselhövede, etwa 30 km südöstlich
von Bremen. Gleich nach meiner Ankunft in Hamburg unterrichtete
ich auf dem Postwege den Bischof über das Erlebnis.
Am Domplatz in Münster hatte sich inzwischen, wie ich später
erfuhr, folgendes zugetragen. Von der Schwester des Domkapitulars
erhielt der nebenan wohnende Domrentmeister Finke Kenntnis
über die Anwesenheit der Gestapo. Gleich lief er zum Dompropst
und dann zum Bischof. Beide kamen sofort, ein Beweis mehr, daß
der Bischof in solcher Lage nicht zögerte, dem Feind ins Angesicht
zu widerstehen. Leider war es zu spät. Soeben verschwand das Auto
um die Ecke des Michaelisplatzes.

Brüel in Mecklenburg

Auf der Fahrt von Hamburg ins Mecklenburger Land saß ich mit
einer Familie, die Trauerkleidung trug, im gleichen Abteil. Der
Dialekt, den diese Leute sprachen, ließ die nordwestdeutsche Herkunft erkennen. Bei der Unterhaltung, an der ich mich beteiligte,
stellte sich — in wiederum eigenartiger Fügung — zum beider-
seitigen Erstaunen heraus, daß die Familie aus Oldenburg kam,
Vorwerk hieß und mit dem Domkapitular verwandt war. Sie fuhr
zur Beerdigung einer Angehörigen, die als Siedlerin in Mecklenburg
bei der Geburt des zweiten Kindes gestorben war. — Brüel erreichte
ich abends 8 Uhr. Dorthin also hatte man ihn gebracht, in eine
völlig unkatholische Umgebung. Wie ein Aussätziger sollte er
leben, von allen gemieden und mißtrauisch betrachtet; und sie alle
sollten seine Wächter sein. Im Hause der Ortsgruppenleitung hatte
man ihn auf einem Zimmer untergebracht. In der benachbarten
Gastwirtschaft, im Mecklenburger Hof, erhielt er seine Verpflegung.
Es dauerte nur wenige Tage, da hatte er bereits freundlichen Kon-
takt mit seinen Quartiersleuten, einem älteren, kinderlosen Ehe-
paar gefunden. Beide waren treue Bekenntnischristen; sie sorgte

172

eifrig für ihn; er war in der Wilhelminischen Epoche Schweriner Hofbäckermeister gewesen. Nicht weniger freundlich begegnete ihm tagtäglich die Gastwirtsfamilie Bremer im Mecklenburger Hof. Der äußerst entgegenkommende Bekenntnispfarrer starb leider bald darauf eines plötzlichen Todes. Das Gros der Bevölkerung zeigte sich anfänglich naturgemäß zurückhaltend oder mißtrauisch. Das wurde jedoch von Monat zu Monat, von Jahr zu Jahr besser, und zwar in demselben Tempo, wie die Kurve der Begeisterung für den Nationalsozialismus fiel. In jenen Junitagen 1941 konnte man es auf Spaziergängen erleben, wie Bauersleute, auf der Mähmaschine sitzend oder im Garten arbeitend, uns ganz selbstverständlich, ohne boshafte Gesinnung und Herausforderungsabsicht, mit „Heil Hitler" grüßten. Derlei war man vom Westen her nicht gewohnt. Im folgenden Januar 1942, da ich den Domkapitular zum zweiten Mal besuchte, war schon eine offensichtliche Besserung eingetreten. Dieselbe Feststellung konnten Regens Francken und Rat Ricking anläßlich ihrer Besuche machen. Im Herbst 1943 kommentierte der Domkapitular diese Entwicklung dahingehend, in seiner Gastwirtschaft werde öffentlich erklärt, in Brüel gebe es nur noch zwei Nazis, den Ortsgruppenleiter und einen anderen, der aber nicht normal sei.

Bald war der Domkapitular überall gern gesehen, bedauert und bewundert. Selbst Mangelware wie Schreibpapier stellte man in den einschlägigen Geschäften gern zur Verfügung. Da es, wie schon erwähnt, in Brüel keine Katholiken gab, feierte der Domkapitular allmorgendlich auf seinem Zimmer mit Hilfe eines Meßkoffers das hl. Opfer. Nur in einem begrenzten Umkreis durfte er Spaziergänge machen oder die Eisenbahn benutzen. Die Polizei hatte sein Tun und Lassen zu überwachen und der Gestapo in Schwerin Bericht zu erstatten. — Die Lage des Domkapitulars Echelmeyer in Visselhövede war insofern günstiger, als Besuche aus dem Westen ihn leichter erreichen konnten und einige Katholiken, wenn auch an den Fingern abzählbar, in einem Notraum sich zum Gottesdienst versammelten.

Wiederholt wurde im Laufe der Jahre von verschiedenster Seite versucht, die Rückkehr der beiden Domkapitulare zu erwirken. Alle Schritte jedoch waren vergeblich. Anläßlich der schweren Bombardierungen Münsters 1943—44, denen auch die Kurien Vorwerks

173

und Echelmeyers zum Opfer fielen, erhielten diese einige Tage Bombenurlaub. Eine Aufhebung der 1941 getroffenen Maßnahmen erfolgte jedoch nicht, auch nicht 1944—45, als den Führern des Dritten Reiches das Wasser bis zum Halse stand. Erst die Ankunft der Feinde schenkte ihnen die Freiheit.

Ohne Untersuchung und Gerichtsurteil hatte man die beiden Domkapitulare bei Nacht und Nebel fortgeschafft. Weil der Bischof, getreu dem Wortlaut des Konkordates, sie zu Domherren ernannt hatte, mußten sie, die der Regierung nicht genehm waren, in die Verbannung gehen. Sie erhielten die Strafe, die man dem Bischof zugedacht hatte, aber nicht zuzufügen wagte. Hätten sie, wie es des öfteren mit List und Drohung ihnen nahe gelegt wurde, auf ihr Amt verzichtet, dann wäre ihnen die Freiheit geschenkt worden. Die Treue zum Bischof aber war stärker als die Aussicht auf solche Freiheit. — Bezeichnend für die Methode der Gestapo ist, wie Vorwerk berichtet, folgendes Vorkommnis aus dem Jahre 1943: „Der Sachbearbeiter der Gestapo in Schwerin machte mir in einer Unterredung den Vorwurf, ich hätte in den zwei Jahren keine Annäherung an die NS-Weltanschauung gezeigt. Wenn ich mein Verhalten ändern würde, könnte ich viele Vorteile dadurch haben. Als ich ihm darauf antwortete, er solle sich ruhig alle diesbezüglichen Bemühungen sparen, ich sei katholisch und werde es auch bleiben, wurde er sehr liebenswürdig und bat mich, ich solle doch Vertrauen zur Gestapo haben, mein Mißtrauen, das ich geäußert, sei unbegründet. Zwei Tage später besuchte mich jemand, der sich als Spitzel der Gestapo vorstellte und sich nach der Unterredung erkundigte. Er erklärte, sofort nach der Unterredung habe der Sachbearbeiter ihn beauftragt, Material gegen mich zu beschaffen, damit man gegen mich vorgehen könne. Er habe zwar den Auftrag angenommen, aber er werde nichts gegen mich berichten. Er werde dadurch Schwierigkeiten bekommen, aber er wolle ja auch sein Amt los werden. Solche Gemeinheiten könne er nicht mitmachen."

SEINE GRÖSSTE STUNDE

Schreckensnächte

Die Ereignisse nahmen etwa diesen Verlauf. Samstag, den 5. Juli 1941. Ein milder Sommerabend lag über der Bischofsstadt. Die Sirenen sangen ihr unheimliches Lied. Aus der Ferne nahte das Surren der eisernen Riesenvögel. Die Menschen schauten in die anbrechende Nacht, arglos, wie wenn jene Ungeister der Luft die Stadt und ihre Bewohner weiterhin verschonen würden. Die Flak schoß, Bomben fielen auf das Hafenviertel und das Bahnpostgebäude. Noch immer standen Menschen draußen und vermochten den Bombenwurf vom Donner der Flak nicht zu unterscheiden. Erst am anderen Morgen, als bekannt wurde, daß der Zug nach Telgte nicht fahren konnte, wußte man um das Ausmaß der Verwüstung infolge dieses ersten größeren Luftangriffs auf Münster. Lange Prozessionen, zwar ohne wehende Fahnen und nicht nach Pfarreien geordnet — das war ja seit Kriegsbeginn verboten —, bewegten sich in früher Morgenstunde nach Telgte, als der Bischofswagen sich dem altehrwürdigen Gnadenort der Mutter Gottes näherte. Vor dem Kriege nahm der Bischof zu Fuß an der Prozession teil, die seit dreihundert Jahren am Feste Mariä Heimsuchung die Gläubigen der Stadt Münster nach Telgte führt. Während des Pontifikalamtes in der überfüllten Wallfahrtskirche verlas

175

der Bischof den gemeinsamen Hirtenbrief der deutschen Bischöfe gegen die Euthanasiemaßnahmen an Geisteskranken. Zur Verdeutlichung fügte er an gewissen Stellen längere Erklärungen hinzu. Es war der Auftakt zur großen Predigt über das 5. Gebot vier Wochen später. Am Nachmittag begab sich der Bischof zu Verwandten ins Sauerland, um an der Feier einer goldenen Hochzeit teilzunehmen. Dabei war das wohl seltene Ereignis zu verzeichnen, daß die Mutter der „goldenen Braut", Frau Baronin von Wendt, im Alter von 93 Jahren in körperlicher und geistiger Frische zugegen sein konnte.

In Münster folgten Nacht um Nacht weitere Luftangriffe. Nach Lübeck sollten anscheinend der westfälischen Provinzialhauptstadt die ersten großen Wunden geschlagen werden. Die Bomber nahten im Tiefflug über den im Vollmondschein liegenden spiegelhellen Aasee. Domplatz und Domkirche erhielten die ersten Treffer. Die Sonnenstraße brannte fast ganz nieder. Die Studentinnenburse wurde durch eine Luftmine niedergerissen und begrub unter sich auch eine Ordensschwester; das Kreuzviertel hatte den höchsten Tribut zu zahlen. Eine Panik ohnegleichen erfaßte die Menschen. Wilde Gerüchte liefen um, Flugblätter mit erschreckenden Ankündigungen über immer neue Luftangriffe seien von Feindflugzeugen abgeworfen worden. Fast die gesamte Bevölkerung verließ am Abend die Mauern der Stadt. Von schutzbietenden Kellern, geschweige Bunkern, konnte damals kaum die Rede sein. Man legte sich draußen in die warme Vollmondnacht außerhalb des vermutlichen „Flaksplittergürtels", hörte gegen 12 Uhr die Sirenen heulen, das Nahen der Flugzeuge, und dann sah man die Brände gegen den stillen Nachthimmel aufsteigen. Man eilte zurück in die Stadt, hinweg über Trichter und Blindgänger, um die eigene Wohnstatt zu erreichen und, wenn nötig, zu löschen oder zu retten. Eine in jenen Nächten auf den Dachboden des Bischöflichen Hofes gefallene Brandbombe konnte rechtzeitig gelöscht werden. Viele zogen mit ihren Koffern, Handkarren oder Fahrrädern in die Nachbarorte, fuhren in dichtbesetzten Autobussen nach draußen und blieben über eine Woche außerhalb der Stadt. Maueranschläge der Partei und Behörden riefen die Männer in die Betriebe zurück.

Am Donnerstag, dem 10. Juli, kehrte der Bischof aus dem Sauerland zurück, nachdem er schon zwei Tage zuvor telefonisch sich nach Einzelheiten der Fliegerschäden erkundigt hatte und ihm nahegelegt worden war, er möchte doch noch wenigstens einige Tage und Nächte außerhalb Münsters bleiben. Gleich nach seiner Ankunft suchte er die Hauptschadensstellen auf und tröstete mit herzlich väterlichen Worten die Leidtragenden. Als am Abend die Sirenen wieder zu heulen begannen, war er nicht zu bewegen, den Keller aufzusuchen. Das gelang erst nach den Erlebnissen vom 10. Oktober 1943. Die rein theoretische Einsicht, das konnte man auch hier beobachten, vermag uns Menschen bei weitem nicht so umzustimmen wie die praktische Erfahrung. In jener Nacht von Donnerstag auf Freitag erfolgte kein Angriff mehr, auch nicht in den folgenden Wochen. Die Panik blieb jedoch noch eine Reihe von Tagen.

Die Hand des Teufels

Jetzt griff der Satan in das Geschehen ein. Partei und Gestapo wurden die Trägerinnen eines folgenschweren Unternehmens. Selbst der überaus kluge und gewandte Gauleiter Meyer meinte, nun sei endlich die günstige Gelegenheit für den harten und erfolgreichen Schlag gegen die Kirche in seinem Gau gekommen. Die Gedanken und Pläne, die in jenen Tagen der Luftangriffe die Parteiführung zur Aktion trieben, treten uns vier Jahre später in den aufgefundenen Gauleiterbriefen ungeschminkt entgegen (vgl. Bd. I, S. 167). Mit Blindheit, einer Wesenseigenschaft des Teufels, hatte der Herr sie geschlagen. Sie vermeinten, den Bischof zu kennen; in Wahrheit aber kannten sie ihn bei weitem nicht. Mit der bitteren Erkenntnis über die Torheit der eigenen Tat kam die Schockwirkung, und diese blieb.

Am Samstagnachmittag, dem 12. Juli, erhielt der Bischof die Alarmnachricht von der Beschlagnahme der Jesuitenniederlassungen auf der Königstraße und in Haus Sentmaring. Trotz der großen Hitze begab er sich gleich in Begleitung des Regens Francken zu beiden Häusern, ertappte die Gestapo dabei, wie sie die Insassen aus ihrem klösterlichen Besitztum vertrieb, nannte sie und deren Auftraggeber Diebe und Räuber. Zum ersten Mal widerstand er den Kirchenverfolgern buchstäblich ins Angesicht hinein. Nicht, weil er den Kampf solcher Art Mann gegen Mann über alles liebte, tat er es. In tiefster Seele war er erschüttert, daß man die Jesuitenpatres, zu deren Füßen er als Schüler und Student in Feldkirch und Innsbruck gesessen, wie Heloten auf die Straße warf. In ihm, dem Gewissen und Verantwortung, Liebe und Treue keine leeren Worte waren, bäumte sich etwas auf; es brach wie ein Schwur aus ihm heraus: „Jetzt kann ich nicht mehr schweigen." Diese Worte sprach er auf dem Heimweg zum Bischöflichen Hof.

Ölbergsleiden

Als er zum Abendessen in das Speisezimmer kam, hatte er schon eine Stunde an der Schreibmaschine gesessen. Sich mit den Ellbogen auf den Tisch stützend, legte er den Kopf in beide Hände, und was er dann über die Vorgänge des Nachmittags sagte, war der Klageruf eines bis ins Tiefste erschütterten Menschen. Nie im Laufe der Jahre habe ich den Bischof so leiden sehen; nie vorher oder nachher hat er gestöhnt, — nur an jenem Abend. Dumpf und schwül legten sich die Stunden der Nacht auf den Bischöflichen Hof. Türen und Fenster waren weit geöffnet, man hörte nur das langsame Klappern der Schreibmaschine, dazwischen das langgezogene Husten und Räuspern des Bischofs. Einmal erhob er sich und ging nach oben auf den Boden, wo der Diener B. Rüsenberg und ich wegen des drohenden Gewitters mit der Abdichtung des Daches beschäftigt waren. Halb scherzhaft sagte er, wir sollten doch vorsichtig sein, damit wir nicht abstürzten, und wir sollten zum Schutzengel beten. Langsamen Schrittes, in der Hand die lange Pfeife, kehrte er auf sein Zimmer zurück. In dieser Nacht schrieb er die Worte, die ihn und seine Stadt Münster in der Welt zu einem Begriff gemacht haben. Er war der festen Überzeugung, daß die Feinde der Kirche bald seinem Leben hier auf Erden ein Ende setzen würden. Dem Tode ins Auge schauend, ging er den Weg des Gewissens und der Treue, völlig bereit, aus Gottes Händen die Gnade des Martertodes entgegenzunehmen. Am Tag der Bischofsweihe war ihm als Zeichen der Vermählung mit seinem Bistum der goldene Ring überreicht worden. Der Ring sollte niemals zerbrechen, so hatte er damals gelobt. Der gute Hirt gibt sein Leben für seine Schafe. Priester seiner Diözese schmachteten in den Kellern und Lagern der Gestapo oder, aus der Heimat ausgewiesen, irgendwo in der Einsamkeit.

Für sie schrieb er in jener Nacht die Worte der Gerechtigkeit, für seine beiden Domkapitulare Vorwerk und Echelmeyer, für den Religionslehrer Friedrichs und die vielen anderen. Etwas von der Kraft und Glut der alten Lehnstreue, möchte man sagen, stieg ihm heiß in der Seele auf, als er die Worte niederschrieb: „. . . daß ich der Gesellschaft Jesu, meinen Lehrern, Erziehern und Freunden bis zum letzten Atemzuge in Liebe und Dankbarkeit verbunden bleiben werde"; etwas vom Edelsinn und Kampfesmut mittelalterlichen Rittertums, dessen heiliges Ideal es war, mit starkem Arm den Schwachen Schutz zu gewähren, wurde in ihm lebendig angesichts der feigen Schamlosigkeit, mit der man wehrlose Ordensleute ihrer Habe und Wohnstätten beraubte. Große Männer der Kirche und der deutschen Geschichte schauten ihn an. Er sah ihren Weg, wie von Blitzen der Sommernacht hell überstrahlt. Es war auch sein Weg.

Die erste Predigt

Jener Nacht folgte ein warmer Sommermorgen. In der Nervenklinik, in der allein noch wenige Kranke zurückgeblieben waren, feierte ich das hl. Opfer. In den Straßen der Stadt sah man keinen Menschen. Irgendwo in seiner Werkstatt klopfte ein Schuhmacher, das Radio spielte dazu, eine Katze lief über den Weg. Sonst unheimliche Stille überall. Gegen 10.30 Uhr kam der Bischof eilenden Schrittes an mein Zimmer und sagte, es sei Zeit. Eine seltsame Unruhe hatte ihn befallen. Man spürte, wie er diese zu überdecken oder abzuschütteln suchte. Auf dem Weg zur Lambertikirche sprach er über die Gewohnheit lange mit jugendlichen Passanten, ebenso mit den Meßdienern in der Sakristei. Sobald der Priester zum hl. Opfer an den Altar geschritten war, folgte ihm der Bischof aufs Chor, kniete dort einige Minuten lang auf dem Boden nieder, und dann ging er langsam und schwer den Weg zur Kanzel. Wie manches Mal hatte er auf ihr als Pfarrer von St. Lamberti gestanden! Heute wurde sie für ihn der Ölberg. In den ersten Sätzen, die er sprach, zitterte all das mit, was an seelischer Qual und Not in der vergangenen Nacht ihn bedrückt hatte, — die nahe persönliche Zukunft, die Bilder von Polizeigefängnis, Gestapokeller und dem Gang auf das Schafott. Er mag gebetet haben, Gott möge solchen

Leidenskelch an ihm vorübergehen lassen, aber nur sein Wille solle geschehen. Zehn Sätze mochte er gesprochen haben, da umfing ihn eine wunderbare Kraft und Ruhe. Voll feierlicher Majestät stand diese hohe Bischofsgestalt da; wie mit Donnerstimme gesprochen, fielen die Worte in die Reihen der gebannt, teils zitternd, teils mit tränenfeuchten Augen aufschauenden Menschen. Protest, Empörung und gleichermaßen flammende Begeisterung wogten auf und nieder. Man muß von Zeit zu Zeit die Sätze jener Predigt wieder still für sich durchlesen, um die Größe und Weihe dieser Stunde nacherleben zu können. Die Predigt war zu Ende. Die hoheitsvolle Ruhe, Selbstsicherheit und kraftvolle Gelassenheit, die an jenem Sonntagmorgen in St. Lamberti dem Bischof aus Gottes Hand geschenkt wurden, haben ihn in der Folgezeit nicht wieder verlassen. Sie begleiteten alle Schritte und Taten des Bischofs in den folgenden Tagen und Wochen.

In der Sakristei wartete eine Schar von Geistlichen, die Zeuge der historischen Stunde gewesen, unter ihnen der Weihbischof und eine Reihe von Domkapitularen. Sie alle waren tiefbewegt vor Ergriffenheit und freudiger Begeisterung. Erschöpft und ein wenig lächelnd trank der Bischof ein Glas Wasser und verließ die Sakristei. Aus den ihn begleitenden Geistlichen fragte Domvikar Holling nach dem Manuskript, das ich jedoch in jenem Augenblick noch nicht auszuliefern wagte. Nach der Rückkehr in den Bischöflichen Hof gab der Bischof die Anweisung, beim voraussichtlichen Erscheinen der Gestapo solle ich ruhig das Manuskript hergeben, er habe irgendwo zwei Durchschläge untergebracht, die nicht in die Hände der Gestapo gelangen würden; darüber aber müsse geschwiegen werden. Die Gestapo erschien nicht. Sie hat die Schwelle des Bischöflichen Hofes nie überschritten.

Stunden danach

Am Abend nahm der Bischof an der Schlußandacht des Ewigen Gebetes in der Überwasserkirche teil. Ein furchtbares Gewitter mit prasselndem Regen ging währenddessen über der Stadt Münster nieder. Die dortigen Kapläne verlangten beharrlich nach dem Predigtexemplar. Einem von ihnen, der kurz darauf im Bischöflichen Hof erschien, überreichte ich das für die Gestapo vorgesehene Exempiar trotz der Folgen, die im Falle des Gestapobesuches zu erwarten waren. Drei Stunden später kehrte das Exemplar zurück, das noch in der folgenden Nacht von Domvikar Roth vervielfältigt wurde. Am folgenden Morgen erhielt es Pfarrer Uppenkamp, dessen Büro sogleich an die Arbeit ging. Von da ab läßt sich die „Generationenfolge über Enkel und Urenkel" dieser Predigt nicht mehr übersehen. Jedenfalls wurden schon am gleichen Montagabend Aktentaschen voll vom Caritasbüro auf die Eisenbahn in Marsch gesetzt, von dort wanderten sie in kleineren Mengen in die Postkästen verschiedener Städte Westfalens. Während Partei und Gestapo sich ihres vermeintlichen Sieges freuten, war das alles geschehen. Als sie aus dem Schlafe erwachten, war es zu spät; keine Gestapo vermochte die durch den gebrochenen Damm strömenden Fluten mehr aufzuhalten. Es war geschehen ohne vorherige Planung; Gott selbst hatte alles geheimnisvoll gefügt.

Proteste und Telegramme

Am Montagmorgen, gleich nach der hl. Messe, setzte der Bischof sich an die Schreibmaschine. Es entstanden die Telegramme an die Reichskanzlei (vgl. Bd. II, S. 177f.), an Hermann Göring, den preussischen Ministerpräsidenten, an den Kirchenminister, an den Justiz- und Innenminister, zuletzt an das Oberkommando der Wehrmacht. In kürzeren zeitlichen Abständen wurden sie zur Post gebracht. Das an Göring gerichtete Telegramm übergab der Bischof mit einem Lächeln; in diesem stand etwa folgender Satz: „Bei der Ihnen zur Verfügung stehenden Macht wird es für Sie ein leichtes sein, den von der Gestapo Verfolgten Recht und Hilfe zuteilwerden zu lassen." Der Bischof meinte, vielleicht vermöge hier die Macht der Eitelkeit auch einmal Gutes zu stiften. Göring jedoch antwortete erst im März 1942. Dieser Brief mitsamt der darauf folgenden Erwiderung des Bischofs befanden sich abschriftlich in dessen Brieftasche, als am 10. Oktober 1943 Palais und Generalvikariat durch Bomben vernichtet wurden. So konnten diese bedeutsamen Dokumente für die Nachwelt gerettet werden.

Am gleichen Montag noch begab sich der Bischof persönlich zum Regierungspräsidenten, der jedoch erklärte, er könne in die Maßnahmen der völlig selbständigen Gestapo nicht eingreifen; er ver-

sprach, die Beschwerden und Bitten sofort dem Oberpräsidenten Dr. Meyer vorzutragen. Als der Bischof die Nachricht erhielt, die Gestapo sei damit beschäftigt, das Lourdeskloster auf der Frauenstraße zu beschlagnahmen, ging er sofort dorthin. Der Leiter der Aktion, der berüchtigte Gestapobeamte D., fragte den Bischof, wer er sei. „Ich bin der Bischof von Münster, wenn Sie das nicht wissen sollten." — „Ja, Herr Bischof, wir müssen unseren Auftrag erledigen." — „Nette Arbeit, netter Auftrag das!" Er sprach mit den Schwestern. Wiederholt wurde er von D. aufgefordert, das Haus zu verlassen. Der Bischof erwiderte energisch: „Ich habe es hier zu sagen; ich gehe nicht eher, als ich fertig bin." Draußen rief die Menge: „Hier sind viele junge Männer. An die Front mit ihnen!" Die Gestapo wußte gleich, daß sie gemeint war, und suchte sich zu verteidigen, hier müsse auch gearbeitet werden. Gräfin Helene von Galen, eine Cousine des Bischofs, wurde verhaftet und in eine Zelle des Klosters gesperrt, aus der sie aber entweichen konnte. Das von denselben Schwestern bewohnte Kloster in Wilkinghege wurde gleichzeitig beschlagnahmt. Der Weihbischof ging zu Fuß den weiten Weg dorthin, um an Ort und Stelle im Namen des Bischofs gegen die Gewaltmaßnahmen zu protestieren und den armen Schwestern die menschenmögliche Hilfe zuteil werden zu lassen. Schon in der Frühe des Montags hatte man im Generalvikariat und im Bischöflichen Hof mit der Vervielfältigung der Predigt begonnen. Allen deutschen Oberhirten wurden Abschriften zugesandt, ebenso führenden Persönlichkeiten in der Wehrmacht, u. a. dem Generalfeldmarschall von Kluge, der damals eine Heeresgruppe an der Ostfront befehligte. Am Donnerstag, dem 17. Juli, erhielt der Bischof vom Reichsminister Dr. Lammers, dem Chef der Reichskanzlei, die kurze Antwort, er habe das bischöfliche Telegramm an Himmler weitergegeben. Entrüstet darüber, schrieb der Bischof einen langen Brief an Dr. Lammers, wohl das historisch bedeutsamste Dokument aus dem Kampf der Kirche gegen den Nationalsozialismus.
Am Freitag, dem 18. Juli, traf gegen Mittag ein Fernschreiben des OKW ein: Wehrmacht nicht zuständig. Der Bischof erhielt diese enttäuschende Antwort, bevor er das Palais verließ, um nach Osnabrück zu reisen. Er trug schlichte Priesterkleidung. Die Nachmittagssonne brannte heiß auf die Stadt Osnabrück nieder, als wir über

den damals noch nicht zerstörten Domplatz gingen und vom dortigen Bischof sowie dem dort weilenden, seines Klosters beraubten Abt von Gerleve empfangen wurden. Sogleich suchte der Bischof die aus Vinnenberg vertriebenen Benediktinerinnen auf, die in einem Osnabrücker Kloster sehr notdürftig Unterkunft gefunden hatten. Als er den Schwestern Worte väterlichen Trostes sagte, kamen dem tapferen Bischof die Tränen. Ich erhielt den Auftrag, von Osnabrück aus noch am gleichen Nachmittag über Vechta nach Dinklage in Oldenburg zu fahren, um auf der im Besitz der Familie von Galen befindlichen Burg Dinklage vorbereitende Maßnahmen für eine dortige Unterbringung der vertriebenen Benediktinerinnen treffen zu helfen. Die Übersiedlung konnte bald darauf erfolgen; zeitweise hat auch der Abt von Gerleve dort gewohnt.

Wieder auf der Kanzel

Am 20. Juli, eine Woche nach der ersten Predigt, stand der Bischof auf der Kanzel der Überwasserkirche. Die Gestapo hatte fortgefahren, Klöster zu beschlagnahmen. Daher der zweite Weheruf gegen die Kirchenverfolger, denen der Bischof nunmehr die Volksgemeinschaft aufkündigte. Er riß dem Nationalsozialismus die Maske weiter vom Gesicht, indem er dessen System und Praktiken mit aller Offenheit und Schärfe verurteilte und brandmarkte: „Deren Gott der Bauch ist", so wagte er über die NS-Führer zu sprechen. „Sie sind der Hammer, wir der Amboß, aber der Amboß ist härter als der Hammer." Solche Worte gab er den Gläubigen als heilige Kampfparole mit in den Werktag. Diese Worte waren prophetisch. Der Hammer ist zerschmettert, der Amboß geblieben. In jener Predigt nannte er in Ehrfurcht seinen ritterlichen Vater, „der meine Brüder und mich mit unerbittlichem Ernst . . . zu ritterlichem Schutz aller unschuldig Bedrängten . . . ermahnt, erzogen und angeleitet hat". Bis ins Tiefste erschüttert, sprach er solche Worte der Treueverpflichtung gegenüber dem katholischen Erbgut seiner ritterlichen Ahnen. Auf dem Heimweg von Überwasser zum Bischöflichen Hof sagte er zu dem ihn begleitenden Pfarrer Höping, er habe vor und während der Predigt oft an seinen seligen Vater denken müssen; wie manchen Sonntag habe dieser während des Hochamtes unter der Kanzel von Überwasser gekniet und den

Rosenkranz gebetet. Während er davon erzählte, kamen ihm, wie nicht anders zu erwarten war, die Tränen.

Die Gestapo drang nach genauer Planung weiter in die Klöster ein, bis am 30. Juli der Führerbefehl der Aktion ein Ende setzte (S. 189). Partei, Gestapo und Regierungsstellen bis in ihre höchsten Spitzen sahen sich in die Verteidigung gedrängt. Der Widerhall der Worte und Taten des Bischofs war gewaltig. Im nächsten Kapitel wird davon die Rede sein.

In den letzten Tagen des Juli, da Hitler, wie wir nach dem Kriege erfuhren, dem Klostersturm Einhalt gebot, begab sich aus der Heilanstalt Marienthal der Anstaltspfarrer Lackmann, ein Bruder der bekannten Schriftstellerin Frau Illa Andreae, insgeheim zum Bischof, um diesem zu eröffnen: der Abtransport von Geisteskranken zwecks Euthanasiemaßnahmen, auch aus der Heilanstalt Warstein im Sauerland, ist termingemäß festgelegt. Der Bischof setzte sich an den Schreibtisch. Von einem Juristen auf den § 139 des Strafgesetzbuches aufmerksam gemacht, erstattete er bei der Staatsanwaltschaft, dem Polizeipräsidenten und dem Landeshauptmann über das ihm zur Kenntnis gelangte bevorstehende Verbrechen pflichtgemäß Anzeige. Das Sichberufen auf § 139 des Strafgesetzbuches löste in den noch rechtlich denkenden Kreisen des Münsterschen Landgerichtes unbändige Freude aus. Die dortige Staatsanwaltschaft sowie Polizeipräsident und Landeshauptmann (letzterer Träger des Abtransportes der Geisteskranken) schwiegen sich aus und bestätigten nicht einmal den Empfang der Strafanzeige. (Im Dezember 1957 hat der Justizminister Dr. Amelunxen anläßlich der Einweihung des neuen Justizgebäudes in Münster für den „repräsentativsten Raum der Staatsanwaltschaft" eine Bronzeplastik überreicht und in seiner Ansprache erklärt: „Die Plastik stellt den im Jahre 1946 verewigten Kardinal von Galen dar, der in seinem heldenhaften Kampf für Recht und Freiheit furchtlos seinen Kopf riskierte.")

Als der Bischof die Strafanzeige erstattet hatte, schrieb er die Predigt über das 5. Gebot, eine Predigt, die nach dem Urteil des Propagandaministeriums den seit Jahrzehnten schärfsten Angriff gegen die Staatsführung darstellt. Am Morgen des 3. August stieg er auf die Kanzel. Noch nie war St. Lamberti so mit Menschen angefüllt gewesen. Wie ein prophetischer Klageruf gingen die

Worte des Bischofs aus jener historischen Stunde in alle Teile unseres armen, von verblendeten Menschen geknechteten Vaterlandes: „Jerusalem, Jerusalem, kein Stein wird in dir auf dem andern bleiben." (Noch im August 1941, so schrieben 1947 die Zeitungen, sind die Euthanasiemaßnahmen eingestellt worden, nachdem in den Monaten vorher 50 000—60 000 Menschen solchen Maßnahmen zum Opfer gefallen waren.) Am Tage darauf, dem 4. August, stand der Bischof auf der Kanzel der Benediktinerinnenkirche in Hamicolt (bei Dülmen) zum 50jährigen Jubiläum der Einführung des Ewigen Gebetes. Mit erhobener Rechten rief er den vielen, aus den Nachbarorten herbeigeströmten Gläubigen zu: „Wir werden nicht eher ruhen, als bis unsere Ordensleute in ihre Klöster zurückgekehrt sind; laßt es euch doch nicht gefallen, daß man eure lieben Schwestern aus ihren Häusern jagt!"

Am 7. August schrieb der Bischof seiner Nichte, der Clemensschwester Gonza in Recklinghausen, folgende Zeilen: „Besten Dank für Deinen Brief vom 4. August, besonders aber für Deine treue Gebetshilfe! Ich glaube nach allem, was ich von der Wirkung meiner letzten Predigten höre, daß wirklich die Liebe der Mutter Gottes vom Guten Rat den Heiligen Geist mit Erfolg gebeten hat, mir die rechten Gedanken in den Sinn und die rechten Worte auf die Zunge zu legen; denn ich weiß schon aus langer Erfahrung: das kann ich nicht immer und aus eigenem Antrieb. Es gibt Zeiten, wo ich so stumpf in Gedanken und so unberedt in Worten bin, daß ich besser schweige. Und dann gibt der liebe Gott mir mal von Zeit zu Zeit, wenn Er es für nötig erkennt, Gedanken und Worte, die irgendwie nützen. Aber wir wollen allen Erfolg ruhig Gott überlassen und froh und dankbar sein, wenn wir uns für ihn plagen dürfen . . . Gott Dank, ich habe den Eindruck, daß jetzt doch vielen die Augen aufgehen und daß sich über den Kreis der eifrigen Katholiken hinaus eine Front der ‚anständigen Menschen' zu bilden anfängt, die gewiß keine Revolution macht, aber doch den ‚Amboß' stützt und verstärken hilft, von dem ich am 20. Juli in Überwasser gesprochen habe . . ."

DER WIDERHALL

Sie nahmen ihren Weg

Die drei Predigten waren wie ein Fanal. Nur Tage hat es gedauert, da waren sie über die Gaue unseres Vaterlandes förmlich dahingeflogen, in Exemplaren von Hand zu Hand, in Abschriften von Schreibmaschine zu Schreibmaschine. Nur Wochen hat es gedauert, da wurden sie von unseren Soldaten in den Steppen Rußlands und der Wüste Afrikas gelesen. Nicht nur kirchlich gesinnte Kreise hatten den Schwung und Mut, die Predigten zu vervielfältigen und durch die Maschen der Kontrollen und Denunzierungen weiterzureichen, auch andere. Büros in Fabriken, Zechen, Wehrmachtdienststellen, Landgerichten und selbst Parteibüros wurden dieserhalb insgeheim und zur Nachtzeit in Anspruch genommen. Vertreter der Industrie, schrieb ein Dechant, hatten die Predigten meist früher als die Geistlichen. Einem Kaplan dauerte das „Durchschläge machen" zu lange. Er holte sich einen Parteigenossen herbei; dieser half, die Matrizen zu tippen und die Kurbel zu drehen. Wie „frische Semmel" wanderten dann die Predigten in die Gemeinde und in die Postkästen, oder Geschäftsreisende ließen sie „zufällig" in den Abteilen der Eisenbahn liegen. Wo die Schreibmaschine fehlte, verteilten sich die Familienmitglieder mit Feder oder Bleistift auf die vier Tischkanten, und nach einigen Stunden hatte man ein eigenes Exemplar. Nicht selten vergrub man Exemplare wie einen kostbaren Schatz, um sie dem Zugriff der Gestapo zu entziehen.

Der Bischof von Osnabrück, Dr. Berning, erzählte damals bei Tisch (ich habe es gleich in einer Tagebuchnotiz festgehalten), eine gut gekleidete katholische Dame sei mit ihrem Töchterchen in den Räumlichkeiten eines Berliner Bahnhofs von einer Aufwartefrau mit „Heil Hitler" gegrüßt worden. Sie habe diesen Gruß ostentativ nicht erwidert, worauf ein Leuchten über das Gesicht der Aufwartefrau gegangen sei: „Ah, Sie gehören auch zu uns. Wissen Sie schon das Neueste? Haben Sie schon die Predigten des Bischofs von Münster gelesen? Hier ist eine, aber vorsichtig." — Generalpräses Wolker ließ auf einer Präsideskonferenz verlauten, die Münchener Straßenbahnschaffner und Taxifahrer pflegten sich an ihre Fahrgäste mit der Frage zu wenden: „Wissen's schoan' s Neueste?", worauf prompt geantwortet werde: „Freili, dös mit die Predigten." Auch ins Ausland, ins feindliche und neutrale, gelangten Predigtexemplare. Daß der Bischof dieses weder verursacht, gewünscht noch gebilligt hat, weiß jeder, der ihn gekannt hat. Nur Wochen hat es gedauert, da sprach ein Rundfunksprecher den Text der Predigten fast Sonntag um Sonntag herüber über den Ozean, da wirbelten sie in Millionen von Exemplaren als Flugblätter auf deutsche Städte und Landschaften nieder.

Eine Sammlung von Briefen

Wenige Tage nach der ersten Predigt brachte der Postbote die ersten Dankesschreiben in den Bischöflichen Hof. „Sie haben die Ehre der Kirche gerettet. Nun mag kommen, was will", schrieben Jungmänner aus dem Bistum Limburg. „Für jedes Wort danke ich Ihnen als junger Deutscher; die deutsche Geschichte wird einmal würdigen, was Sie zu retten suchten", so heißt es in einem Brief aus Straubing. So heißt es . . ., so heißt es . . . in Briefen aus Leipzig, Hamburg, Köln, Wien, Stuttgart, Breslau, Berlin, Kassel, Braunschweig, Düsseldorf, München, Ingolstadt. So schrieben schlichte Leute, Studienräte, Ärzte und Ärztinnen, evangelische Pfarrer und Superintendenten, einfache Soldaten und Offiziere. Ein höherer Offizier schrieb: „Aus dem fernen Osten im September kommt diese Stimme zu Ihnen . . . Sie sind der einzigste Mann in Deutschland, Herr Bischof . . . Trotzdem ich evangelisch bin, fühle ich doch mit Ihnen . . ."
Der Dompropst Lichtenberg von St. Hedwig in Berlin, der später wegen eines Gebetes für die verfolgten Juden ins Gefängnis geschleppt wurde und auf dem Transport ins Konzentrationslager starb, schickte seine Visitenkarte mit den Worten: „Am Vorabend von Petri Kettenfeier, 1. 8. 1941, fühle ich mich gedrängt, dem Hochwürdigsten Bischof von Münster den Ring zu küssen." — Der ehemalige Reichsbankpräsident Dr. Schacht und Oberst Mölders,

der bekannteste Jagdflieger im 2. Weltkrieg, brachten ihre Sympathie durch Mittelspersonen zum Ausdruck. — Der handgeschriebene Brief der großen nichtkatholischen Schriftstellerin Ricarda Huch in Jena hat folgenden Wortlaut: „Wenn ich, Ihnen fremd, Ihre Aufmerksamkeit für einen Augenblick in Anspruch nehme, so tue ich es, um Ihnen Dank und Verehrung auszusprechen. Erfahren zu müssen, daß unserem Volk das Rechtsgefühl zu fehlen scheint, war wohl das bitterste, was die letzten Jahre uns gebracht haben. Die dadurch verdüsterte Stimmung erhellte sich, als Sie, Hochverehrter Herr Bischof, dem triumphierenden Unrecht sich entgegenstellten und öffentlich für die Verunrechteten eintraten. Das Bewußtsein, den Forderungen des Gewissens genug getan zu haben, ist mehr wert als Beifall der Menschen. Nicht um Sie zu stärken, schreibe ich Ihnen, sondern weil ich annehme, es sei Ihnen erfreulich zu wissen, daß es viele gibt, die sich Ihnen von ganzem Herzen verbunden fühlen. Ich bitte Sie, mich als die Stimme der vielen zu betrachten, die Ihnen ergeben sind." — Die katholische Dichterin und Künstlerin Ruth Schaumann sandte aus München ein Bild mit der Unterschrift „Jesus weint über Jerusalem", eine eigens geschaffene tiefsinnige Illustration jener Mahnworte in der dritten Predigt.

Von August 1941 bis Mai 1942 liefen Hunderte von Karten, Briefen und Schriftstücken ein. „Hier haben Sie wieder etwas für das ‚Märchenbuch' ", pflegte der Bischof mit zufriedenem Lächeln und einem Anflug von Selbstironie zu sagen, wenn er mir auf dem Weg zum Speisezimmer die eingelaufenen Zuschriften gab. Die Originale und die an verschiedenen Stellen verborgen gehaltenen Abschriften fielen weder den Bomben noch der Gestapo zum Opfer. Sie sind wie eine Fülle bunter Steine, wie ein dokumentarisches Mosaikbild, in dem die Ideale von Millionen guter Deutscher in grauenvoller Zeit aufleuchten.

Gauleiter Meyer

Am 13. Juli, dem Sonntag der ersten großen Predigt, hätte am Nachmittag und Abend der Teufel, menschlich gedacht, dem Bischof sogleich den Todesstoß versetzen können: sofortige Verhaftung, Beschlagnahme des Predigtexemplars und am Abend über alle Sender die Nachricht von der Unerhörtheit einer solchen

Predigt mit den geläufigen „Zitaten", Fälschungen, Verdrehungen, Entstellungen. Die bösen Geister aber schliefen an jenem Sonntag. Die Predigt hatte mit einer Wucht und Überraschung eingeschlagen, daß der Parteiführung und Gestapo Hören und Sehen verging. Gauleiter Dr. Meyer war stets ein Rätsel. Er konnte schweigen und sich tarnen. Darin lag seine Gefährlichkeit. Bei einer Gelegenheit soll er geäußert haben, an der vaterländischen Gesinnung des Grafen von Galen sei nicht zu zweifeln, der lasse sich eher ein Bein abschlagen, als daß er sein Vaterland verrate. Hatte Dr. Meyer diese Gesinnung des Bischofs bei seiner Aktion gegen die Klöster miteinkalkuliert und sich gesagt, der Bischof werde schon um der geschlossenen Front im Kriege willen schweigen, wenn auch mit knirschenden Zähnen? Und die täglichen Siegesmeldungen aus dem Osten, wo erst einige Wochen der Krieg gegen Rußland im Gange war? Waren sie nicht eine willkommene Begleitmusik beim Sturm auf die Klöster? Hier lagen wohl Dr. Meyers große Rechenfehler. Seine damaligen Schreiben an Berliner Stellen wurden nach dem Kriege gefunden. Oberregierungsrat Barbrock (Oberpräsidium Münster) hat in rechtzeitiger Erkenntnis ihres historischen Wertes für ihre Sicherstellung Sorge getragen und mir diese abschriftlich zur Verfügung gestellt. Es fällt auf, daß die Reihe der Briefe erst mit dem 1. August 1941 beginnt. Warum hat der Gauleiter und Oberpräsident nicht schon früher nach Berlin berichtet? Am 30. Juli erging an ihn wie an alle deutschen Gauleiter der Führerbefehl, jede Aktion gegen Kirchengut sofort einzustellen. In dem Schreiben Bormanns aus dem Führerhauptquartier heißt es: „Selbständige Maßnahmen der Gauleiter dürfen auch dann unter keinen Umständen stattfinden, wenn besondere Umstände in Einzelfällen dringend eine Inanspruchnahme kirchlichen oder klösterlichen Besitzes auf Grund der gesetzlichen Vorschriften erfordern. Hält ein Gauleiter im besonderen Falle die Voraussetzungen für gegeben, muß zunächst dem Führer zu meinen Händen Bericht erstattet werden." Betroffen mußte sich Gauleiter Meyer nun an den Schreibtisch setzen, um sich gegenüber Berlin zu rechtfertigen. Er schrieb: „. . . Der Partei aber wird es in steigendem Maße gelingen, der Bevölkerung zu beweisen, daß die durchgeführten Maßnahmen lediglich im Interesse der Obdachlosen getroffen worden sind" (vgl. Bd. I, S. 175). Er suchte seine eigenen Hände rein zu waschen und die Reichsstellen, die die Euthanasiemaßnahmen angeordnet hatten, die „Sündenböcke" sein zu lassen. In fast allen Briefen betont er, die „Klöstergeschichte" bewege die Gemüter kaum, desto mehr aber die Tötung der Geisteskranken. Recht hilflos muten seine Vorschläge an: man müsse den Bischof festsetzen und bekanntgeben, daß jeder Geistliche, der in Zukunft noch die Predigten verlese, ins Konzentrationslager komme; vielleicht könne man auch den Papst einschalten; das lasse sich allerdings schlecht mit der Würde des Nationalsozialismus vereinbaren; dem Bischof würde auch dadurch eine zu große Ehre erwiesen; zudem würde eine Ablehnung durch den Papst eine unerfreuliche Lage heraufbeschwören. Es bleibe nur die Möglichkeit der Verhaftung. Sie müsse mit größter Vorsicht erfolgen, im Augenblick großer Siegesnachrichten, die geeignet seien, den Fall des Bischofs von Galen zu überschatten (Bd. I, S. 183). Wörtlich heißt es in einem Schreiben an Reichsleiter Bormann: „Die Autorität von Partei und Staat verlangt m. E. gebieterisch, daß gegen den Bischof eingeschritten wird." (Über Bd. I und Bd. II vgl. Quellennachweis.)

Goebbels und Hitler

Reichsleiter Bormann hielt es für gut, Meyer zu Goebbels zu schicken. Am 22. August kam es zwischen den beiden zu einer Besprechung. Die Meyerschen Argumente machten auf Goebbels ebensowenig wie die Tießlerschen vom 12. August, von denen noch die Rede sein wird, hinreichend Eindruck. Man müsse vorerst, so meinte Goebbels, das Verhalten des Bischofs weiter beobachten, um die Schuldfrage noch klarer herausstellen zu können. Dr. Meyer fuhr verärgert wieder nach Hause und beobachtete weiter. Einige Tage später schrieb er an Bormann, im ganzen Gaugebiet und auch im Rheinland sei man für die Verhaftung. Auch das machte in Berlin nicht den gewünschten Eindruck.

Mit welcher Wucht die Predigten in Berlin eingeschlagen hatten, beweisen Aktenstücke, die nach dem Kriege in einer Ausweich- und Aufbewahrungsstelle des Propagandaministeriums aufgefunden wurden. Am 25. Juni 1945 wurden sie einem Jesuitenpater überreicht. Anläßlich der Fuldaer Bischofskonferenz im August

1945 erhielt Bischof Clemens August aus der Hand des Berliner Bischofs die historischen Dokumente über die damaligen Beratungen im Propagandaministerium und in der Parteikanzlei (Bd. I, S. 189—196). Seit Jahrzehnten, so heißt es, seien derartige Angriffe gegen die Staatsführung nicht mehr erfolgt. Hitler beauftragte Bormann mit der Überprüfung der in Münster getroffenen Maßnahmen. Man riet hin und her über das Für und Wider einer großangelegten „Aufklärung" des Volkes über die vom Staate angeordnete Tötung „unwerten" Menschenlebens. Hitler wollte, daß die Tarnung der Euthanasiemaßnahmen blieb. (Tatsächlich wurden, wie oben S. 185 gesagt, noch im August die Euthanasiemaßnahmen eingestellt.) Infolgedessen war die Propaganda nicht in der Lage, dem Bischof in diesem Punkte entgegenzutreten. Man zerbrach sich den Kopf über eine mildere oder schärfere Art der Bestrafung des Bischofs. Man fürchtete im Falle einer Strafaktion die ungünstigen Folgen des „Martyriums", im Falle eines Nichtvorgehens weitere Stimmungseinbrüche nicht nur beim katholischen, sondern auch beim evangelischen Volksteil. Im Propagandaministerium plädierte Tießler für die sofortige Erhängung des Bischofs. Am 12. August schrieb er: „. . . Ich schlage vor, daß in diesem Falle die einzigste Maßnahme, die propagandistisch und strafrechtlich ergriffen werden kann, durchgeführt wird, daß nämlich der Bischof von Münster erhängt wird. Mit dieser Maßnahme ist zu verbinden eine allgemeine Bekanntgabe der durchgeführten Todesstrafe sowie eine eingehende Begründung."

Was sagte Dr. Goebbels, der Reichsminister für Volksaufklärung und Propaganda? Das hat derselbe Tießler einen Tag später, am 13. August, als Vorlage für Reichsleiter Bormann niedergeschrieben: „Dr. Goebbels sprach nach der Ministerkonferenz mit mir wegen der Predigt des Bischofs von Münster. Er wisse nicht, was man im Augenblick Wirksames tun könnte. Ich erklärte ihm, daß es im Augenblick . . . nur ein wirksames Mittel gäbe, nämlich den Bischof aufzuhängen . . . Dr. Goebbels sagte daraufhin, daß dies eine Maßnahme sei, die nur der Führer selbst entscheiden könne. Er befürchte allerdings, daß, wenn etwas gegen den Bischof unternommen würde, die Bevölkerung Münsters während des Krieges abzuschreiben sei. Dazu könne man ruhig noch ganz Westfalen nehmen . . . Er ging danach darauf ein, daß es seines

Erachtens richtiger gewesen wäre, während des Krieges die Kirchen nicht herauszufordern, sondern zu versuchen, sie in unserem Sinne so weit wie möglich zu steuern . . . Man dürfe einen Gegner immer erst angreifen, wenn man bei einem entschiedenen Gegenangriff des Gegners auch entsprechend antworten könne. . . . Man dürfe eine Rache nie heiß genießen, sondern kalt. In der Politik müsse man warten können, der Führer habe dies ja im Fall Rußland wieder klar und deutlich gezeigt . . . Nach dem Kriege aber hätte der Führer bei der Bekanntgabe der großen sozialen Maßnahmen mit angekündigt, daß das gesamte Eigentum der Kirchen nunmehr dem deutschen Volk gehört . . ." Soweit der Bericht Tießlers (Bd. I, S. 194—196).

Wie Goebbels, der trotz Meyers Bitten nicht nach Münster fuhr, so dachte auch Hitler. In seiner Rede vom 9. November 1941 erklärte er: „Sollte aber irgendeiner ernstlich bei uns hoffen, unsere Front stören zu können, ganz gleich, woher er stammt, aus welchem Lager er kommt, so — Sie kennen meine Methode — sehe ich dem immer eine gewisse Zeitlang zu. Das ist die Bewährungsfrist. Aber dann kommt der Augenblick, an dem ich blitzartig zuschlage und das sehr schnell beseitige. Und dann hilft alle Tarnung nichts, auch nicht die Tarnung mit der Religion" (Bd. I, S. 93).

Das war das offizielle Echo der Bischofspredigten im Führerhauptquartier, im Munde des damaligen Staatsoberhauptes, vorsichtig und dunkel abgefaßt. Bezeichnenderweise — vermutlich, um sich nicht festzulegen, und mit Rücksicht auf die Volksstimmung — nannte Hitler keinen Namen, nicht einmal das Wort „Bischof". Er ging den Mittelweg zwischen Totschweigetaktik und Stellungnahme. Nicht alle Zeitungsleser haben damals gleich gemerkt, daß diese dunkle Drohung dem Bischof von Münster galt. Das blitzartige Zuschlagen ist ausgeblieben, obwohl der Bischof, ohne sich einschüchtern zu lassen, seinen geraden Weg weiterging. Man denke nur an die Erklärungen des Bischöflichen Generalvikariates (Bd. I, S. 204) zehn Tage nach der Hitlerrede. Man denke an die Bischofspredigt vom 1. Februar 1942 (Bd. I, S. 211). In dieser Predigt verbittet es sich der Bischof, auch im Namen aller Katholiken, als Staatsfeind beschimpft zu werden. Gegen eine Anzahl von Parteigrößen, die seine Ehre öffentlich anzugreifen sich erdreistet hätten, habe er Strafanzeige erstattet. Noch in keinem Fall sei ein Strafverfahren eröffnet worden. Er fragte, ob denn die Ehre eines deutschen Mannes, wenn er Katholik, wenn er deutscher Bischof sei, nicht mehr den Schutz der deutschen Gerichte finde. Die ihn angreifenden Parteistellen weist er mit erhobener Stimme hin auf Hitlers Worte in „Mein Kampf", nach denen jeder, der eine gegebene Gefahr im Staate kenne und die Möglichkeit einer Abhilfe sehe, die „verdammte Pflicht und Schuldigkeit" besitze, vor aller Öffentlichkeit gegen das Übel aufzutreten, sonst sei dieser ein pflichtvergessener Schwächling und Feigling. Das war des Bischofs Antwort auf Hitlers Sätze vom 9. November 1941. Er schlug Hitler mit dessen eigenen Worten. Von furchtsamer Einhaltung der „Bewährungsfrist" kann da nicht die Rede sein.

Die Mikrokopien

In dem Durcheinander einer Aufbewahrungsstelle von Geheimakten des Propagandaministeriums fand nach dem Zusammenbruch ein Ingenieur ein kleines Kästchen mit einer Reihe von Filmblättern, die oben am Rand die Aufschrift trugen: „RMVP Kirchenreferat / Geh. Archiv / Graf v. Galen / Bischof v. Münster." Es handelt sich um 17 Filmblätter (à 9 × 12 cm), die mehr noch als die schon genannten Aktenfunde erkennen lassen, wie die Dinge hinter den Kulissen abgerollt sind. Jedes Filmblatt enthält 32 Rechtecke und jedes Rechteck eine photographierte Aktenseite, so klein (1,5 × 2 cm), daß das Lesen nur mit einer Lupe möglich ist. Insgesamt sind es 544 (17 × 32) photographierte Aktenseiten. In der Nacht zum 28. Oktober 1946, dem Jahrestag der Bischofsweihe des verewigten Kardinals, kam der wertvolle Fund über die Zonengrenze nach Münster. Das Entziffern und Lesen der Mikrokopien dauerte mehrere Wochen. Aus ihnen entstand der Band II („Dokumente um den Bischof von Münster"). Die Akten sind förmlich übersät mit Randnotizen und Originalunterschriften.

Partei, Gestapo, Polizeipräsidium

Abgesehen von jenem Passus in der Hitlerrede vom 9. November 1941, wurde das, was Meyer, Bormann, Goebbels und Hitler damals dachten und taten, erst nach dem Kriege bekannt. Am Domplatz in Münster hatte man nach der ersten Predigt mit sofortigen Gegenschlägen gerechnet. Sie blieben aus, weil von Berlin keine Anweisungen kamen. In den ersten Tagen und Wochen nach den Predigten herrschte im Münsterschen Lager der Partei und Gestapo eine unheimliche Stille. Dann allmählich setzte die Flüsterpropaganda ein: Haarsträubende Lügen über Rundfunksendeanlagen in Klöstern, über Blinkzeichen aus Klostermauern beim Herannahen feindlicher Flugzeuge, über einen im Schornstein des Bischöflichen Hofes gefundenen Geheimsender. Eine Welle von Protestversammlungen der Partei lief durch das Rheinland und Ruhrgebiet bis an den Rand des Münsterlandes. Die Welle schlug anfänglich nicht sehr weit ins Münsterland, geschweige denn in die Umgebung Münsters. Am „Tatort" scheute man vorerst öffentliche Versammlungen. Auch Presseartikel erschienen zunächst nur in Gegenden mit weitem Abstand von Münster. In Kevelaer nannte ein Parteiredner den Bischof einen Landesverräter. Am Schluß der Versammlung ging ein Soldat der Luftwaffe durch den Saal nach vorn an den Herrentisch und sagte: „Herr Redner, Sie haben erklärt, Clemens August sei ein Landesverräter. Als Soldat verlange ich seine Verhaftung und Erschießung. Wollen Sie bitte unterschreiben, was Sie gesagt haben!" Der Soldat überreichte einen Zettel, auf dem geschrieben stand: „Clemens August ist ein Landesverräter." Der Redner wurde kreidebleich. Erst nach heftigem Zureden seitens des Kreisleiters und anderer „Goldfasane" unterschrieb er den Zettel. Dem schneidigen Auftreten des Soldaten folgte in Kevelaer ein herzliches Gelächter. Einen Monat später schrieb Dechant Holtmann von Kevelaer, dem Soldaten sei ein Söhnchen geboren, es sei auf den Namen Clemens August getauft worden.

Die Parteiredner hatten es nicht leicht. Das „Kochen der Volksseele" blieb aus. Selbst beim Fußvolk der Bewegung gerieten die Gemüter nicht in Wallung. Man spürte: da stimmt etwas nicht; der Bischof soll Landesverräter sein, und Berlin krümmt ihm kein

Haar. Gauleiter Meyer litt wohl, wie wir sahen, am meisten unter dieser Diskrepanz. Viele Parteigrößen suchten sich mit der Parole über die trostlose Lage hinwegzuhelfen, man solle nur abwarten, nach dem Kriege werde das Bistum Münster von der Landkarte wegradiert.

Was geschah in den Gemächern der Münsterschen Gestapo? Eine für das Stapobüro notdienstverpflichtete Stenotypistin, die oft versucht hatte, aus jener Hölle herauszukommen, gab darüber nach dem Kriege einen interessanten Bericht. Als der damalige Kommissar G. in jenen Wochen glaubte, er habe genügend Material gesammelt, gab er siegesfroh einen Bericht an das Reichssicherheitshauptamt in Berlin. Es kam eine Berliner Kommission, nahm die Sache persönlich in die Hand, reiste nach einigen Tagen wieder ab, und von Verhaftung war keine Rede. Also dasselbe Ergebnis wie im Falle Meyer-Goebbels. Im Haus der Gestapo wurde der Bischof stets „der Polterer" genannt. Er stand unter dauernder Postüberwachung. Es kursierte bei den Angestellten der Münsterschen Gestapo die kleine Geschichte, der Bischof habe in einem Brief an einen Bekannten — dieser Brief wurde von der Gestapo geöffnet — bemerkt: „Schon wieder erhielt ich einen Brief mit Stapoleim verschmiert." Nach dem Bericht der genannten Stenotypistin bekamen die Gestapobeamten bei Erwähnung des Bischofs förmliche Wutanfälle, weil sie fast hilflos der Verbreitung der Predigten zusehen mußten.

Schon bald — vermutlich im Auftrage der Gestapo — trat das Polizeipräsidium in Münster in Aktion. Seit April 1941 hatte der Bischof wiederholt zwecks einer Romreise den Ausreisesichtvermerk für seinen Personalpaß beantragt. Der Antrag war stets abschlägig behandelt worden. Am 13. August, also zehn Tage nach der dritten Predigt, erhielt der Bischof die schriftliche Nachricht, einer Reise nach Rom stehe nichts mehr im Wege. Tags zuvor wollte sich das Polizeipräsidium telephonisch mit dem Bischof in Verbindung setzen. Dieser aber erklärte, er könne sich von einer solchen Stelle nicht anrufen lassen; wenn man etwas von ihm wolle, solle man kommen oder schreiben. Auf den genannten schriftlichen Bescheid anwortete der Bischof, er danke für die Ausreiseerlaubnis, er bitte aber um Verlängerung bis zum

Juni 1942; augenblicklich habe er keine Zeit für eine Reise. Eine raffinierte Falle, so mußte man vermuten. Die Berechtigung der Vermutung wurde kurz darauf von einem Polizeioffizier bestätigt, der dem Bischof insgeheim die warnende Nachricht zuleitete: nicht ins Ausland reisen, Verhaftung an der Grenze vorgesehen, Grund: Devisenschmuggel.

Die Opfer

Den Bischof hat man nicht angefaßt. Aber andere. Und gerade hier zeigte sich eines der diabolischen Gesichter des National-sozialismus: man verprügelte die Kinder, wenn man sich an deren Vater nicht herantraute. Jeder, der damals die Predigten verviel-fältigte, in Briefumschläge steckte und verschickte oder als Geist-licher von der Kanzel verlas, mußte sich der Gefährlichkeit seines Tuns und der Kette der aufeinanderfolgenden Gestapo-Aktionen bewußt sein: Haussuchung, Beschlagnahme, Verhör, Verhaftung, Dienstentlassung — und wenn es sehr böse auslief — Konzen-trationslager oder Tod.

An den Sonntagen im Spätsommer und Herbst 1941 wurden alle Kanzeln von der Gestapo direkt oder indirekt überwacht. Brave Polizeibeamte erzählten es gleich ihren Pfarrern. Es mußte fest-gestellt werden, welcher Geistliche die Bischofspredigten vorlas, ob mit Pathos und Nachdruck, ob mit Ergänzungen, ferner wie die Leute sich über die Predigten äußerten. Zu diesem Zwecke meng-ten sich Spitzel bis an die Theken der Wirtshäuser. Der Bericht der örtlichen Polizeibehörden war telephonisch an das Landrats-amt weiterzugeben. Bis 18 Uhr am Sonntagabend mußte die Ge-stapo in Münster alle Berichte haben. Priester, denen eine Erläu-terung der Bischofspredigten nachgewiesen werden konnte, haben den Weg ins Konzentrationslager gehen müssen, so Pfarrer Hel-mus in Gladbeck, Kaplan Mertens in Sterkrade und Pfarrektor Stammschröer in Gelmer bei Münster.

Am 15. Februar 1946 schrieb Propst Dr. Otto Spülbeck (der heutige Bischof von Meißen) aus Leipzig folgende Sätze: „...Herr Thomassen hat diese Predigten zu Tausenden vervielfältigt, um sie unter die Leute zu bringen. Für die Weiterverbreitung dieser Predigten sind in Leipzig mehrere Herren ins Konzentrationslager gekommen und einige sind dafür in den Tod gegangen . . ." Wie Dachaupriester nach dem Kriege berichteten, sind auch holländische Geistliche im Zusammenhang mit den Bischofspredigten ins KZ gekommen. Die drei katholischen Kapläne Johannes Prassek aus Hamburg, Hermann Lange aus Leer in Ostfriesland, Eduard Müller aus Neumünster, sowie der evangelische Pastor Stellbrink aus Münster wurden am 10. November 1943 in Hamburg durch das Fallbeil hingerichtet. Der wahre Grund für ihre Hinrichtung, so hat der evangelische Verteidiger zweier Kapläne erklärt, war die Verbreitung und Kommentierung der Bischofspredigt über die Tötung der Geisteskranken. „Sie gingen mit einer stillen Freude, die schon ein Abglanz des Himmels war, in den Tod", so heißt es in der 1945 erschienenen Broschüre „Wo Seine Zeugen sterben, ist Sein Reich". Als Kaplan Prassek das Todesurteil vernommen hatte, schrieb er in sein Neues Testament: „Der Name des Herrn sei gelobt! Heute wurde ich zum Tode verurteilt." Wenige Stunden vor der Hinrichtung schrieb Kaplan Lange an seine Eltern: „Heute ist die große Heimkehr ins Vaterhaus."

Das Leid, das in jenen Monaten und Jahren seinetwegen über andere kam, hat den Bischof tief bedrückt. Nach seiner Heimkehr aus Rom sagte er in seiner letzten Ansprache auf den Trümmern vor dem Dom in Münster mit bewegter Stimme, ihm sei die Ehre der Kardinalswürde zuteil geworden und doch hätten andere viel mehr als er selbst in den grauenvollen Jahren leiden müssen.

Pius XII.

In den Wochen und Monaten nach den drei Predigten, so berichtete Graf Franz, der Bruder des Bischofs, hatte ich große Angst um ihn. Einmal sagte ich zu ihm: „Was sollen wir denn machen, wenn du eingesperrt wirst?" — „Was ihr machen sollt? Gar nichts!" — „Ja, was soll denn aus deiner armen Diözese werden?" — „Ach, lieber Kleiner, der hl. Paulus ist auch Jahre lang eingesperrt gewesen. Da hat der liebe Gott auch keine Sorge gehabt, daß die Heiden nicht rechtzeitig bekehrt würden."

Ruhig nahm der Bischof im September 1941 den Hirtenstab des hl. Ludger in beide Hände zur Firmungsreise in die Dekanate Kevelaer und Dülmen. Man warnte ihn, wie leicht er unterwegs überfallen und ermordet werden könne. Er lächelte über die Besorgtheit. Die Firmungsreise im Dekanat Dülmen war zu Ende. Unter den vielen Briefen auf seinem Schreibtisch befand sich ein Brief des Bischofs von Innsbruck ohne Freimarke; am Tage zuvor war er durch einen Priester überbracht worden. Er griff nach diesem Schreiben und las: „Gelegentlich meiner Audienz beim Hl. Vater habe ich den Auftrag bekommen, Eurer Exzellenz den persönlichen Dank und die Anerkennung des Papstes zu übermitteln für die drei in Rom bereits bekannten und berühmt gewordenen Predigten von Münster. Der Hl. Vater hatte darüber eine so große Freude, daß er Ihre Predigten persönlich seinen nächsten Vertrauten mit den Ausdrücken höchster Anerkennung vorgelesen hat. Ich hoffe, daß das für Exzellenz in dem gegenwärtigen Kampfe eine Genugtuung bedeutet." Und wenig später erhielt Bischof Clemens August von einem anderen deutschen Bischof ein Schreiben, das Pius XII. an diesen gerichtet hatte: „Die drei Predigten des Bischofs von Galen bereiten auch Uns einen Trost und eine Genugtuung, wie Wir sie auf dem Leidensweg, den Wir mit den Katholiken Deutschlands gehen, schon lange nicht mehr empfunden haben. Der Bischof hat den Augenblick für sein mutiges Hervortreten günstig gewählt. Das hohe Ansehen, das sein Name und seine Persönlichkeit schon im vornherein genossen, mag zu dem Erfolg beigetragen haben; aber diese Umstände allein erklären die tiefe Wirkung seines Schrittes nicht. Sie ist, wenn Wir richtig sehen, darin begründet, daß der sittliche Ernst und der Stärkegrad seiner Verwahrung als gerade im richtigen Verhältnis stehend empfunden wurden zu dem Unrecht, das die katholische Kirche in Deutschland hat erleiden müssen, wie zu der verletzenden Form, in der es ihr angetan worden ist; sodann hat der Bischof in sehr offenmütiger, aber edler Art den Finger auf Wunden und Schäden gelegt, die, wie Wir es oft hören, jeder rechtlich denkende Deutsche schmerzvoll und bitter empfindet . . . Daß aber die Bischöfe, die mit solchem Mut und dabei in so untadeliger Form wie Bischof von Galen für die Sache Gottes und der hl. Kirche eintreten, an Uns immer Rückhalt finden werden, das brauchen Wir Dir und Deinen Mitbrüdern nicht eigens zu versichern ..."

Die Hand des Herrn

Für den Bischof war die Stimme des Papstes die Stimme Gottes. In der Nacht vor der ersten Predigt, da die Ölbergstunde für ihn gekommen war, hatte Gott zu ihm gesprochen: „Umgürte Deine Lenden, tritt auf, erschrick vor ihnen nicht. Ich bin mit Dir." Und er hatte geantwortet: „Hier bin ich, Herr, Dein Knecht, ich folge." Das war seine größte Stunde, die entscheidende Stunde seines heroischen Glaubensaktes, die ihn, so Gott will, einmal zur Ehre der Altäre erheben wird.

Diese Zeilen schreibe ich im Dezember 1958. Der Seligsprechungsprozeß wurde vor zwei Jahren durch seinen Nachfolger Bischof Dr Michael Keller eingeleitet. Über 17 Jahre sind seit den drei großen Predigten vergangen. Die Nachwelt darf nicht vergessen: Die drei weltberühmten Predigten wurden nicht 1943, 1944, als das Dritte Reich in seinen Fugen bebte, gehalten, sondern im Sommer 1941, als Hitler, auf dem luziferischen Höhepunkt seiner Macht, noch keinen Rückschlag kannte. Unsere Heere stürmten mit einem Elan ohnegleichen nach Rußland hinein, ganz Europa war besetzt, alle Kraftquellen standen zur Verfügung, Amerika gehörte noch nicht zu den Gegnern. In diesem Augenblick die Stimme des Bischofs: „Dieses Reich wird eines Tages an innerer Fäulnis und Verrottung zugrundegehen." Und doch ist dem Bischof kein Haar gekrümmt worden; kein Gestapobeamter hat je den Bischöflichen Hof betreten. Ist das natürlich zu erklären? Angesichts der Brutalität, mit der Hitler seine Gegner zu zerschmettern pflegte?

Es gibt eigenartige Daten. Im Januar 1933 kam Hitler an seine Macht. Neun Monate später bestieg Graf von Galen den Bischofsstuhl in Münster. Im Mai 1945 endete Hitler. Und wieder gut neun Monate später, im März 1946, starb der Kardinal. Fast die gleiche Zahl von Tagen in der Verantwortung war beiden von Gott gegeben. Das macht nachdenklich.

DAS CHARAKTERBILD

Zwei Seelen?

Der in Muße die Bischofsbilder im Anhang des I. und II. Bandes betrachtet, wird gar bald die große Verschiedenheit ihres Ausdrucks erkennen, den jeweiligen Unterschriften entsprechend: Löwe von Münster — Freund der Kinder — Ein guter Hirt — In der Einsamkeit der Verantwortung. Das Antlitz ist der Spiegel der Seele. Bis zu einem gewissen Grade vermögen wir in diesem Spiegel Wesen, Charakter, Temperament und somit in etwa das geistige Bild eines Menschen zu erfassen, — in den Zügen des Gesichtes, der Haltung des Kopfes und seiner Form, vor allem aber im Auge, dem eigentlichen Spiegel der Seele. Angesichts jener Bilder steigen dem Leser wie von selbst Fragen auf: Wohnten mehrere Seelen in seiner Brust? Oder war es eine reiche fruchtbare Vielfalt seelischer Kräfte, die ihm eine unerschöpfliche Tiefe schenkte und in einer wunderbaren Harmonie mündete? War er der typische Westfale, in dessen Seele herbe Strenge und gemütstiefe Weichheit, jene urgermanischen Kräfte, zur Einheit verschmolzen sind, — ein Westfale, in dem die Stärke des Mannes, die Liebe der Mutter, die Zartheit des Kindes in gleicher Brust beieinander leben?

Wenn an dieser Stelle des Buches gewagt wird, über das Innenleben des großen Bischofs einiges auszusagen, so sind wir uns der Schwere des Wagnisses durchaus bewußt. Das geistige Bild eines solchen Menschen in seiner ganzen Tiefe zu zeichnen, kommt uns nicht zu. Es soll lediglich versucht werden, in Ergänzung und Begründung des Kapitels „Passion und Osterjubel" unter Hinweis auf persönlich erlebte und beobachtete Einzeltatsachen den Leser die wesentlichen Grundzüge seines Charakters und Temperamentes erkennen zu lassen und ihn damit in die Lage zu versetzen, andere in diesem Zusammenhang nicht aufgeführte Erscheinungen im Bischofsleben gebührend einzustufen und zu werten.

Das Blut der Ahnen

Wenn schon wenige Monate nach seiner Inthronisation der neue Oberhirte von den Zeitgenossen, auch jenseits der Grenzen des Bistums, als der furchtlose Kämpfer gegen den Nationalsozialismus gepriesen wurde, so war damit ein Wesensstück in dessen Charakterbild getroffen. Seine Worte und Taten in der Folgezeit bestätigten die Richtigkeit der anfänglichen von der Volksmeinung gestellten Diagnose. Kaum war er im Herbst 1933 vom Hl. Vater zum Bischof ernannt, da offenbarte er gleich seine innerste Haltung und Frontstellung, die als Losung und Kampfruf auf seinem Wappen sichtbar wurden: „Nec laudibus nec timore — Weder Menschenlob noch Menschenfurcht soll mich bestimmen." Er, dem es in jungen Jahren eine Lust war, auf dem Rücken des Pferdes stolz und kraftstrotzend durch Gottes herrliche Natur zu galoppieren, der als Jäger mit Leidenschaft die Waffe gebrauchte, der noch in späteren Lebenstagen erklärte, wenn er hätte Soldat werden müssen, dann wäre er Jagdflieger geworden, denn da gebe es noch ritterlichen und persönlichen Kampf und da sei noch der „Mann etwas wert", — er scheute wahrlich nicht den Einsatz seiner selbst, wenn es um ein hohes Kampfziel ging; er wich dem Gegner, wenn er ihn als solchen erkannte, beileibe nicht aus und ließ ihn darüber nicht im Unklaren. Nach seiner Ernennung zum Bischof, noch vor der Konsekration, hatte er bei Göring den Termin der Eidesleistung erfragt. Als er nicht gleich Nachricht erhielt, fragte er erneut an und zwar in Form eines Telegramms mit Rückantwort, so daß man in Berlin sicherlich erstaunt aufgeschaut hat, aber sich auch veranlaßt sah, nunmehr zu antworten. In den Räumen des Ministeriums erkundigte er sich nach dem Vorhandensein eines Kruzifixes; nachdem man vergeblich nach einem solchen gesucht hatte, zog er vor den verblüfft dreinschauenden Beamten sein Bischofskreuz aus der Brusttasche, indem er sagte: „Das habe ich mir gedacht und darum selbst eins mitgebracht."

Der neue Nachfolger des hl. Ludgerus, das ist nicht zu leugnen, setzte vom ersten Tage mit Bedacht und zielklar seine Taten, aus denen jeder unmißverständlich die Unerschrockenheit seines Vorgehens, die absolute Wahrnehmung der ihm auferlegten Bischofspflichten und anvertrauten Bischofsrechte erkennen konnte. Dieses stark lebendige und ausgeprägte Führungsbewußtsein verlieh ihm in der Folgezeit die ungewöhnliche Macht seines Auftretens; es wuchs und entfaltete sich immer mehr zu einem Sendungsbewußtsein gegenüber den Irrungen der Zeit. Es mag sein, daß die Tatsache seiner hohen Abstammung eine gewisse natürliche Voraussetzung für die innere Haltung schuf. Als Grafensohn aus der uralten Familie derer von Galen spürte er in sich die Kraft seiner Ahnen, die im Laufe der Jahrhunderte Großes für die Kirche geleistet, ob sie nun als Bischöfe, wie Christoph Bernard von Galen, Wilhelm Emmanuel von Ketteler oder Max Gereon von Galen, den Hirtenstab getragen oder in den Parlamenten des Reichstages für die Rechte der Kirche gestritten hatten. Das alles verlieh ihm von vornherein nicht nur ein starkes Selbstbewußtsein, sondern geradezu ein Überlegenheitsgefühl gegenüber seinen Gegnern. Jahre später, in der Predigt von Vreden (17. 11. 1937) sprach er es aus: „Es ist nicht mein Verdienst, sondern Gottes Fügung, und es liegt mir fern, mir etwas darauf einzubilden, daß ich einer Familie des westfälischen Uradels entstamme. Aber es ist eine Tatsache, daß nach urkundlichem Beweis meine Vorfahren, Männer meines Namens und meines Geschlechtes, deren Blut in meinen Adern rollt, seit mehr als siebenhundert Jahren hier in Westfalen, im Münsterland und an der Lippe, ihren Erbbesitz gehabt haben . . . Wenn jemand aufsteht und behauptet, daß deutsches Blut aus ihm spreche: Hier stehe ich, und ich behaupte dasselbe von mir . . . ich weiche vor ihnen nicht zurück. Ich verbitte es mir, daß man meine Vorfahren, meinen

Vater, meine Mutter verlästert, ihren Glauben, ihr christliches Leben als undeutsch, als artfremd beschimpft!" (Bd. I, S. 243 f.). Sprach aus solchen Sätzen Adelsstolz? Jawohl, aber nicht im herkömmlichen Sinne. Er wollte letzlich nur Priester und Bischof sein. Wenn ihn jemand als Graf anredete, so ignorierte er es oder betonte, er sei Pastor, er sei Bischof. Über der Würde des Grafen stand ihm die Würde des Priesters. Darum gab er sich auch stets so einfach und ungekünstelt, wie ihm ja überhaupt alles Gezierte und Hervorstechende zuwider war. In Berlin unterschrieb er nur mit seinem Namen „Galen". Als jedoch nach 1918 die Verfügung herauskam, der Adelstitel „Graf — Freiherr — von" gehöre zum Familiennamen und höre auf, den adeligen Stand zu bezeichnen, unterschrieb er zum Protest mit „Graf von Galen". In bestimmter Beziehung legte er also wohl Wert auf seine adelige Abstammung. Die adelige Abkunft betrachtete er in erster Linie als Verpflichtung. Die mittelalterliche Denkungsart des Ritters und Edelmannes in ihrer aus dem Religiösen herausgewachsenen Dienstverpflichtung für Kirche, Reich und Volk war letzter Kern seiner adeligen Gesinnung. Von dieser Aufgabe des Adels war er tief durchdrungen. Sinnlos und bedeutungslos erschien ihm der Adel, wenn diese Aufgabe nicht gewollt und erstrebt wurde. Daher haßte er förmlich die Lebensart solcher Standesgenossen, die ihre Güter und Stellung zu Geschäften gebrauchten, um reich zu werden. Den sogenannten Erfolgsadel in westfälischen Ländern verachtete er und bezeichnete ihn als krämerhaft. Lieber war ihm ein armer, aber untadeliger Adel als ein reicher, der die gesunden Traditionen verlassen und das Leben des üppigen Bürgertums in den Genüssen der Welt führte. Daß der Sproß des uradeligen Geschlechtes derer von Galen in den Jahren nach 1918 sich mit dem ganz andersartigen, demokratischen Kurs der nivellierenden Gleichmacherei im deutschen Vaterland nicht anzufreunden vermochte, daß er nicht beglückt sein konnte, als nach seiner Auffassung heiligste Werte der Tradition, die für Christentum und Kirche so bedeutsam gewesen waren, durch die Revolution mit zertreten wurden, — ist wohl selbstverständlich. Wie der Pfarrer und Bischof im einzelnen darüber dachte, wurde bereits in anderem Zusammenhang (S. 68) dargelegt.

Der Kämpfer

Die Ideen des Dritten Reiches hatten es wahrhaftig nicht vermocht, seine Grundeinstellung zu ändern. Es kamen Stunden, da er in heiligem Zorn oder in Geringschätzung und Verachtung von jener „braunen Bande" sprach. Im Laufe der Jahre wurde die Zielklarheit, die Härte und Unerbittlichkeit seines Weges im Kampf gegen die Kirchenfeinde immer deutlicher; von Tag zu Tag offenbarte sich in steigendem Maße die eine Seite seines Wesens, die von der Wissenschaft als cholerisches Temperament bezeichnet zu werden pflegt. Die erste der großen Predigten im Sommer 1941 war gehalten. Mit einem vernichtenden Gegenschlag der Nazis hatte er gerechnet. Trotzdem steckte er aber jetzt sein Schwert nicht in die Scheide, um die getroffenen und betroffenen Gegner etwa milder zu stimmen; nein, in den Tagen danach ging ein Telegramm nach dem andern an die Berliner Reichsstellen, und an zwei weiteren Sonntagen stieg er erneut auf die Kanzel. All diese Vorgänge sind ja so bekannt, sie brauchen nur in das Blickfeld unserer Betrachtung gerückt zu werden; man braucht nur darauf hinzuweisen, wie er gleich, nachdem er von dem Überfall der Gestapo auf ein Kloster erfahren hatte, stehenden Fußes sich dorthin aufmachte und den Räubern ihre Untat mit unmißverständlichen Formulierungen ins Gesicht schleuderte, wie er kurzerhand in das Haus des Regierungspräsidenten sich begab, „unangemeldet und ohne Begleitung" (Bd. II, S. 275). Oder denken wir an jene Szene am Ende der Großen Prozession etliche Jahre vorher, als die Polizei mit Stricken den Domplatz absperrte; sogleich bestieg er die Domkanzel und, wie der heilige Zorn des Augenblicks es ihm eingab, brandmarkte er in schärfsten Worten solche feige Gewalttat. Wahrhaftig, ein Kämpfer, vital, impulsiv, zielklar, selbstbewußt, männlich, unerschrocken!

Auch in kleinerem Kreis, in Einzelfällen, die kaum an das Ohr der Öffentlichkeit gedrungen sind, offenbarte sich diese Seite seines Temperamentes. Es war in den ersten Jahren nach 1933 auf einer Lehrerkonferenz in einem münsterischen Pfarrhaus. Der Rektor äußerte, eine verheiratete Lehrperson mit Nachkommenschaft sei doch ungemein wertvoller als eine unverheiratete, z. B. eine Lehrerin. Der Bischof erfaßte gleich die einer solchen Bemerkung zu

Grunde liegende, vom Nationalsozialismus propagierte heidnisch-materialistische Doktrin, schlug erregt mit der Faust auf den Tisch und sagte: „Ich verbitte mir solche Redensarten; Deutschland ist doch keine Zuchtanstalt." So konnten während der Unterhaltung aus seinem Munde scharfe Worte kommen, in denen sein Groll und Unwille spürbar wurden. Er liebte, so darf man wohl sagen, zeitweise das „Fechten" mit Worten im Gespräch, um einen Fragenkomplex zu klären und allseitig zu beleuchten, wobei er gern schlagfertig Einwendungen machte und so bewußt den Gegner zum Opponieren reizte. Den Widerspruch des Gegenüber fürchtete er nicht, nahm ihn aber auch in keiner Weise übel auf, wenn er aus offenem und ehrlichem Herzen vorgetragen wurde. Manchem und vor allem den Nationalsozialisten mag solche Art reichlich herb oder sogar grob und ungehobelt erschienen sein. Vielleicht gab es auch Überkluge und Übervorsichtige im eigenen Lager, denen eine reichlichere Beimischung von „Milde" in den Kampfjahren lieber gewesen wäre. Solche mögen bedenken, daß es einen heiligen Zorn gibt. Auch der Heiland hat zu den Stricken gegriffen und jene, die sein Vaterhaus zu einer Räuberhöhle gemacht, zum Tempel hinausgejagt.

Der gerade Weg

Das, was man diplomatische Gewandtheit und Glätte zu nennen pflegt, fehlte fast völlig im Vokabelschatz des Bischofs. Wenn solche Lebens- und Verhandlungsart über die gebotene Kardinaltugend der Klugheit hinausging und in die Bereiche listiger Verschwommenheit und Verschlagenheit übergriff, dann konnte man nur sagen, daß Diplomatie beileibe seine schwächste Seite gewesen ist. Auf solchem „Parkettboden" besaß er wahrlich keinen Ehrgeiz. Nach der Kapitulation im Frühjahr 1945 bedauerten manche, auch gerade vom besten Willen erfüllte Menschen, daß der Bischof gegenüber den neuen Machthabern, den Engländern und Amerikanern, dieselbe offene Sprache beibehalte, wie in den vergangenen Jahren; das werde sich, so meinte man, auf die Dauer ungünstig auswirken, während bei andersartigem Verhalten eher Gutes zu erreichen sei. Es war am 15. Juli 1945 in Sendenhorst, als ihm in diskreter Form solche Bedenken einer Anzahl von Geistlichen vorgetragen wurden.

Sehr ernst, aber durchaus nicht unwillig, erklärte er: „Ich danke für die Aufklärung, aber meinen Weg gehe ich geradeaus weiter, so wie ich ihn all die Jahre gegangen bin; ich schaue weder nach rechts noch nach links." Sein Wahlspruch, unbekümmert um Lob und Furcht seine Pflicht zu tun, begleitete ihn durch die gewandelte Zeit bis ans Ende.

Das Cholerisch-Kämpferische, das in eigenartiger Fügung seinem Namen Augustus (erhaben) entsprach, leuchtet aus den Großtaten seines Bischofslebens. Es war die eine Seite seines Wesens. War es die stärkste? (Wenn wir in der Sprache wissenschaftlicher Terminologie sprechen, so sind wir uns der Grenzen des Begriffsinhaltes solcher Formulierungen bewußt; gerade die neuere Psychologie weiß um die Unvollkommenheit solcher Termini.)

Selbstbezwingung

Der Öffentlichkeit blieb es wohl verborgen, wie plötzlich die Härte und anfängliche Festigkeit, ja Starrheit seines Vorgehens in eine wohltuende Milde und Wärme sich wandeln konnte, dann nämlich, wenn die bessere Erkenntnis die Bändigung des Temperamentes gebot. Dafür einige Beispiele.

Es war im Jahre 1910. Er war Kaplan an St. Matthias in Berlin. Auf dem üblichen Konveniat am Montagabend drehte sich die Unterhaltung um Fragen der kirchlichen Kunst. Kaplan G. opponierte dem Grafen. Es gab lebhafte Rede und Gegenrede, die sich immer mehr zuspitzte bis zu dem halb im Scherz, halb ernsthaft gesprochenen Wort: „Galen, Du bist ein Kunstbanause." Kaplan Galen, der seine lange Pfeife rauchte, sprang auf, seine Zornesader schwoll, seine Augen sprühten Feuer, und alle Anwesenden fürchteten in der nächsten Sekunde einen tätlichen Angriff. Mit geballter Faust stand der Graf seinem Mitkaplan gegenüber. Im nächsten Augenblick ging ein Zittern durch seine Gestalt, er hielt an sich, beherrschte sich und reichte dem erschütterten G. seine Hand hin, in die dieser ergriffen einschlug mit den Worten: „Verzeih, ich habe Dich nicht beleidigen wollen." — Im Februar 1939 hatte er bei der Visitation einer Schule am Niederrhein bereits mit der Katechese in einer Klasse begonnen, als der Rektor erschien, überraschenderweise ihn herausbat und ihm auf dem Flur eröffnete, der

Schulrat habe soeben fernmündlich angeordnet, dem Bischof sei das Betreten der Schule nicht zu gestatten. Das schlug wie eine Bombe ein. Sehr erregt und laut protestierte der Bischof gegen eine derartig unverschämte Maßnahme. Der Rektor kam dabei vorerst nicht zu Wort. Als dieser schließlich im Konferenzzimmer doch seine Unschuld und gut katholische Einstellung überzeugend dartun konnte, floß in die Worte des Bischofs eine solche Liebe und Herzlichkeit, daß der Rektor mit Tränen der Freude sich verabschiedete. — Ein Geistlicher sollte mit einer schwierigen und unangenehmen Aufgabe betraut werden. Da er des Bischofs Kursusgenosse und guter Freund war, weigerte er sich unter Angabe der Gründe, zuerst mehr scherzhaft, schließlich ernst und ausdrücklich. „Dann befehle ich es Dir", sagte erregt der Bischof. Zwischen den Freunden war es zur Spannung und Entfremdung gekommen. Ob der Bischof schon bald erkannte, er sei zu hart gewesen, — noch am gleichen Tage legte er in Güte, wie um Verzeihung bittend, seine Hand auf die Schulter seines Mitbruders. Der Geistliche hat es in tiefer Ergriffenheit nach dem Tode des Kardinals erzählt. — Im Frühjahr 1944 ging der Bischof vom Priesterseminar zum Borromäum, um dort die hl. Diakonatsweihe zu erteilen. Der Weg führte damals durch den Bischöflichen Garten über den Hof des Ludgerianums. Plötzlich sah der Bischof Arbeiter, die damit beschäftigt waren, erneut einen Weg durch den Bischöflichen Hof zu legen. Empört darüber, daß die Städtischen Behörden ihn nicht zuvor unterrichtet bzw. bei ihm angefragt hatten, begab er sich zur Arbeitsstelle, protestierte in schärfsten Worten gegen solche Methoden des bolschewistischen Rußlands, wo ja auch das Eigentum nicht mehr respektiert werde. Auf dem weiteren Weg zum Borromäum schwieg er; man fühlte, es tat ihm leid, die schlichten Arbeiter, die doch nur ausführen mußten, was ihnen aufgetragen war, als Bischof in solcher Weise angefahren zu haben. In der Kapelle des Theologenkonviktes winkte er einen Kapuzinerpater herbei, ging mit diesem zum Beichtstuhl, kniete in ihm nieder, und dann legte er am Altar die Gewänder zur Feier des hl. Meßopfers an. Zu seinen Lebzeiten hat niemand davon erfahren, aber heute ist man verpflichtet, auch das den Mitmenschen mitzuteilen. — Als 1939 die Fronleichnamsprozession das Hohe Chor des Domes verließ, der Bischof unter dem Baldachin das Sanctissimum trug und die Baldachinträger beim Vorwärtsschreiten zu sehr zögerten, sprach der Bischof mit einigen Worten erregt und unwillig auf sie ein. Mittags bei Tisch erwähnte er diesen Vorfall, er habe sich unbeherrscht verhalten; wenn man die Monstranz trage, dürfe man nicht sprechen.

Melancholie und Gemüt

Wie stark im Innern des Bischofs die Kraft war, die sein cholerisches Temperament mit den Komponenten der Herbheit, Schroffheit, Starrheit immer wieder bändigte und in die Schranken wies, erhellt aus den angeführten Beispielen, die um viele noch vermehrt werden könnten. Welcher Art war diese Kraft? Es war die Tiefe, die Milde und Weichheit seines Gemütes, in der Sprache der Seelenkunde: das Melancholische, das zutiefst im Religiösen wurzelte. Hätte er diese Seelenkraft nicht besessen, wäre er kein wahrer Priester und Seelsorger gewesen. Jeder echte Priester muß sie in sich tragen, der weltabgewandt dem dient, der über den Sternen thront, und an die sich verschenkt, die auf Erden ihre Nöte ihm anvertrauen. Daß der Bischof jenes Melancholische, jene Gemütstiefe in so hohem Maße besaß, war seine eigentliche Größe. Das Starke und Harte wohnte in ihm neben dem Zarten. Beides ergänzte sich und schuf eine wunderbare Einheit. Ein Universitätsprofessor in Münster prägte das treffende Wort: „Er ist ein Riese mit einem Kinderherzen." Clemens Brentano schreibt einmal: Der ist nichts wert, dem nicht das Kindsein aus den Augen schaut. Und wer könnte, so möchte man das Dichterwort erweitern, seine Seele echter zeigen als ein Kind, wenn es lacht oder weint. Ja, ein Kinderherz trug er in sich; er war wirklich ein Clemens (gütig), voll Liebe und Mitleid gegenüber den Menschen. Wie kannte er auch Demut und Bescheidenheit! Es gab im Ludgerianum ein „altes Thresken", das Jahrzehnte hindurch die Kartoffeln schälte. Die Ludgerianer nannten sie in der Terminologie der homerischen Welt „Eurykleia". So manchen Nachmittag hatte der Bischof das Thresken mit tiefgebeugtem Rücken in den Dom zum Kreuzwegbeten gehen sehen. Dieses bescheidene, im letzten Winkel der Küche und des Kellers arbeitende Menschenkind bezeichnete er als die frömmste Person in ganz Münster. — Wochen hindurch, als der bischöfliche Diener krank war, ministrierte er seinem Kaplan bei der hl. Messe, reichte die Meßkännchen dar, trug das Meßbuch von der einen Seite auf die andere; genau so tat er 1945 in der Kapelle des Borromäums bei den Geistlichen der Ägidiipfarre, wenn kein Ministrant zur Stelle war. — Eines Nachmittags, als der Bischof, den Rosenkranz betend, über den Zentralfriedhof ging, kam ein Mann vorbei, dessen Tochter einige Wochen zuvor gestorben war. Noch immer erfüllte den Vater tiefe Trauer ob des schweren Verlustes, und ein zweifelnder Gedanke quälte ihn, ob er seine Tochter in der Ewigkeit wohl so wiedersehen werde, wie er sie auf Erden gekannt, so jung, so froh und unverändert. Geistliche, die er bisher gefragt, hatten gemeint, Genaues könne man über das „Wie" nicht sagen. Nun sah er den Bischof daherkommen, den konnte er fragen, und er fragte ihn klopfenden Herzens. Der Bischof, der den Schmerz des Vaters mitfühlte, sagte in so überaus tröstendem Tonfall: „Sie werden Ihre Tochter so wiedersehen, wie sie auf Erden gewesen ist, nun wollen wir hingehen zu ihrem Grab und ein Vaterunser für sie beten, damit sie der liebe Gott recht bald zu sich in den Himmel nimmt!" Dabei faßte er den Mann an der Hand, und beide standen dann betend am Grabe des Kindes. Der Vater ging tief getröstet nach Haus und wird jene Minuten auf dem Friedhof nie in seinem Leben vergessen.

Wieviel Demut hatte in Berlin dazu gehört, allwöchentlich bei seinem ältesten Kaplan seine Sünden zu beichten. Als er 1929 die Reichshauptstadt verließ, kniete er vor jedem seiner Kapläne nieder und bat sie um ihren priesterlichen Segen. Was sagte er einem evangelischen Oberstleutnant, der ihm im Herbst 1941 seine tiefgefühlte Anerkennung zu den drei Predigten aussprach? „Ach, wissen Sie, ich wollte doch nur, daß der liebe Gott mit mir zufrieden ist." Bei allem Selbstbewußtsein kannte er sehr wohl die Grenzen seines Könnens. So sprach er oft in Bewunderung über die Fähigkeiten anderer, indem er bescheiden hinzufügte, wie „stümperhaft" er sich in dieser Hinsicht fühle. Träume offenbaren zweifellos das Seelenleben; etliche Male erzählte er von einem nächtlichen angstvollen Traum, er sei in ein mit Gläubigen gefülltes Gotteshaus gekommen, auf die Kanzel gestiegen und habe nichts zu predigen gewußt.

Wie weichen Gemütes er war, zeigte sich in Situationen, die für ihn stark religiös erfüllt waren. Stets wurden ihm dann die Augen feucht, und seine Stimme begann augenblicklich zu zittern oder zu versagen. Wenn man der Wahrheit die Ehre geben will, darf man das Weinen des Bischofs nicht verschweigen. Der starke Mann weinend wie ein Kind! Er, der den Mut hatte, aufs Schafott zu gehen, vermag in gewissen Minuten seine Rührung nicht zu verbergen. Ein psychologisches Rätsel? Nein, dieses nahe Nebeneinander von Härte und Zartheit ist ein bezeichnendes Merkmal des westfälischen Menschen. Es ist heilsam, wenn Menschen, die den SS-Staat im „eisernen" Zeitalter Adolf Hitlers als Idealreich männlicher Kraft angebetet haben, wenn die blasierten Rationalisten unserer Tage diese Tatsache zur Kenntnis nehmen. Der Bischof, der wahrhaftig ganz vorn in der Front gegen die Barbarei gestanden, hat urwestfälische, urgermanische Eigenschaften, die er von seinen Ahnen ererbte. Diese natürliche Anlage wurde bei ihm in die religiöse Sphäre emporgehoben. In jenen Bereichen des heiligen Glaubens lag das, was ihn zutiefst ergriff. Man achte darauf: wenn der Augenblick stark religiös gestimmt war, dann kamen fast immer die Tränen, oft Tränen der Freude. Beispiele vermögen auch hier am besten diese Seite im Seelenleben des Bischofs zu beleuchten. — Soeben war er zum Nachfolger des hl. Ludgerus ernannt worden, als schon der älteste Kaplan von St. Lamberti mit ihm die Abschiedsfeier besprach. Da winkte er jedoch ab und meinte, das würde ihm zu schwer sein, er müsse dann weinen; und das wolle er nicht; er werde gelegentlich als konsekrierter Bischof kommen, sicherlich falle es ihm dann leichter. Bei der Abschiedsfeier selbst sagte er: „Ich bitte alle um Verzeihung, wenn ich mal Bettler und Bittsteller abweisen mußte; aber ich versichere, für jeden habe ich dann sogleich ein stilles Ave Maria gebetet." Der neue Oberhirt hatte sich getäuscht, wenn er glaubte, unter dem Bischofsornat die Weichheit seines Gemütes verbergen zu können. Wie haben die Gläubigen ihn lieb gewonnen, wenn er auf Firmungsreisen oder Glaubenskundgebungen durch die mit Menschen erfüllten Straßen zog! Alles jubelte ihm entgegen; seine Hand hob sich in zarter Zurückhaltung immer wieder zum Segnen, seine Lippen sprachen

leise und so gütig die Worte des Segens, und in seinen Augen standen die Tränen, Tränen der Ergriffenheit und Freude ob solcher Glaubenstreue, ob des standhaften Aushaltens in Verfolgung und so vieler Bedrängnis. Eines Abends, etwa 1942, erzählte er, am Nachmittag hätten ihn zwei aus Bayern stammende ältere Soldaten besucht und ganz schlicht gesagt, wenn sie an der Anbetungskirche St. Servatii vorbeikämen, gingen sie stets hinein, um dort den Rosenkranz für Frau und Kinder daheim zu beten. So tief hatte den Bischof die Frömmigkeit der Soldaten beeindruckt, daß ihm noch abends beim Erzählen die Tränen kamen. — Ein auf dem Handorfer Flugplatz während des Krieges beschäftigter Mechaniker aus Münster hatte in einer Angelegenheit den Bischof aufzusuchen; beiläufig erzählte er, tagtäglich müsse er sich gegen glaubensfeindliche Spöttereien und gegen Angriffe auf den Bischof zur Wehr setzen. Unter Tränen entließ der Bischof den tapferen Mechaniker, ihm dankbar auf die Schulter klopfend. — Wie tief bewegt umarmte er seine geistlichen Mitbrüder und Söhne, als sie 1945 aus dem KZ in die Heimat zurückkehrten, sie, die Schmach und bitterste Entbehrung um Christi willen gelitten. Aber wenn während der Kampfzeit Priester, von der Gestapo verfolgt, zu ihm kamen und fragten, ob sie durch Flucht oder freiwillige Meldung bei der Wehrmacht sich dem Zugriff der Gestapo entziehen dürften, dann verbot er es ihnen nicht, aber betonte, wie wertvoll und geradezu notwendig das Sühneleiden der Priester sei. Ein Beweis dafür, daß er keiner falschen Weichheit das Wort redete.
Einen Höhepunkt der Freude und Genugtuung erlebte er immer dann, wenn er erfahren durfte, daß ein Priester für seine Mitmenschen selbstlos sich opferte. Nach einem Luftangriff war er zu einer bombardierten Kirche gegangen; er fragte die Leute nach dem Aufenthalt ihres Pastors. Die Antwort: „Der ist auf dem Fahrrad nach Haus Kannen gefahren, um dort seine Kranken zu besuchen." Abends erzählte er ganz ergriffen davon und fügte hinzu: „Er ist bestimmt ein Heiliger." Dasselbe sagte er mit schluchzender Stimme im Sommer 1945 am Grabe des Dechanten Wessing von Hoetmar, dessen Aschenurne ein geistlicher Mitbruder aus Dachau in die Heimat mitgebracht hatte.
Wenn die Erinnerung an seine fromme Kindheit, an die seligen Eltern, an die Wälder der Heimat lebendig vor seine Seele trat,

übermannte ihn zuweilen die Wehmut, jenes eigenartige Mischgefühl von erlebtem Glück und dem schmerzvollen Rückblick auf das Schöne, das vergangen ist und nie wiederkehrt. So geschah es bei dem schlichten Hinweis, den Rosenkranz, den er in der Hand halte, habe seine Mutter vor so und so viel Jahrzehnten gekettet, als sie noch an Wintersonntagnachmittagen Hunderte von Rosenkränzen anzufertigen pflegte. Während bei einer Firmung in Dinklage die Gemeinde ein altes Dinklager Kirchenlied sang, erfaßte ihn plötzlich eine solche Ergriffenheit, daß er kaum die Firmungsformel weitersprechen konnte. Das vermochte die Welt seiner Kindheit, die in der Melodie eines Liedes nach vielen Jahrzehnten zum ersten Mal vor ihm wieder aufstieg. In den Tagen des Todes 1946 erwartete die Heimat ihn als Kardinal zur Spendung der hl. Firmung. Er kam nicht mehr, sondern statt seiner der Weihbischof. Wenn er wirklich, so meinten die Leute dort, als Kardinal die Kanzel in seiner Heimatkirche bestiegen hätte, dann würde er vor Ergriffenheit nur wenige Sätze haben sprechen können. Das Wissen um die Weichheit seines Gemütes bereitete dem Bischof Sorgen und Leid. In den Morgenstunden vor der Herz-Jesu-Weihe im April 1941 war er sehr unruhig; es wühlte in ihm die Furcht, er könne im Augenblick der ihn zutiefst ergreifenden Weihehandlung sichtlich gerührt werden. Erfüllte ihn doch immer bitterer Schmerz, sehen zu müssen, wie die Liebe Christi mit so viel Undank und Gleichgültigkeit vergolten wurde. Was er befürchtete, geschah in jener Weihestunde in weitem Ausmaß. Noch am gleichen Tage äußerte er in einer Art Niedergeschlagenheit, aber doch auch in Gefaßtheit und Geduld, der liebe Gott habe ihm dieses Kreuz auferlegt und er werde es wohl demütig bis ins Grab weitertragen müssen. Er hat es weitergetragen bis in die letzten Tage seines Lebens. Als Kardinal, vom Purpur des Leides umkleidet, schritt er tränenfeuchten Auges durch die Menge der ihn umjubelnden Menschen im Vatikan und in St. Peter; mit zitternden Lippen nahm er die Worte der Liebe aus dem Munde des Hl. Vaters entgegen. So stand er in den Lagern der gefangenen Brüder in Süditalien, so vor den Zehntausenden seiner Diözesanen auf dem Domplatz in Münster am Tag der Heimkehr. Das, was er als Kreuz empfand, war sein Ruhm und seine Größe. Denn sie, die ihn liebten, wußten um die Weite und Tiefe seines Herzens; sie wußten, daß seine Seele

über alles erfüllt war von der Liebe zu Gott und den Menschen.
Diese Liebe wuchs in einem Leben des Gebetes, der Betrachtung,
des Alleinseins mit Gott.

Die Harmonie

Wie suchte und liebte er die Stille, das Schweigen der Gottesnatur,
wie spürte er den Atem Gottes in allem, was der Schöpfer so wohl-
gemacht! Wenn im Mai die Nachtigall sang, stand er mitunter beinahe eine Stunde des Nachts am Fenster und erzählte davon am
folgenden Morgen. Es war für ihn wie ein Lied aus seliger Kindheit
und Jugendzeit, aus den Wäldern seiner Heimat. Es ergriff ihn, wie
das Lied „Maria zu lieben" ihn stets zu Tränen rührte. Der Bischof
kam gelegentlich, es wurde schon erwähnt, auf das Kapitel in
Pfandls Buch „Philipp II." über den Escorial zu sprechen, jenes
eigenartige Schloß in Spanien, das zugleich Königsburg und Kloster
im Leben des alternden Königs gewesen war. Es müsse doch schön
sein, meinte der Bischof, in einer solchen Umgebung die letzten
Jahre hier auf Erden verbringen zu können. Königsburg und Kloster.
Wie ein König war der Bischof, seine Führungsaufgabe, seine Sendung als heiliges Bewußtsein in sich tragend; aber auch wie ein
Mönch ist er gewesen, Gott ganz hingegeben und die Welt ver-
achtend, wie es im Kapitel „Passion und Osterjubel" aufzuzeigen
versucht wurde. Jene Welt des Escorial, in die seine Sehnsucht ging,
lag irgendwie, so möchte man meinen, in der Harmonie seines
Namens Augustus-Clemens ausgesprochen. Diese Harmonie von
Hoheit und Würde, von Sicherheit, Festigkeit, Ruhe, von Herzlichkeit, Tiefe und Abgeklärtheit, wie wurde sie spürbar in seiner ganzen
äußeren Erscheinung, der hohen, hünenhaften Gestalt, dem langsamen, schweren Schreiten, der festen Haltung des Kopfes, den
gütig-liebevoll blickenden Augen!
Augustus-Clemens, Worte, die über sein tiefstes Wesen aussagen,
möchte man unter sein Totenbild schreiben. Wir begannen dieses
Kapitel mit dem Hinweis auf Bischofsbilder, wir wollen es auch so
beschließen. In dem kleinen Zimmer des Franziskus-Hospitals
wurde wenige Stunden nach dem Sterben das Angesicht des großen
Toten im Lichtbild festgehalten. Wir alle kennen jenes wunderbar
ergreifende Bild. Der Hauch der Ewigkeit hat dieses Antlitz be-

rührt, als die Seele die irdische Hülle verließ. Das Bild eines Verklärten, möchte man sagen, eines Vollendeten. Leuchtet nicht aus den edlen Zügen königliche Erhabenheit und gleichermaßen Zartheit und unendliche Milde? Es ist die Ruhe und Harmonie der einen großen Seele, die sein ganzes irdisches Leben erfüllte und nun als wundersamer Ausklang in jenem Bilde immer bei uns bleibt. Was schuf jene Harmonie? Einem vierjährigen Kinde wurde das Totenbild gezeigt mit der Frage, was der da tue. Der Zeigende hatte die Antwort erwartet: „Er schläft." Und was sagt das Kind? „Er betet." — Im Hause dieses Kindes hängt das Totenbild neben einer mittelalterlichen Darstellung der Grablegung Christi.

VERSINKENDE BISCHOFSSTADT

Durch die Morgenstunden des 10. Oktober 1943 ging der herbstlich kalte Wind. Im Bischöflichen Hof versagte die Heizung. Der glühende Koks mußte von dem leckgewordenen Kessel unter einen anderen umgeschaufelt werden, wobei das Wasser immerfort in die feurigen Massen spritzte, als ob, so bemerkte jemand, die Feuerwehr am Werken wäre. Wiederholt hatte man versucht, den Heizungsmonteur telefonisch zu erreichen, was aber, obwohl an der Zentralstelle im Generalvikariat die Leitung als intakt befunden wurde, nicht gelang. Nachdem mittags bei Tisch der Bischof von dem Heizungsschaden gehört hatte, sagten wir beim Verlassen des Speisezimmers, halb unwillig, halb scherzend: „Heute scheint im Haus alles verhext zu sein." Diese eigenartigen, unheilvollen Worte sollten die letzten sein, die in jenem ehrwürdigen Raum, dessen Wände mit den kunstvollen blauen Delfter Platten ausgestattet waren, gesprochen wurden.

Die Domglocke läutete zur Vesper eines sonnigen Herbstnachmittags. Soeben wollte der Bischof sein Rochett anlegen und sich zum Dom begeben, als die Sirenen Vollalarm heulten. Währenddessen ging ich Brevier betend in meinem Zimmer auf und ab; beim Beginn des Flakschießens wechselte ich die Kleidung, steckte das Brevier in die Rocktasche und begab mich durch das Treppenhaus nach unten, wo die Hausangestellte Anna Röggener fragte, ob es wohl schlimm würde. Davon konnte natürlich nach den bisherigen Erfahrungen nicht die Rede sein. Plötzlich ein schärferes Flakschießen, dann ein bedenklich näher kommendes Summen der Flugzeuge. Wir zogen uns zurück in den schmalen Flur zwischen Speisezimmer und Küche, der ein Jahr zuvor durch eine Betonschicht überdeckt worden war. Kaum dort angelangt, hörten wir das unheimliche Pfeifen vieler gleichzeitig niedersausender Bomben. Wie von selbst duckte man sich, sank in die Knie, sprach ein Stoßgebet und erwartete in atemloser Spannung das Ende. Ein furchtbares Krachen, ein Stürzen von Mauern, ein Schlagen und Splittern von Balken und Brettern; dann kam eine finstere Nacht von lauter Staub. Der eine ganz klare Gedanke stieg auf: gerettet — nicht begraben — Gott will noch nicht den Tod. Dann der instinktsichere Drang: nach draußen! Wir tasteten durch all den Staub zur Küchentür, die eingeklemmt, aber doch hinreichend zu öffnen war, von dort die Stufen hinunter in die Küche. Der bischöfliche Diener kam aus dem Heizungskeller uns entgegengestürzt, als er unsere Stimmen hörte. Zu dreien tasteten wir weiter durch einen anderen Keller nach draußen. Alle Türen, die wir passierten, waren offen geschlagen und eingeklemmt. Wie wir wenige Stunden später feststellten, hatten wir in der Dunkelheit den Weg genommen, der als einziger uns noch aus den Trümmern nach draußen führen konnte. Alle übrigen Ausgänge waren vernichtet oder verschüttet. Gleich hinter dem Speisezimmer draußen stolperten wir in einen Bombentrichter. Wie auf frisch gepflügtes Land legte sich der dicke Staub auf seinen Rändern nieder, in der Tiefe bildete sich der erste Spiegel des Grundwassers. Viel konnten wir nicht sehen: die alte, breite, efeuumrankte Gartenmauer umgestürzt, — der Schuppen ein Trümmerhaufen, — Sträucher und Bäume zerfetzt. Wir liefen über die Aabrücke in den Park. Die Flak schoß wie wild. Eine neue Welle von Flugzeugen kam näher. Wir warfen uns dicht an dem Stamm einer dicken Buche auf den Boden, den Kopf in den Efeu gepreßt. Jetzt wieder das unheimliche Pfeifen des ausgeklinkten Bombenteppichs. Die Erde bebte und schüttelte uns. Über uns ging ein Regen von weicher Erde, von Schutt und Steinen nieder; es war eine Erdfontäne, die Wirkung einer wenige Meter hinter uns eingeschlagenen Bombe. In einer riesigen Baumkrone rechts von uns war eine andere explodiert; der kahle Stamm blieb stehen. In den Zweigen sahen wir überall kleine Flämmchen aufzüngeln; da und dort fiel das Feuer auf die Erde. Was weiter tun? Hier durften wir nicht bleiben. Wir liefen zum Überwasserkirchturm. Ein Toter lag in Richtung Frauenstraße auf dem Platz. Wir sahen Häuser am Spiegelturm brennen und aus dem Dach des linken Domturmes Qualm aufsteigen. Ein Gedanke hatte von der ersten Minute des Angriffs an bleischwer auf der Seele gelastet: Wo ist der Bischof? Ich lief zurück in den Bischofsgarten. Die Flak schoß stärker. Kamen weitere Wellen? Die Luft war durchsichtiger geworden; das Palais mußte furchtbar getroffen sein. Zwischen Speisesaal und Aabrücke stieß ich auf den Schwiegervater des Assistenten Keller am Generalvikariat. Er hatte soeben den Bischof oben zwischen den Trümmern stehen sehen. Wie eine Erlösung von einem schrecklichen Alpdruck kam diese Botschaft.

Der Bischof gerettet

So schnell die Beine uns tragen konnten, liefen wir in den Obstgarten, um dort die lange Leiter zu holen, über Trichter und Trümmer hinweg. Und dann das grauenerregende und doch auch wieder so tief beglückende Bild: der Bischof, verstaubt und verschmutzt, stand aufrecht im Türrahmen zwischen Schlaf- und Arbeitszimmer des 2. Stockwerks. Das Dach, der Dachboden, der Fußboden des 2. Stockes waren beim Niederbrechen der Hintermauer zum Hof hin abgestürzt und bildeten eine schiefe Ebene. Ohne Leiter konnte man hinaufklettern, man hielt sich an den dicken, kantigen, schmiedeeisernen Nägeln fest, die nun nach über 200 Jahren nicht mehr die Kraft gehabt hatten, die kernigen, schweren Eichenbalken zusammenzuhalten. Im Vorzimmer oben stieg Qualm auf. Der Bischof wollte zunächst das entstehende Feuer löschen. Aber kein Tropfen Wasser war da, auch kein Eimer. Auf dem Dachboden hatte eine Reihe gefüllter Fässer gestanden, und das Riesenwaschfaß unten im Hof, aus der Zeit des Bischofs Johann Bernard, 800 Liter fassend, war unter einem Berg von Trümmern begraben. Der Bischof glitt über die schräg abfallenden Balken nach unten; ich stützte ihn dabei, seine Füße mit meinen ineinandergeschobenen Händen von unten her umfassend. Der Bischof scherzte, indem er unter Hinweis auf die locker sitzenden Schuhe zur Vorsicht mahnte, diese dürften nicht durch die Holztrümmer in die unerreichbare Tiefe fallen, dann müsse er barfuß laufen, er sähe aber sowieso schon nach dem Ablegen des Talars in der kurzen Hose mit den langen violetten Strümpfen und der Lederweste reichlich komisch aus. Unten angekommen, setzte er sich ganz erschöpft auf dem Rand eines Bombentrichters nieder. Das schnitt einem ins Herz. Er — man konnte den Gedanken nicht loswerden —, der unter dem Einsatz seines Lebens gegen den braunen Barbarismus gekämpft hatte, wurde an einem sonnenklaren Herbstsonntagnachmittag im Schatten der friedlich aufragenden Domtüre von den Bomben jener Länder verfolgt und gehetzt, die seine Predigten durch ihren Rundfunk propagandistisch gegen das Dritte Reich in die Welt verbreitet hatten.

Das Flakschießen ließ nach. Durch ein Fenster oben am Hinterhaus der alten Kurie schaute die Haushälterin Katharina Bußmann, schon wieder ziemlich vergnügt nach all den Schrecken. Also niemand im Bischöflichen Hof war zu Tode gekommen, obwohl nur der Diener sich im Keller aufgehalten hatte und 4—5 Volltreffer das Gebäude zerrissen hatten. Der Generalvikariatsrat Ricking, der mit seiner Schwester einen Teil des rechten Flügels bewohnte, befand sich mit dieser auf Reise. Da alle drei Treppenaufgänge in Trümmer lagen, konnte man nur mit Hilfe von Leitern in die oberen Stockwerke gelangen. Das Allerheiligste wurde sogleich von dem inzwischen herbeigeeilten Prälat Dr. Weinand aus der Hauskapelle zum Ludgerianum übertragen, dann die Kapelleneinrichtung und die Paramente der Sakristei geborgen. Außerdem konnten die Möbel und Gemälde der beiden Säle des Mittelbaues, vor allem die Ölbildnisse der Bischöfe aus den letzten hundert Jahren gerettet werden. Zwei Hirtenstäbe gingen verloren, außerdem büßte der Bischof fast alle seine Möbel und Bücher ein. Die Rettungsarbeiten gestalteten sich sehr schwierig, weil viel zu wenig Hilfskräfte vorhanden waren. An Sonntagnachmittagen pflegt ja das Innere der Stadt fast menschenleer zu sein. Außer den Bewohnern des Bischöflichen Hofes, einigen Dommeßdienern, Flakhelfern und Studenten der Sanitätskompanie haben der Bauer Große-Laxen aus Gimbte und zwei Männer aus der Lamberti- und Heiliggggeistpfarre tüchtig geschafft. Von 15.30—21 Uhr währte ununterbrochen die Bergungsarbeit. Das gegen 18 Uhr umlaufende Gerücht, es sei Vollalarm, trieb wieder viele aus dem Innern der Stadt in die Luftschutzkeller oder weiter nach draußen. Im Laufe der Stunden hatte sich das Feuer im Mittelbau ständig ausgeweitet. Da durch die Sprengbomben zwischen Mittelbau und Seitenflügeln Lücken gerissen waren, blieben letztere vom Feuer verschont. Gegen 21 Uhr rückte vom Spiegelturm her die erste Wehrabteilung vor und vermochte wenigstens eine weitere Ausdehnung des Feuers zu verhindern. Eine Stunde später kam vom Domplatz her eine zweite Wehr hinzu. Die ganze Nacht hindurch blieben die Männer in Tätigkeit; acht Tage lang wechselten Feuerwehren aus dem Industriegebiet alle 24 Stunden einander ab, da der im Keller lagernde glühende Koks immer wieder neue Brände entfachte.

Die Nacht des Grauens

Der Blick auf den brennenden Dom war für den Bischof der größte Schmerz. Obwohl er persönlich wiederholt versucht hatte, die Feuerwehren zum erfolgreichen Einsatz zu bewegen, blieb sein Bemühen ergebnislos. Der linke Domturm brannte in hellen Flammen; von dort griff das Feuer auf das ganze Domdach über. Jeder, der diesen Abend miterlebte, wird das Schaurige und Erschütternde jenes Anblicks nicht vergessen. Wie ein hoher Krater spie der Domturm in gewissen Abständen die Feuermassen empor gegen den Nachthimmel; ein dichter Funkenregen ging über dem Bereich des Westportals nieder und drohte, das gerettete Inventar hinter dem Eisengitter des Bischöflichen Hofes in Brand zu setzen. Ein Riesenbrand hatte das ganze Dach des Domes in ein Feuermeer verwandelt, das ob des sich erhebenden unheimlichen Sturmes in wilde Bewegung geriet. Waren die Prophezeiungen der gottseligen Anna Katharina Emmerick über den vom Himmel kommenden Feuerregen und das brennende Domdach jetzt in Erfüllung gegangen, im Jahre 60 vor 2000, da die Hölle losgelassen würde? Machtlos und hilflos stand man da und schaute den Greuel der Verwüstung an heiliger Stätte.

Im Ludgerianum hatten wir abends gegen 21 Uhr die erste Zuflucht gefunden. Der Weihbischof, der auf der Kanzel in Roxel von dem Angriff überrascht wurde, war dort eingetroffen; auch er stand wie fast alle anderen Domherren am Grabe seiner irdischen Habe. Im Ludgerianum brannte kein Licht und floß kein Wasser. Notdürftig reinigten wir in Schrubbeimern Gesicht und Hände. Bis 2 Uhr nachts verfolgten wir auf dem Domplatz die Tätigkeit der Feuerwehren. Dann begab sich der Bischof in den Keller des Ludgerianums, wo am Nachmittag der in seiner Wohnung schwer verletzte Domkapitular Emmerich gestorben war. Um dieselbe Stunde hatte auf der Promenade den weit über die Grenzen Deutschlands bekannten Dogmatikprofessor und Domkapitular Diekamp der Schlag getroffen. Außer diesen beiden Priestern waren Professor Vrede und der Geistliche Studienrat Hautkappe dem Angriff zum Opfer gefallen. Ganz erschöpft setzte sich der Bischof auf ein altes Sofa, das unten in einer Ecke des Kellers stand, und verbrachte so die letzten Stunden der Nacht. Im Nebenraum befanden sich Feldbetten der Studentenkompanie, dort legten wir uns angekleidet nieder. An Schlaf war nicht zu denken. Wie von selbst stieg aus tiefstem Herzen das Te Deum für die fast wunderbare Errettung aus dem Nachmittag des Todes. Man sah am blutroten Nachthimmel gespensterhaft das Wort Adolf Hitlers: „Ich werde ihre Städte ausradieren", und wie ein schauriges Echo dazu klang die Stimme des Propagandaministers Goebbels aus dem Berliner Sportpalast: „Vertraut ihr dem Führer? Wollt ihr den totalen Krieg?" Die wilde, fanatisierte und irregeführte Menge hatte „Ja" geschrien, und der Rundfunk die Haßgesänge in die Welt getragen. Kann man Liebe ernten, wenn man Haß gesät? Nun sah das deutsche Volk, wie seine Dome niederbrannten.

Am folgenden Morgen

Als es eben dämmerte, wurden die Bergungsarbeiten fortgesetzt. Der Bischof kam und wusch sich notdürftig in einer Schüssel, die Domvikar Roth an einem Spritzwagen mit Wasser gefüllt hatte, die Hände. Dann stieg er langsam und mit steifen Gliedern die Treppen zur Kapelle des Ludgerianums hinauf, um dort das hl. Opfer zu feiern. Draußen ein Bild des Grauens. Die ersten Strahlen der Sonne brachen durch die immer noch aufsteigenden Brandwolken. Staub und ekelerregender Brandgeruch erfüllten die Luft. Die Feuerwehrmänner waren noch immer in Tätigkeit; hier und da rollten sie ihre Schläuche wieder zusammen oder suchten nach neuen Wasseranschlüssen; selbst die Aa war leer geworden. Während der frühen Morgenstunden stürzte das kunstvolle Giebelfeld des Bischöflichen Hofes mit den Löwenskulpturen und der Jahreszahl 1732 in die Tiefe und hätte einen Wehrmann, wenn dieser nicht geistesgegenwärtig in die Wandöffnung zurückgesprungen wäre, unter sich begraben. Im Laufe des Vormittags besprach der Bischof mit Regens Francken seine Umsiedlung ins Priesterseminar. Das gerettete Mobilar wurde teils im Pfarrheim von Gimbte, teils bei den Bauern Große-Horstmann und Bölling in Altenberge-Hansell untergebracht. Die Bevölkerung, auch außerhalb Münsters, nahm in überaus herzlicher Weise an dem Geschick ihres Oberhirten Anteil. Schon am Sonntagabend hatte der ausländische Rundfunk von der Zerstörung des Domes und des Bischöflichen Hofes gesprochen. Daher immer wieder die bange Frage, ob der Bischof gerettet sei, wie es ihm gehe, wo er sich befinde. Viele, naturgemäß in erster Linie die besorgten Frauen, bestanden darauf, er müsse unbedingt, sobald Vollalarm komme, Münster im Auto verlassen, — so machten es ja auch die Parteiführer. Es war nicht immer leicht, solche wohlgemeinten Ratschläge als undiskutabel zurückzuweisen. Um die Passanten mühelos und schnell zu unterrichten, wurde am eisernen Tor ein Schild angebracht mit der Aufschrift: „Der Bischof ist gesund und wohnt im Priesterseminar." Wie oft konnte man im Laufe der folgenden Tage das aufatmende „Gott sei Dank!" hören! Zwei vorübergehende HJ-Flegel, die eine abfällige Bemerkung nicht unterdrücken konnten, hätten beinahe von erwachsenen Passanten die wohlverdiente Ohrfeige verabreicht bekommen.

Die Toten des 10. Oktober

Wie durch ein Wunder war der Bischof an jenem Sonntagnachmittag gerettet worden. In der Trauerpredigt für alle Toten des 10. Oktober in St. Ludgeri sprach er über die Augenblicke der Todesgefahr, in der er sich befunden: Als ich oben stand und die Staubwolke mich umhüllte, als alles niederprasselte und ich keine Sicht mehr hatte, als ich nicht wußte, was der nächste Augenblick bringen würde, da kamen mir von selbst Stoßgebete auf die Lippen: Mein Jesus, Barmherzigkeit! Das ist ein Trost für uns; so werden auch sie gebetet haben, die der Tod von uns genommen hat; der Herr wird ihnen ein gnädiger Richter gewesen sein . . . Die Gläubigen, die dichtgedrängt die Kirche füllten, waren zu Tränen ergriffen, aber auch tief getröstet ob dieser Bischofsworte.

Das alte ehrwürdige Gnadenbild der Madonna aus dem Kloster Vinnenberg, das auf des Bischofs Schreibtisch stand, war in die Tiefe gestürzt und vernichtet worden, hatte aber, wie das gläubige Volk es sinnig deutete, den Bischof vor dem Tode bewahrt. Daß dieser sich eine ernste Verwundung am linken Unterschenkel zugezogen hatte, erfuhr seine Umgebung erst eine Woche später, als die Schmerzen und das dann folgende Hinken nicht mehr verheimlicht werden konnten. Nunmehr wurde ärztliche Hilfe in Anspruch genommen. Auch hier zeigte es sich, daß der Bischof auf sein körperliches Befinden zu wenig Rücksicht nahm. Es war schon so, der Körper hatte nur zu dienen, aber nichts zu sagen.

Die beiden Domkapitulare Diekamp und Emmerich waren begraben. In St. Ludgeri hatte der Oberhirt unter Tränen seinen toten Freunden den ehrenvollen Nachruf gewidmet. Die Leiche des Domkapitulars Emmerich war aus dem Keller des Ludgerianums in die Domsakristei getragen worden; nur einige wenige Geistliche folgten dem Sarg über die Trümmer des Domplatzes, — ein ergreifender Leichenzug. Die Domvikare Holling und Leiwering hatten persönlich die Gräber auf dem Domherrnfriedhof geschaufelt. Als Dompfarrer Krapp bei der Beerdigung die letzten Worte sprach: ,,Laßt uns beten für denjenigen aus unserer Mitte, der zuerst sterben wird", da zitterte seine Stimme, und er brach in Tränen aus. Den Leidenskelch fast bis zur Neige hatte an jenem Oktobersonntag die Genossenschaft der Clemensschwestern trinken müssen. Oberinnen aus allen Teilen des Bistums waren zu Exerzitien und Beratungen im Mutterhaus versammelt. Da kam für über 50 von ihnen und für die Generaloberin der plötzliche Tod. Die offenen Särge standen am 16. Oktober in der Halle, als der Bischof dort niederkniete, nachdem er für sie alle in einer notdürftig hergerichteten Kapelle die Seelenmesse gefeiert und in einer Ansprache mit tränenerstickter Stimme dieser Jungfrauen gedacht hatte. ,,Eine Prozession unschuldiger Seelen", so sagte er, ,,ist am Sonntag nachmittag in den Himmel eingezogen." Wie um sich zu rechtfertigen angesichts des wiederholt bei ihm spürbar werdenden Mitleids und der inneren Bewegtheit, fügte er hinzu, auch Christus habe am Grab des Lazarus geweint, ein Mann brauche sich der Tränen nicht zu schämen.

Am Grabe ihrer Habe

Als der Bischof am gleichen Vormittag das im Deutschen Studentenheim untergebrachte Generalvikariat besuchte, fiel es ihm doch wieder schwer auf die Seele, daß die Bischöfliche Behörde so viele wertvolle und unersetzliche Akten verloren hatte, daß auch seine persönlichen Aufzeichnungen über die Kampfzeit mit untergegangen waren. Die Vernichtung seines Mobilars, der Kunstgegenstände oder reiner Erinnerungswerte berührte ihn weniger. Wie oft hatte ich in den Jahren zuvor um die Erlaubnis gebeten, alte Gemälde aus seinem Familienbesitz oder kostbare Bücher in erhöhte Sicherheit bringen zu dürfen! Stets lächelte er dann, er sei alt, er brauche den „Plunder" doch nicht mehr lange. Wenn der Herrgott es vernichten wolle, dann sei es gut. Genau so dachte und sprach er, wenn von der Sicherstellung unschätzbarer Kunstwerte in der Diözese die Rede war: eine unsterbliche Seele ist mehr wert als all die Kunst, um die die Künstler und Historiker so besorgt sind. Das sagte ein Graf aus uraltem Adel, dem Geschichte, Tradition und Kultur sicherlich hohe Werte waren; aber dem Bischof stand die Sorge für die Seelen unendlich höher. In eigenartiger Fügung kam diese Weisheit von der Unbeständigkeit und Wertlosigkeit alles Irdischen dem Weihbischof Roleff eindrucksvoll zum Bewußtsein. Auf den Trümmern seiner Kurie fand er ein angebranntes Blatt aus einem Buch; er hob es auf und las die ersten Worte: „Wem nichts genügt, fehlt alles; wem alles genügt, fehlt nichts." Und als Nachhall dazu klangen in sein Ohr die Verse: „Je mehr er hat, je mehr er will; nie schweigen seine Klagen still." Fürwahr, in Zeiten, da man alles verloren und nach den primitivsten Gegenständen der Lebenshaltung sich umsehen muß, sind solche Worte eine trostvolle Weisheit!

Die Tage und Wochen nach dem 10. Oktober gingen dahin. Fast immer schien die Herbstsonne auf die Trümmer der Bischofsstadt und des Domplatzes. Das erleichterte sehr das Bergen und Fortschaffen des auf den Bürgersteigen sich ansammelnden Mobilars. Mit Hilfe von ukrainischen Kriegsgefangenen konnten aus den verschütteten Kellern des Bischöflichen Hofes ein Panzerschrank mit wertvollem, zum großen Teil unversehrtem Inhalt, ein Bischofskreuz, Schreibmaschine und dergl. geborgen werden. Da am völlig niedergebombten Spiegelturm Kanalisierungsarbeiten notwendig waren, wurde der Fußgängerverkehr vom Domplatz über den Hof des Ludgerianums, durch den Bischöflichen Garten und Park über die Aabrücke auf den Überwasserkirchplatz geleitet.

Ruinen des Friedens

Am Domplatz wurde es in den folgenden Monaten immer stiller. Das Generalvikariat hatte einen Flügel im Collegium Borromäum bezogen. Fast alle Domkurien waren Ruinen geworden. Die Frühlingssonne hatte das Gras zwischen den Steinen immer höher wachsen lassen; man sah Leute, wie sie mit der Sichel hantierten, den Sack mit Gras füllten und dann wieder fortgingen. Wenn man im Bischöflichen Park stand und über die Mauerreste des ehemaligen Bischöflichen Hofes zu den hohen Domtürmen hinaufschaute, die gegen den klarblauen Himmel aufwuchsen und von den krächzenden Dohlen umflogen wurden, dann glaubte man sich in eine italienische Landschaft versetzt. In Sizilien gibt es Tempel- und Palastruinen, wo zwischen den Säulenstümpfen friedlich die Viehherden weiden. Und selbst die Kirchengeschichte weiß von Zeiten zu berichten, da über den wildbewachsenen Petersplatz in Rom die Kuhherden getrieben wurden. Hinter den Trümmern des Bischöflichen Hofes, zwischen Balkenresten, zwischen Geröll und den zum Teil stehengebliebenen Steinbildern des hl. Joseph, des hl. Paulus und Ludgerus wuchs das hohe Gras. Die beiden Pferde der Studentenkompanie des Ludgerianums grasten durch die Stille dieser seltsamen Weide; ein Soldat lag am Boden und schrieb seinen Feldpostbrief. Alles war umhüllt und zugedeckt von Kräutern und Blüten. Die Vögel sangen wie im Jahre vorher; die Natur ging weiter auf ihrem Weg, in Milde deckte sie mit ihren Gaben die Gräber der Menschen und ihrer Werke zu. — Der Krieg ging weiter. Durch die dürren Gräser auf dem Domplatz wirbelte der Staub. Der heilige Bezirk der Bischofsstadt war zur Wüste und zum Friedhof geworden. Aber noch tiefer sollte die Stadt mit ihren Getreuen Sühne leistend durch das Tal der Leiden wandeln.

DIE BEIDEN TÜRME

Im Keller des Priesterseminars

Am 11. Oktober 1943, dem Fest der Mutterschaft Mariens, war der Bischof durch die noch brennenden und rauchenden Trümmer des Domplatzes und des Spiegelturmes in die Überwasserkirche gegangen. Dort, wo seine seligen Eltern so oft gekniet, dankte er in stillem Gebet dem Herrgott für die fast wunderbare Rettung seines Lebens. Im benachbarten Priesterseminar standen die neuen Wohnräume für ihn bereit, auch für seinen Kaplan und das Personal des Bischöflichen Hofes. Wenige Meter von seinen Zimmern auf demselben Flur war auch dem Dompropst Dr. Donders Unterkunft gewährt worden. Obwohl dieser am 10. Oktober außerhalb Münsters weilte, hatten die Geschehnisse jenes Schreckensnachmittags ihn doch so hart getroffen, daß er sich von diesem Schlag und dem seelischen Leid nicht mehr erholen sollte. Seiner Kleidung, seiner Möbel, seiner Bücher, seiner umfangreichen Manuskripte, Notizen und Aufzeichnungen, seines Domes, seiner Domkanzel war er beraubt. Wenn in jenen Tagen und in den folgenden Wochen Geistliche von auswärts nach Münster kamen und den Dompropst sahen, erschraken sie ob seines veränderten Aussehens. Seine sonst so hohe und kraftvolle Gestalt, wie war sie müde und gebeugt geworden! Wir erinnern uns, wie primitive

Formen in jenen Wochen die Lebensführung angenommen hatte; kein Wasser, kein Licht, Türen und Fenster nur notdürftig abgedichtet. Es griff einem ans Herz, wenn man diese älteren Herren in all dem Durcheinander mit der Kerze herumhantieren sah. Und wenn dann die Sirenen Vollalarm heulten, während des Abendessens oder mitten in der Nacht, kamen die beiden, der Bischof und sein Dompropst, nach unten in den Keller des Priesterseminars. In der Hand trug der Bischof eine große altmodische Laterne (wie selten waren Taschenlampen geworden!); man hörte seine Schritte schwer und steif immer näher über die steinerne Treppe nach unten kommen, unterbrochen von dem „Tak, Tak" des Drahtfunks und dem quätschenden Geräusch eines Taschenlampenmotörchens in der Hand eines Nachbarn, der an die Kellertür klopfte und um Einlaß bat. Zwischen Schränken und Bergen von Koffern, welche von der Nachbarschaft dort untergebracht waren, standen Sessel und Stühle; in der Runde saßen wir Geistlichen um den Bischof und Professor Donders; dazu Pfarrer Höping von Überwasser mit seinen Kaplänen und meist auch zwei Zahlmeister von den im Hause untergebrachten Wehrmachtbüros. Wenn der Subregens Dr. Gleumes als Kriegspfarrer Urlaub hatte, erschien zuweilen auch er, aber dann erst kurz, bevor die Bomben fielen. Im Keller nebenan befanden sich Schwestern des Priesterseminars und viele Nachbarn, unter ihnen der Regens. Wie mancher Rosenkranz ist dort gebetet worden! Wieviel Angst und Not ist ausgestanden, wenn die Stimme des Drahtfunks meldete: „Ida Quelle 3 — Anflug auf das Stadtgebiet — die Luftschutzkeller aufsuchen — mit einem Angriff ist zu rechnen — der Angriff läuft." Dann — wer wird das je vergessen? — das unheimliche Erdbeben, das Zittern der Wände, das Schlagen der Türen! Welches Aufatmen, wenn man nach 20, 30 Minuten, nach einer Stunde vielleicht voll Angst und Todesnot, den Keller wieder verlassen konnte! Ein ganzes Jahr hindurch bis zum 14. Oktober 1944 hat der Bischof hier die Angriffe auf Münster erlebt, dieses unheimliche, nervenzerrüttende Auf und Nieder der Seelenstimmung; bis zum Februar 1944 weilte der Dompropst an seiner Seite. Für ihn empfand man besonderes Mitleid; seine Augen waren groß und dunkel geworden, sein Gesicht hager und bleich.

Jahrzehnte auf der Domkanzel

Seit 1911 hatte Dr. Donders fast Sonntag um Sonntag auf der Domkanzel gestanden. Seine 11-Uhr-Predigten waren zu einem Begriff geworden. In all den Jahrzehnten wurde er nicht müde, den Tausenden im Dom, wie die Probleme und Nöte der Zeit es geboten, als Lehrer der Wahrheit den Weg durch das Gewirr einer modernen Welt zu weisen. Nein, er wurde nicht müde, und sie, die Sonntag um Sonntag kamen, wurden nicht müde, ihn zu hören. Immer war um seine Worte jene hoheitsvolle Größe, jener ernste Höhenflug der Gedanken, — das, was der katholische Christ seit seinen Kindertagen die Feier und Weihe des Sonntags nennt. Wie Balsam, möchte man sagen, gingen die Worte, von einer überaus klangschönen Stimme gesprochen, in die Seelen der gehetzten und gequälten Menschen. Es waren Sätze, immer kristallklar und edel geformt, aus einem Herzen voll Liebe; das spürte jeder, das ließ immer wieder die Herzen der Tausende höher schlagen und reich beschenkt in den Werktag zurückkehren. Als der Nationalsozialismus sein Haupt erhob, wurde Adolf Donders noch größer. Er wußte um die Sendung und Verantwortung einer Domkanzel in solchen Kampfzeiten und scheute sich nicht, dem neuen Heidentum die Wahrheit ins Gesicht zu sagen. Wie haben die Getreuen, die unter seiner Kanzel standen, ihm gedankt, wenn er geistvoll und unmißverständlich dem Fassadenglanz einer Pseudoreligion wie der deutschen Glaubensbewegung die Kraft und Tiefe des Christentums entgegenstellte! Wohl manchen hat er vor dem Abfall und der Untreue bewahrt. Das wußten auch die Feinde der Kirche. Sie wußten — einer ihrer Führer hat es offen eingestanden —, daß der Dompropst durch seinen stetig sich wiederholenden Kampf von der Kanzel ebenso „verhängnisvoll" ihre Front ins Wanken brachte wie der Bischof Clemens August, wenn dieser zu den zwar härteren, aber selteneren Schlägen ausholte. Gern hätten sie daher, wie so manchen anderen Priester im Lande auch ihn mundtot gemacht; allein, dazu fehlte der Mut; denn um seine Beliebtheit und Verehrung im Volke wußten sie ebenso wie um die Gefährlichkeit seiner weltanschaulichen Gegnerschaft. Für die Einwohner Münsters braucht es nicht gesagt zu werden, daß nächst dem Bischof keinem Priester der Diözese so viel Hochschätzung, ehrliche Begeisterung und aufrichtige Liebe geschenkt wurden wie dem Dompropst Dr. Donders. Es gab Männer, mitten im Leben stehend, die freimütig erklärten: Wenn ich am Sonntag die Predigt des Dompropstes nicht gehört habe, dann fehlt mir etwas, dann habe ich nur einen halben Sonntag. Sollte die Gestapo, so sagte jemand, ihn ergreifen wollen, ich würde mich unter Einsatz meines Lebens vor diesen edlen, von mir hochverehrten Mann stellen. Ein älterer Geistlicher, der soeben nach der 11-Uhr-Messe den Dom verließ, scheute sich nicht, in Ergriffenheit und Begeisterung zu erklären, er habe „heute Morgen die schönste Predigt seines Lebens gehört". Kein geringerer als der Bischof äußerte eines Tages, wenn er nicht Bischof wäre, würde er sich jeden Sonntag in die Predigthörer einreihen; so verehrte und liebte der Oberhirt seinen hochbegnadeten Domprediger. Mit welcher Ehrfurcht und Liebe umgekehrt der Dompropst seinem Bischof zugetan war, weiß jeder, der in den vergangenen Jahren in der Umgebung dieser beiden großen Männer leben durfte. Eine wunderbare Brücke gegenseitiger Hochschätzung und herzlicher Treuegesinnung, so möchte man sagen, hielt diese beiden Männer in schwerer Zeit zutiefst miteinander verbunden.

Fast gleich groß an körperlicher Gestalt, von der gleichen Liebe zu Christus und seiner Kirche beseelt, kämpfte jeder auf seine Art den Kampf gegen Satan und seinen Anhang. Zwei junge Menschen in Münster, die diesen Männern der Kirche in hohem Maße sich innerlich verbunden fühlten, verglichen sie mit den beiden hochaufragenden Türmen des Domes. Wahrhaftig, ein schönes Bild! Ja, wie zwei Türme waren diese Männer in dunkler Zeit, — Leuchttürme in Westfalens Hauptstadt! Als Schutzwehr standen sie gegen die Sturmwellen des Antichrists; sie hatten die heilige Sendung, Führer zu sein und weithin strahlendes Vorbild, in Furchtlosigkeit und im Ausharren der gehetzten Herde Sicherheit, Trost und Geborgenheit zu schenken. Das war Gottes Auftrag an die beiden Männer.

Die letzte Predigt

Die Domtürme wurden von den Gewalten der Unterwelt getroffen. Am 10. Oktober fielen Brandbomben auf den der Dompropstei am nächsten gelegenen Nordturm. Ein schauriges Feuer stieg aus ihm empor, er brannte aus und blieb als Krater zurück. Die Wochen und Monate nach jenem Schreckenssonntag waren für den Dompropst ein langsames Dahinsiechen. Von Tag zu Tag körperlich mehr geschwächt, traf diesen feinsinnig edlen, diesen zart mitempfindenden Menschen der Anblick solcher Barbarei und Brutalität mitten ins Herz. Nein, er wollte noch nicht die Hände resigniert in den Schoß legen, sondern alle Kraft zusammennehmen und weiter arbeiten, bis der Herr selbst Einhalt gebieten würde. Die Domkanzel war zerschlagen, und in den weiten ehrwürdigen Hallen stand das Grauen. An den Sonntagen, die dem 10. Oktober folgten, bestieg er die Kanzel der Josephskirche, dann, als es auf Weihnachten ging, versammelten sich die Gläubigen um ihn in der Kreuzkirche. Dort stand seine letzte Kanzel, dort wurde seine letzte Predigt gehört. Wankend und schweißtriefend kehrte er von jenen Predigten ins Priesterseminar zurück. Der Eifer für das Haus des Herrn hatte ihn verzehrt. Dann kam die Stunde, da der Herr Einhalt gebot. Es vollzog sich jene tiefe Tragik: Sein mitfühlendes Herz hatte ihm zeit seines Lebens die Worte in den Mund gegeben, die so bezaubernd und packend in die Seelen der Tausende hinübergingen; — das Sichhineinfühlen in anderer Not und Bedrängnis war die große Kraft in seinem Predigeramt gewesen. Das, was seine Stärke war, wurde angesichts der grausigen Trümmer seine Schwäche. Jetzt fehlte ihm die Robustheit der Nerven; der Anblick der Greuel der Verwüstung an heiliger Stätte brach ihm das Herz.

Es war am späten Abend des 14. Februar 1944, als der Schlag den hochverehrten Dompropst traf, die eine Seite lähmte und ihm die Kraft nahm, laut um Hilfe zu rufen. Am folgenden Morgen, als er nicht rechtzeitig zur Feier des hl. Opfers ins Marianum kam, fand man den Schwerkranken in seinem Zimmer im Priesterseminar am Boden liegend. Kurz nach Mittag spendete der Bischof seinem Dompropst die hl. Sterbesakramente. Mit klarer, ruhiger Stimme betete der Kranke die Sterbegebete mit. Er wurde dann auf die Bahre gelegt und in die Raphaelsklinik gebracht. Jeglicher Besuch war untersagt. In den folgenden Tagen und Wochen zeigte es sich in oft erschütternder Weise, wie tief in den Herzen der Münsteraner das geistige Bild des Dompropstes lebendig war. Auf der

Straße blieben die Menschen stehen, Gebildete und ganz schlichte Leute, und erkundigten sich besorgt nach seinem Befinden. Man spürte unmittelbar die Treue und Anhänglichkeit aus ihren Worten. Traurig gingen sie weiter, wenn sie vernehmen mußten, daß mit dem sterbenden Dom wohl auch nach Gottes Willen das irdische Leben des großen Dompredigers untergehen werde. An einem Frühlingstag verließ der schwerkranke Dompropst im Krankenauto für immer seine geliebte Stadt Münster. In Langenhorst, außerhalb der Luftgefahr, fand er bei seinen nächsten Angehörigen liebevolle Aufnahme. Im Laufe der folgenden Monate hat der Bischof ihn dort einige Male in Begleitung des Weihbischofs und des Regens Francken besucht. Wie menschlich erschütternd war das langsame Erlöschen dieses großen Lichtes, das so hell und klar anderen geleuchtet, so viele Jahrzehnte hindurch! Der Dompropst verlor seine Stimme. Dem begnadeten Kanzelredner, von dessen Lippen wie ein wunderbarer Strom die Worte immer geflossen waren, nahm am Ende der Herr die große Gabe und ließ ihm nur ein unverständliches Lallen. Gottes Fügungen sind nicht der Menschen Gedanken. Auf dem kleinen Friedhof in Langenhorst im Schatten der altehrwürdigen Stiftskirche wollte er begraben werden. Als jedoch der Bischof sein Grab im Schatten der Domtürme wünschte, fügte er sich gleich diesem Wunsche.

Donders' Grab

Am 9. August 1944 nahm der Herr seinen treuen, edlen Diener zu sich in sein Reich. Tiefe Trauer ging durch die Bischofsstadt und durch das ganze Bistum. Der Sarg mit den sterblichen Überresten stand im Stephanuschor des Domes. Wie in einer Prozession gingen die Menschen am Sonntag, dem Tag vor dem Begräbnis, an dem geschlossenen Sarg vorbei, zu dessen Häupten das mittelalterliche Pestkreuz des Domes aufgestellt war. Ihre Namen trugen sie in eine Liste ein; übers Grab hinaus wollten sie dem großen Toten in Treue und Dankbarkeit ergeben sein. Am 14. August hielt der Oberhirt im Stephanuschor das Totenamt. Dicht gedrängt standen die Gläubigen trotz der ständigen Luftgefahr bis an die Stufen des

Altares, als der Bischof die Worte des Gedenkens sprach: „,‚Wer in Segensfülle sät, wird auch in Segensfülle ernten' (2 Kor. 9, 6) . . .

Wie oft hat er seit 33 Jahren die ehrwürdigen Hallen erfüllt mit dem Wohlklang seiner Stimme, wenn er an fast allen Sonn- und Feiertagen die in unermüdlichem Studium und Gebet durchforschte und durchdachte göttliche Frohbotschaft den Tausenden verkündete, die dicht gedrängt seine Kanzel umstanden . . . Im ehrwürdigen Paulusdom haben wir die Leiche des verstorbenen Dompropstes Donders aufgebahrt. Ach, nur in einem Winkel dieses herrlichen Bauwerkes können wir diese Trauerfeier abhalten . . .

Das furchtbare Unglück, das über Münster und seinen Dom gekommen ist, hat seinem frommen, durch das Mitleiden mit den Leiden der hartbedrängten Kirche in Deutschland und mit dem Kriegsleid unseres deutschen Volkes geschwächten Herzen die Todeswunde geschlagen . . . Nach 25 Wochen schwerer, mit heldenmütiger Opfer- und Sühnegesinnung ertragener Krankheit wurde er von dem Herrn der Ernte am 9. August 1944 zum ewigen Lohn heimgerufen . . ."

Als der Sarg von 6 Priestern auf den Domherrnfriedhof getragen wurde, erklangen die letzten klagenden Akkorde der schwerbeschädigten Domorgel. Der linke Domturm, kahl und ausgebrannt gen Himmel aufragend, umflogen von einigen krächzenden Dohlen, war wie ein Symbol der tiefen Trauer an jenem Augustmorgen.

Zwei große Männer

Sechs Wochen später, am 30. September, einem Samstagnachmittag riß eine schwere Bombe das Westportal des Domes mit dem herrlichen Steinbildwerk vom Einzug Jesu in Jerusalem in die Tiefe. Noch stand der andere Turm. Er stand unversehrt bis zum Palmsonntag 1945; es war der 25. März, da brannte auch er aus. Die Riesenglocke, dem Bekennerbischof Johann Bernard geweiht, fiel in die Tiefe und schmolz in der Feuersglut. Etwa ein Jahr später hielt der Kardinal den Einzug in seine Bischofsstadt. Sein Thron stand auf den Trümmern vor dem Westportal im Schatten der Türme. Drei Tage später wurde der schwerkranke Kardinal ins

Hospital gefahren; im Auto auf der Bahre liegend, sagte er: „Dann müßt ihr mich vielleicht begraben in einem der Domtürme."
Ausgebrannt stehen die Türme da, als Symbol zweier Männer, die in schwerer Zeit gelebt, gekämpft und dann auf menschlich tragische Weise von dieser Welt abgerufen wurden. Ausgebrannt sind die Türme, aber sie stehen noch und weisen zum Himmel. Geblieben ist auch das Vermächtnis der beiden Männer, das als heilige Verpflichtung uns allen auf die Schultern gelegt ist, — aufzustehen aus dem Leid der Tage und mutvoll wieder aufzubauen in ihrem Geist.

SENDENHORST

Steigende Fluten

Herbst 1944. Seit einem Jahr hatte Münster keinen größeren Luftangriff mehr erlebt. Viele glaubten, die Alliierten würden das Tempo ihres Vormarsches durch Frankreich und Belgien beibehalten und zu Lande im Herzen Deutschlands die Entscheidung herbeiführen. Während jener atemberaubenden Wochen der Invasion seit dem Juni hatten die Bombardierungen unserer Städte beinahe aufgehört. Da trat die Wendung ein. Der Feind blieb an der Westgrenze stehen, und der Krieg aus der Luft trat in sein furchtbarstes Stadium. Hier einige Tagebuchnotizen, in jenen Wochen flüchtig hingeworfen:

Mariä Namensfest, 12. September 1944, 18,30 Uhr — bisher größter Luftangriff auf Münster — die Antonius-, Joseph- und Elisabethpfarre fast völlig niedergebrannt — 18 Uhr Vollalarm — einige Jäger vor dem Priesterseminar sichtbar — Kondensstreifen — herrliche Abendsonne — in südlicher Richtung ein Bombengeschwader — Drahtfunkmeldung: „Kleiner Kampfverband aus Raum Dülmen in Richtung auf die Gauhauptstadt" — in den Keller — Flakschießen — Meldung: „Neue Anflüge auf die Stadt aus westlicher Richtung" — die ersten Bomben fallen — die Frauen beten laut und hocken tief auf dem Boden — in kurzen Abständen immer wieder das Pfeifen und Niederrasseln der Bomben — manche ziemlich nahe — die Türen beben — das elektrische Licht geht aus — etwa 12 Minuten dauerte der Angriff — das Priesterseminar ist unbeschädigt — wir stiegen auf den Überwasserkirchturm — in der Ferne noch Flakschießen — dicker Rauch über dem Bahnhofsviertel — von der Herz-Jesu-Kirche beginnend bis zum Aasee immer mehr aufbrechende Großbrände — dazwischen ein immerwährendes Knallen — ein Munitionszug war von Brandbomben getroffen worden . . . An jenem Abend wurde das südwestliche Stadtviertel in eine Kraterlandschaft verwandelt. Am 19. September fand in der Überwasserkirche das Pontifikalrequiem für die Toten des 12. September statt; Weihbischof Roleff hielt die Traueransprache. Am 30. September folgte ein weiterer Großangriff. Genau da, wa man das letzte Mal aufgehört, begann nun das Werk der weiteren Zerstörung. Es konnte kein Zweifel mehr bestehen, Münster sollte ausgelöscht werden. An jenem Samstagnachmittag trafen schwere Sprengbomben den Prinzipalmarkt und den Domplatz; das Westportal des Domes wurde niedergerissen; auf das Kreuzviertel fielen meist Brandbomben. Am 5. Oktober folgte der bislang schwerste Sprengbombenangriff auf die Innenstadt. Die Überwasserkirche, in der seit Ostern 1944 wieder Gottesdienst gehalten wurde, war zum zweiten Mal unbenutzbar geworden. Das Collegium Borromäum, in dessen rechtem Seitenflügel das Generalvikariat untergebracht war, erhielt zwei Volltreffer. Tag um Tag heulten die Sirenen Vollalarm. Riesengeschwader flogen über Westdeutschland dahin bis Berlin. Viele Stunden über Tag saß der Bischof im Keller des Priesterseminars, da der Drahtfunk wegen Stromabschaltung zumeist nicht funktionierte und über die Luftlage nicht mehr orientierte, mußte man dauernd mit Anflügen und Angriffen auf das Stadtgebiet rechnen. Abgesehen davon, daß ein solches Kellerhocken die Nerven zerrieb, war eine Verwaltung der Diözese von der Stadt Münster aus schlechterdings nicht mehr möglich. Womit man nicht gerechnet hatte, erhob sich nunmehr als unerbittliche Forderung der Stunde: Verlegung der Bischöflichen Behörde. Nach langwierigen Rundfragen uud Erkundigungen fand Generalvikar Meis das Hospital in Sendenhorst, einer 22 km südöstlich von Münster gelegenen Stadt, am geeignetsten als Sitz der Bischöflichen Verwaltung. Es war selbstverständlich, daß der Bischof jetzt auch

Münster verlassen mußte. Regens Francken wirkte auf ihn, der sich noch immer gegen ein Verlassen der Stadt sträubte, entscheidend ein; der Bischof könne es nicht mehr verantworten, noch länger sein Leben aufs Spiel zu setzen; das Wohl des Bistums verlange gebieterisch die Evakuierung, zumal der Keller des Priesterseminars viel zu wenig Sicherheit gewähre. Schweren Herzens faßte daraufhin der Oberhirt den Entschluß zum Abschied[1].

Die neue Bischofsstadt

Am 14. Oktober in der Frühe, an einem Samstagmorgen, stieg er in einen Lieferwagen und fuhr ohne Begleitung mit dem leichten Gepäck, das der vernichtende Bombensturm ihm gelassen, nach Sendenhorst, wo das Generalvikariat in wenigen Räumen des

[1] Über die damalige kirchenpolitische Lage belehrt uns das nachstehende Dokument, dessen Echtheit Generalleutnant Faeckenstedt garantiert:
Auszug aus einer Aktennotiz des Generalleutnants Faeckenstedt 1944 Chef des Generalstabes Wehrkreis VI, Münster, vom 2. 10. 44:

Am 30. 9. fand eine Besprechung im Panzerzug „Steiermark" in der Nähe von Oldenburg beim Oberbefehlshaber des Ersatzheeres, Reichsführer SS Heinrich Himmler, statt. Dabei kam es zu einer Auseinandersetzung zwischen dem Reichsführer und Generalleutnant Faeckenstedt, dessen Entfernung aus der Dienststellung auf Grund politischer Unzuverlässigkeit angeordnet war. Im Zuge dieser Auseinandersetzung sagte Himmler etwa:
. . . In dieser Stellung (Chef in Münster) können Sie nicht indirekte Beziehungen zu einem Landesverräter, das ist der Bischof Graf Galen, pflegen. Die ganze Clique (gemeint waren die führenden Kreise Westfalens) denkt staatsfeindlich wie er. Das wird man Ihnen allerdings nicht auf die Nase binden. Die Kirche ist allein schuld, daß Deutschland sich so unglücklich entwickelt hat, bis der Nationalsozialismus kam. Auch der Führer hat wie zahlreiche Kaiser im Mittelalter, wie Bismarck und andere, nur Kämpfe gehabt. Seit 1500 Jahren zerstört vor allem die katholische Kirche die innere Entwicklung des Reiches . . . — Der Reichsführer unterbricht meinen scharf gehaltenen Einwurf: . . . Die ganze Gesellschaft ist staatsfeindlich. Mit dem Landesverräter Galen konnten wir aus außenpolitischen Gründen noch nicht abrechnen. Das holen wir mit der ganzen Kirche nach, auch dem hinter ihr stehenden Klüngel. Hier wird restlos liquidiert werden. Ihre Einstellung als General kann ich nicht dulden. Ich habe genug von den religiösen Generalen und Offizieren, ganz besonders seit den Aburteilungen der Verräterbande vom 20. Juli. Es war lächerlich, dort zu sehen, wie diese Leute an ihren Kirchengebräuchen klebten. Ein General trat noch zum anderen Bekenntnis über, weil ihm seine Frau angehörte. Er glaubte wahrscheinlich, daß er dann auf der Himmelswolke einen Stuhl neben ihr bekommt. Lachhaft, wie sich solch ein General Gott vorstellt. Der Stauffenberg trug sogar ein goldenes Kreuz am Halskettchen, dieser Mörder. Aber damit räumen wir auf . . .

Hospitals sich einrichtete. Ein Teil der Bischöflichen Behörde fand in Albersloh, das Bischöfliche Offizialat in Gimbte und Greven Unterkunft. Am Seiteneingang des Josephstiftes hielt der Wagen. Der Maristenpater Boesch, der als Gestapoverbannter im Krankenhaus weilte, kam zufällig des Weges, um dann den hohen Gast in seine Wohnung zu geleiten. Zuvor begab sich der Oberhirt in die Kapelle der Anstalt. Ein denkwürdiger Gang in einer denkwürdigen Stunde, als die hohe Reckengestalt dort im Hause der Leiden und Sorgen in die Knie sank. In seiner Brusttasche trug er eine Reliquie des hl. Ludgerus, die er am Tage vorher zu sich genommen hatte; eine andere hatte er einem Geistlichen gegeben, der in den letzten Jahren in seiner Umgebung tätig war und sich nun von ihm trennen mußte. Pfarrer Huthmacher, der geistliche Leiter des Josephsstiftes, und Pfarrer Westermann von Sendenhorst begrüßten den hohen Gast in den beiden Zimmern, die das Haus trotz der Überfüllung mit Kranken und Flüchtlingen noch hatte freimachen können. Sendenhorst war zur Bischofsstadt geworden. Neben dem kleinen Schlafzimmer, das auch als Studier- und Empfangsraum dienen sollte, lag ein größeres Zimmer, in dem der Bischof mit dem Generalvikar und den ständig in Sendenhorst weilenden Herren Msgr. Hugenroth und Rat Gelhaus die Mahlzeiten einnahm.

Das Chaos

In diesen Räumen sollte für lange Monate das Herz der Diözese Münster schlagen und sorgen. Gewiß, es kamen manche Geistliche, gedrückt und beladen mit dem Leid und den Schmerzen jener Tage des furchtbaren Höhepunktes des Kriegsgeschehens; der Oberhirt tröstete sie, er schenkte Rat und Hilfe, so gut er es vermochte, und sie gingen zurück an die Front im Industriegebiet, an den Niederrhein. Aber viele, die wohl kommen wollten, konnten es nicht wegen der immer schwieriger werdenden Verkehrsverhältnisse. So umfing in den folgenden Wochen und Monaten den Oberhirten eine Art von Isoliertheit und trauriger Einsamkeit, die durch das ungewisse Schicksal seines Bruders Franz, der in Verbindung mit dem 20. Juli verhaftet und ins KZ Oranienburg überführt war, eine besonders schmerzliche Note erhielt. (Im Juli 1945 erlebten die beiden Brüder in Sendenhorst die große Freude des Wiedersehens.)

Alle Nachrichten, die den Bischof erreichten, wurden düsterer und unheimlicher. Die Front kam näher, die Bombardierung der Städte nahm von Tag zu Tag zu. Alte Männer und junge Mädchen wurden, mit Schaufeln und Spitzhacken versehen, an die Westfront gefahren, wo sie einen unüberwindlichen Erdwall des Widerstandes in Gestalt von Panzergräben u. dgl. aufwerfen sollten. Der eiserne Atlantikwall, während vieler Jahre von einem Riesenheer erbaut, hatte nicht gehalten, aber diese Erdlöcher und Erdhäuflein sollten den Massenansturm der Feinde brechen! Dieses immer grauenhafter werdende Chaos, die wild steigende Flut, in der das deutsche Volk unweigerlich ertrinken würde, sah der Bischof tagtäglich vor sich. Immer schmerzlicher drückte das Kreuz dieser Leiden auf seine Schultern, wenn er am Nachmittag über die stillen Wege des Krankenhausgartens ging und den Rosenkranz betete. Er dachte an Münster, wohin ihn das Auto von Zeit zu Zeit brachte. Der Regens war dort geblieben als Hüter des Priesterseminars und des Domes. Neben dem alten Ofen unten im Priesterseminar, in einer Art Rumpelkammer, saß er an den Winternachmittagen. Regelmäßig kam Pfarrer Holstein von Heiligkreuz oder Uppenkamp von St. Lamberti zu ihm. Letzterer wohnte mit Pfarrer Höping von Überwasser im Seminar. Die Aa war im Spätherbst über die Ufer getreten, und der Seminarkeller stand ganz unter Wasser. In Badekleidung stieg der Subregens Dr. Gleumes in die kalten Fluten des Kellers, um für die Küche Kartoffeln herauszuholen. Solche trostlosen Bilder wanderten durch die Phantasie des Bischofs. Plötzlich schaute er auf, und ein Priester vom Niederrhein stand vor ihm. Er hatte mit seinen Pfarrkindern die niederrheinische Heimat zwangsweise verlassen müssen. Nach einem Ort in der Nähe von Magdeburg war er unterwegs. Wie sollte er dort seine Pfarrkinder betreuen, wo und wie in der völlig nichtkatholischen Umgebung Gottesdienst halten? In jenen Wintermonaten wurden in Eile Meßkoffer angefertigt. Paramentengruppen in Emsdetten, Greven, Borghorst, Oelde und Ibbenbüren arbeiteten fieberhaft, um solchen Geistlichen das Notwendigste an Paramenten und heiligen Geräten mitgeben zu können. Durch Schnee und Eis haben Jugendliche auf Fahrrädern stundenweit die gesammelten Paramente nach Sendenhorst zum Bischof gebracht. So jagte in jenen Monaten das eine Problem das andere und harrte der Lösung.

Aber trotz allem wankte und wich der Bischof nicht. Stark-gläubige
Haltung und Gottvertrauen haben ihn auch in den letzten Wochen
des Krieges nicht verlassen. Wenn die Sirenen heulten, wenn die
feindlichen Geschwader unheimlich summten, wenn Tiefflieger
knatternd ihre unheilvollen Garben streuten, wenn vom klarblauen
Himmel die Angriffszeichen wie bleiche Finger niederfielen auf die
dem Tode geweihten Werke der Menschen, wenn über Münster,
Hamm und Dortmund der Phosphorregen niederging, wenn die
„Christbäume" über dem Dortmund-Ems-Kanal bei Greven die
Nacht schreckhaft erleuchteten und die brennende Bischofsstadt
mit ihren düsteren Fackeln Not und Tod verkündete, wenn im
großen Hospital die behinderten Kranken auf ihrem Lager zitterten und bebten, wenn die aufgeschreckten Kinder beteten und
weinten, wenn Geistliche, Ärzte und Schwestern, Pfleger und
Pflegerinnen sich rückhaltlos in selbstloser Hilfsbereitschaft ein-
setzten, wenn das große Haus unter den Bombeneinschlägen in den
Grundfesten erbebte und die Riesenfenster der Glashallen schauer-
lich klirrten, — dann kniete der Bischof zu jeder Tag- und Nachtstunde in der Kapelle vor dem Allerheiligsten. Nur Gott allein
konnte noch helfen, da die Menschen wahnsinnig geworden waren.
In jenen Wochen ging von der hohen Bischofsgestalt auf alle im
Hospital eine eigenartig wohltuende Sicherheit, Ruhe und Geborgenheit aus. Wie ein Priester so schön sagte, erlebte man buchstäblich das Wort der Hl. Schrift: „Ein Mann mit grauem Haar und
majestätischem Aussehen, umstrahlt von wunderbarer, herrlicher
Hoheit, sei erschienen ... Dieser ist der Brüder Freund, der so
viel für das Volk und die heilige Stadt betet" (2 Macc. 15, 13).
Die große Kraftquelle in jenen schweren Tagen war das hl. Opfer
am Morgen. Ein Priester, der damals in Sendenhorst Augenzeuge
war, schrieb: „War es schon ein auffallendes Bild, wenn beim Klang
der Sakristeiglocke hinter den kleinen, trippelnden Meßdienern der
Riese mit den weiten Schritten erschien, dann verstärkte sich noch
der Eindruck, wenn man die weihevolle Sammlung männlicher
Frömmigkeit wahrnahm, die den Bischof noch feierlicher umhüllte
als die liturgischen Gewänder. Solchen Schultern konnte man schon
zumuten, ein schweres Kreuz zu tragen; solchen Händen schon zu-

trauen, einen bitteren Opferkelch zu halten. Die Atmosphäre des Gebetes, die der opfernde Bischof mit seiner Haltung allein schon schuf, rief immer mehr Gläubige, Gesunde wie Kranke, zu der heiligen Morgenfeier des Opferpriesters." Die Kapelle war für ihn in diesen Wochen, die ihm oft wie eine Zeit der Verbannung auf einsamer Insel erschienen, der Lieblingsort. Im Josephsstift wußte jeder, wenn man den Bischof suchte und ihn nicht auf seinem Zimmer fand, daß er sicher in der Kapelle zu finden war. Diese so betonte Ausrichtung seines Tuns und Lassens auf Gott und ewige Dinge beeinträchtigte aber keineswegs die menschenfreundliche Einstellung zu seiner Umgebung, — zu den Kindern, die seine große Gestalt nicht abschreckte, weil ein freundliches Lächeln sie anzog, — zu den Kranken, für die er mit seinem Segen stets ein liebevolles Wort hatte, — zu den Schwestern vom Guten Hirten (Münster) und von der Heimsuchung aus Uedem, die als Flüchtlinge im Josephstift weilten. In der Spülküche des Krankenhauses gab es ein weibliches Faktotum, namens „Tante Agnes", deren Beschränktheit nicht nur andere, sondern auch sie selbst heiter zu stimmen pflegte. Eines Nachmittags erschien Tante Agnes im Zimmer des Bischofs, um eine neue Verdunklungsvorrichtung anzubringen. Da das etwas schwierig zu bewerkstelligen war, wußte sie sich keinen besseren Rat, als den Bischof selbst mit anzuspannen und zwar auf folgende Weise: „Bischof, kannst du mi nich es helpen bi de Verdunkelung; dat geiht sau slecht allene?" Der Bischof: „Jau Agnes, gän well ich di dobi helpen."

Die letzten Tage

Wiederholt hat der Bischof in der Sendenhorster Pfarrkirche das hl. Opfer gefeiert, gepredigt, insbesondere den Flüchtlingen aus Münster Worte des Trostes gesagt. In der Karwoche, kurz bevor die Alliierten einrückten, hat die Kirche in Sendenhorst die gerade in jenen Stunden des Bangens besonders ergreifende Feier des Gründonnerstag-Gottesdienstes erlebt, — die Weihe der heiligen Öle für das ganze Bistum. An jenem Morgen waren aus vielen Teilen der Diözese Kapläne gekommen, um die hl. Öle abzuholen. Sie brachten Alarmnachrichten mit: „Sie sind schon in Dülmen, in Coesfeld." In Gruppen standen die Menschen auf den Straßen.

Auf primitiven Fahrzeugen fuhren unsere müden Truppen vorbei. Man sah die unentschlossenen und trüben Gesichter von Angehörigen des Volkssturmes. Das Durcheinander wurde immer größer. Eine Fülle von Empfindungen ging einem durch die Seele, eine eigentümliche Mischung von banger Sorge und erleichtertem Aufatmen: „Hoffentlich geht es schnell und gut!" Und der Bischof? Einige Worte aus jenen Stunden des Gründonnerstags waren prophetisch. Als ihm gesagt wurde, es werde jetzt bald die Stunde der Befreiung schlagen, hatte er nur das eine zu antworten: „Ach, unsere armen Gefangenen, wann werden sie in die Heimat zurückkehren, und wie viele werden nicht dabei sein! Ja, es ist eine Wende, aber kein Ende!" Beim Abschied an jenem Mittag standen Tränen in seinen Augen.

Rollende Panzer

Am Karsamstag, dem 31. März 1945, nachmittags 14 Uhr, rollten die ersten schweren amerikanischen Panzer langsam an der Front des Josephstiftes in Sendenhorst vorbei. Eine unvergeßliche Stunde, voll höchster Spannung, ein Auf und Nieder zwischen Hoffen und Fürchten und Aufatmen. Alle Kranken waren in die Kellerräume geschafft worden. Was sich aber noch bewegen konnte, füllte die Tür- und Fensterrahmen oder wagte sich auf den Vorplatz des Stiftes in die Nähe des rollenden Schicksals, von der Todesangst zwar befreit, aber von den unheimlichen, fremdartigen Bildern wie gelähmt. Und der Bischof? Er hatte für Augenblicke durchs Fenster auf die Straße geschaut. Da wurde er bleich, berichtet ein Augenzeuge; schweigend ging er in die Hauskapelle, kniete dort nieder und legte das Gesicht in beide Hände. — Am Tage, da England und Frankreich dem Hitlerdeutschland den Krieg erklärten, am 3. Sept. 1939, einem Sonntagmorgen, hatte er, als das Radio diese erschütternde Nachricht der Welt kundgab, das prophetische Wort gesprochen: „Finis Germaniae — das Ende Deutschlands." Es war für den Bischof, dessen Liebe zu Volk und Vaterland, dessen treunationale Gesinnung so sehr außer Zweifel stand, ein bitterer Leidensweg, all die Jahre mit anschauen zu müssen, wie eine vaterlandslose, verbrecherische Führerclique Deutschland systematisch und brutal konsequent in den Abgrund riß. Wie litt gerade er

240

unter dem Zwiespalt, der alle ehrlich Gesinnten bedrückte, — auf der einen Seite im Kriege die vaterländischen Pflichten des Kriegsdienstes für die Sicherung und den Schutz der Heimat wahrnehmen zu müssen, auf der anderen Seite aber bei nüchterner Überlegung sich sagen zu müssen, daß solche sittlich geforderten Taten der verbrecherischen Staatsführung Tag um Tag neue Kraft zuführten und Positionen schafften, auf Grund deren sie ihr Satansreich zu befestigen und das furchtbare Unheil über die schuldlosen Nachbarstaaten zu bringen vermochten! Eine erschütternde Tragik: Menschen, die in ehrlicher Absicht Gutes, Großes, Heroisches, ja das Opfer des eigenen Lebens auf den Altar des Vaterlandes legten, verhalfen zwangsweise den Trägern des Nationalsozialismus, den sie in tiefster Seele verabscheuten, zu Sieg und Erfolg. Wie mancher Soldat ist mit solchem seelischen Zwiespalt an die Front marschiert! Wie mancher Priestersoldat konnte seines Soldatenlebens gerade aus diesem Grunde nie froh werden, in dem Bewußtsein, mithelfen zu müssen, die Pistolen zu laden, die einmal gegen die Christen gerichtet werden würden! Der Bischof hat, um solchen Priestern das seelische Gleichgewicht wiederzugeben, stets erklärt, sie seien berufen, als Seelsorger und Sanitäter ihren Kameraden zu helfen. In den ersten Kriegsjahren hatte er den stillen Wunsch, daß eines Tages die nationalsozialistische Führung durch eine Militärregierung hinweggefegt und so Deutschland durch einen Verständigungsfrieden vor dem völligen Untergang bewahrt werden würde. Deutschland und Europa mußten von Hitler und seinen Trabanten befreit werden, das war für ihn eine unbedingte Notwendigkeit. Aber auf welchem Wege? Der Bischof hat stets, wenn in seiner Umgebung geäußert wurde, Hitler könne nur mehr von außen her, also durch eine völlige Besiegung Deutschlands, erledigt werden, auf die unausdenkbaren Folgen einer bedingungslosen Kapitulation und Niederlage hingewiesen. „Nicht die paar Nazis sind die eigentlichen Leidtragenden, sondern das arme, arme deutsche Volk." Wie oft hat er so oder ähnlich gesprochen! Als die Idealisten des 20. Juli 1944 ihre Vaterlandsliebe mit dem Tode bezahlt hatten und nunmehr die Beseitigung Hitlers nur noch von außen erfolgen konnte, wurden die Tage für den Bischof immer düsterer. Nicht, daß er meinte, unsere Soldaten müßten den Feind noch aufhalten; im Gegenteil, er wünschte ein ganz schnelles Ende. Aber gerade dieses

Ende erkannte er als den Anfang langer, bitterer Leidensjahre. Wehe den Besiegten! Wie sollten die feindlichen Mächte anders handeln? Das Hitlerdeutschland hatte nur Haß und wieder Haß gesät; wie wollte man da von den andern, die auch bis zum Äußersten durch die Kriegsopfer geschwächt waren, Liebe ernten können?! Um die schönen Worte der feindlichen Propaganda im Rundfunk gab er nicht viel. Sein Blick sah unverhüllt das furchtbare Gericht über Deutschland hereinbrechen. Die Grundsätze des Christentums allein, Gerechtigkeit, Erbarmen und Liebe, vermochten einem hemmungslosen Vorgehen der Sieger Schranken zu setzen und Einhalt zu gebieten. Als Bischof hatte er die Machthaber des Dritten Reiches in die gottgesetzten Schranken gewiesen; er würde sich auch jetzt nicht fürchten, vor dem Angesicht der neuen Machthaber das Gleiche zu tun.

So zogen an jenem Karsamstagnachmittag die Gedanken ernst und verantwortungsschwer durch seine Seele. Zum Altar, wo jener wohnte, der bislang seine Kraft gewesen, schaute er vertrauensvoll auf. Auch jetzt nach dem Zusammenbruch im tiefsten Leid der Heimat wird der Herr bei ihm sein. — Und draußen rollten weiter die schweren Panzer.

VATER DES VATERLANDES

Reporter und erste Erklärungen

Schon in den späten Nachmittagsstunden drangen Gerüchte nach Sendenhorst, der Bischof habe bereits mit hohen amerikanischen Offizieren verhandelt. Solche Gerüchte trafen ihn ins Herz. Als am Abend dieses Karsamstages am östlichen Himmel düstere Flammen von den Dächern brennender Gehöfte aufstiegen und wie unheimliche Osterfeuer die Osternacht erleuchteten, ging der Bischof auf sein Zimmer und schrieb folgendes nieder (die handschriftlichen Aufzeichnungen fanden sich in seinem Nachlaß; am Ostermorgen brachte er sie in der Sendenhorster Kirche den Gläubigen zur Kenntnis): „Gestern haben die ersten Truppen unserer Kriegsgegner unseren Ort durchzogen. Wir wollen Gott danken, daß diese Stadt auch dabei noch, wie in der bisherigen langen Kriegszeit, keinen größeren Schaden erlitten hat. Aber wie mir, so wird es euch allen, jedem Deutschen ein erschütterndes Erlebnis gewesen sein und eine traurige Erinnerung bleiben, was der gestrige Karsamstag uns gebracht hat, — der Anblick der durchziehenden Truppen unserer Kriegsgegner, hier in unserer Heimat, im deutschen Land. Es ist heute nicht der Zeitpunkt, und es ist hier nicht der Ort, darüber zu sprechen, wie bitter uns dieses Geschehen ist und wie unsere Herzen bluten bei der Not unseres Volkes. Aber

243

eines nötigt mich, öffentlich ein Wort zu sagen. Ich habe gehört, daß man geflissentlich die Lüge verbreitet, der Bischof von Münster sei gemeinsam mit dem Chefarzt des Josephstiftes mit den durchziehenden Truppen in Verbindung getreten und habe Verhandlungen mit ihnen angeknüpft. Demgegenüber erkläre ich: wer solches oder ähnliches behauptet, sagt die Unwahrheit. Ich habe mit keinem aus deren Reihen eine Verbindung gesucht noch gehabt, mit keinem ein Wort gesprochen. Jede derartige Behauptung ist eine Verleumdung. Sollte es einmal im Interesse der Kirche . . .'' Hier brechen die Aufzeichnungen ab. Um dieselbe Zeit wanderte auf dem Gerüchtweg eine Falschmeldung in das Berliner Hauptquartier, in den Bunker der Reichskanzlei, die Stadt Münster sei vom dortigen Bischof den Alliierten übergeben worden, eine Meldung, die den obersten Gebieter in Raserei versetzte: ,,Sollte ich den Kerl noch einmal erwischen, werde ich ihn hängen lassen.''

In den folgenden Tagen erschienen englische und amerikanische Pressevertreter. Zu einer diesbezüglichen Reutermeldung vom 6. April, die u. a. auch das ,,Märchen'' von einer Verhaftung des Bischofs durch Himmlers Agenten brachte, nahm der Bischof am 9. April wie folgt öffentlich Stellung: ,,Den mich besuchenden Herren von der englischen und amerikanischen Presse habe ich erklärt, daß ich als deutscher Bischof mit meinem deutschen Volke fühle und leide — daß ich es ablehne, solange der Krieg nicht beendet sei, mit ihnen über politische Fragen zu sprechen oder irgend welche Erklärungen abzugeben, — daß ich dringend wünsche, in der Presse und im Rundfunk nicht genannt zu werden. Die in der Reutermeldung gemachten Angaben über mich kann ich nicht als zutreffend anerkennen. Die Erzählung über den Versuch, mich zu verhaften, ist frei erfunden.'' Da in jenen Tagen nach Ostern die kurzen Unterredungen, mit denen die Pressevertreter verständlicherweise Sensation zu machen gedachten, entstellt, verdreht oder mißbraucht wurden, lehnte der Bischof fortan solche Empfänge zumeist ab, auch, als sich hohe Herren aus dem Hauptquartier der Alliierten in Paris meldeten. Thomas Mann, der bekannte emigrierte Schriftsteller, war ungehalten, weil der Bischof vor dem Waffenstillstand die Alliierten noch Feinde genannt habe; es zeige sich also hier, so hieß es in der Presse, daß der Bischof von Galen auch zu jenen

Unbelehrbaren gehöre. Den Angriff Thomas Manns empfanden nicht nur die Deutschen als unfein und taktlos, sondern auch amerikanische Offiziere, die sich nach Sendenhorst begaben und den Bischof baten, er möchte doch dem Emigranten, der all die Jahre weit vom Schuß seines Daseins sich habe freuen können, die passende Antwort geben. Ein solches Ansinnen, das von Priestern seiner Umgebung unterstützt wurde, quittierte Clemens August mit großmütigem Lächeln, indem er meinte, das erübrige sich wirklich, da sich der Fall von selbst erledige; wenn der große Herr jenseits des Atlantik so fortfahre, würde das deutsche Volk ihm die Antwort nicht schuldig bleiben.

Um so geneigter zeigte sich der Bischof schon in den Tagen der Osterwoche, als noch die Panzermassen ununterbrochen ostwärts rollten und um Münster und Hamm noch gekämpft wurde, die katholischen amerikanischen Militärgeistlichen zu empfangen. Ihr Erscheinen war eine eindeutige und aufrichtige Huldigung an den großen Kirchenfürsten. Sie brachten ihm vielfach Nachrichten über Kirchen und Geistliche aus dem überrollten Kampfgebiet. Auch boten sie sich an, den deutschen Priestern in den amerikanischen Gefangenenlagern Hilfe zu bringen, vor allem liturgische Gewänder und Geräte für das hl. Opfer. Ebenso stellten sie sich zur Verfügung, die hl. Öle vom Gründonnerstag zu den Dechanten in die verwüsteten Gebiete des Niederrheins zu bringen.

Beim Chef der Militärregierung

Am 12. April fuhr der Bischof zum ersten Mal in das von den Amerikanern besetzte Münster, um vor allem Einspruch zu erheben gegen die Ausschreitungen der Russen und Polen, die, unbehindert vom Militär, die Bewohner ausplünderten, quälten und mordeten. Im Nachlaß des Kardinals fanden sich unter dem 13. April 1945 folgende handschriftliche Aufzeichnungen: „Mündlich vorgetragen dem Col. Leadenham, Chef der Militärregierung in Westfalen, im Wehrkreiskommando in Münster: Ich nehme an, daß mein Name bekannt ist. Auf englischen Flugblättern und im Radio ist er oft genannt. Weil ich auch gegenüber der deutschen Regierung für Wahrheit, Freiheit und Recht eingetreten bin, — ich tue das

auch gegenüber der Besatzung. Sie sind in ein christliches Land
gekommen; wir werden der Obrigkeit gehorchen. Aber mit der
Macht hat die Obrigkeit auch die Pflicht und Aufgabe übernommen,
für die öffentliche Ordnung zu sorgen, Leben und Eigentum vor
unnötiger Gewalttat, Zerstörung und vor Plünderung zu schützen.
Erstens. Die fremden Arbeiter : sie nehmen aus Not. Ein schweres Problem, für sie Unterkunft und Beköstigung zu beschaffen.
Aber vorläufig ist schon möglich: auch diese dürfen bei Nacht
nicht ihre Unterkünfte verlassen. Zweitens. Die amerikanischen Soldaten (Neger): sie plündern aus Übermut. Es ist un-
begreiflich, daß so wenig Zucht und Ordnung herrscht, besonders
bei Nacht. Am 10. April in Sendenhorst 4 Mädchen vergewaltigt.
Entweihung von Kirchen. Auch für die Soldaten muß die Freizeit
bestimmt, freier Ausgang bei Nacht verboten und verhindert werden, — durch Militärwachen und -streifen. Wir haben den deutschen
Wortführern nicht geglaubt, im Osten und sogar im Westen werde
Vergewaltigung und Plünderung geduldet oder sogar gefördert.
Wir haben dem englischen Rundfunk geglaubt, der sagt, sie kommen, um Recht und Freiheit in Deutschland wieder herzustellen, —
der sagt, die Bevölkerung der besetzten Gebiete werde anständig
behandelt. Wenn nicht sofort durchgegriffen wird, die Vergewaltigung der Frauen, Plünderung und Diebstahl aufhören, müssen
wir glauben, was von unserer Propaganda gesagt wurde. Die Bevölkerung wird zum Haß, zur Wiedervergeltung (Werwolf) erzogen, zur Verzweiflung, zum Bolschewismus getrieben."
Solche Fahrten unternahm der Bischof in der Folgezeit immer
häufiger. Er betrachtete sich nicht nur als den Hirten der Seelen,
sondern auch als den gegebenen Beschützer seiner Mitbürger und
Landsleute, als „Landesvater", da sonst niemand solche Aufgaben
und Pflichten wahrzunehmen vermochte. Die Militärbehörde nahm
Rücksicht und ging nicht brüsk über den Kirchenfürsten zur Tagesordnung über; er hatte ja unter Einsatz seines Lebens gegen die
Naziverbrecher gekämpft; das wurde respektiert. Am 19. April
traf der amerikanische Gouverneur im Josephstift zu einem Besuch
ein; wenige Stunden später machte auch der amerikanische Orts-
kommandant von Sendenhorst seinen Besuch.

Raub und Mord

Im Laufe des Frühsommers wurden die Amerikaner durch die Engländer bzw. Belgier abgelöst. Überfälle und Plündereien seitens der Russen und Polen blieben jedoch auch weiterhin der Schrecken des Münsterlandes, selbst bei hellichtem Tag. Der neuernannte Pfarrer von Haldern am Niederrhein war am 12. Juni per Fahrrad unterwegs nach Sendenhorst. Etwa 1 km westlich vom Josephstift wurde er von Russen überfallen, geschlagen und beraubt. Mit einem tiefen Messerstich im Rücken kam er stark blutend in der Heilstätte an, wo der Chefarzt Dr. Lintel-Höping ihn gleich in Behandlung nahm. Unterdessen hatte bereits Pater Boesch bei den belgischen Offizieren auf der Wache nebenan Klage erhoben und deren Eingreifen veranlaßt. Nach einer Stunde erschien der wachhabende belgische Offizier, meldete die Inhaftierung der russischen Banditen und brachte die geraubten Gegenstände dem Geistlichen zurück. Der Bischof sprach dem Leutnant, der sich soldatisch korrekt und als Katholik sehr ehrfurchtsvoll benahm, Dank und Anerkennung aus. Zugleich legte er ihm aber dringend nahe, es mit dem Schutz der Bevölkerung ernster zu nehmen und den Russen die Waffen restlos zu entziehen. Als der Leutnant etwas verlegen erwiderte, die Nachforschung im Russenlager sei ohne Ergebnis geblieben, sagte ihm der Bischof mit ebenso viel Ernst wie Ironie: „Wenn Deutsche noch eine Kinderpistole haben, da findet ihr sie; aber bei den Russen könnt ihr nicht einmal Maschinenpistolen finden." Sauersüß lächelnd machte der belgische Offizier seine Reverenz und ging. Wie ernst es der Bischof mit seinen Pflichten als „Landesvater" nahm, zeigt ein anderer Vorfall: Ein hoher englischer Offizier hatte in Sendenhorst bei einem Interview verschiedene Fragen und Angelegenheiten zur Sprache gebracht, vor allem das Raub- und Mordunwesen der landfremden Banden, denen das Militär freie Hand ließ. Die Unterhaltung wurde heftig und steigerte sich zu dem kurzen Dialog: „Sie kennen meinen Namen?" — „Yes, von Galen." — „Sie wissen, wie ich die Nazifrevel bekämpft habe? Nun wohl, so werde ich jedes Unrecht bekämpfen, von wannen es auch kommen mag. Sagen Sie das Ihren Vorgesetzten!" Bei diesen Worten sauste die geballte Galenfaust so wuchtig auf den kleinen Schreibtisch, daß Bleistift, Federhalter und Lineal aufgeschreckt emporsprangen. Was der Offizier mit einer quittierenden Verneigung dabei gemurmelt hat, ob Zustimmung, Entschuldigung oder Protest, — das konnte selbst der Dolmetscher nicht verstehen.

Die Telgter Predigt

Begreiflicherweise mußten derlei kalte Güsse die Gesamtatmosphäre beträchtlich trüben. Die unerschrockene Energie des Oberhirten, die den neuen Herren imponiert hatte, begann ihnen nunmehr unbequem zu werden. Es zog eine sommerliche Schwüle herauf, die zur Entladung drängte. — Am Sonntag, dem 1. Juli 1945, weilte der Bischof wie alljährlich mit den Wallfahrern aus der Stadt Münster in Telgte; hier, wo er so manchesmal gegen die Tyrannei der Vergangenheit aufgetreten war, wagte er zum ersten Mal in aller Öffentlichkeit gegen Unrecht und Gewalt der neuen Machthaber zu protestieren. Bislang waren seine wiederholten Eingaben, Beschwerden, Verhandlungen ohne greifbaren Erfolg geblieben; darum fühlte er sich als Oberhirt der ihm anvertrauten bedrängten Katholiken seines Bistums im Gewissen verpflichtet, öffentlich seine Stimme zu erheben. So hatte er es gegenüber Hitler getan, als schriftliche Eingaben und Beschwerden unbeantwortet in den Papierkorb wanderten; so wagte er auch heute den Schritt in die Öffentlichkeit. Er sprach in jener Telgter Predigt von Geschehnissen, die „nur aus Haß und Rachsucht unserer früheren Kriegsgegner zu erklären sind", von den Überfällen und Raubzügen der Russen und Polen im Münsterland, von Vergewaltigungen der Frauen und Mädchen. Und solches geschehe unter den Augen der Besatzungsmacht. „Heute", so fuhr der Bischof fort, „vertrete ich dieselben Grundsätze und Forderungen gegenüber jenen, die jetzt in deutschen Landen die Macht in Händen haben, und gegenüber den Auftraggebern und Völkern jenseits der deutschen Grenzen. Ich möchte, daß heute meine Worte zu den Ohren unserer früheren Kriegsgegner dringen und dort Beachtung und Verständnis finden."
Wie ein Lauffeuer ging die Kunde von jener Telgter Predigt durch die deutschen Lande. Wieder reichte man wie ehedem 1941 des Bischofs Worte in vervielfältigten Exemplaren von Hand zu Hand. Begeisterte, zum Teil rührende Dankesschreiben aus allen Teilen

des Vaterlandes kamen in Münster an. In den großen Gefangenenlagern auf deutschem Boden griff man gruppenweise nach den zer-
lesenen Exemplaren, schöpfte wieder neue Hoffnung. Aber auch
von der anderen Seite wurden die Telgter Worte gehört und beachtet, wenn auch nicht in der beabsichtigten Richtung und mit dem
notwendigen Verständnis. Am 21. Juli, also 3 Wochen nach der
Predigt, erschien in Sendenhorst ein englischer Offizier, der dem
Bischof persönlich ein Telegramm aushändigen wollte. Dieser befand sich aber seit dem 15. Juli im Dekanat Ahlen zur Spendung
der hl. Firmung. Am 23. Juli erschienen in Sendenhorst zwei Offiziere, ein englischer und polnischer, mit einem dringenden Telegramm an den Bischof; auch sie konnten nur auf Ahlen verwiesen
werden. Dieselben fuhren tags darauf in den dörflichen Pfarrhof
von Enniger, wo sie dem Bischof ein Schreiben des englischen Kommandeurs des Regierungsbezirkes Münster überreichten, in dem
der Bischof gebeten wurde, zum nächstmöglichen Termin die englische Militärbehörde in Warendorf zwecks einer Besprechung aufzusuchen. Da für den 25. Juli die Beendigung der Firmungsreise in
Aussicht genommen war, sagte der Bischof diesen Termin zu.

In Warendorf

Am Mittag des 25. Juli war die Predigt von Telgte der Gegenstand
ernster, aber korrekter Verhandlungen, die über zwei Stunden
dauerten. Als Dolmetscher fungierte ein polnischer Offizier. Nach
einigen einleitenden Bemerkungen überreichte der englische Oberst
dem Bischof ein in Maschinenschrift vervielfältigtes Exemplar der
Telgter Predigt, mit kräftigen roten Strichen versehen. Der Bischof
gab sogleich das Schriftstück mit der Bemerkung zurück, es handle
sich in der Tat um die Wiedergabe seiner Telgter Predigt. Die dann
folgende Diskussion bewegte sich im wesentlichen um drei Haupt-
punkte. Zunächst um die S c h u l d f r a g e. Nach Auffassung des englischen Obersten ist das deutsche Volk als geschlossener Block schuldig. Wenn der Bischof in der Telgter Predigt eine allgemeine Mit-
schuld leugnet, so macht er es der Militärregierung unmöglich, das
deutsche Volk zu erziehen. Die Zudiktierung der Schuld, so meinte
der Oberst, sei nicht so sehr als Strafe, sondern vielmehr als er-
zieherische Maßnahme gedacht. Der Bischof wehrte sich entschieden

gegen eine solche Auffassung. Mit Nachdruck führte er das Argument ins Feld, daß offene und aktive Gegenwehr stets mit Tod oder KZ geendet habe. Derlei heroische Taten hätte man vom ganzen Volk nicht fordern und erwarten können. Er wies hin auf die teuflischen Mittel der Propaganda; die Tatsache, daß man den Bischof von Münster nicht einzusperren, geschweige denn aufzuhängen gewagt habe, zeige doch, wie stark der latente Widerstand im Volk gewesen sei. Dann ging es um die Frage der Plündereien, die nach Ansicht des Bischofs nur möglich waren, weil die gesamte Propaganda in Presse und Rundfunk von Haß- und Rachegedanken gegen Deutschland sich leiten lasse. Genau so sei es in der Frage Ernährung, die zur Hungerkatastrophe sich entwickeln werde, wenn die Alliierten untätig zuschauten. All dem widersprach der Oberst. Der Bischof sollte widerrufen, mildern, versöhnend ausdeuten, was er in Telgte gegen die traurigen Zustände und Besatzungsverhältnisse gesagt habe. Bei aller Korrektheit, Vornehmheit und Beherrschtheit bestand der Oberst in typisch englischer Zielfestigkeit und Zähigkeit darauf, daß der Bischof zur Telgter Predigt eine öffentliche Erklärung abgebe, da die Sätze der Predigt sonst das Ansehen der Militärregierung sehr herabsetzten und ihr die Wahrnehmung der Besatzungsaufgaben bedeutend erschwerten. Der Bischof wich kein Jota von dem ab, was er gesagt, fand sich aber zu folgender Erklärung bereit, die etliche Monate später im Kirchlichen Amtsblatt erschien: „Die englische Militärregierung hat mir erklärt, daß sie weit davon entfernt sei, sich in ihren Maßnahmen von Haß oder Rachsucht leiten zu lassen, und daß sie weder die Ausschreitungen und Gewalttaten, die ich erwähnt habe, dulden noch einer vermeidbaren Hungersnot untätig zuschauen wolle. Um entstandene Mißverständnisse zu beseitigen, teile ich diese Erklärung gerne meinen Diözesanen mit."

Der versöhnliche Brief

Am Tag nach der Besprechung in Warendorf traf ein in versöhnlichem Ton gehaltener Brief des englischen Obersten beim Bischof ein, der hier vollständig abgedruckt wird, weil er geeignet ist, die damalige Situation zu beleuchten:

..Ew. Gnaden schreibe ich dieses als Privatbrief, da ich annehme, daß ich in unserer gestrigen Unterredung einen Punkt nicht vollkommen klargelegt habe. Auch glaube ich, daß wir in weitem Umfange übereinstimmen in dem Ziele unserer Bemühungen: einem dauernden Frieden. Es handelt sich um die Schwierigkeiten in der Überwachung der gesetzlosen Elemente unter den Ausländern. Ew. Gnaden betrachten sichtlich nicht vollständig auch die andere Seite in Ihrem tiefen Mitgefühl beim Anblick Ihres Volkes, das unter Bedrängungen leidet, die auf den ersten Blick in weitem Umfang verhindert werden zu können scheinen. — In Ihrer Diözese sind einige Hunderttausend, die gegen ihren Willen in dieses Land gebracht worden sind. Sie haben hier schon einige Jahre verbracht und wurden gezwungen, für das Land zu arbeiten, das sie zwang hierherzukommen und das gegen ihre eigene Heimat kämpfte. Viele von ihnen sind während ihres hiesigen Aufenthaltes sehr schlecht behandelt worden. Sie haben durch die Erfahrung am eigenen Leibe den Grundsatz in sich aufgenommen: Macht ist Recht. Sie haben viele ihrer Verwandten und die Heimat verloren. Viele von ihnen haben nichts, auf das sie ihre Zukunft aufbauen können, wenn sie jemals heimkehren sollten. Sie haben davon gehört und vielleicht auch furchtbare Dinge gesehen, die von den Deutschen gegen sie selbst, ihre Landsleute oder Verbündeten begangen wurden. Kann man sich dann noch wundern, daß einige unter ihnen die Deutschen als ihre Feinde ansehen und meinen, daß sie jede Gelegenheit wahrnehmen sollten, um einen Teil der Zeche heimzuzahlen? Kann man sich darüber wundern, daß sie jeden christlichen Gedanken und jede Hemmung verloren haben, die sie vorher besessen haben mögen? Die Elemente jedoch, die in ihrer Vergeltung zur Gewalt greifen, sind nur ein Teil der hier noch lebenden Ausländer; der größere Teil zeigt ein gutes Benehmen. Kann man sich dann wundern, daß wir es nicht für gerechtfertigt halten, diese Menschen, die noch unsere Verbündeten sind, in Konzentrationslagern hinter Stacheldraht zu halten, daß wir ihnen die Freiheit gewähren, die ihnen so lange vorenthalten wurde, daß wir die Masse nicht einsperren wegen des Mangels an Disziplin bei den Wenigen? Denken Sie dann an die Tausende der verstreuten Bauerngehöfte und Dörfer in unserem Bereich! Bedenken Sie die Tatsache, daß wir als erste Aufgabe noch den größeren Krieg gegen Japan zu führen haben! Bedenken Sie ferner, daß unsere zweite Aufgabe nach den Verwüstungen und Zerstörungen des Krieges der Wiederaufbau und die Wiederherstellung unseres eigenen Landes ist. Ist es dann noch zu verwundern, daß wir hier nur eine Armee unterhalten, die so klein ist, wie es die Notwendigkeit der Aufrechterhaltung einer Ordnung es erfordert, damit irgend eine Bedrohung unserer ersten beiden Aufgaben vermieden wird? Die Wahrung und Aufrechterhaltung der Ordnung ist die erste Pflicht unserer Armee, komme die Bedrohung von den Deutschen oder anderen. Wir bedauern alle Verbrechen, die hier begangen wurden, wie wir die noch schlimmeren und allgemeineren Verbrechen bedauern, die in den letzten vergangenen Jahren von den Deutschen begangen wurden. Wir haben, wie wir hoffen, den letzteren für immer ein Ende gemacht. Wir hoffen, daß auch bald den ersteren ein Ende bereitet wird, und wir ergreifen alle Maßnahmen zur Durchführung. Zu meinen, daß sie sich niemals ereignet hätten, oder sofort hätten unterbunden werden können, ist eine eitle Erwartung. Es ist unser aller ernstestes Bemühen, die unglücklichen Menschen ihrer Heimat, aus der sie mit Gewalt herausgerissen wurden und die in vielen Fällen durch den Krieg zerstört oder beschädigt worden ist, zuzuführen. — Ew. Gnaden, ich verstehe vollkommen die Erregung, die Sie zeitweise in unserem Gespräch zeigten; ich bewundere aber noch mehr die Zurückhaltung unseres Dolmetschers, des polnischen Leutnants Klink, der selbst als gefangener Offizier in den letzten Jahren weit mehr an physischen und psychischen Leiden erduldet hat als irgend ein unglücklicher Deutscher in den letzten von uns besprochenen Vorkommnissen. Ich selbst befreite ihn aus Belsen. Dort würden die Schrecknisse nicht vernehmlich vermehrt worden sein, wenn die Verbrechen, die in den letzten zwei Monaten in Münster begangen wurden, hinzugefügt worden wären. Man kann verstehen, daß er alle Deutschen für schuldig hält an dem Versagen der Überwachung der Führer, die in so unmenschlicher Weise im Namen des Volkes handelten. Aber ich wiederhole, wir bedauern alle Verletzungen der Menschenrechte und tun alles, sie zu verhindern und die Schuldigen zu bestrafen, soweit die Umstände das erlauben. Ich bitte Ew. Gnaden, diese Umstände zu berücksichtigen. Ihr gez. Spottiswood."

Die unübersteigbare Mauer

Begreiflicherweise nahm der Bischof jene Zeilen, aus denen neben Verteidigung und Entschuldigung zweifellos auch guter Wille sprach, mit Genugtuung entgegen. Als Zeuge der langen Unterredung in Warendorf kann ich das korrekte Verhalten sowohl des englischen Obersten als auch seines polnischen Dolmetschers nur bestätigen. Es ist richtig, daß der Bischof zeitweise sehr erregt wurde, die beiden Gegenüber jedoch völlig beherrscht sich verhielten, obwohl es ihnen sichtlich schwer wurde. Verständlicherweise hatte jener Brief vornehmlich das Ziel, beruhigend auf den Bischof einzuwirken; es mußte ein erneutes öffentliches Auftreten des Oberhirten möglichst vermieden werden. In den folgenden Monaten schob sich bei aller Korrektheit der Beziehungen eine, so möchte man sagen, fast unübersteigbare Mauer zwischen Bischof und Militärregierung. In seinem Fastenhirtenbrief 1946 lesen wir es: „Ihr dürft es mir glauben, es ist mir ein bitterer Schmerz, ja es macht mich oft tief traurig, daß ich so wenig, fast gar nicht helfen kann; daß ich immer wieder sagen und schreiben muß: Ich habe keine Macht, ich habe keinen Einfluß auf die Machthaber; ja, es ist mir nicht einmal möglich, jenen Stellen, die zu entscheiden haben, unsere Not und unsere Bitten vorzutragen." Obwohl dem Bischof diese Lage der Dinge im Sommer und Herbst 1945 von Tag zu Tag klarer zum Bewußtsein kam, hörte er nicht auf, an die Tür der Engländer zu klopfen, um zu bitten, zu klagen, zu protestieren. Es waren für ihn keine leichten Gänge. Gewiß, man begegnete ihm stets korrekt und vornehm. Nie hat er ein Zimmer der Offiziere betreten, ohne daß sie sich nicht zum Gruße erhoben hätten. Dasselbe geschah bei der Verabschiedung, auch wenn die Verhandlungen sehr lange gedauert und erst nach Überwindung mancher

252

Meinungsverschiedenheiten hatten zu Ende geführt werden können. Der Bischof war eben bei weitem mehr Kämpfer als Unterhändler. Das hat ihn jedoch nie dazu verleitet, die Form zu vergessen, aber es ließ ihn manchmal in seiner Sprache anschauliche Bilder gebrauchen, die dem Übersetzer Schwierigkeiten bereiteten, wenn sie in derselben Anschaulichkeit, die der Münsterländer damit verbindet, wiedergegeben werden sollten.

Bis tief in die Nächte hinein, ja bis zum frühen Morgen saß er an seinem Schreibtisch in Sendenhorst oder Münster, wo er den größten Teil der Woche im Collegium Borromäum wohnte, um persönlich die zu Bergen anwachsenden Bittschriften aus allen Teilen des weiten Vaterlandes zu beantworten. Mittags nach dem Essen las er, im Sessel sitzend, die langen Schreiben; vor Abspannung und Müdigkeit fielen ihm die Augen zu und die Briefe aus der Hand. Man konnte ins Borromäum kommen, wann man wollte, zu jeder Tageszeit warteten Besucher, oft in förmlichen Schlangen, auf dem langen Flur, wo Regen, Wind und Sonnenschein sich ungeniert in die Besucherreihen mischten. Was brachten all diese Menschen für Sorgen und Probleme mit! Das hat an seiner sonst unverwüstlichen Gesundheit furchtbar gezehrt. Neben den Sorgen für das Vaterland war es auch die Sorge für die Familien und die einzelnen, die dem Bischof vorgetragen wurde und einer Besprechung mit der Militärregierung bedurfte. Bis zu sechsmal in der Woche ist er zu Fuß durch die Trümmer des Spiegelturmes und des Katthagens gegangen, über die Schutthaufen der Hollenbecker- und Jüdefelderstraße gestiegen, um der Militärregierung diese Bitten vorzutragen. Bezeichnend für seine Vatersorge, die auch das Kleinste nicht vergaß, mag folgender, vielleicht unbedeutend erscheinender Vorfall sein: An einer Straßenecke fehlte auf dem Brunnen der Kanalisation der schützende Deckel, und das gähnende Loch hätte manchem Passanten in der Dunkelheit zum Verderben werden können; gemeinsam mit seinem Begleiter Dr. Kamp zog er aus den Trümmern einige Balken hervor, um mit diesen die Öffnung zu bedecken.

„Deutsche Bilanz 1945"

Die Reporter aus aller Welt blieben eine Plage; immer wieder wußten sie durch List ein Interview zu erreichen. Es zeugt von der vornehmen und loyalen Haltung des Bischofs der Militärregierung

253

gegenüber, daß er bei dem allgemein bekanntgewordenen Interview mit den beiden Reportern Anderson aus Schweden und Allemann aus der Schweiz den anwesenden, nicht deutsch sprechenden englischen Offizier fragte, ob er den beiden Herren alles sagen dürfe, was er an den Maßnahmen der Militärregierung zu kritisieren habe. Das wurde ihm dann auch zugebilligt; denn die englischen Behörden hatten mittlerweile erkannt, daß seine Kritik nicht einer verantwortungslosen Kritisiersucht, sondern dem bei ihm so ausgeprägten Gerechtigkeitssinn entsprang. Im folgenden das von einer Züricher Zeitung veröffentlichte Interview, das damals weithin Aufsehen erregte:

„Deutsche Bilanz 1945. Eine Rundfahrt durch die britische Zone in Deutschland. Von unserem Londoner Korrespondenten Fritz R. Allemann.

Ein Bischof sagt Nein. Daß es auch Kritik an den Methoden der britischen Besatzung gibt, und daß diese Kritik mitunter sehr scharfe und bittere Formen annimmt, darf nicht verhehlt werden. Es gibt Züge in der Herrschaft der Engländer, mit denen sich viele Deutsche nur schwer abfinden. Niemand, mit dem ich auf meiner Rundreise zusammenkam, hat diese Züge so scharf und kompromißlos gezeichnet, wie ein alter Gegner des Nationalsozialismus, Graf von Galen, der katholische Bischof von Münster, dessen ungemein öffentliches Auftreten gegen Hitlers Irrlehre im Jahre 1941 (d. h. erheblich, bevor der Krieg seine üble Wendung nahm) ihm in den Augen der Engländer und des deutschen Volkes eine ähnliche moralische Autorität verlieh wie seinem protestantischen Gegenpartner Pastor Niemöller. Graf von Galen spricht heute den Engländern gegenüber seine Meinung mit derselben Rücksichtslosigkeit wie seinerzeit gegenüber den Herren des Dritten Reiches, oder soll man sagen: noch etwas rücksichtsloser, da die Worte heute etwas weniger gewogen zu werden brauchen? Trotzdem zeigte er sich zunächst unwillig, zu den Neutralen über die Dinge zu sprechen, die ihm am Herzen liegen, nicht aus Angst, sondern weil er fand, Kritik an den Engländern gehöre vor ein britisches und nicht vor ein ausländisches Forum (und ich habe von den Engländern selber gehört, daß von Galen ihnen gegenüber kein Blatt vor den Mund zu nehmen pflege). Erst die Aufforderung unseres Begleitoffiziers, offen und rückhaltlos zu sprechen, löste ihm die Zunge. — —

Fremdherrschaft des Nationalsozialismus. ‚Wir haben den Krieg und die Niederlage unseres Volkes sehr schmerzlich empfunden‘, sagte er, ‚und leiden schwer darunter. Wir haben seit Jahren schwer gelitten unter der Fremdherrschaft des Nationalsozialismus und wir haben gehofft und gewartet, davon frei zu werden, jetzt sehen wir, daß wir nur durch sehr schwere Leiden diese Freiheit wieder erringen können, und wir müssen es in Geduld ertragen. Wir empfinden es ganz besonders schmerzlich, daß wir heute noch immer von den Siegermächten verantwortlich gemacht werden für die Taten jener, die uns selber geknechtet und vergewaltigt haben.‘

Gewiß, manches ist besser geworden, gab der Bischof von Münster zu. Die Verfolgung der Kirche habe aufgehört, die religiöse Freiheit sei weitgehend wieder hergestellt worden. Aber selbst auf diesem Gebiete war er keineswegs unkritisch. Die Aufsicht, die über die Kirchen noch immer von den Besatzungsbehörden ausgeübt wird, scheint ihm über das absolut Notwendige hinauszugehen. Im Schulwesen sieht er den berechtigten Forderungen der Katholiken nach der christlichen Bekenntnisschule längst nicht Genüge getan. Das Verbot der Fronleichnamsprozession und erst recht die Verlegung des hohen kirchlichen Festes auf den nachfolgenden Sonntag erinnert ihn an die nationalsozialistischen Methoden.

Doch diese spezifischen kirchlichen Einwände waren nicht das Kernstück in der Kritik des Bischofs. Sein Vorwurf zielt weiter: daß das britische Regime in mancher Beziehung eine Nachahmung des Nationalsozialismus sei. Konzentrationsläger schlimmer als die der Nazis! Ich muß offen sagen, daß wir zum Teil dieselben Beschwerden vorzubringen haben, die wir schon gegen den Nationalsozialismus hatten. Wir können nur mit ernster Sorge auf die Methoden schauen, mit denen man gegen angeblich politisch belastete Menschen vorgeht. Ich bin gewiß auch dafür, daß die Verantwortlichen des nationalsozialistischen Regimes entfernt und bestraft werden. Aber daß man die vielen, die einfach, um Schlimmeres zu verhüten, einen Parteititel und eine Parteifunktion annahmen — daß man solche Menschen zu Hunderten gefangen nimmt und in Konzentrationsläger sperrt, wo sie wochen-, monatelang nicht einmal vernommen werden und keine Gelegenheit zu ihrer Verteidigung erhalten, das sind Methoden der Rechtlosigkeit, die wir von den Engländern nicht verstehen. Das Gift der nationalsozialistischen Irrlehre hat offenbar auch andere Völker angesteckt, selbst solche, die sich ihrer Demokratie zu rühmen pflegten. Selbst die Nationalsozialisten gestatteten den Häftlingen in Konzentrationslägern, zweimal im Monat Briefe mit Angehörigen zu wechseln und von ihnen Lebensmittelpakete zu erhalten.

Solche Vergünstigungen gibt es bei den Engländern nicht. Und wenn ich den Engländern das sage und sie mir darauf antworten, auch die Nazis hätten diese Zugeständnisse an die Leute im KZ nicht überall gemacht, dann kann ich ihnen nur die Frage stellen: ‚Müßt ihr Engländer denn unbedingt die schlimmsten Läger nachmachen, wenn ihr sie schon nachmachen müßt?‘ Und ähnlich auf anderen Gebieten. Als die Nationalsozialisten an die Macht kamen, da hatten sie ihre Gegner durch das ‚Gesetz zur Wiederherstellung des Berufsbeamtentums‘ zwar rücksichtslos aus den öffentlichen Stellen entfernt, aber sie haben doch wenigstens pensioniert oder doch in irgend einer Weise abgefunden. Heute werden sie ohne Entschädigung herausgeworfen, und nicht nur sie selbst, sondern auch ihre unschuldigen Familien, ihre Frauen und Kinder dem Elend preisgegeben. Die größte Sorge. Seine größte Sorge, sagte der Bischof, sei die, daß solche Geschehnisse und das materielle Elend, das sie erzeugen, zur Radikalisierung des Volkes führen könnten, und daß sie die Gefahr zur Opposition gegen jede vernünftige Ordnung, die Gefahr des völligen ‚Nihilismus‘ und ‚Bolschewismus‘ heraufbeschwören. Dasselbe gilt nach seiner Meinung für die allgemeinen Lebensverhältnisse. Es scheint Graf Galen unverständlich, daß die Engländer sogar für den Winter nicht einmal das geringste Heizmaterial für die Zivilbevölkerung herausgeben, trotzdem die Kohle im Ruhrgebiet auf den Halden liegt und die Förderung von nur drei Tagen zur Deckung des zivilen Bedarfs genügen würde. Das sei nicht zu verteidigen. Mein Einwand, daß letzten Winter auch Frankreich so gut wie völlig ohne Kohlen gewesen sei, begegnete einem erstaunten und etwas erzürnten Aufblick. ‚Gewiß, das ist auch unrecht, die Amerikaner und Engländer hätten ihnen liefern müssen . . .‘

Ein letzter Punkt: ‚Die uns gänzlich unbegreifliche Grenzziehung im Osten‘ und die Austreibung von Deutschen aus den neu erworbenen polnischen Gebieten. ‚Auch dies ist eine Neuerung in der Geschichte, die nicht mehr dagewesen ist, seitdem das Christentum in die Welt kam, bis die Alliierten und der Nationalsozialismus damit begonnen haben. Letzteres hat uns nicht gewundert, was uns wundert, ist, daß die christlichen Völker des Westens zu solchen Methoden ihre Zustimmung geben, daß sie stillschweigend oder sogar in aller Form (wie Potsdam), die Mitverantwortung dafür übernehmen, daß derartige Dinge geschehen.'

Warum erklärt man es uns nicht? Der Bischof wehrte sich gegen die Vorstellung, daß er als Priester zu diesen Dingen schweigen müsse, weil sie Angelegenheiten materieller Natur beträfen. ,Ich bin nicht nur der Bischof, sondern auch ein deutscher Mensch, ein Christ, der Mitleid mit armen Menschen hat, und ein Seelsorger, der weiß, wie ungeheuer sein Werk erschwert wird, wenn die Menschen in unerträglichen materiellen Bedingungen leben und zur Verzweiflung am Himmel, an Gott und an der Religion getrieben werden. Darum fühle ich mich verpflichtet, gerade als Priester meine Stimme zu erheben. Gewiß, es ist vor allem meine Verpflichtung zu sehen, daß die Menschen zurückfinden zum einen wahren Gott, aber sie müssen auch das Recht haben, als Kinder des himmlischen Vaters an den Kultur- und Wirtschaftsgütern dieser Welt teilzunehmen.'

Der Bischof gab zu, daß viel von dem Elend und der Ungerechtigkeit vielleicht unvermeidlich sei, obwohl es damit nicht aufhöre, Elend und Ungerechtigkeit zu sein. Aber er beklagte sich (und mit dieser Klage steht er nicht allein), daß die Engländer es versäumten, den von ihren Maßnahmen Betroffenen auch nur eine Orientierung über ihre Notwendigkeit zu geben. ,Wenn es schon wirklich nicht möglich ist, anders zu handeln, warum erklärt man es uns nicht?'''

Verständlicherweise wurde dieses Interview im Jahre 1946 in vielen Abschriften von Hand zu Hand weitergereicht.

Bischof von Chichester und General Templer

Von besonderer Bedeutung war das Zusammentreffen mit dem anglikanischen Bischof von Chichester, Dr. Bell, im Oktober 1945 in Gegenwart des Brigadiers Chadwick, des Kommandeurs der Militärregierung von Westfalen. Dr. Bell schreibt nach dem Tode des Kardinals über jene Zusammenkunft: „Ich war aufs tiefste beeindruckt von der Entschiedenheit und Leidenschaftlichkeit, mit der er Recht und Gerechtigkeit unter allen Umständen und gegen jede Regierung vertrat. Er war ein Mensch von überragender körperlicher Größe, aber auch moralischer Kraft. Jeden Raum, den er betrat, beherrschte er mit seiner großen Erscheinung und seinem vornehmen Verhalten . . . Unermüdlich war er in der Sorge für sein Volk. Er glaubte fest an die Zusammenarbeit von Katholiken und Protestanten. Er sagte mir, es sei eine natürliche Forderung, daß diejenigen, die vereint seien in dem Glauben an Gott, in der Treue zu Christus und in dem Glauben an die Unsterblichkeit der Seele, sich einsetzen sollten für die Gerechtigkeit und den Frieden."

Einige Monate später hatte General Templer die Bischöfe der britischen Zone nach Lübbecke eingeladen. Nach dem informierenden Referat des Generals hatten die Bischöfe Gelegenheit, ihre Bitten vorzutragen, so auch der Bischof von Münster. In einigen Punkten übte er Kritik an der höheren Politik; die Militärregierung möge dem deutschen Volke wieder das Vertrauen zu Recht und Gerechtigkeit schenken; sie möge zeigen, daß nicht mehr der nationalsozialistische Grundsatz „Gewalt vor Recht", sondern „Recht vor Gewalt" herrsche. General Templer äußerte zum Abschluß der Konferenz gegenüber dem Brigadier Sedgwick, dem Referenten für religiöse Angelegenheiten im Hauptquartier, er habe vermutet, in dem Bischof von Münster einen „feuerspeienden Drachen" anzutreffen, habe sich aber gefreut, in ihm einen ehrlichen und aufrichtigen Gegner gefunden zu haben.

Das umkämpfte Auto und Father Murphy

Im Oktober 1945 wurden eines Tages alle Mercedes-Benz-Wagen beschlagnahmt. Ein Auto dieses Typs hatte der Bischof im Laufe des Sommers, nachdem er zuvor viele Wege zu Fuß machen mußte, erwerben können. Eine Stunde vor Beginn der Firmungsreise ins Dekanat Bottrop erschien ein englischer Offizier im Borromäum zwecks Beschlagnahme des bischöflichen Autos. Mit Hilfe seines Dolmetschers Dr. Kamp gab der Bischof seinem Erstaunen und seiner Erregung über eine solche Maßnahme Ausdruck. Der Offizier erklärte sich schließlich bereit, bei der höheren Instanz für die Freigabe des Wagens sich einsetzen zu wollen, bestand aber darauf, den Wagen befehlsgemäß zu beschlagnahmen. Nach einer Stunde brachte er das Auto mit dem Bescheid zurück, der Bischof dürfe den Wagen für die unaufschiebbare Firmungsreise noch benutzen (er hat ihn aber noch bis zu seinem Tode behalten dürfen.) Den Eindruck, den diese Szene auf den mit der Beschlagnahme beauftragten Offizier gemacht hat, konnte man noch viele Wochen später an dem Gesichtsausdruck der Offiziere ablesen, wenn das Stichwort „Bischöfliches Auto" fiel. Die englische Zeitung „Glasgow Observer" kommentierte am 4. Januar 1946 diesen Vorfall folgendermaßen: „Als ich das einfache Zimmer verließ, konnte ich das Gefühl nicht loswerden, daß die Militärregierung ungewöhnlich phantasiearm und beschränkt gewesen ist in ihrem Verhalten gegenüber diesem großen Bischof und Volksführer. Vierzehn Tage später erfuhr ich, daß es die Militärregierung für notwendig gehalten hatte, das Auto des Bischofs von Galen zu beschlagnahmen. Vielleicht wird es dem Kardinal zurückgegeben." Immerhin, für Menschen, die ein Jahrzehnt im Nazideutschland mit „Maulkörben" einhergingen, wirken solche Worte demokratischer Kritik nicht nur erfrischend, sondern auch erzieherisch.

Zum Abschluß dieses Kapitels soll eines englischen Offiziers gedacht werden, des Jesuitenpaters Father Murphy, der als Standortpfarrer von Münster und als Seelsorger im Standortlazarett zum Verbindungsoffizier zwischen Bischof und Militärregierung bestellt worden war. In aufopferungsvoller Weise hat er dem Bischof viele Gänge abgenommen und die Verhandlungen mit den englischen Stellen erleichtert. Er tat es gern, erlebte er doch tagtäglich, welches Riesenmaß an Arbeit der Münstersche Oberhirt zu bewältigen hatte. Einmal spürte er ein so starkes menschliches Rühren, daß er sich die Freiheit nahm, an einem Sonntagabend dem Bischof ein wenig „Medizin" zu schenken und zwar in Form einer Flasche Whisky. Derlei rührte hinwiederum den Bischof, daß ihm inmitten der ermüdenden und aufreibenden Arbeiten solche menschliche Anteilnahme gezeigt wurde. Er bat den Father Murphy, das erste Glas mit ihm zu trinken. Als das aber dem Bischof nicht gelingen wollte, nahm er seine Zuflucht zu einer List, indem er mit einem Schmunzeln erklärte: „Herr Pater, ich kann Ihre Arznei nicht einnehmen, wenn Sie nicht das erste Glas trinken; da Sie mein ‚Feind' sind, müssen Sie mich zunächst von der Ungefährlichkeit und Giftlosigkeit des Trankes überzeugen." Unter beiderseitigem herzlichen Lachen schenkte der Bischof ein, und der Pater ergriff das Glas.

KARDINAL

Wieder war ein Herbst ins Land gezogen, der erste nach dem Waffenstillstand. In der ganzen Welt, auch in Japan schwiegen nun die Kanonen. Aber wie weit lag noch das, was die Menschen Frieden nennen! Wie zerschlagen war das Antlitz der Heimat mit ihren ausgebrannten Städten, wohin die Menschen zurückkehrten, um dort in Kellern und Häuserruinen Unterschlupf zu finden! Die ehemals friedlichen Dörfer und stillen Gehöfte waren Stätten des Schreckens geworden, die allnächtlich von Banden heimgesucht werden konnten. Auf den Straßen des Münsterlandes sah man die armen Menschen des Industriegebietes in langen „Geleitzügen" (zum Schutz gegen die Ausländer) aufs Land fahren, um sich das Notwendigste zum Leben zu holen. Erschütternde Bilder! Dann begann im Laufe des Sommers wieder der Personenverkehr auf der Eisenbahn, und all diese „Hamsterer" wanderten auf die Bahnhöfe und in die Güterwagen; von Personenwagen war noch keine Rede. Aus Süd- und Mitteldeutschland drängten die evakuierten Massen zurück in den Westen des Vaterlandes. Und wenn die Heimat auch noch so blutete aus vielen Wunden, sie blieb die Heimat. In Münster scharten sich in den Abendstunden die Bewohner je einer Straße mit Hacke und Schaufeln zusammen, um die Wege für Menschen und Fahrzeuge passierbar zu machen. Unter Leitung des Domvikars Leiwering vermochte eine Gruppe von freiwilligen Idealisten den gesamten Schutt aus dem Innern des Domes nach draußen zu schaffen. Am Kirchweihfest zelebrierte Regens Francken das erste Hochamt auf den Ruinen des Hochchores.

Soldaten Christi

Für den Bischof kamen die letzten Wochen des Aufenthaltes in Sendenhorst. Die Beziehungen zur belgischen Besatzung gestalteten sich von Tag zu Tag günstiger. Bei festlichen kirchlichen Anlässen erwiesen belgische Soldaten unter Führung eines Offiziers dem Oberhirten militärische Ehrenbezeugungen. Am 6. September erschien der belgische Kriegspfarrer mit zwei seiner Soldaten, denen der Bischof in der Kapelle des Josephstiftes das Sakrament der Firmung spendete. Am Morgen des festgesetzten Tages ging der eine Soldat, der am Vorabend getauft worden war, geführt von seinem Bataillonskommandeur und begleitet von seinem Kameraden, zur ersten hl. Kommunion, — und dann nach der hl. Messe zur hl. Firmung. „Wenn es einen Deutschen gibt, vor dem ich den Hut ziehe, dann ist es dieser Graf von Galen", sagte der belgische Major. Nach der Feier kam der Kriegspfarrer freudestrahlend aus dem historischen Audienzzimmerchen und erzählte mit lachendem Munde und plastischen Gesten: „Diese Audienz bleibt mir unvergeßlich . . . Zum Schluß hielt mir der Bischof seine gewaltige Hand hin, in deren Kuhle ich hätte schlafen können wie in einer Wiege und sagte mit kleinen Blitzen unter den buschigen Augenbrauen und einem Zucken in den Mundwinkeln: „So, nun wünsche ich Ihnen und Ihrer ganzen Gesellschaft, daß Sie möglichst schnell nach Hause kommen." Ein humorvoller Wink, der mit gutem Humor aufgenommen wurde.
Etliche Zeit vorher hatte der Bischof in der Kapelle des Borromäums neun amerikanischen Soldaten das Sakrament der Firmung gespendet. Nach der ungewöhnlichen Feier versicherten sie, daß zwar die Persönlichkeit des Bischofs in ihrer äußeren vornehmen Erscheinung einen großen Eindruck auf sie gemacht habe, aber noch mehr seien sie beeindruckt gewesen von der kindlich tiefen Frömmigkeit, die aus der Feier des hl. Opfers, der Spendung der Firmung

und den schlichten Worten gesprochen habe. Es war mehr als Neugierde und Sucht nach Sensation, wenn immer wieder die Soldaten zum Domplatz kamen, um das Gebäude ausfindig zu machen, in dem der „große Bischof" wohnte. Sie wagten es nicht, das Gebäude zu betreten, aber sie waren voll Freude darüber, daß sie den Ort mit eigenen Augen gesehen hatten, an dem der Mann, von dem die ganze Welt sprach, arbeitete und betete. Ein englischer Soldat, Vater von sechs Kindern, forderte, um seine Rechtgläubigkeit zu beweisen, den Dolmetscher des Bischofs Dr. Kamp auf, er möchte doch einige Fragen aus dem englischen römisch-katholischen Katechismus zur Beantwortung vorlegen. Er konnte die 370 Fragen noch von seiner Schulzeit her auswendig hersagen.

Abschied von Sendenhorst

Als die Novemberstürme durchs Land brausten und der Bischof in wochenlangen Rundfahrten die Geistlichen und Gläubigen der durch den Krieg besonders heimgesuchten Gemeinden im Industriegebiet, im westlichen Münsterland, am Niederrhein und im nördlichen Oldenburg aufsuchte, hatte das Bischöfliche Generalvikariat in Sendenhorst begonnen, die nach den Bombardierungen in Münster verbliebenen und neuaufgekommenen Akten und Möbelstücke zu verpacken für die endgültige Rückkehr in die Bischofsstadt. Im Caritashaus am Breul waren unter der tatkräftigen und geschickten Leitung des Monsignore Dr. Tenspolde in kurzer Zeit hinreichend Räume für die Unterbringung des Generalvikariates fertiggestellt worden. Da die im gleichen Gebäude vorgesehene Bischofswohnung noch nicht bezugsfähig war, verblieben die Möbel des Bischöflichen Hofes vorerst noch auf den zwei Bauernhöfen in Altenberge und Hansell, während der Bischof im Borromäum Wohnung nahm, in den Zimmern des neuernannten Direktors Prälat Dr. Weinand. Am 18. Dezember verabschiedete er sich in Sendenhorst. Dem Leiter der Anstalt, Pfarrer Huthmacher, und den guten Schwestern sprach der Bischof seine höchste Anerkennung und seinen tiefgefühlten Dank aus für die Pflege, Stärkung und Ermutigung in den schweren Wochen seines Sendenhorster Aufenthalts. Dann entrollte der Wagen, still und unauffällig, wie bei der Anfahrt 14 Monate zuvor. „Er saß aufrecht im Wagen", so berichtet ein Augenzeuge, „die

Schultern gereckt wie zu neuen Taten, das markante Galengesicht geradeaus der Zukunft entgegengerichtet, die energischen Lippen vor Rührung gepreßt. An den Wimpern des großen Auges aber hing eine Träne."

Die Freudenbotschaft

Weihnachten stand vor der Tür. Wochen zuvor saßen drei Geistliche in der Wohnung des Pfarrers von St. Lamberti. Die Unterhaltung bewegte sich um die Nöte der Zeit und die Großtaten des Bischofs, den zu erhängen man nach Ausweis der aufgefundenen Akten des Propagandaministeriums im Sommer 1941 nicht gewagt hatte. Plötzlich erhob sich die Frage, ob der Papst wohl seinen tapferen deutschen Bischof sichtlich belohnen und ehren werde. Es fielen Worte wie „Titularerzbischof" und auch „Kardinal". Letzteres geriet in das Kreuzfeuer des Für und Wider, wobei die Gründe des „Wider" sehr bald den Sieg davon trugen: eine solche Ernennung gegen alle Gepflogenheit, ganz außer der Reihe, ist kaum denkbar; — zu schön, um wahr zu sein. Mit solchen Gedanken gingen an jenem Herbstnachmittag die drei Münsterer Priester auseinander.

Da, am letzten Sonntag vor Weihnachten, abends 8 Uhr, brachte der Rundfunk die überraschende Nachricht von der Ernennung der 32 neuen Kardinäle. Unvergeßlich jene Augenblicke. Wir saßen im deutschen Studentenheim am Radio, Dr. Tenspolde und ich: als der Name unseres Bischofs fiel, sprangen wir beide wie elektrisiert hoch. Wir griffen nach Mantel und Hut. Im Sturmschritt ging es zum Borromäum. Der Bischof besaß ja keinen Rundfunkapparat. Selig vor Freude, wollten wir die ersten sein, die ihm die Botschaft überbrächten. Wir klopften an; er ging im Zimmer auf und ab. Wir begrüßten ihn, wie man Kardinäle zu begrüßen pflegt: „Eminenz; haben Sie es schon gehört?" — Er lächelte und sagte: „Ach, is ja dumm Tüg!" — „Also, Sie wissen es schon?" „Ja, der Stadtdechant Berghaus hat gerade angerufen; aber ich glaube nichts davon; das Radio hat früher geschwindelt, und heute ist es noch nicht viel besser." Diese Bemerkung vermochte weder unsern Glauben zu erschüttern noch unsere Freude zu trüben. Wir mußten uns setzen, und damals gab es auch noch Zigarren. Es wurde nun über den Fall geplaudert, als ob er der Wahrheit entspräche. Über des Bischofs Gesicht ging von Zeit zu Zeit ein Lächeln; dann kamen auch wieder Worte köstlichen Humors und beruhigender Selbstironie aus seinem Munde oder Äußerungen tiefer Demut und Beklommenheit. In seiner Seele war stille Zufriedenheit, aber bei allem doch ein Schweben zwischen Traum und Wirklichkeit.

Als am folgenden Morgen das Domkapitel erschien und der Weihbischof in wohlgesetzter Rede der stürmischen Freude der Priester und Gläubigen des ganzen Bistums Ausdruck gegeben hatte, wehrte der Bischof noch immer lächelnd ab, er könne es nicht glauben. Derlei Zweifel bedrückten in keiner Weise die lange Kette der Gratulanten, die in ununterbrochener Folge an die Tür klopften und ihre „herzlichen Sprüchlein", wie der Bischof es kommentierte, hersagten. An jenem Morgen warteten draußen der Rektor und der Dekan der Universität, der Oberbürgermeister und die Pfarrer der Stadt. Einer der Pfarrer äußerte im Vorzimmer, strahlend und froh mit lebhaften Gesten: „Das sah ich kommen; das habe ich immer schon gesagt." Ein Domvikar warf dazwischen: „Er ist tatsächlich der erste Kardinal auf dem Münsterschen Bischofsstuhl"; und ein Dritter meinte: „Er hat es wirklich verdient; großartig, diese Tat des Hl. Vaters!"

Heilige Lehnstreue

Für jeden, das darf man sagen, kam jene Freudenbotschaft überraschend. Und welche Begeisterung hat sie in deutschen Landen ausgelöst! Hier passen die abgegriffenen Worte „Lauffeuer und Windeseile", mit denen diese Nachricht von Haus zu Haus, von Mensch zu Mensch ging. Wie 1941 und schon so oft, war Münster wieder in aller Munde. Und der mit dem Lorbeer Gekrönte? Still und allein saß er während der Abendstunden auf seinem Zimmer. Vorbei zogen die Jahre seines Lebens. Wenn das sein edler Vater und seine gute Mutter noch erlebt hätten! Aber sie sahen es ja vom Himmel her. Kardinal war noch niemand aus dem uralten Geschlecht derer von Galen geworden. Und dann dachte er an die Bischofsjahre, an die oft so bitter schweren Stunden. Aber Gott war immer bei ihm gewesen. So gut menschliche Kraft es vermochte, hatte er gestritten für die heiligen Güter und Rechte

der Kirche, — und ihres Oberhauptes. Das Wort des hl. Cyprian: „Ubi Petrus, ibi Ecclesia — wo Petrus, da die Kirche", das „sentire cum Petro — fühlen mit Petrus" waren ihm nicht nur Forderungen des Glaubens, sondern mehr noch ein Herzensanliegen. Am 14. Febr. 1939 stand er auf der Domkanzel zur Trauerpredigt für den toten Papst Pius XI. In fünfviertelstündiger Gedenkrede zeichnete er ein Lebensbild des hohen Verstorbenen und verteidigte mutvoll die Werke des großen Papstes. Die Gesinnung heiliger Lehnstreue gegenüber dem päpstlichen Stuhl, so möchte man sagen, gab ihm Worte wie diese in den Mund: „So bitter es mir ist, am heutigen Tage davon sprechen zu müssen; ich bin es unserm lieben Hl. Vater Pius XI. schuldig; ich bin es meiner eigenen Ehre und Ritterlichkeit schuldig, ich bin es auch meinen Diözesanen, als deren berufener Vertreter und Sprecher ich hier stehe, ich bin es der Ehre aller Katholiken in Deutschland und der ganzen Welt schuldig, daß ich Protest und Anklage erhebe gegen die Behandlung, gegen die Mißhandlung, die unserem geliebten Hl. Vater bis in die jüngste Zeit in der deutschen Öffentlichkeit zuteil geworden ist . . . Wir müßten nicht deutsche Männer sein, wir würden ehrlose Wichte sein, wenn wir solche ruchlose Verhöhnung unseres geistlichen Vaters, solche Ausnutzung der Wehrlosigkeit des Papstes nicht als schändliche Kränkung unserer eigenen Ehre und als Abkehr vom ritterlich deutschen Wesen empfinden und verurteilen würden. Das sei heute, wo wir im Geiste an der Totenbahre unseres Hl. Vaters in Trauer und Ehrfurcht stehen, einmal offen ausgesprochen. . . . Heute will ich unser Bekenntnis und unsern unwiderruflichen Entschluß noch einmal in die Worte fassen, die unser westfälischer Landsmann, Freiherr Burghard von Schorlemer-Alst gesprochen hat, der westfälische Bauernkönig, dessen ehernes Denkmal die dankbare Heimat vor dem Landeshaus der Provinz Westfalen an der Warendorferstraße errichtet hat. Am 16. April 1875 hat er es den Schmähern des Hl. Vaters öffentlich zugerufen: ‚Ihr könnt uns vernichten. Ihr könnt uns das Herz aus dem Leibe reißen. Aber das sage ich euch: Ihr werdet diese katholischen Menschen nicht vom Statthalter Jesu Christi losreißen! Amen! So geschehe es!"
Unter dem Datum jenes denkwürdigen Tages heißt es in meinem Tagebuch: „Der Dom war gefüllt wie sonntags um 11 Uhr — trotz des Werktages. Der Bischof hat gewaltig gesprochen — wie ein

deutscher Ritter Papst und Papsttum verteidigt gegen die gemeinen und feigen Angriffe der Zeit. Der Weihbischof sagte zu Domvikar Albers: Wie ein Ambrosius sprach er. Es war ergreifend, wie nach der Rückkehr in die Sakristei Dompropst und Stadtdechant kamen, um im Namen des anwesenden Klerus den innigsten Dank auszusprechen."

Zwei Wochen später in jenem Jahre, kurz vor Ausbruch des Krieges. Ich schreibe wörtlich die aus dem Erleben der Stunde stammenden Tagebuchnotizen hier nieder: „Am Donnerstag, dem 2. März — am ersten Wahltag, im dritten Wahlgang wurde Eugenio Pacelli zum Papst Pius XII. gewählt, an seinem 63. Geburtstag. Es mochte 17.30 Uhr sein, da kam plötzlich der Bischof über den Flur gelaufen und rief alle an das Radio. Es wurde italienisch gesprochen: „Die historische Stunde — die weiße Wolke steigt aus dem Kamin in die Luft." Der neue Papst war gewählt. In rascher, begeisterter, fast nervöser Folge sprachen die Ansager, die auf den Kolonnaden des Petersplatzes Aufstellung genommen hatten, das Weltereignis in den Äther — der deutsche Ansager — der Spanier, Franzose, Engländer, Holländer usw. Gegen 18 Uhr kam durch das Jubelrufen der Menge auf dem Petersplatz (man sang immerfort das Te Deum) die Nachricht, die Prozession mit dem Protokardinaldiakon Caccia Dominioni nähere sich — die Türen der Loggia oben an St. Peter waren schon geöffnet — ein Teppich heruntergelassen. Plötzlich eine unheimlich spannende Stille — wir saßen im Vorzimmer des Bischofs, auch der Offizial Vorwerk und Monsignore Leufkens — da die Stimme des Kardinaldiakons: „Annuntio vobis gaudium magnum, habemus Papam, Eminentissimum ac Excellentissimum Eugenium (ein ungeheurer Jubelschrei der Menge auf dem Petersplatz hallte empor — ein Klatschen in die Hände — der Bischof war tief ergriffen und erschüttert) Sanctae Romanae Ecclesiae Cardinalem Pacelli, nomine Pium XII." Vor Freude jubelten wir. Soeben hatte die Heilige Stunde im Dom begonnen. Der Bischof nahm seinen Rosenkranz und betete. Gegen 18.30 Uhr hörten wir durchs Radio, wie die Prozession mit dem Hl. Vater sich der Loggia näherte. Wir knieten nieder, als wir hörten: „Benedicat ..." Die Stimme des Pastor angelicus, zu Anfang sehr fest, dann langsamer und leiser werdend, wie wenn tiefe Ergriffenheit ihn bewegte."

Soweit die Tagebuchnotiz. Wenige Monate später kniete der Bischof von Münster vor dem neuen Hl. Vater. Dann kam der Krieg. Jahr um Jahr sandte der Bischof seine Berichte über das Geschehen in seinem Bistum an den Statthalter Christi. Wie freute sich der Bischof, wenn er die so persönlich gehaltenen Antwortschreiben, vom Hl. Vater handschriftlich unterzeichnet, in Händen hielt! Sie waren für ihn der tiefste Trost in den langen Jahren der Verfolgung. Er wußte um die Liebe des Papstes zu Deutschland, und darum empörte es ihn in tiefster Seele, wenn die Menschen in Deutschland diesen Papst mit Lüge und Verleumdung überschütteten. Am Feste Peter und Paul 1943 stieg er auf die Domkanzel als Verteidiger des Papstes in Rom (vgl. Bd. II, S. 289). Wenige Monate später, am 19. September 1943, tat er das Gleiche. Hier einige Sätze aus jener Dompredigt — es war seine letzte auf der Domkanzel vor der Zerstörung der Kathedrale am 10: Oktober 1943: „Wir kennen unsern lieben Hl. Vater Pius XII., der als Apostolischer Nuntius so viele Jahre in unserer Mitte, in unserem Lande gelebt hat, der noch im vorigen Jahr in seinem Schreiben an die deutschen Bischöfe vom 26. Oktober 1942 es ausdrücklich betont hat, daß er in so langjährigem Umgang das edle deutsche Volk schätzen und besonders lieben gelernt hat. Es ist ja beschämend, welche unverschämten und obendrein unsinnigen Verleumdungen über den Papst kolportiert werden: Der Papst sei Aktionär der italienischen Kriegsflotte und habe als solcher ihr Auslaufen zur Rettung der deutschen Afrikakämpfer verboten und verhindert. Also, die Kriegsflotte des faschistischen Italien Mussolinis sei ein Geschäftsunternehmen auf Aktien gewesen?! Oder: Der Papst habe unsere Kriegsgegner mit Geld für die Kriegsführung unterstützt?! Meine Christen! Ich würde euch beleidigen, wenn ich euch ermahnen würde: Glaubet solche dummen Märchen nicht! Denn so töricht ist doch wohl keiner von euch, daß er solchen Schwindel glauben könnte. Aber ich sage euch: Tretet solchen infamen Lügen entgegen! Verlangt Beweise, aber wirkliche Beweise, nicht nur Gerüchte und Aussagen von Kirchenfeinden, die ein Interesse daran haben, gegen die Kirche zu hetzen. Ich meine, unsere Kindesliebe, unser Familienstolz müssen sich aufbäumen gegen solche Verdächtigungen unseres gemeinsamen Vaters! Schande über ein Kind, das zu den Verleumdungen seines Vaters schweigt!

Wer den Papst angreift, greift uns an, greift die Ehre von 40 Millionen deutschen Katholiken an, die Ehre von Hunderttausenden katholischen Soldaten."

Zwei Jahre später. Nach bedingungsloser Kapitulation liegt das arme deutsche Vaterland blutend und ausgeraubt am Boden. Wer in der Welt hat noch ein Wort des Erbarmens? In seiner Weihnachtsansprache 1945 sagte Pius XII. u. a. diese Sätze: „Jeder, der die begangenen Verbrechen bestrafen will, möge sich hüten, daß er nicht die gleichen begehe. Wer Reparationen fordert, tue das auf der Grundlage moralischer Prinzipien und vergesse nicht, daß die natürlichen Rechte auch für die gelten, die bedingungslos kapitulierten." Am Dreikönigstag 1946 stieg der Bischof während des Pontifikalamtes auf die Kanzel der Kirche zum Heiligen Kreuz in Münster, las aus der Weihnachtsbotschaft des Papstes die bedeutsamsten Stellen vor und fügte dann etwa folgendes hinzu: Wir freuen uns, daß der Hl. Vater vor aller Welt die Heiligkeit und Unverletzbarkeit der Rechte der Völker dieser Erde, auch der besiegten, anerkannt hat. Wir müssen es beklagen, daß man im Osten unseres Vaterlandes Menschen von Haus und Hof auf die Straße treibt, wo sie vielleicht elend zugrunde gehen. Wir müssen das Recht fordern für unsere Gefangenen, daß sie nicht länger als notwendig zurückgehalten werden. Wir treten auch für jene ein, die in den vergangenen Jahren rein äußerlich unter Zwang der Partei oder ihren Gliederungen angehörten, ohne innerlich dabei zu sein, z. B. der NSV, die ja auch manches Gute getan hat. Wir haben keine Macht, unserm Recht Nachdruck zu verleihen. Seinerzeit bin ich für die Achtung primitivster Menschenrechte gegen den Nationalsozialismus aufgetreten. Damals habe ich gesagt: Gerechtigkeit ist das Fundament der Staaten;   wird die Gerechtigkeit nicht wiederhergestellt, dann wird unser Volk an innerer Fäulnis zugrunde gehen. Heute muß ich sagen: Wenn unter den Völkern das Recht nicht respektiert wird, dann wird nie Friede und Eintracht unter die Völker kommen. Gebe Gott dem deutschen Volk und allen Völkern den wahren Frieden!

Der hl. Paulus schrieb an seinen Schüler Timotheus: „Erfülle Deinen Beruf als Verkünder des Evangeliums und verwalte Dein Amt in vollkommener Weise" (2 Tim. 4, 5). In all den Jahren seit 1933, da Pius XI. ihm das Bistum Münster anvertraute, hatte Clemens August dieses heilige Lehen in heiliger Treue verwaltet. Mit dem letzten Einsatz seiner Kraft hatte er das getan, und er würde es weiterleiten in selbstverständlicher Bescheidenheit. Am Nachmittag des Dreikönigstages, da er am Morgen mit den Worten des Hl. Vaters auf den Lippen als Anwalt des Rechtes seine Stimme erhoben hatte, wandte sich sein Blick nach Rom, und er schrieb folgenden Brief an den Vater der Christenheit.

Heiliger Vater!

Mit kindlicher Ehrfurcht im Geiste zu Eurer Heiligkeit Füßen kniend, suche ich vergeblich nach Worten, die ausdrücken, was mein Herz bewegt. Der Rundfunk und dann die Zeitung haben es bekannt gemacht, daß Eure Heiligkeit geruht haben, das Heilige Kollegium der Kardinäle durch die Berufung einer großen Anzahl neuer Mitglieder zu ergänzen. Eure Heiligkeit haben dabei die Übernationalität der heiligen katholischen Kirche und ihre die Völker beschämende Einheit und Einigkeit in unübertrefflicher Weise vor der ganzen Welt erwiesen und zur Darstellung gebracht, indem Männer aus allen Erdteilen, Völkern und Nationen in den höchsten Senat und Beirat des Oberhauptes der Kirche berufen wurden. Daß dabei auch unser armes, durch den Krieg verwüstetes, durch die Niederlage gedemütigtes, heute von allen Seiten durch Haß und Rachgier zertretenes deutsches Volk nicht übergangen, sondern durch die Berufung von drei deutschen Bischöfen in das Kardinalskollegium ausgezeichnet wurde, dafür danken die deutschen Katholiken mit ihren Bischöfen und Priestern, dafür danken auch viele nichtkatholische Deutsche dem Stellvertreter Christi auf Erden aus tief gerührtem Herzen. — Wenn aber Eure Heiligkeit bestimmt haben, daß auch meine geringe Person zu diesen gehören und in das heilige Kollegium eintreten soll, so kann ich nur sagen, daß diese unerwartete und unverdiente Auszeichnung und Berufung mich tief erschüttert hat, mich beschämt und bedrückt, sodaß ich mit dem hl. Petrus sprechen möchte: „Exi a me, quia homo peccator sum, Domine! (Geh von mir, Herr, denn ich bin ein sündiger Mensch!)" Nur der in meinem ganzen bisherigen Leben nach Kräften hochgehaltene Grundsatz, jeden Wunsch des Papstes als ein Gebot dessen zu betrachten, der ihn zum Hirten der ganzen Herde bestellt hat, bestimmt mich, in Demut, wie einst am Tage der Priesterweihe, mein „Adsum (Hier bin ich)" zu sprechen und die übertragene Würde und Ehre hinzunehmen. Dabei tröstet mich, daß ich darin eine Anerkennung sehen darf der tapferen Haltung der Mehrzahl der Katholiken des mir anvertrauten Bistums Münster, die in den Jahren der Verfolgung und Bedrückung die Treue zu Christus, zu seiner heiligen Kirche, zum Hl. Vater bewahrt haben, auch in der Öffentlichkeit für die Rechte Gottes und der Kirche, für die von Gott gegebenen Rechte der menschlichen Persönlichkeit einzutreten. Die nicht zu hemmenden Freudenbezeugungen meiner Diözesanen bei Bekanntwerden der Nachricht meiner Berufung, die unzähligen Glückwünsche aus der Diözese und aus allen Teilen Deutschlands geben mir das Recht, den Gnadenerweis Eurer Heiligkeit in diesem Sinne zu deuten und anzunehmen. Eurer Heiligkeit spreche ich daher im Namen meiner Diözesanen und gleichzeitig der deutschen Katholiken in kindlicher Hingabe den ehrerbietigsten Dank aus für diesen erneuten unverdienten Erweis der Huld und der väterlichen Liebe. Ich erneuere dabei das Gelöbnis unwandelbarer Treue, steten Gehorsams und kindlicher Liebe zum Oberhaupt der Kirche, dem Stellvertreter Christi auf Erden, und zu Eurer Heiligkeit erhabenen Person, für den wir täglich in unseren armen Gebeten Gottes Gnade, Schutz und Beistand herabzuflehen uns bemühen. In der frohen Hoffnung, bald zu den Füßen Eurer Heiligkeit knien zu dürfen, und mit der demütigen Bitte um den Apostolischen Segen für mich und meine Diözesanen verbleibe ich in tiefster Ehrerbietung Eurer Heiligkeit gehorsamster Sohn und Diener

† Clemens August.

Drei Tage später, am 9. Januar schrieb er an seine Schwägerin, Gräfin Paula von Galen, geb. Freiin von Wendt, in Haus Assen:

Liebe Paula! Wohl freut und rührt mich die Liebe und Güte des Hl. Vaters, der durch die Erhebung von drei deutschen Bischöfen zu Kardinälen so deutlich vor aller Welt sich als der gemeinsame

Vater aller Völker, auch unseres armen, geschmähten deutschen Volkes erweist, und der augenscheinlich meine braven Diözesanen dafür belohnen wollte, daß sie durch ihre Gesinnung und Haltung es mir möglich gemacht haben, in den vergangenen Jahren auch mißliebige Wahrheiten öffentlich auszusprechen. Aber sonst muß ich sagen: Diese Herausstellung bedrückt und beschämt mich, und ich kann innerlich noch nicht ganz damit fertig werden. Bitte, betet für mich, daß ich der vermehrten Verantwortung gerecht werde und nicht durch die Freude an äußerer Ehre vor den Menschen um das Verdienst vor Gott und den himmlischen Lohn gebracht werde. Ich weiß ja auch aus genauester Beobachtung, daß andere, auch andere deutsche Bischöfe, viel mehr gearbeitet haben als ich. Du wirst es mit mir fühlen, daß es mich bedrückt, so unverdient ihnen vorgezogen zu werden. In Gottes Namen! — Zur Zeit überschwemmt mich vollends der Andrang der Gratulanten, aber auch der Bittgesuche und Notrufe aus allen Teilen Deutschlands. Unzählige glauben oder hoffen wenigstens, daß ich ihnen helfen, für sie eintreten kann bei den Besatzungsbehörden, beim Hl. Vater usw. Es war bisher schon schlimm, jetzt ist es geradezu übermäßig geworden, und ich kann fast nichts mehr tun, als Postsachen erledigen, und werde auch damit nicht fertig, neben den unzähligen Besuchen, die zu mir kommen. Und es macht mich auch ganz traurig, wenn ich immer wieder den armen Menschen sagen oder schreiben muß, daß ich eigentlich nicht viel für sie tun kann. Verzeih, ich will mich nicht beklagen und bedaure eigentlich, daß ich die letzten Sätze geschrieben habe. Behalte sie, bitte, für Dich . . .

Eine neue Sammlung von Briefen

Nach den großen Predigten im Sommer 1941 brachte der Postbote Hunderte von Zuschriften in den Bischöflichen Hof, das vielstimmige Echo heiliger Empörung und tiefgefühlten Dankes (S. 187; Bd. I, S. 28). Nach der Erhebung des Bischofs zum Kardinal wuchs eine neue Sammlung von Briefen an, nicht mehr von Hunderten, sondern Tausenden, voll jubelnder Freude über den Sieg Gottes, den Triumph der gerechten Sache, den Lorbeer, den der Hl. Vater um die Stirn des Oberhirten von Münster gewunden. Gewiß, es war jetzt keine kühne Tat und kein Wagnis mehr, solche Briefe zu schreiben; kein Gestapobeamter versah ja den Kontrolldienst mehr. Aber nichtsdestoweniger verdient es vor der Mit- und Nachwelt festgehalten zu werden, daß in jenen Wochen um die Jahreswende das Bistum, ganz Deutschland und ein Teil der Welt in aufrichtiger Mitfreude nach Münster schaute. In diesem Sinne dürfen all die Glückwunschschreiben als Dokumente der Zeit gewertet werden.

Nach dem Tode des Kardinals wurden sie geordnet, registriert und unter folgenden Stichworten aktenmäßig geheftet: Bischöfe, Diözesangeistliche — Priester außerhalb des Bistums — Ordensleute — Behördenvertreter — Verwandte — Freunde — Adelige — Intellektuelle und Akademiker — Soldaten — Nichtkatholiken — Deutsche im Ausland — Ausländer — schlichte Gläubige inner- und außerhalb des Bistums — Kinder und Jugendliche. Jede Seite in den Akten trägt eine Nummer; die letzte lautet 2126. Viele Briefe sind von einer Mehrzahl von Personen unterschrieben; so pflegten Vorstandsmitglieder von Vereinen und die 20 bis 30 Geistlichen eines Dekanates den gemeinsamen Glückwunsch zu unterzeichnen; ähnlich geschah es wohl im Familienkreis. Des Vaters Namen an der Spitze und zuletzt der des ABC-Schützen. In manchen Gemeinden ist man von Haus zu Haus gegangen und hat Unterschriften gesammelt, sodaß auf wenigen Aktenseiten Hunderte von Namen zu lesen sind. Die zum Teil sehr umfangreichen Bitt- und Denkschriften über die katastrophalen Verhältnisse in Ostdeutschland, in denen zu Anfang Glückwünsche entboten werden, sind hier nicht aufgezählt; sie füllen für sich eine Reihe von Aktenbänden. Auch die ganz feierlich und kunstvoll ausgestatteten Glückwunschadressen, bunt gemalt, auf kostbaren Pergamenten, umschlossen von friedensmäßig anmutenden Mappen, wurden als besondere Dokumente einem besonderen Fach anvertraut. Wenn man in den 2126 Aktenseiten hin und herblättert, dann schaut man wie in einem Bilderbuch die vielgestaltigen, bunt durcheinander gewürfelten Zeichen aufrichtiger Liebe, angefangen von der sauberen Eleganz der Schriftzüge des Herrn Geheimrats auf stilvollem Bogen mit Wasserzeichen bis herab zu dem ganz behelfsmäßigen Schreibpapier des ehemaligen Meßdieners von St. Matthias in Berlin, der als Evakuierter in Süddeutschland es nicht zu unterlassen vermag, seiner großen Freude Ausdruck zu geben. Er weiß ja, der liebe Kardinal hat Verständnis für eine ungelenke Handschrift auf dürftigem Papier und nimmt es nicht übel, wenn ein Berliner in der Anrede „Eminenz und so" sich nicht ganz auskennt. Derlei Zweifel werden, so möchte man glauben, manchem Westfalen die Feder wieder aus der Hand genommen haben; bei ruhigem Nachdenken wird er sich gesagt haben, es stehe ihm gar nicht zu, einem so hohen Herrn zu schreiben, und wer garantiere, daß bei dieser schlechten Postverbindung der Brief überhaupt ankomme. — Nicht nur in Prosa, sondern auch in Poesie, nicht nur in deutscher, sondern auch in französischer, englischer und lateinischer Sprache sind die Glückwünsche abgefaßt. Vornehmlich ältere Geistliche, die, wie man sagt, in ihrer Jugend noch „richtig" Latein gelernt haben, brachten stilvolle Perioden zu Wege, an denen selbst Cicero seine Freude gehabt hätte, ganz zu schweigen von den prachtvollen Chronogrammen (als deren Meister Professor Struker und Pfarrer Uppenkamp gelten dürfen). Das ist die äußere Form. Und der Inhalt? Ein eigenes Buch müßte man schreiben, wollte man diesen unsichtbaren Riesenchor der Gratulanten gebührend zu Gehör bringen. Hier sei nur ein kleiner summarischer Eindruck vermittelt. Jeder, der in diesen Akten blättert, ist ergriffen ob der Verehrung und Hochachtung, der Echtheit und Aufrichtigkeit, der Wärme und Herzlichkeit, der Innigkeit und Zartheit, — mit der jung und alt, hoch und niedrig, Bekannte und völlig Fremde hier die Feder geführt haben. Einige Beispiele, die mehr zufällig als bewußt aus der großen Fülle herausgegriffen sind. Man öffnet einen dicken Briefumschlag und zieht aus ihm die von Kinderhändchen einer Spielschule bunt beklebten Bilderbogen hervor; dann liest man einige Seiten weiter die Namen einer Schulklasse in Schleswig-Holstein. Seit vielen Jahren hat ein biederer Mann im Industriegebiet jeden Morgen die hl. Kommunion für den Bischof aufgeopfert und jeden Abend für den Sturz der Gottesfeinde gebetet. „Ich schlichtes Bäuerlein aus dem Sauerland", liest man an einer anderen Stelle, „habe aufjauchzen müssen, als ich von des gnädigsten Herrn Kardinals Ernennung erfuhr. Mit welcher Freude habe ich vor Jahren die Predigten vervielfältigt und verschickt — an gute und böse Menschen!" Dann blättert man weiter; es folgt die unübersehbare Zahl der Schreiben von seiten der weltlichen Behörden, der Bürgermeister, Landräte, Regierungspräsidenten, Oberpräsidenten, weit über Westfalen hinaus. Es sind nicht knappe, offizielle Formulierungen, sondern in einer Ausführlichkeit und Wärme abgefaßte Schreiben, wie sie in behördlichem Schriftverkehr durchaus ungewöhnlich sind. Wie viele Sätze müßte man eigentlich zitieren aus den Briefen evangelischer Pfarrer und hochgestellter evangelischer Laien, aus den Briefen gefangener Soldaten (von der Insel Rhodos im Mittelmeer, aus Ägypten und Amerika schrieben sie)! Selbst der Gesellenverein aus San Franzisko in Nordamerika schickte ein langes Schreiben. Wollte man das alles aufzählen, man käme an kein Ende. Ein Pfarrer aus Schwaben meint, er sei zwar nur ein ganz kleiner Hirt einer abgelegenen Gemeinde, aber er könne es doch nicht unterlassen, seiner Freude Ausdruck zu geben. Ein als ruhig und gemessen bekannter Pastor des Industriegebietes schreibt, nie in seinem Leben habe ihn eine derartige Freude erfüllt wie beim Hören jener Nachricht im Rundfunk, und ein anderer Priester außerhalb des Bistums gesteht, er sei so gerührt gewesen, daß er gleich den freudenreichen Rosenkranz gebetet habe. Man darf es ruhigen Gewissens sagen: kein Ereignis nach dem Zusammenbruch hat bei den meisten Menschen in Deutschland mehr Freude ausgelöst als jene Botschaft am Vorabend vor Weihnachten. Und im Ausland? Ein Kaplan, der damals in englischer Kriegsgefangenschaft weilte, erzählte: „Über eine Stunde ist ein englischer Geistlicher mit dem Rad gefahren, um mir, dem Priester des Bistums Münster, die Nachricht zu überbringen."

ÜBER PARIS NACH ROM

Im Banne eines Flugplatzes

Von einer Mitte Januar beim Kölner Oberhirten abgehaltenen Besprechung kehrte der Bischof mit dem überraschenden Ergebnis zurück, die einer Romreise entgegenstehenden Schwierigkeiten seien nicht unüberwindbar. So begannen die Tage und Monate, die in dramatischer Folge das Leben des großen Kardinals abzuschließen bestimmt waren. Der englische Brigadier Sedgwick, Referent für kirchliche Angelegenheiten in der Britischen Zone, erwirkte vom Londoner Außenamt die Ausreiseerlaubnis und ließ, nachdem alle Beteiligten je 6 Lichtbilder abgeliefert, die Pässe ausfertigen. Der Reisebeginn wurde auf die Woche vom 3. bis 10. Februar festgelegt. Am Mittwoch zuvor verlautete, es werde von Bückeburg über Frankfurt/Wien geflogen, wohingegen tags darauf gemeldet wurde, der Flug erfolge von M.Gladbach aus, unmittelbar über die Alpen ohne Zwischenlandung. Wieder einen Tag später — und das ließ die ersten Zweifel aufsteigen — traf der Bescheid ein: Donnerstag, den 7. Februar, Abflug von Handorf bei Münster mit Kurs über Frankfurt und Wien.
Am Nachmittag des 6. Februar fuhr der Kölner Erzbischof, begleitet von seinem Generalvikar Dr. David und seinem Sekretär Dr. Hürtgen, nach Münster. Infolge einer Autopanne erreichte

274

man erst gegen Mitternacht das Reiseziel. Obwohl sich das Auto eine Stunde lang durch die Trümmer Münsters bewegte, wurde doch das Borromäum, die Wohnung des Bischofs, nicht gefunden, da wegen des nächtlichen Ausgehverbotes kein Passant um Auskunft gefragt werden konnte. Man fuhr zum Hiltruper Schwesternhaus, um dort den Rest der Nacht zu verbringen. Am anderen Morgen trafen gleichzeitig mit dem Kölner Wagen drei britische Autos im Vorhof des Borromäums ein. In flotter Fahrt, während der wir in der frohen Erwartung lebten, bald in ein viermotoriges englisches Flugzeug steigen zu können, ging es zum Handorfer Flugplatz. Als wir auf dem Rollfeld nach langem Umherblicken eine nur zweimotorige Maschine entdeckten, wurden wir nüchterner, erst recht, als der Flugplatzkommandant erklärte, wegen des schlechten Wetters über Österreich könne nicht geflogen werden, zudem müßten vorher alle Personen und Koffer gewogen werden. In einer geräumigen Kantine endete der unter Scherzworten gemächlich vollführte Akt des Abwiegens mit dem Ergebnis, daß angesichts des zur Verfügung stehenden Flugzeugs die Personen und Koffer als zu schwer befunden wurden. Brigadier Sedgwick, wegen seiner auffallend guten Sprachkenntnisse im Deutschen, Französischen und Italienischen der geborene Reisemarschall, nahm sogleich in ehrlicher Besorgtheit mit dem amerikanischen Hauptquartier in Frankfurt telefonische Verbindung auf, um festzustellen, ob von dort aus der Flug erfolgen könne. Gegebenenfalls sollte noch am gleichen Tage die Autofahrt nach Frankfurt angetreten werden. Währenddessen hatten wir um den warmen Ofen in der gemütlich eingerichteten Kantine Platz genommen. Von freundlich dreinschauenden Irländern wurde uns Frühstück und Tee gereicht, während sich in der Stadt Münster die ersten Fenster der geistlichen Mitbrüder öffneten, die, wie sie vorher versichert hatten, den Anblick des startenden Flugzeugs sich nicht entgehen lassen wollten. Nach etwa 2 Stunden meinte der Brigadier: da seine Bemühungen bislang erfolglos geblieben, sei es ratsam, zum Borromäum zurückzufahren, um dort die weitere Entwicklung der Dinge abzuwarten. Lächelnd erhoben sich alle, während unser Bischof scherzend bemerkte, im Londoner Außenamt scheine ähnlich wie über Österreich kein günstiger Wind zu wehen. Um die Zeit nutzbar zu verbringen, fuhren wir zum benachbarten Telgte, und so knieten an jenem

Morgen die beiden neuen Kardinäle nebeneinander vor dem alt-ehrwürdigen Gnadenbild des Münsterlandes. Bis zum Abend verharrten wir im Borromäum. Als dann die Nachricht eintraf, wir möchten uns am folgenden Tage dort wieder bereithalten, nahm jeder, betrübt lächelnd, seinen Koffer und ertrug in Geduld das leise Gespött der Umwelt.

Wasserfluten

Freitag mittag. Seit 24 Stunden hatte es ununterbrochen geregnet. Im Vorhof des Borromäums warteten zwei englische Autos; das erste, in dem die beiden Oberhirten, der Generalvikar von Köln sowie der Reisemarschall Platz nahmen, war breit und tief gebaut, während das zweite, für Domkapitular Professor Bierbaum und die beiden Sekretäre, ein Gepäckabteil enthielt und sich durch „Hochräderigkeit" auszeichnete. Die Fahrt ging über Telgte, Warendorf, Paderborn gen Frankfurt. Die Ems hatte das Land weit überschwemmt, sodaß stellenweise schon das Wasser in kleinen Bächen über die Asphaltstraße strömte. Der Himmel war wolkenschwer verhangen; immerfort bewegten sich die Scheibenwischer, und je tiefer wir über Paderborn ins Gebirge kamen, umso bedrohlicher gebärdeten sich die Elemente. Wir erreichten das Land Waldeck mit dem kleinen Grenzort Wrexen, tief im Tal gelegen und völlig überflutet. Die beiden Autos wagten den Weg in die Strömung. Während das hochgebaute glücklich ans andere Ufer gelangte, blieb das Kardinalsauto mit dampfendem Motor mitten im Wasser stecken. Der Reisemarschall öffnete die Tür und rief den Leuten, die angsterfüllt aus den Fenstern und von den Treppenstufen das wilde Spiel der Elemente um ihre Heimstätten betrachteten, mit lauter Stimme zu, sie möchten doch helfen, in dem Auto befänden sich zwei deutsche Kardinäle und ein englischer General. Mit Stiefel und Sporen wateten die braven Leute durch das Wasser und schoben das Kardinalsauto aufs Trockene. Da keine Reparaturwerkstatt vorhanden war, blieb nichts anderes übrig, als eine Kette zu borgen und das Kardinalsauto hinter das Auto des niederen Klerus zu ketten. Bei ebenem Gelände hätte solcherlei Fahrweise keine allzugroßen Schwierigkeiten verursacht. Weil jedoch die Gegend zunehmend gebirgiger wurde, mehrten sich die Augenblicke, da dem

Wechsel vom Bergab zum Bergauf das ruckartige Anziehen der Verbindungskette folgte. Dreimal war der „Ruck" so stark, daß die Kette riß. Beim dritten Mal riß auch dem Reisemarschall der Geduldsfaden, sodaß dieser sprungartig das Kardinalsauto verließ, um mich, der ich neben dem englischen Fahrer im ersten Auto saß, zu bitten, ins zweite überzuwechseln, da er mit dem ersten in der nächstgrößeren Stadt, namens Korbach, Hilfe holen wolle. Eine Stunde lang verharrte das defekte Kardinalsauto mit seinen scherzenden Insassen auf der einsamen Bergstraße, über die sündflutartig die Wasser strömten. In Gestalt eines deutschen Autoschlossers kam schließlich die Hilfe, die bald den Schaden behob. Durch den sinkenden Abend ging die Fahrt weiter über Frankenberg, vorbei an der Edertalsperre. Über uns, unter uns lauter Wasser. Wir erinnerten uns eines Briefes, den der Bischof 8 Tage zuvor von einem älteren Fräulein erhalten hatte, in dem dieses ausführte, der Kardinal möchte doch unter keinen Umständen in einem Flugzeug nach Rom reisen, sie wisse es ganz bestimmt, daß die Elemente der Luft ihm sehr unhold gesinnt seien. Wir bestätigten und ergänzten demütig, daß jene „Prophezeiung" sich nicht nur an den Elementen der Luft, sondern auch an denen des Wassers und der Erde zu erfüllen im Begriffe sei. Als wir einen Ort, namens Wetter, passieren wollten, wo die Tiefe des Wassers immer bedrohlicher wurde, machte das vorausfahrende Kardinalsauto plötzlich Halt, der Reisemarschall rief uns zu, wir möchten vorfahren und das Gelände abtasten. Wir taten es, bis angsterfüllte Stimmen aus einigen Fenstern hörbar wurden: „Fahren Sie nicht weiter, — Sie ertrinken — dort ist ein Abhang!" Auf beschwerlichen Umwegen gelang es, die Hauptstraße nach Marburg wiederzufinden, wo wir von amerikanischer Seite mit weiteren Mengen Brennstoffs versehen wurden. Kleinere Lotsenautos, mit lachenden Negergesichtern am Steuer, zeigten uns den Weg durch die schlecht beleuchteten Straßen der Ortschaften.

Um 22.30 Uhr erreichten wir zwischen Marburg und Gießen das Örtchen Sichardshausen. Mitten unter der Laterne der Straßenkreuzung blieb das Kardinalsauto stehen. Der Motor versagte. Es regnete in Strömen. Die Leute kamen, um zu helfen. Alles vergeblich. Der englische General, dessen Lippen vor Erregung und Beschämung zitterten, bat mich, ins andere Auto überzuwechseln.

Erstaunt empfing mich dort der Bischof: „Schon wieder hier?" Ich antwortete: „Englischer Befehl — der General will mit dem ersten Auto nach Frankfurt, um von dort amerikanische Hilfe zu holen." Der Bischof: „Ohne uns zu fragen, ohne sich zu verabschieden, mit unsern Koffern?" Und das Rücklicht des hochgebauten Autos verschwand im Dunkel der Nacht. Es schlug 23 Uhr, und Frankfurt war über 100 km entfernt. Nachdem die Leute das Auto aus der Kreuzung seitwärts an den Straßenrand geschoben hatten, gingen sie in ihre Wohnungen zurück; die Lichter in den Häusern erloschen und auch die große Laterne über uns; der Regen prasselte weiter gegen die Fenster des dunkel und einsam dastehenden Autos. Wir versuchten zu schlafen. Während der Nacht leuchteten ab und zu amerikanische Streifen mit ihren Taschenlampen in das merkwürdige Fahrzeug hinein; wenn sie sahen, daß es sich um friedliche Menschen handelte, gingen sie weiter. Als der Morgen zu dämmern begann, schauten wir zur Uhr und sagten dem englischen Fahrer: „Now it is seven o'clock." — „Yes Sir." — Er wischte sich den Schlaf aus den Augen, begab sich nach draußen, schaute gähnend den Motor an, kam zurück, drückte auf den Anlasser und siehe da: der Motor sprang an. Das gehe nicht mit rechten Dingen zu, meinte jemand, jetzt sei erwiesen, daß man versuche, die Ankunft der deutschen Kardinäle in Rom möglichst hinauszuzögern, damit diese nicht vor den englischen und amerikanischen Kirchenfürsten dorthin gelangten; eine andere Stimme entgegnete, es liege ein ganz einfacher Tatbestand vor, die zu feuchte Batterie habe sich während der Nacht erholt. Es erhob sich die schwierige Frage: Mit der wiedergewonnenen eigenen Kraft weiterfahren oder die Frankfurter Hilfe abwarten? Im Falle der Weiterfahrt mußte mit einem gegenseitigen Sichverfehlen gerechnet werden. Dessen ungeachtet entschlossen sich die Kardinäle, um nicht noch mehr Zeit zu verlieren, für die Weiterfahrt, jedoch mit der Weisung, jedes Mal, wenn ein Auto in Sicht komme, Winkzeichen zu geben. Auf der Autobahn Gießen-Frankfurt erlebten wir die erhoffte Begegnung. Schon von weitem sahen wir aus dem ersten der beiden sich nahenden amerikanischen Wagen den winkenden Arm des Reisemarschalls herausragen. Dieser, tief beglückt ob der Wohlbehaltenheit seiner Schutzbefohlenen, erzählte, wie sie die ganze Nacht gefahren seien und erst gegen 3 Uhr das vorgesehene Quartier in Frankfurt erreicht hätten.

Eine Stunde später hielten die Autos vor dem Frankfurter Marienhospital. Am Tage zuvor hatten amerikanische Offiziere sich persönlich von der Angemessenheit der Zimmer, in denen die Kardinäle wohnen sollten, überzeugt. In den Nachmittagsstunden besuchten wir den Dom, der im Gegensatz zur völlig niedergebombten Altstadt nur schwer beschädigt war. Der Sonntagmorgen sah unsern Bischof auf der Kanzel der St. Bernhardus-Pfarrkirche, wo in dem überfüllten Gotteshaus die Gläubigen, insbesondere die Jugend, zu dem Oberhirten, von dem sie so viel gehört, in Ergriffenheit aufschauten und seine ebenso herzlichen wie schlichten Worte mit in ihren dunklen Alltag nahmen. Nach dem Gottesdienst bereitete ihm die Menge draußen stürmische Ovationen. Das war geschehen in einer Bernhardskirche, deren es so wenige in deutschen Landen gibt. Ein Gotteshaus, dem hl. Bernhard geweiht, wurde dem Kardinal in Rom als Titelkirche verliehen. In eigenartiger Fügung, so möchte man heute meinen, wollte der große Heilige des Zisterzienserordens von unserem Bischof in Deutschland Abschied nehmen, um ihn auf dem Boden der Ewigen Stadt neu zu begrüßen, ihm gleichsam dort eine zweite Heimat schenkend.

Am Sonntagmittag ging die Fahrt in drei Autos weiter nach dem 150 km südwärts gelegenen Karlsruhe — über Darmstadt und Mannheim, vorbei an Heidelberg, dessen Türme aus der Ferne grüßten. Mildes Vorfrühlingswetter lag über Berg und Tal. Gegen 16 Uhr standen die drei Autos auf dem Vorplatz des Karlsruher Bahnhofs. Aus dem Büro des amerikanischen Offiziers brachte der Reisemarschall schon bald die günstige Nachricht, in dem britischen Urlauberzug, der gegen 18 Uhr eintreffe, seien 6 Abteile reserviert; die Nachtfahrt nach Villach in Österreich werde also angenehm sein; von dort erfolge mit einem amerikanischen Flugzeug der Start nach Rom. Nach 2 Stunden bangen Wartens, die wir im Auto verbrachten, erschien der Reisemarschall mit kummervollem Gesicht und eröffnete: „Schlechte Nachricht, der britische Urlauberzug ist ausgeblieben, weil das entsprechende Urlauberschiff, das zwischen der Insel und dem Festland über die Straße von Calais verkehrt, wegen der Sturmflut nicht fahren konnte." Betroffenes Schweigen, ernste Gesichter, zum ersten Mal Krisenstimmung.

Dann erklärten die Oberhirten dem General, er habe Tag und Nacht für sie telefoniert und telegraphiert; dafür gebühre ihm aufrichtiger Dank; wenn es sich jedoch nicht ermöglichen lasse, bis zum folgenden Mittag eine klare Planung über eine Reise nach Rom vorzulegen, seien sie als deutsche Bischöfe auf Grund der bisherigen Vorkommnisse gezwungen, nach Hause zurückzukehren. Gesenkten Hauptes schauten wir durchs Fenster auf das öde Gelände, an dem uns die Autos vorbeitrugen, zurück nach Frankfurt; denn nur von dort konnte in großem Ausmaß mit dem Ausland Verbindung aufgenommen werden. Gegen Mitternacht drückten wir auf die Nachtglocke des Marienhospitals, das uns nach anfänglichem, besorgtem Staunen der Schwestern wieder gastlich die Türen öffnete. Die herbeieilende Oberin erzählte lächelnd, der ausländische Rundfunk habe am Spätnachmittag die Nachricht durchgegeben, die deutschen Kardinäle seien in einem britischen Flugzeug auf dem Flugplatz in Rom glücklich gelandet. Falschmeldungen können Gutes stiften; die Mutter eines der Romreisenden hörte auch jene Radionachricht und erzählte später, in jenem Augenblick sei ihr ein Stein vom Herzen gefallen und sie habe gesagt: ,,Gott sei Dank, daß der Junge aus dem alten Flugzeug wieder heraus ist!"

Paris

Am Montagmorgen erschien der Reisemarschall mit einem ganz neuen Plan: Fahrt über Paris durch die Schweiz nach Italien. Unserm sich gleich einstellenden Kopfschütteln begegnete er mit der authentischen Feststellung, der Berliner Kardinal habe auf diesem Weg sein Ziel erreicht und befinde sich seit einigen Tagen in Rom. Gegen Mittag meldete der Rundfunk, alle Eisenbahnbrücken über den Rhein seien wegen der Hochflut gefährdet. Eine neue Sorge türmte sich auf, wie es zu bewerkstelligen sei, in Mainz über den Rhein zu gelangen. Glücklicherweise handelte es sich um falschen Alarm, sodaß gegen Abend vier Autos vorfuhren, die uns zum Bahnhof brachten. Gepäckträger griffen zu, es wurde gefilmt, man spürte einen neuartigen Schwung, amerikanische und französische Stellen hatten sich eingeschaltet. Zwei amerikanische Urlauberzüge standen bereit, der eine für höhere Offiziere; in ihm nahmen die beiden Oberhirten und der Reisemarschall in reservierten Abteilen Platz;

der andere, für weniger hohe Offiziere, enthielt ein Abteil mit vier Betten für die vier Begleiter. In die Freude der soeben wiedergewonnenen Zuversicht mischte sich eine düstere Ungewißheit, als uns bedeutet wurde, der zweite Zug fahre 15 Minuten später ab als der erste. Würden wir unter solchen Umständen einander in Paris auch wiedertreffen? Der Zug setzte sich in Bewegung, und schon bald läutete es zum Gang in den Speisewagen. Uns war ums Herz wie Kindern in der ersten Dämmerung des Nikolaustages. Es folgten Stunden voll Humor und bester Stimmung. Wenn der Vertreter der älteren Generation aus Münster, wie es sich ziemte, zeitweise mit dem ernsten Akzent des erfahrenen Weltreisenden die heiteren Weisen unterbrach und auf die wachsenden Ungewißheiten der Weiterfahrt hinwies, dann hörte man aus dem Munde des Vertreters der jüngeren Kölner Generation etwa dieses: „Hochwürdiger Herr Vater, welche Sorgen und Ängste umkreisen schon wieder Ihr kummervolles Herz? Warum denn denken Sie Gedanken des Weltuntergangs? Sie bedürfen, wie wir meinen, recht bald des erquickenden Schlafes." Derlei klassische Formulierungen aus der geistigen Umwelt des Kölner Domes waren nicht nur allseits von schallender Heiterkeit begleitet, sie verliehen auch dem sachten Rhythmus der nächtlichen Bahnfahrt die gemütvolle Beschwingtheit.

Nach friedlicher Nachtruhe grüßte hinter Wolken- und Nebelbänken die Morgensonne. Unter uns lag das Land zwischen Metz und Paris, unser aller Schicksalsland. Die Gedanken gingen hinüber zu unseren gefangenen Brüdern, deren Lager wir hin und wieder an den Stadträndern zu erkennen glaubten. Gegen 10 Uhr rollte der Zug in den Pariser Bahnhof. Minuten spannungsvollster Besorgnis folgten; aber noch bevor der Zug hielt, sahen wir draußen auf dem Bahnsteig die wohlproportionierte Gestalt unseres Reisemarschalls, an seiner Seite zwei Beamte des Außenministeriums, die in fließendem Deutsch erklärten, wir ständen, solange wir uns auf Frankreichs Boden befänden, unter dem Schutz der französischen Regierung. Bereitstehende Autos brachten uns ins Grand-Hotel, eines der größten Hotels in der Mitte von Paris, in dem die beiden Oberhirten kurz zuvor eingetroffen waren und eine Einladung zum Essen in der Päpstlichen Nuntiatur vorgefunden hatten. Die Räume der Nuntiatur liegen in der Nähe des Grabmals vom unbekannten Soldaten. Als die beiden deutschen Oberhirten mit ihrer Begleitung dort eintrafen, waren der Kardinal von Paris, dessen Generalvikar, der Kardinal von Rouen, der Weihbischof von Toulouse sowie mehrere Prälaten um den Päpstlichen Nuntius Roncalli (Papst Johannes XXIII.) [1] versammelt. Ergreifend war es, zu sehen, welche Aufmerksamkeit und herzliche Liebe den beiden deutschen Kirchenfürsten entgegengebracht wurde. Zum ersten Mal spürte man unmittelbar, welches Echo der Kampf des Bischofs von Münster im christlichen Ausland gefunden hatte. Voll Bewunderung und aufrichtiger Anteilnahme schaute man zu ihm auf, fragte nach den Einzelheiten in der dunklen Zeitepoche. Tröstlich war es zu hören, daß die ausländischen Oberhirten über die uns alle bewegenden Sorgen wie Heimkehr der Kriegsgefangenen und Not der Ostflüchtlinge genau so dachten wie wir; und mehr noch: so dachten und fühlten alle in der Ewigen Stadt um den Vater der Christenheit versammelten Kirchenfürsten.

An jenem Nachmittag fuhren wir in Autos des Außenministeriums zu den bedeutendsten Stätten kirchlichen Lebens, besuchten den Pariser Dom Notre Dame, bis gegen Abend unser Reisemarschall sich verabschiedete, um nach London zu fliegen, nachdem er uns nach Erledigung aller Formalitäten den Weg durch die Schweiz nach Italien gebahnt hatte. Auf dem Pariser Südbahnhof stand um 19 Uhr der Orient-Expreß bereit. Die französischen Kardinäle, umgeben von lebhaft gestikulierenden Geistlichen und nahen Verwandten, hatten in ihrem Schlafwagen, der die Aufschrift „Rome" trug, bereits Platz genommen. Für die deutschen Kirchenfürsten hatte in diesem Wagen in Anbetracht der Kürze der Vorbereitungszeit kein Abteil mehr reserviert werden können, sodaß sie mit dem Abteil eines Schlafwagens, der nur bis Mailand im Gefüge des Zuges verbleiben sollte, vorlieb nehmen mußten. Daraus ergab sich das mit dem Umsteigen in Mailand verbundene Mißgeschick. Die vier Begleiter fanden in der ersten Polsterklasse vier reservierte Plätze vor. Von einer Fahrt in Güterwagen, auf Bretterbänken usw., wie in den folgenden Wochen deutsche und ausländische Zeitungen phantasievoll zu berichten wußten, konnte keine Rede sein. Das

---

[1] Die strahlende Menschenfreundlichkeit und Herzensgüte des ehemaligen Nuntius Roncalli sind mir unvergeßlich in Erinnerung geblieben. Nach dem Essen in der Nuntiatur hatte ich Gelegenheit, mit dem Nuntius persönlich über etwaige Möglichkeiten einer Klärung von Schicksalen verwandter Kriegsgefangener in Frankreich zu sprechen. Die Aufrichtigkeit der Anteilnahme des Nuntius hat mich tief beeindruckt.

französische Außenministerium hatte, wie wir annehmen mußten, den Fahrpreis bis Rom entrichtet, ferner zwei Beamte als Begleiter beigegeben, die nach der Nachtfahrt an der Schweizer Grenze die französischen Kardinäle ersuchten, für die Verpflegung der deutschen während der Fahrt durch die Schweiz Sorge tragen zu wollen. Bevor diese sehr entgegenkommenden Beamten sich verabschiedeten, hatten sie nicht nur die schweizerischen, sondern auch schon auf telefonischem Wege die italienischen Grenzbeamten über die Durchreise der deutschen Kirchenfürsten unterrichtet, sodaß von dort aus der Mailänder Kardinal gleich Nachricht erhielt. An keiner Grenzstation wurde das Gepäck der deutschen Kardinäle und ihrer Begleiter kontrolliert; sie wurden wie Diplomaten behandelt und hatten daher Dokumente und Bildmaterial über die Zustände in Deutschland zum Hl. Vater nach Rom mitnehmen können. Man vergegenwärtige sich die damalige internationale Lage in Europa, und man wird verstehen, daß eine solche Reise durch Zonen und Länder, ohne friedensmäßige Beziehungen zueinander, ein Wagnis darstellte. Wenige Monate später benötigte noch ein englischer Offizier für die Bahnfahrt von Münster bis Rom (über Calais–Paris–Schweiz) fünf Tage. Angesichts dessen wird man die damals kolportierten bösen Gerüchte über die angeblich englischerseits verursachte Verzögerung und Störung der Romfahrt deutscher Kardinäle ein wenig nüchterner betrachten.

Im Schatten des Mailänder Domes

Am Freitagmittag hatten wir Münster verlassen und am Mittwochmorgen die Schweizer Grenze erreicht. Ein herrlicher Vorfrühlingstag stieg aus den Alpenländern, als der Zug durch die grandiose Bergwelt donnerte, durch die zahlreichen Tunnels, vorbei am Genfer See. Tiefblau leuchteten der Himmel und die Seen; weit ragten die riesigen Schneespitzen in die reine Himmelswelt hinein; Nebelkränze umgaben hier und da die Abhänge der Berge. Wie glänzten die Augen des Bischofs! Die unbeschwert schönen Jugendjahre zogen an ihm vorüber, da er in Freiburg, in dessen Richtung sein Finger zeigte, in männlicher Kraft jene Alpenriesen erklommen hatte. Wie liebte er Gottes herrliche Natur, ihre Größe und Majestät! Die Dächer und Schlösser des wunderbar gelegenen Montreux glitten vorüber; erst in Rom erfuhren wir, daß in den Mauern jener Stadt der mit Münster so engverbundene Jesuitenpater Friedrich Muckermann auf das Sterben sich vorbereitete, er, der unerbittliche Kämpfer gegen den Nationalsozialismus, verfolgt durch die Länder Europas bis hin nach Amerika, nun entkräftet heimgekehrt und dem Tode geweiht.

Italien, das Land, wohin seit einem Jahrtausend die Sehnsucht aller Deutschen geht, war erreicht. In der späten Nachmittagssonne breitete es sich aus, mit den malerischen Alpenhängen, vom Hauch des Frühlings soeben aufgeweckt, mit der in der Ferne — hinweg über den Lago Maggiore und die Isola bella — immer sichtbarer werdenden, weit sich dehnenden Lombardischen Ebene. Jede Stadt, die hier das Auge erblickt, besitzt ihre eigene Geschichte in dem großen Ablauf der Historie dieser Halbinsel, die wie kein Land auf der Welt Herrscher und Könige, Männer der Staatskunst und Heroen des Geistes, Dichter, Künstler und — Heilige hat kommen und sterben sehen. Wer mit offenen Sinnen und in Ehrfurcht dieses Land betrit, spürt den unsagbaren Zauber von Glanz und Pracht, der über den versunkenen Kulturen mittelalterlicher Kaiserherrlichkeit ausgebreitet liegt, dessen christliche Kräfte aber noch heute einer Welt die Wege zu weisen vermögen. — Die Dämmerung hatte sich niedergesenkt, als der Orient-Expreß in die Riesenhalle des Mailänder Bahnhofs langsam einrollte. Als Abgesandter des Kardinals von Mailand stand ein Prälat zum Empfang bereit, umgeben von einer Gruppe freudestrahlender deutscher Ordensfrauen, der Grauen Schwestern und der Unserer Lieben Frau. Sie trugen einige vorsorglich bereitete Tüten bei sich, aus denen neben allerlei begehrenswerten Dingen das Gold der nur noch dem Namen nach bekannten Apfelsinen hervorleuchtete. Doch das Augenmerk hatte sich einem anderen Geschehen zuzuwenden. Auf dem benachbarten Bahnsteig wartete der noch am gleichen Abend in Richtung Rom weiterfahrende Zug, dem inzwischen der Schlafwagen mit den französischen Kardinälen eingegliedert wurde. In aller Eile ging es nun — Koffer schleppend — auf den besagten Bahnsteig; doch der bereits informierte Bahnhofsvorsteher verbot das Einsteigen, da es nicht angängig sei, Kardinäle in nicht reservierten Abteilen, geschweige denn im Gang eines Zuges fahren zu lassen; für den folgenden Vormittag seien zwei Abteile für die deutschen Kirchenfürsten vorgesehen. Betrübt lächelnd bemerkte unser Bischof, dann werde wohl der Schneider in Rom die „roten Sachen" zum Konsistorium nicht mehr fertig bekommen. Der Zug mit den französischen Kardinälen dampfte zwar kurz darauf aus der Bahnhofshalle, aber die Franzosen mußten am folgenden Vormittag sieben Stunden auf dem Bahnhof in Bologna verharren und konnten erst zusammen mit den deutschen Kardinälen nach Rom weiterfahren. Den zurückbleibenden Deutschen hingegen war das Glück beschieden, im Schatten des Mailänder Domes auf geschichtlich denkwürdigem Boden unvergeßliche Stunden erleben zu dürfen. Durch das friedensmäßig anmutende Gewoge der breiten, hell erleuchteten Straßen, an deren Seiten zerstörte Häuser kaum zu entdecken waren, trugen uns zwei Autos in den Erzbischöflichen Hof, in jenes Haus, dessen Grundmauern aus der Zeit des hl. Ambrosius stammen, in dem der hl. Carl Borromäus, der große Kardinal der Gegenreformation, gelebt hat. Die weihevolle Atmosphäre uralter Geschichte wehte uns entgegen, als wir im Innenhof die Freitreppe emporstiegen und durch das hohe Portal die dämmerig erleuchteten Räume betraten. In der lautlosen Stille spürten wir die klassische Wucht der uns umgebenden Welt mit ihren edlen Formen und dunklen Farben — halb Kloster, halb Museum. Überaus herzlich begrüßte Kardinal Schuster seine deutschen Brüder; war er doch selbst ein Kind südtiroler Eltern, in Rom geboren und aufgewachsen. Er wurde Abt des berühmten Benediktinerklosters der Basilika St. Paul in Rom, dann Erzbischof der größten Diözese der Welt, Mailand.

An jenem Abend hörten wir interessante Einzelheiten über Mussolinis Ende. Seine letzten Tage hatte er hier im Hause des Kardinals verbracht, der sich bei den Alliierten um günstige Bedingungen für Mussolini im Falle seiner Gefangennahme bemühte. Anfänglich war Mussolini mit derlei Schritten des Kardinals einverstanden; dann aber siegte sein Stolz, und insgeheim floh er zusammen mit seiner Geliebten Claretta Pettacci in Richtung Schweizer Grenze. Von Partisanen wurde er, vermummt auf einem deutschen Lastwagen hockend, aufgegriffen, zum Tode verurteilt und mit seiner Geliebten erschossen. Die Leichen brachte man nach Mailand, wo sie zusammen mit den Leichen von 16 faschistischen Führern öffentlich aufgehängt wurden. Der Pöbel kannte kein Maß, seinen

Haßgefühlen durch Schändung dieser toten Menschen Ausdruck zu geben. Auf dem Friedhof verscharrte man sie ohne Grabhügel. Ein Jahr später wurde Mussolinis Leiche gestohlen, jedoch bald darauf wieder entdeckt und dann an einem unbekannten Ort beigesetzt. Die deutschen Oberhirten fragten den Mailänder Kardinal, ob Mussolini, da er sein Ende kommen sah, Zeichen der Reue von sich gegeben habe. „Nein, in keiner Weise, er war zu stolz." Wir entgegneten, er habe doch manches Gute für die Kirche in Italien geleistet. „Gewiß", war die Antwort, „aber nur aus kalter staatsmännischer Erwägung, nicht etwa aus religiösen Motiven; seit seinem Knabenalter war er, wie man leider erst später erfuhr, religionslos und auch bald einer unmoralischen Lebensführung verfallen." Das war das Ende eines Diktators, der Jahrzehnte hindurch Millionen von Menschen in seinen Bann geschlagen hatte.

In der Frühe des folgenden Tages feierten die beiden Oberhirten in der Krypta des Mailänder Domes am Grabe des hl. Carl Borromäus das hl. Opfer. Mit Proviant und italienischem Reisegeld beschenkt, nahmen wir Abschied vom Mailänder Kardinal und seinem gewaltigen Dom. Die ersten Sonnenstrahlen fielen auf die gotischen Türme und auf die Riesenzahl marmorweißer Kreuzblumen und Heiligenfiguren, auf jene strahlende Symphonie von Formen und Farben. Wie groß muß jene Zeit gewesen sein, da die Menschen die Glaubenskraft und den Idealismus besaßen, ein solches Sursum corda heiliger Kunst Gott dem Herrn zu schenken! Unversehrt hat dieses Wunderwerk menschlichen Geistes die Greuel des Krieges überstanden.

In Friedenszeiten dauert die Fahrt von Mailand über Bologna nach Rom etwa 12 Stunden. Infolge der durch die Kriegseinwirkungen schwer beschädigten Eisenbahnbrücken und Tunnels dauerte sie für die deutschen Romfahrer 26 Stunden. In Bologna, wo der am Vorabend von Mailand abgefahrene Zug mit den französischen Kardinälen wartete, trennten sich die beiden deutschen Oberhirten von ihren Begleitern, da sie von seiten der französischen Eminenzen eingeladen waren, in ihren mittlerweile leerer gewordenen Schlafwagen überzuwechseln. Dieser Zug fuhr eine Stunde eher ab als der, in dem die deutschen Begleiter verblieben. So ergab es sich, daß in der Nacht von Donnerstag auf Freitag französische und deutsche Kardinäle dieselben Schlafabteile benutzten. Unser Bi-

schof war Gast des Kardinals von Lille; obwohl dieser bedeutend
älter war, nahm er mit der oberen Bettstatt vorlieb, während er die
untere gern dem „Löwen von Münster" überließ. „Das ist wert,
aufgeschrieben zu werden", sagte später der Bischof, „als ein Zeichen der Zeit, wie wenigstens die Männer der Kirche über die
Spannungen der Nationen und Rassen hinweg sich brüderlich die
Hand reichen und nicht müde werden, zur Versöhnung der Völker
beizutragen." — Am Freitagvormittag, nach genau einer Woche,
war das Ziel erreicht. Ein seliges Aufatmen, ein inneres Jubeln
erfüllte die Seele beim Anblick der immer näherkommenden Kup-
peln und Türme der Ewigen Stadt. So war es wohl auch den Pilgern
ums Herz, wenn sie in früheren Jahrhunderten nach wochenlanger
Reise mit Roß und Wagen beim Anblick der Roma aeterna ganz
still wurden und die Hände falteten.

Anmerkung: 1957 erschien im Jarrolds-Verlag, London, die englische Über-
setzung dieses Buches. Der Übersetzer, Brigadier Sedgwick, schreibt in der
Einführung u. a.: „Dr. Portmann widmet in seinem Buch ein ganzes Kapitel
der Romreise . . . Er konnte nicht wissen, was hinter den Kulissen vor sich
ging, und ich war natürlich nicht berechtigt, ihn über den Wirrwarr und die
Unnachgiebigkeit des Auswärtigen Amtes aufzuklären . . . Die Army tat, was
sie konnte . . . Mein Divisionsgeneral war verärgert: ‚Ich kümmere mich nicht
mehr darum, wie Sie es machen. Und wenn Sie sie in einem Schubkarren hin-
bringen, aber bringen Sie sie hin. Das ist mein Befehl . . .‘ In Paris umarmte
mich Kardinal von Galen und sagte: ‚Sie haben ein Wunder vollbracht, Herr
General. Wie haben Sie das geschafft?‘ — ‚Da müssen Sie die Mutter Gottes
von Telgte fragen.‘ "
Über Gespräche mit dem Kardinal vor der Romreise heißt es: „Verschiedent-
lich hatten Vorgesetzte mich gebeten, zu versuchen, von ihm die Feststellung
einer kollektiven Schuld zu bekommen. Solche Art Anfragen versetzten ihn in
großen Zorn und wurden daher bald von uns aufgegeben . . . ‚Einmal‘, so
erklärte der Kardinal, ‚ordnen Sie Nichtverbrüderung an, und im nächsten
Augenblick verurteilen Sie dies . . . Sie veranlassen uns, unsere Fabriken
niederzureißen und abzumontieren, und ehe der Staub verflogen ist, befehlen
Sie, sie wieder aufzubauen. Bis herab zur Luftbüchse nehmen Sie uns unsere
Waffen weg (er sagte dies 1945/46) und ich prophezeihe Ihnen, nach kurzer
Zeit werden Sie uns bitten, wiederaufzurüsten, um ein Bollwerk zwischen Ihnen
und Rußland zu sein . . .‘ "

IN DER EWIGEN STADT

Der Schritt der Jahrhunderte

Von den Schrecken und Verwüstungen des Krieges wie durch ein Wunder in jenen gefahrvollen Junitagen 1944 unberührt geblieben, lag sie vor uns, die Ewige Stadt. Immer größer wuchs die Riesenkuppel von St. Peter aus dem Meer der Häuser, und doch blieb sie so seltsam fern in ihrem tiefen Schweigen, überdeckt von den zarten Schleiern des Morgennebels, nur wenig umflutet von den warmen Strahlen der höher steigenden Sonne. Für jeden katholischen Christen, ob Bischof, Priester oder Laie, ist es ein Erlebnis ganz besonderer Art, Rom zum ersten Mal zu sehen oder nach Jahren es wieder zu begrüßen. Rom, dessen Geschichte fast drei Jahrtausende zählt, ist, wie jemand schrieb, d i e Stadt der Welt. Als wir noch Kinder waren und auf der Schulbank das Weihnachtsevangelium zum ersten Mal vernahmen, hörten wir den Namen des großen Kaisers Augustus, unter dem der Heiland geboren, jenes Kaisers, dessen Riesenreich fast über die ganze damals bekannte Welt sich ausdehnte, von Kleinasien über den Balkan bis nach Germanien in den Teutoburger Wald, über England, Gallien, Spanien bis Nordafrika. Wir brauchen nur Namen zu nennen wie Tiberius, Titus, Nero, Domitian, Diokletian, und wie von selbst steigt vor uns auf die Urzeit der Kirche, da aus dem Reich der

288

Katakomben, buchstäblich aus der Tiefe der Erde, der heilige Baum des Christentums gewachsen ist. Über jenen Märtyrergräbern wölben sich heute wie triumphale Zeichen die herrlichen Gotteshäuser frühchristlicher Basiliken. Das Heidenreich versank, und aus der zarten Pflanze des Urchristentums wuchs der starke Baum. Unter dem großen Kaiser Konstantin im 4. Jahrhundert wurde das Christentum die Religion schlechthin. Es kam das Mittelalter, jene grandiose Zeit, da Kaiser und Päpste, die Inhaber höchster geistlicher und weltlicher Macht, nebeneinander stehend, die Krone und die Tiara trugen. Gewiß, es gab Epochen, da sie auch gegeneinander standen; aber, und das darf nie vergessen werden, die Kaiser des Mittelalters, die über die Alpen nach Rom zogen und dort aus den Händen der Päpste die Kaiserkrone empfingen, dienten bewußt demselben Christengott, als die starken Schirmherren des Abendlandes sich betrachtend. Unter ihrer Herrschaft, einem Gottesgnadentum biblischer Art, blühte die christliche Kultur unserer Dome und Rathäuser, unserer Klöster und Städte. Dann kam das Unglück der Reformation. Stücke vom Felsen Petri brachen ab, Stücke, die nach einem Wort unseres Hl. Vaters noch das Gold des wahren Glaubens in sich tragen. Die Päpste der Folgezeit bemühten sich, heimzuholen, was verloren gegangen war. Es kamen die Jahrhunderte der neuen Zeit, mit den gewaltigen Nöten und Problemen des sozialen Lebens; die großen Päpste Pius IX., Leo XIII., Pius X. trugen die Tiara. Und nun, im Gewoge der Gegenwart, wenige Monate nach dem Schweigen der Waffen dieses furchtbaren Krieges erging der Ruf unseres Hl. Vaters in alle Länder und Erdteile, an die ersten Männer der kirchlichen Hierarchie, die Mitglieder des höchsten Senates der Kirche Christi. Inmitten der Zwietracht der Völker eilten sie als Boten der Liebe und Versöhnung im Februar 1946 zum Vater der Christenheit in die Ewige Stadt. Unter diesen Kirchenfürsten aus der ganzen Welt — wir erleben für einen Augenblick schon die folgenden Tage — war der Bischof von Münster „schlechthin der Kardinal". Jenes Wort schrieb ein in führender Stellung tätiger Priester in Rom und fügte hinzu: „So urteilen die maßgeblichen Kreise in der Ewigen Stadt." Kein geringerer als der Kölner Kardinal erklärte bei der Traueransprache in Münster: „Er war der Held des Konsistoriums." Durch ihn, den Bischof in der schmachvollsten Periode deutscher Geschichte, hat Gott unserm

Bistum vor den Augen der christlichen Weltöffentlichkeit höchste Ehrung zuteil werden lassen.

Im Hause des Vaters

Während ihres Romaufenthaltes pflegen die Bischöfe in einem ihrer nationalen Priesterhäuser Wohnung zu nehmen. Jede christliche Nation besitzt seit Jahrhunderten wenigstens ein solches Haus, gleich einer heimatlichen Insel inmitten der Übernationalität der Ewigen Stadt, so die Franzosen, Spanier, die Engländer und Amerikaner, so die Portugiesen und Holländer, die Polen und Brasilianer. Wir Deutsche nennen drei solcher Institutionen unser eigen. Zunächst das Collegium Germanicum, vom hl. Ignatius im 16. Jahrhundert gegründet und bis zum heutigen Tage von Jesuitenpatres geleitet. Es beherbergt junge Theologiestudenten, die von ihren Heimatbischöfen aus Deutschland, Österreich oder Ungarn dort hingeschickt werden und nach siebenjährigem Studium in Rom die hl. Priesterweihe empfangen. Im Gewoge der Tiberstadt erkennt man die Germaniker gleich an ihren feuerroten Talaren. Ferner das „Collegio Santa Maria dell'Anima" mit der deutschen Nationalkirche, seit den Tagen des Mittelalters Fremdenhospiz für deutsche Rompilger, seit etwa einem Jahrhundert Hospiz für deutsche Priester, die an den päpstlichen Hochschulen Spezialstudien betreiben, vor allem das Studium des Kirchenrechts. In der Anima nahmen im Februar 1946 vier deutsche Kardinäle Wohnung: Die Kardinäle Innitzer von Wien und Faulhaber von München, sowie die Kardinäle von Berlin und Münster. Der Kölner Erzbischof wohnte im Campo Santo, dem dritten deutschen Priesterhaus, das demselben Zweck wie die Anima dient und unmittelbar neben der Vatikanstadt gelegen ist.

Wenn Bischöfe in Rom eingetroffen sind, führt sie der erste Weg zum Hl. Vater. Gleich nach der Ankunft der deutschen Oberhirten an jenem Freitagmittag erfolgte deren Anmeldung im Vatikan, worauf wenige Stunden später mitgeteilt wurde: Privataudienz am Samstagvormittag 11 Uhr. — In einem Vatikanauto fuhren am folgenden Morgen der Bischof von Münster und seine Begleiter in die Vatikanstadt, vorbei an ehrwürdigen Kirchen und alten Palästen, vorbei an dem flutenden Geschäftsleben in den Läden und den Verkaufsständen auf den Bürgersteigen. Für deutsche Augen ein völlig ungewohntes Bild. Alles, was das Herz begehrte, war zu kaufen, falls man nur über hinreichend große Geldscheine verfügte. Die Inflation blühte, und doch fiel uns auf, daß die Römer besser aussahen, als die Menschen in Paris. Den deutschen Kardinälen, die nur deutsches Geld, im Ausland völlig wertlos, bei sich trugen, wurde in reichlichem Maße seitens des Hl. Vaters und der amerikanischen Oberhirten Hilfe zuteil. Wenn letztere in den folgenden Tagen ihren Besuch abstatteten, ließen sie auch auf dem Tisch unseres Bischofs Dollarpaketchen zurück; kurz darauf sagte dieser dann etwa so zu seinem Kaplan: „Soeben war der Kardinal von Chicago hier; er hat mir das Päckchen geschenkt, zählen Sie mal nach, ob's stimmt!" Die römischen Banken nahmen gern solcherlei Geld entgegen und gaben dafür viele Lire, mit denen die Aufenthaltskosten in den an Geldmangel leidenden deutschen Priesterhäusern bestritten werden konnten.

Über die Tiberbrücke ging die Fahrt in die Vatikanstadt. Wie seit Jahrhunderten lag der Petersdom da, in majestätischer Ruhe und Feierlichkeit, als das Auto über den großen Platz — umfaßt von den Riesenarmen der Kolonnaden — dahinfuhr. Durch die Reihe der Torbögen um den weiten Dom führte der Weg. Im Damasushof verließen wir das Auto, gingen durch eine Vorhalle, die sanft ansteigenden breiten Treppen hinauf, durch hohe Korridore und Säle, vorbei an salutierenden Schweizer Gardisten. Man spürte, sie hatten ihn gleich erkannt, den großen Bischof aus dem Norden; die Haltung wurde sichtlich strammer und disziplinierter. Väterlich lächelnd winkte ihnen Clemens August zu: „Grüß Euch Gott, Ihr lieben Schweizer Jungs!" Das tat ihnen wohl, und über manches Gesicht ging ein Anflug von froher Entspanntheit. Durch eine Flucht von anfänglich größeren, dann kleiner werdenden Räumen führte der Weg weiter, bis in das letzte Zimmer vor der Privatbibliothek des Hl. Vaters. Wie von selbst wurde das Sprechen leiser, schließlich zu einem Flüstern. Die alten Skulpturen, die Riesengemälde aus großer Vergangenheit, Papstbüsten, die schweren Vorhänge an den Fenstern, den Lärm der Weltstadt fernhaltend und ein dämmeriges Licht verbreitend, der gedämpfte Schritt: alles ist darauf abgestimmt, dem Besucher bewußt werden zu lassen, daß hier derjenige wohnt, der das Steuer der Weltkirche in Händen hält. Wir erreichten das letzte Vorzimmer. Die beiden Begleiter des Kölner Kardinals standen im Gespräch mit einem päpstlichen Kammerherrn, ein Zeichen, daß ihr Oberhirt in Audienz beim Hl. Vater weilte. Gegen 12 Uhr öffnete sich die Tür; heraus trat der Kölner Kardinal. Unser Bischof, unter dem Arm die schwarze Aktenmappe mit den Bildern zerstörter Kirchen und den Dokumenten über die Geschehnisse in Ostdeutschland, ging allein hinein. Seit dem Maimonat 1939 hatten diese beiden großen Männer der Kirche einander nicht mehr gesehen. Was alles war inzwischen geschehen? Jene Predigten des Sommers 1941 auf dem Höhepunkt des Kampfes gegen die Mächte der Finsternis hielt der Hl. Vater wenige Wochen später in Händen; sein Segen und sein Gebet schenkten dem Oberhirten in Münster den tiefen Trost und starken Rückhalt in den folgenden Jahren des Kampfes. In der Stunde dieser Audienz dankte der Hl. Vater dem großen deutschen Bischof; darum hatte er ihn ja ins Kardinalskollegium berufen, damit sein apostolischer Kampf und sein Märtyrergeist vor der ganzen Welt erneut und vertieft offenbar würden. Und dann waren es die bitteren Sorgen der deutschen Gegenwart, über die sich der Hl. Vater an Hand der ihm überreichten Bilder und Dokumente unterrichten ließ. Nach einer Stunde öffnete sich wiederum die Tür; tiefe Ergriffenheit lag in den Zügen des Bischofs, als er seine Begleiter herbeiwinkte und diese, wie alter Brauch es will, dem Hl. Vater vorstellte. So stand und kniete man wenige Minuten vor dem Vater der Christenheit. In der Muttersprache hörte man Fragen aus seinem Munde und durfte in der gleichen Sprache antworten; aus seiner Hand empfing ein jeder als Andenken einen Rosenkranz. Dann erhob sich der Hl. Vater, umarmte den Kardinal, und langsam gingen wir zurück in das Vorzimmer. Ein unauslöschlicher Eindruck, diese hohe Gestalt des 70jährigen Papstes, fast dürr, aber fest und diszipliniert, wenn auch ein wenig gebeugt; das Gesicht bräunlich-gelb, die Augen groß und dunkel, sehr lebendig, die Stimme klangvoll und energiegeladen. Von einer Schweizer Ordensfrau, die mit zwei anderen dem Hl. Vater den Haushalt führt, erfuhren wir Einzelheiten über sein Tagewerk: 6 Uhr in der Frühe steht der Papst auf, feiert um 7 Uhr allein das hl. Opfer; von 9 Uhr ab arbeitet er am Schreibtisch. Gegen 11 Uhr beginnen die Audienzen, die sich bis gegen 13.30 Uhr hinziehen. Dann nimmt er

292

allein das Mittagessen ein, um anschließend bis 15 Uhr zu ruhen.
Es folgt bis 16 Uhr der Spaziergang durch die Vatikanischen Gärten,
die einzige Stunde am Tag, da er draußen in frischer Luft sich
ergehen kann; stets hält er dabei ein Aktenstück in der Hand, um
selbst in dieser Zeit nicht müßig zu sein. Von 16—20 Uhr Arbeit
am Schreibtisch, dann Abendessen, anschließend mit den Prälaten
seiner nächsten Umgebung und den drei Schwestern das Rosen-
kranzgebet, von 22 bis 23 Uhr Breviergebet, dann bis 2 Uhr
nachts Arbeit am Schreibtisch. Wie die Schwester hinzufügte, reicht
in gesunden Tagen die kurze Nachtruhe völlig aus.

Inseln der Heimat

In der Anima wartete eine lange Reihe von Besuchern, deutsche
Priester und Ordensfrauen, sowie Laien jeden Alters und Standes.
Sie alle wünschten, Aug in Aug den großen Bischof zu sprechen
und aus seinem Munde zu hören, wie es daheim in Deutschland
aussehe. So erschien auch ein Lehrerehepaar, beharrlich flehend,
vorgelassen zu werden. „Unser 10jähriges Töchterchen", sagte die
Mutter, „wird es im Leben nicht vergessen, wenn es vor diesem
Bischof gekniet und von ihm den Segen empfangen durfte." Solcherlei Bitten brachen jeden Widerstand, schenkten dem Bischof
viel Freude, aber raubten auch in all dem Hin und Her seine Kräfte.
Gewiß, man spürte an ihm keine Ermüdung. In der Endphase der
Hinreise hatte noch der Kölner Kardinal erklärt: „Wie können Sie
in Münster stolz sein auf Ihren Bischof! Wie ist er gesund! Spielend
wird er mit den Strapazen der Reise fertig." So urteilten die
Menschen.
Am Sonntagnachmittag hielt unser Bischof die große Predigt in
der Animakirche. Obwohl diese von einer Schweizer Rundfunk-
gesellschaft auf Platten festgehalten wurde, sprach er, da die Zeit
präziser Vorbereitung fehlte, ohne vorher festgelegte Formulierung, schlicht und ursprünglich, väterlich und herzlich. In Ergriffenheit dankte er dem Hl. Vater für seine große Liebe zu Deutschland,
daß er in einer Zeit, da die Welt haßerfüllt das ganze Volk für
schuldig erkläre, drei deutsche Oberhirten zur Würde des Kar-
dinalats erhoben habe. Laut protestierte er gegen die unmensch-
lichen Greuel in Ostdeutschland, gegen die von Rachegesinnung

diktierten Beschuldigungen des gesamten deutschen Volkes; er verwies auf den Heroismus vieler Christen in Deutschland während jener Jahre, da die Mächte der Finsternis ihre Tyrannei aufgerichtet hatten[1]. Es war ein ergreifender Augenblick, als dann die deutschen Kardinäle auf dem festlich erstrahlenden Chor der ehrwürdigen Animakirche niederknieten und Kardinal Faulhaber den sakramentalen Segen gab. Bis in den letzten Winkel unter den Ampeln der Seitenaltäre längs des weiten Mittelschiffes standen die Gläubigen, nicht nur die Mitglieder der deutschen Kolonie und deutsche Ordensleute, sondern auch zahlreiche Ausländer. Obgleich viele unter ihnen die Worte des Bischofs nicht verstanden, wollten sie doch wenigstens seine Stimme hören und seine Gestalt sehen. Die Presse hatte es sich nicht entgehen lassen, in sensationeller Weise die Maße seines Körpers — über die tatsächlich vorhandenen 1,99 m hinaus — auf 2,03 bzw. 2,05 hinaufzuschrauben. (Eine Zeitung brachte ein köstliches Bild: Am Samstagmorgen hatte sich der Kardinal von dem zuständigen Zisterzienserpater die Titelkirche San Bernardo zeigen lassen; als beide durch das Hauptportal das Gotteshaus verließen, stand vor ihnen ein Bildreporter, dieser knipste, und das Bild war festgehalten: ein außergewöhnlich kleiner italienischer Pater und neben ihm der riesenhafte deutsche Bischof. Auch das trug dazu bei, Staunen und Liebe gegenüber dem volkstümlichen Oberhirten in den Herzen der Römer zu erhöhen). Unter des Bischofs Kanzel standen 60 deutsche Kriegspfarrer, Gefangene der Alliierten in Italien, die für die Tage des Konsistoriums Urlaub erhalten hatten. Nach der gottesdienstlichen Feier folgte in der großen Sakristei eine herzliche Begrüßung und für viele ein frohes Wiedersehen. 24 Stunden später fuhr unser Bischof mit Kardinal Innitzer nach Vicarello, einem alten Kloster nördlich von Rom, in dem die deutschen Kriegspfarrer einquartiert waren und in den Tagen zuvor Exerzitien gemacht hatten. Dieses Kloster, in seenreicher, wilder

[1] In den folgenden Wochen kursierte in ganz Deutschland ein etwa 10 Schreibmaschinenseiten umfassendes Schriftstück mit dem Titel „Rechtsbewußtsein und Rechtsunsicherheit — Predigt des Kardinals von Galen in der Animakirche in Rom". Die von einem unbekannten Verfasser stammenden Ausführungen waren eine scharfe Kampfansage gegen die in Deutschland angewandten Methoden der Alliierten. Um solchen Darlegungen autoritatives Gewicht zu verleihen, hatte man sich nicht gescheut, den Namen des großen Bischofs zu mißbrauchen.

Berglandschaft romantisch gelegen, wo bärtige Hirten nach jahrhundertealter Sitte ihre Herden weiden, wird von deutschen Schwestern Unserer Lieben Frau bewohnt. An jenem Abend waren die beiden Kardinäle von den deutschen Priestern förmlich umringt. Clemens August — ihm zur Rechten saß als einziger Angehöriger des Bistums Münster Kaplan Dr. Lohmann — erzählte in überaus humorvoller Weise von den Abenteuern der Reise nach Rom, sodaß von Minute zu Minute die Zuneigung der Anwesenden wuchs und es beim Abschied zu stürmischen Ovationen kam.

Die Urkunde und das Rote Birett

Am Montag, dem 18. Februar, dem Beginn der Konsistoriumswoche, fand in der Frühe das Geheime Konsistorium der alten Kardinäle statt. Vor den im Konsistoriensaal des Vatikans versammelten Kardinälen vollzog der Hl. Vater in feierlicher Weise die Ernennung der für die hohe kirchliche Würde benannten Männer. Draußen vor den verschlossenen Türen warteten währenddessen die päpstlichen Kuriere, zwei Monsignori und ein Gentiluomo, ein Laie in spanischer Hoftracht. Nach Beendigung dieses Konsistoriums empfingen sie in großen versiegelten Umschlägen die für alle in der Ewigen Stadt anwesenden neuen Kardinäle bestimmten Ernennungsurkunden. Um die Dauer des Überbringens abzukürzen, hielten sich die Kardinäle der jeweiligen Nation gemeinsam an einem Ort zur Entgegennahme der Urkunden bereit. So waren die drei deutschen Kardinäle im Kloster der Salvatorianer, nahe dem Petersplatz, versammelt. In einem saalartigen Raum saßen sie auf goldig aussehenden Sesseln, umgeben von deutschen Priestern, Ordensleuten und Laien. Als plötzlich die Tür aufging und drei hochgewachsene Italiener erschienen, erkannte unser Bischof sie sogleich als Neffen des Papstes. Tiefgerührt war er noch in den folgenden Tagen und Wochen ob jener Liebe des Hl. Vaters, die ihn bewogen habe, seine nächsten Verwandten zu den Deutschen zu schicken, damit sie dort Zeugen des feierlichen Aktes der Kardinalserhebung seien. Gegen 11 Uhr wurde es still, die Ankunft der päpstlichen Kuriere war gemeldet. Erwartungsvolles Schweigen. Der erste Monsignore trat vor den Erzbischof von Köln als den Ranghöchsten der Drei, sprach einige einleitende Worte und überreichte das Ernennungsdekret. Es wurde geöffnet und laut verlesen. Dasselbe geschah vor dem Berliner Bischof Graf von Preysing und dem Bischof von Münster. Im Namen der drei deutschen Kardinäle hielt Kardinal Frings eine wohlgesetzte italienische Ansprache, völlig frei, als Ausdruck des Dankes an den Hl. Vater. Die drei Kuriere verneigten sich und verließen den Saal. Eine seltsam feierliche Stimmung erfüllte alle Herzen, die in strahlende Freude sich verwandelte, als die Gratulation, die sogenannte „Visita di calore", begann. Von allen Seiten drängten die Gratulanten. Als ich wie zufällig zu unserem Bischof aufschaute, sah ich Tränen in seinen Augen und ein Zittern um seine Lippen. Nicht enden wollte die Reihe der aus allen Teilen der Ewigen Stadt herbeiströmenden Gratulanten, insbesondere der in Rom studierenden Theologen aus aller Welt, bei denen nicht nur der Talar eine bunte Vielfalt zeigte, sondern auch die Hautfarbe alle Schattierungen vom Weiß der Engländer und Amerikaner, über das Braun und Gelb der Spanier, Inder, Chinesen, Japaner, bis zum Schwarz der Neger aufwies. Es waren oft köstliche Bilder, wenn die kleingestalteten Asiaten mit strahlenden Gesichtern zu dem großen Kardinal, über dessen heroischen Kampf sie so viel gehört, aufblickten und dieser tränenfeuchten Auges ihnen dankbar auf die Schulter klopfte. In solchen Stunden erlebt man zutiefst, was es um die Liebe ist, die alle Völker und Rassen dieser Welt zum Reich des wahren Friedens in der Kirche Christi verbindet. — Anschließend erschien eine amerikanische Filmgesellschaft mit der Bitte, die deutschen Kardinäle filmen zu dürfen. Während wir uns heiteren Sinnes und in zwangloser Unterhaltung über die Terrasse bewegten, mit dem herrlichen Ausblick auf den Petersplatz und die Kuppel von St. Peter, hörten wir das zarte Geratter des Filmapparates. Wenn auch niemand von uns den Film zu Gesicht bekam, so folgte ihm doch eine köstliche Fügung: Der Schulfreund eines der Beteiligten befand sich in amerikanischer Gefangenschaft, sah dort die Wochenschau und war tief bewegt, zum ersten Mal nach vielen Jahren plötzlich in der Gestalt seines Jugendgespielen ein Stück Heimat wiederzusehen. Er schrieb an seine Gattin, und so vollendete sich im Zeitalter der Völkerzwietracht die Brücke der Liebe zwischen Rom, Amerika und der deutschen Heimat.

Mittwochnachmittag. Zum ersten Male fuhren die neuernannten

Kardinäle in den Vatikan. In der Sixtinischen Kapelle, die das weltberühmte Gemälde Michelangelos vom Jüngsten Gericht in ihren Mauern birgt, versammelten sie sich zum Halböffentlichen Konsistorium, zur Feier der Aufsetzung des Roten Biretts. Die Strahlen der untergehenden Sonne fluteten durch die hohen Fenster, jenes grandiose Bild wie mit einem goldenen Schleier überziehend und die Deckengemälde (Szenen aus dem Alten Bund, Erschaffung des Adam und Prophetengestalten) matt beleuchtend, während unten die kleinen Scheinwerfer der Photographen aufblitzten, wenn wieder ein Kardinal mit seiner Begleitung eintraf. Jede Eminenz, nach der vorgeschriebenen Rangordnung Aufstellung nehmend, legte die Cappa magna an, jenes mantelartige, langschleppende Gewand mit dem weißen Pelzkragen. Plötzlich sah man die amerikanischen und den englischen Kirchenfürsten zu den deutschen gehen; die Sieger kamen, so möchte man sagen, zu den Besiegten, um diesen in strahlender Herzlichkeit die Hände zu schütteln. Kardinal Spellman von New York erwähnte gleich mit lächelnder Miene die Abenteuer der Romreise, von denen er schon in Paris gehört, und erklärte, er werde für die Heimreise ein amerikanisches Flugzeug zur Verfügung stellen. Uns allen fiel ein Stein vom Herzen, denn schon am ersten Tage in Rom war die bange Frage aufgestiegen: Wann müssen wir wieder abfahren, um rechtzeitig nach Hause zu kommen?

Es ging auf 18 Uhr. Die Prozession formierte sich. An der Spitze der Patriarch von Armenien, dann die Erzbischöfe, zuletzt fünf Bischöfe, unter ihnen die von Berlin und Münster. Rechts neben jedem Kardinal schritt der Sekretär, zur Linken der Gentiluomo in spanischer Hoftracht. Der Zug bewegte sich durch die Säle und über weite Korridore in die sogenannte Benediktionsaula, die über der Vorhalle von St. Peter gelegen ist und 4000 Menschen Platz bietet (der Petersdom, das größte Gotteshaus der katholischen Christenheit, faßt 65 000 Personen). Langsam zog die Prozession über den Mittelgang der festlich erleuchteten Aula, wo zu beiden Seiten die Gläubigen dichtgedrängt die Sitzreihen füllten. Vor der gegenüberliegenden Stirnwand stand der Thron des Hl. Vaters, auf dem dieser soeben Platz genommen hatte. Viele der Zuschauer hielten die päpstliche Zeitung, den Osservatore Romano in Händen, mit den Bildern der neuen Kardinäle und deren Namen. Als die hohe Gestalt unseres Bischofs sichtbar wurde, ging eine Bewegung durch die Reihen, ein staunendes Tuscheln, ein gedämpftes Rufen: „Vescovo di Münster — Conte di Galen." Aller Blicke richteten sich auf ihn. Die Prozession stockte. Über sein Gesicht huschte ein leises, fast verlegenes Lächeln, und er flüsterte zu seiner Begleitung: „Ist doch peinlich, wenn sie einen hier alle so angucken."

Um den Thron des Papstes standen im Halbkreis 30 rotbedeckte Sitze, auf denen die Kardinäle sich niederließen. Es folgte die ergreifende Zeremonie der Birettaufsetzung. Jeder der Kardinäle stieg zum Papstthron hinauf, kniete dort nieder, und der Hl. Vater setzte ihm das Rote Birett auf, das erste der Zeichen der Kardinalswürde. Dann hielt der Papst in italienischer Sprache eine fast einstündige Rede über die Bedeutung dieser Kardinalsernennungen; aus allen Völkern und Ländern habe er Männer zur höchsten Würde der Hierarchie berufen, zum Zeichen, daß die Kirche, wahrhaft katholisch und weltumspannend, nicht nur in die Verantwortung der Nationen Europas, sondern in die aller Völker und Erdteile der Welt gegeben sei. (Näheres über diese Ansprache bei Bierbaum, Die letzte Romfahrt des Kardinals von Galen, Münster 1946). Der Hl. Vater verließ seinen Thron und bestieg die Sedia gestatoria, jenen von rotbekleideten Jünglingen auf den Schultern getragenen Tragsessel. Gleichsam über der Menge schwebend, jedem deutlich sichtbar, segnete der Hl. Vater die Tausende, die niederknieten und sich dann wieder erhoben. Aus ihren Herzen jubelte dem Vater der Christenheit laut der Dank entgegen: „Evviva il Papa, vive le Pape!" Das deutsche „Es lebe der Papst!" hörte man nicht, da es des Deutschen Art ist, in solchen Augenblicken zu schweigen. Ganz verschieden, das dürfen wir nie vergessen, ist der Völker Temperament und Ausdrucksform. Der Zug der Kardinäle folgte. Als in ihm unser Bischof sichtbar und, man verzeihe das Wort, greifbar wurde, fielen die Hemmungen von den Menschen ab. Sie durchbrachen die Absperrketten der Schweizer Gardisten, drängten in seine Nähe, um seinen Ring zu küssen. Jene, denen dies nicht gelang, griffen buchstäblich nach dem Saum seines Gewandes und führten ihn zum Munde. Wie war ein solches Geschehen, das den Bischof in tiefster Seele packte, in dieser ursprünglichen Echtheit und Herzlichkeit möglich? Einen gewaltigen, tiefernsten Kirchenfürsten hatte man erwartet, die Unnahbarkeit des Grafen und die Unerbittlichkeit des Kämpfers ihm aufgeprägt, dem man gern Achtung und Ehrfurcht zollte, und nun ein ganz anderes Bild: zwar ein Hüne von Gestalt, aber so schlicht, ungekünstelt, ohne Pose, mit den Zügen eines milden Vaters, mit den Augen eines guten Hirten. Das war es, was die Menschen im Ausland in Begeisterung geraten und ausrufen ließ: „Uomo simpatico — welch sympathischer Mensch!" Es war eine Begeisterung, die von Tag zu Tag sich steigerte.

Im Petersdom

Donnerstagmorgen. Zum ersten Mal in der Kirchengeschichte fand das Öffentliche Konsistorium im Mittelschiff des Petersdomes statt. Über der Confessio, dem Grab des hl. Petrus, war in tiefer Symbolik der Papstthron errichtet, über dem Grab des ersten Papstes der Thron seines Nachfolgers im 20. Jahrhundert. In malerisch harmonischer Proportion führten zwei Gruppen von je sechs Stufen zum Thron hinauf. Mitten durch den Dom führte ein freier Gang, links und rechts sah man, hürdenartig abgesperrt, die Tribünen und Sitzreihen. 20 000 Menschen etwa barg an jenem Morgen der Petersdom, Menschen aus allen Völkern und Stämmen, arm und reich, gebildet und ungebildet. Hoch oben über dieser großen Familie christlicher Gemeinschaft schwebte die Kuppel von St. Peter, von der herab das Licht des dämmernden Morgens auf die Confessio Sancti Petri niederströmte und sich mit den Lichtern der Scheinwerfer mischte, die an den hohen gewaltigen Pfeilern angebracht waren. Die modernste Technik vermählte sich mit der Formen- und Farbenpracht der mittelalterlichen Welt, um jene Stunden des heiligen Schauspiels festzuhalten.

Gegen 8 Uhr in der Frühe versammelten sich die neuen Kardinäle im Vatikan. Nach Anlegen der Cappa magna zogen sie in Prozession über die weiten Treppen nach unten in die Sakramentskapelle des Petersdomes. Hier, im Angesicht des Eucharistischen Heilandes, legten sie den Eid ab, jederzeit für die Rechte der heiligen Kirche einzustehen. Um dieselbe Stunde stieg der Hl. Vater die Stufen nach St. Peter hinab, um in der Kapelle der weltbekannten Pietà von Michelangelo die Paramente anzulegen. Vor ihm waren die alten Kardinäle versammelt. Pünktlich auf den Glockenschlag nahm der Vater der Christenheit auf der Sedia gestatoria Platz, und die Prozession setzte sich in Bewegung. An der Spitze die Schweizer Garde, dann die Nobel- und Palatingarde, die päpstliche Gendarmerie, die Monsignori, Prälaten, Bischöfe und Kardinäle. Plötzlich erklang oben von der Loggia der Benediktionsaula die „Marcia Papale", der Papstmarsch, gespielt auf den berühmten Silbertrompeten, jene eigentümlich ergreifende Melodie mit dem ruhig gemessenen Rhythmus des Prozessionsschrittes. Ein Stück mittelalterlicher Welt steigt auf beim Anblick solcher Formen- und Farbenpracht. Es sind die Stunden, da die Kirche den reichen Glanz ihrer Tradition und Geschichte, die edle Vielfalt und Herrlichkeit ihrer äußeren Erscheinung ausbreitet. Der Hl. Vater wurde sichtbar im Mittelschiff. Ein Sturm des Beifalls, des Rufens und Händeklatschens setzte ein; wie ein Meereswogen bewegte er sich fort durch die weiten Hallen des Petersdomes. Der Hl. Vater, die Tiara auf dem Haupte, thronte über dem Grab des hl. Petrus. Uralter Sitte gemäß wurde aus den Akten eines Seligsprechungsprozesses ein Abschnitt vorgelesen und durch Lautsprecher übertragen. Dann trat Stille ein, die alten Kardinäle erhoben sich von ihren Sitzen, formierten sich zur Prozession und zogen allein durch den Mittelgang zurück in das Seitenschiff zu den neuen Kardinälen, die noch kniend vor dem Tabernakel in der Sakramentskapelle verharrten. Eine tiefe Symbolik: Die alten Kardinäle holen ihre neuen Brüder ab, nehmen sie in ihre Mitte und führen sie durch die Menge der Zehntausende hin zum Vater der Christenheit. Als die Prozession durch das Mittelschiff zog, strahlten die Scheinwerfer auf. Ein denkwürdiger Augenblick. 30 neue Kardinäle aus aller Welt zogen zum Grab des hl. Petrus und zum Thron seines Nachfolgers. Ein Rauschen des Beifalls wogte auf, ruhiger, dann wieder stärker werdend, wenn nationale Gruppen ihren Kardinal begrüßten. Zu einem Sturm wuchs der Beifall, als die hohe Gestalt des Kardinals von Münster sichtbar wurde, zu einem Orkan, möchte man sagen, zu einem „applauso trionfale", wie die Zeitungen schrieben, als er langsam, schwer und feierlich die Stufen des Papstthrones hinaufschritt. Dann wurde alles still. Der Bischof von Münster kniete vor dem Hl. Vater. Der Rote Hut, das Sinnbild erhabenster Fürstenwürde des Geistes, wurde ihm aufgesetzt und, wie zu seinen Brüdern, auch zu ihm das

Wort gesprochen, das Rot des Hutes solle das Zeichen sein, bis zur Vergießung des Blutes für die Rechte der heiligen Kirche einzustehen. Wie von selbst kam einem der Gedanke: Du, der Du dort niederkniest, hast diese Bereitschaft gezeigt. Es erhob sich der Kardinal, und dann sagte der Hl. Vater, ihn umarmend, die denkwürdigen Worte: „Gott segne Sie, Gott segne Deutschland!" Der Kardinal wandte sich um, die Scheinwerfer, die Filmapparate, die Blicke der Zehntausende auf ihn gerichtet, — ein Sturm des Beifalls brach los, minutenlang, selbst die Diplomaten und Kardinäle miterfassend. Wie ein Traum umfing uns Münsteraner dieses Geschehen. Noch am gleichen Tage schrieb ein früher in diplomatischen Diensten tätig gewesener höherer Beamter: „Als Bischof von Galen die Stufen des Papstthrones herunterkam, da war es mir, als ob in diesem Augenblick der deutsche Name, im letzten Jahrzehnt vor der ganzen Welt mit so viel Schmach und Schande bedeckt, durch diesen großen deutschen Bischof entsühnt worden wäre."

Es folgte eine ergreifende Zeremonie, als der Hl. Vater in den Vatikan zurückgekehrt war. Zwischen Confessio und Cathedra, nahe dem Petrusgrab, versammelten sich die neuen Kardinäle, umgeben von den alten; auf dem Boden sanken sie in die Knie und streckten sich nieder, wie der Priester zu Beginn der ergreifenden Karfreitagsliturgie. Dann erklangen die Weisen des Te Deum. Um die Symbolik jener Zeremonie wissen wir; sie, die zur höchsten kirchlichen Würde emporgestiegen, sollten eingedenk bleiben, daß sie vor Gott nur Staub sind. Es gibt ein Lichtbild, auf dem die Gestalt unseres Kardinals, auf dem Boden liegend, die Kapuze der Cappa magna übers Haupt gezogen, zu sehen ist. Wer von denen, die aus der Nähe jene Wirklichkeit erlebten, hätte geahnt, wie bald Gott der Herr den Sinn dieser Zeremonie an ihm erfüllen würde?

Am folgenden Nachmittag waren die neuen Kardinäle im Geheimen Konsistorium um den Hl. Vater versammelt. Als letztes Zeichen ihrer Würde erhielten sie aus den Händen des Papstes den Kardinalsring. Es war Freitag, der 22. Februar, abends 17.30 Uhr. Und genau vier Wochen später, auch an einem Freitag, auch an einem 22. (März), auch 17.30 Uhr war der Kardinal gestorben, und sein Kaplan hatte die traurige Pflicht, dem hohen Toten den Ring des Hl. Vaters wieder abzuziehen.

Der Samstagvormittag war ganz dem Besuch ausländischer Kardinäle, insbesondere spanischer und amerikanischer, gewidmet. Wie die deutschen Kirchenfürsten einige Tage zuvor, anläßlich des offiziellen Empfanges der beim Hl. Stuhl akkreditierten Diplomaten, die Botschafter und Gesandten fremder Länder in aller Offenheit über die furchtbaren Geschehnisse in Deutschland unterrichtet hatten, so hielten sie es auch für ihre Pflicht, allen erreichbaren Oberhirten des Auslands ihre Bitten vorzutragen. Wer denn sonst hätte in der Weltöffentlichkeit im Namen des regierungslosen Vaterlandes die Stimme erheben können, wenn nicht die deutschen Bischöfe? Erhebend und tröstlich war es zu hören, welch tiefes Verständnis die Kardinäle des Auslands für die moralische und materielle Not in Deutschland zeigten. In ihren Hirtenbriefen der Folgezeit wurden sie nicht müde, als Anwälte der Liebe und des Mitleids ihre Gläubigen zu bitten, Sammlungen zu organisieren und die menschenmögliche Hilfe ihren Brüdern und Schwestern in Deutschland zuteil werden zu lassen. Am längsten verweilte unser Bischof beim Kardinal von Rio de Janeiro im brasilianischen Kolleg außerhalb der Stadtmauern, der nicht nur fließend deutsch sprach, sondern auch den aus der Diözese Münster stammenden, in Brasilien tätigen Priestern und Ordensfrauen hohes Lob spendete. Unsern Bischof erfüllte dies mit tiefer Freude.

Am Nachmittag hatte die päpstliche Universität Gregoriana die neuen Kardinäle zu einer Festakademie eingeladen. In der grandiosen Aula trat nach der stilvollen lateinischen Rede des Pater Rektor der Gesangchor der Studenten auf; Hymnen erklangen, und dann brachten die einzelnen Nationen im Sologesang ihren Kardinälen den Glückwunsch dar, die Franzosen, Spanier, Amerikaner..., zuletzt sang ein chinesischer Theologiestudent sein chinesisches Lied. Stürmischer Beifall. Alle Blicke wandten sich dem Kardinal Tien zu, dem ersten Bischof des chinesischen Volkes, dem diese höchste hierarchische Würde zuteil geworden war. Als der Chinese geendet, setzte erneuter Beifall ein; als einziger von allen mußte er seinen Sologesang wiederholen, nicht so sehr der künstlerischen Leistung wegen, sondern weil alle Anwesenden in Liebe spontan sich aufgerufen fühlten, den Söhnen Asiens die christliche

Brudergesinnung Europas zu zeigen. Bescheiden und bewegt dankte der so sympathische chinesische Kardinal nach allen Seiten. Die Studenten ließen es sich nicht entgehen, den Kardinälen, als sie in lockerem zeitlichen Nacheinander einzeln die Universität verließen, Ovationen darzubringen. Als unser Kardinal sich anschickte fortzugehen, umringte ihn gleich eine laut jubelnde Schar von Theologen, Philosophen und Juristen aus aller Welt. Immer bedrohlicher umdrängten sie ihn; inmitten der wogenden Masse wurde der Kardinal durch die Korridore nach draußen „geschoben". Der italienische Vokabelschatz und der Stimmaufwand reichte nicht aus, um den Ansturm zu dämpfen oder zu steuern. Der Kaplan zur Rechten des Kardinals, der die beiden Römerhüte hoch in die Lüfte hielt, um sie vor dem Zerdrücktwerden zu bewahren, wurde seitwärts abgedrängt. Draußen auf dem Vorplatz hatte der Kardinal sein Auto erreicht, aber der Kaplan stand noch weitab wie vor einer undurchdringlichen Mauer, bis schließlich seinem Rufen „Sono segretario — ich bin der Sekretär" von einigen Gehör geschenkt wurde, die ihm den Weg zum Auto bahnen halfen. Noch immer rief einer in gebrochenem Deutsch: „Kardinal von Gallen, bleiben Sie, bleiben Sie noch lange hier; ganz Rom ist begeistert vor Ihnen!" Das war nicht Sensation, sondern Ausdruck stürmischer Liebe und Dankbarkeit seitens junger idealgesinnter Menschen, denen wahre Heldengröße etwas bedeutete, die noch nicht von der Blasiertheit unseres Jahrhunderts angekränkelt waren.

Am Sonntagmittag weilten die deutschen Kardinäle im Collegium Germanicum zu Gast. Der ebenfalls geladene ungarische Kardinal von Budapest sprach tiefernst über die weltanschaulichen Kämpfe in seinem Vaterland; zuguterletzt war es ihm noch möglich gewesen, in einem Flugzeug der Alliierten nach Rom zu reisen; er landete jedoch erst einen Tag nach dem Beginn des Konsistoriums in der Ewigen Stadt. Vom Germanicum aus begab sich unser Kardinal zur benachbarten Kapuzinerkirche, in der sich unter Leitung eines deutschen Paters etwa 50 bekehrte deutsche Juden versammelt hatten, um aus dem Mund des großen Bischofs einige Worte zu hören. In väterlich herzlicher Weise tröstete und ermunterte er die Neubekehrten. Es war eine eigenartige Fügung, daß sich der Kardinal acht Tage später in einer ähnlichen Umgebung befand. Vor Hunderten von Fürsorgezöglingen hatte er in der Kirche der Salesianer in Rom das hl. Opfer gefeiert. Beim anschließenden Besuch des Klosters bat ihn der deutsche Pater Rektor, er möge einem kürzlich konvertierten Judenknaben die hl. Firmung spenden. Er entschloß sich gern dazu, und so erteilte er an jenem Sonntagmorgen in der Kapelle eines Klosters der Ewigen Stadt einem 12jährigen Judenknaben das Sakrament der hl. Firmung. Es war die einzige Firmung, die er als Kardinal gespendet hat. Und nun das Seltsame: Am Morgen des 18. März feierte er im Borromäum zu Münster mit letzter Kraft sein letztes hl. Meßopfer, für das achtjährige Töchterchen einer Nichte, das zur ersten hl. Kommunion ging. Aus seiner Hand empfing dieses Kind die erste hl. Kommunion, die letzte Hostie, die dem Bischof auf Erden auszuteilen beschieden war. Zwei einzelnen Kindern spendete er zum letzten Mal die hl. Geheimnisse, Firmung und Kommunion, wie wenn Gott uns allen sagen wollte: Seht den großen Bischof, das Wort vom Werden wie die Kinder hat er in seinem Leben wahr gemacht — vor den Menschen ein Held, vor Gott ein Kind!

LETZTE STRASSEN

Süditalienische Reise

Dienstag, der 26. Februar, morgens 7 Uhr. Ein klarblauer Vorfrühlingstag stieg aus den Tälern der Albanerberge, als uns das Vatikanauto in rasender Fahrt über die trockenen, staubigen Straßen gen Süden trug. Monate hindurch hatte es nicht mehr geregnet; täglich beteten die Menschen um die Himmelsgabe, die daheim so reichlich über uns gekommen war. Während die drei Begleiter — unter ihnen befand sich als Organisator der deutschen Gefangenenseelsorge der damalige Campo-Santo-Kaplan und heutige Geheimsekretär des Kölner Kardinals Dr. Berndorff — hinten im Auto saßen, hatte unser Bischof der räumlichen Bequemlichkeit halber vorn neben dem italienischen Fahrer Platz genommen. Clemens August liebte offene Fenster, und so stand während der 600 km langen Fahrt immerfort die scharf einströmende kalte Luft auf seinem Gesicht. Dieser Umstand verursachte bei ihm eine Zahnentzündung und Schwellung der einen Gesichtshälfte, die am folgenden Sonntag in Rom ihren Höhepunkt erreichten. Obwohl die Begleitung zur Vorsicht mahnte, wurde seitens des Kardinals der Zahnerkrankung keine Beachtung geschenkt. Die Entzündung verschwand, aber, wie später die Ärzte in Münster erklärten, wurden mit aller Wahrscheinlichkeit durch sie der Blinddarm, die Nieren und das Herz infiziert. Auf dem Weg zu seinen Brüdern, den deutschen Gefangenen in Süditalien, hat sich also der Kardinal den Todeskeim geholt und damit, wenn auch unbewußt, sein Leben für seine Brüder dahingegeben. Die in diesem Zusammenhang ein ganzes Jahr hindurch hartnäckig kolportierten Gerüchte über ein Giftmord-Verbrechen des Secret Service verdienen keine Beachtung.

Über die alte Via Appia, jene Heerstraße von Rom durch den Appenin in die Südspitze Italiens, ging die Fahrt. Grandiose Bilder der römischen Geschichte stiegen vor uns auf. Diese Heerstraße der Scipionen mündete in die Via triumphalis auf dem Forum Romanum der Tiberstadt. Über sie war auch Titus gezogen nach dem Fall Jerusalems, und am Ende dieser Straße hatte man ihm einen Triumphbogen gebaut, auf dem noch heute der siebenarmige Leuchter aus dem Tempel der Juden eingemeißelt zu sehen ist. Mittags machten wir kurze Rast im Priesterseminar von Benevent, wo die überraschten Kleriker inmitten ihrer Professoren angesichts des großen Kardinals laut aufjubelten und vor Freude in die Hände klatschten. Wir aus dem Norden, die wir oft so schnell fertig sind mit dem Urteil über „Rückständigkeiten" anderer Völker, haben über die moderne und großzügige Linienführung und Einrichtung dieses Seminars ehrlich gestaunt. Durch die Berge raste das Auto unaufhörlich weiter. Über das Gesicht des Italieners, den wir wegen seiner strahlenden Heiterkeit gleich lieb gewannen, huschte diebische Freude, wenn das zur Begleitung beigegebene kleine offene Fahrzeug des englischen Captains solchem südländischen Tempo nicht gewachsen war. Wie eine Riesenschlange wand sich die glatte Asphaltstraße durch die herrliche Gebirgslandschaft, vorbei an dem friedlichen Gehege mit uralten Ölbäumen und Apfelsinenplantagen, aus denen soeben die erste Ernte des Jahres eingebracht wurde. Am Straßenrand standen prall gefüllte Körbe und — welche Freude wäre der Anblick für deutsche Kinderaugen gewesen! — richtige goldig-reife Apfelsinen an den vielen, vielen „richtigen" Apfelsinenbäumen. Gegen 21 Uhr hatten wir das Erzbischöfliche Palais in Tarent erreicht, geschmückt mit Fahnen und Kränzen, deren Umrisse man im Halbdunkel des Innenhofes erkennen konnte. Auf den Stufen der Freitreppe und im Empfangssaal standen die kleinen Konviktschüler und großen Seminaristen, in ihrer Mitte der Erzbischof und die hohe Geistlichkeit. Das südländische Temperament versetzte sie alle in lebhafte Bewegung, als die hohe Gestalt des Kardinals mit etwas steifen Gliedern dem Auto entstieg und, vom Erzbischof herzlich begrüßt, sich unter Evviva-Rufen und Händeklatschen in das Haus des Oberhirten von Tarent begab. Die Fundamente dieses ehrwürdigen Bauwerkes wurden von den Wogen des Meeres umspült. (Tarent liegt ja an der Bucht, wo — bildlich gesprochen — der Absatz an den italienischen Stiefel gewachsen ist.) Der Vollmond lag mit mildem Schein auf dem Balkon des Kardinalszimmers, als dieser, müde von der langen Reise, hinaustrat, die erquickende Abendluft tief einatmete und weit hinausblickte auf die See. Ein unvergleichlich schönes Bild. Er betete leise vor sich hin und sagte dann: „Ja, wie herrlich ist hier Gottes Welt, und doch wie werden unsere armen Gefangenen sich verzehren in Sehnsucht, jeder nach seiner noch viel schöneren Heimat!"

Bei den Gefangenen in Tarent

Am folgenden Morgen fuhren wir in Begleitung von englischen Offizieren hinaus auf den großen Tarenter Flugplatz, wo sich ein Teil der Gefangenenlager befand. Hinter hohen Stacheldrahtzäunen standen in langen Reihen die sauberen Zelte, durch endlos lange Lagerstraßen voneinander getrennt. Als wir durch das große Tor die seltsame Zeltstadt betraten, erblickten wir die ersten, zu einem freien Platz marschierenden Kolonnen. Die Gesichter der Männer zeigten eine frische Farbe, schon gebräunt von der Vorfrühlingssonne des Südens, aber tiefernst und müde sahen sie aus in ihren abgetragenen Uniformen. Der Kardinal und seine Begleiter stiegen auf eine Art Tribüne. Ein ergreifendes Bild bot sich uns, das uns die Augen feucht machte: Zehntausend unserer deutschen Brüder standen dort unten, mit fragenden, erwartungsvollen Blicken, Jungen von 16 Jahren, ergraute Männer, weit über die Fünfzig, einige in Eisenbahneruniform. Wie wurden sie ihm schwer, die ersten Worte der Begrüßung! Wie ein Vater tröstete er sie alle, die in ehrenvoller Pflichterfüllung für ihr Vaterland gekämpft und gelitten hatten und nun das bittere Los der Gefangenschaft tragen mußten. Vom Hl. Vater erzählte er, der ihnen allen, ohne Unterschied des Bekenntnisses, ein Weihnachtspaket zugesandt hatte.

„Es sind ja meine Lieblinge, die deutschen Gefangenen", so habe der Papst zu ihm in der Audienz gesagt; unaufhörlich bemühe er sich um ihre baldige Heimkehr. Von der Heimat berichtete der Kardinal, die so sehnsüchtig ihre Söhne zurückerwarte. Als er über die Verhältnisse in den verschiedenen Zonen Deutschlands gesprochen und zum Abschluß fragte, wer aus Rheinland und Westfalen stamme, da war es für uns ein ergreifender Vorgang, wie überall in der gewaltigen Schar hochgehende Arme sichtbar wurden. Während wir die Stufen der Tribüne hinabstiegen, drängten von allen Seiten die Westfalen und Rheinländer heran. Wohl mit Absicht hatten sich die englischen Offiziere schon vor der Ansprache des Kardinals entfernt, sodaß wir ungehindert mit unsern Brüdern sprechen konnten. Jeder von uns Begleitern wurde einzeln umringt, und dann begann das Fragen: „Wie ist es in Münster? — Ich heiße Nientidt und wohne auf der Teichstraße. — Ich heiße Casser und stamme aus Lüdinghausen. — Wie ist es in Borghorst, in Bocholt, in Gladbeck, in Greven? — Kaum einer von uns hat bis jetzt von Hause Post erhalten." Man suchte zu antworten, so gut es in der Eile möglich war; man zeichnete eine Linie durchs Münsterland, von der aus östlich nichts mehr bombardiert worden sei. Plötzlich drängen sich zwei heran: „Wie ist es in Emsdetten?" Beim Klang dieses Wortes schaut der Gefragte auf, er traut seinen Augen nicht, vor ihm steht ein Oberleutnant, den er 12 Jahre zuvor dort in der Jugendgruppe betreut hatte: Willi Aschoff. Kaum hatte dieser unter Freudentränen vernommen, daß die weiße Fahne die friedliche Stadt an der Ems vor jeglicher Zerstörung bewahrt habe, als ein hinter ihm stehender Kamerad rief: „Ich bin auch aus Emsdetten, ich heiße Arnold Abelmann und wohne auf der Neuenkirchener Straße." Den Namen durfte man nicht vergessen; welche Freude für die junge Frau, wenn ihr die Nachricht überbracht würde! Dann wagten viele, im Flüsterton und mit ängstlichem Seitenblick, die Frage: „Dürfen Sie Briefe mitnehmen?" — „Eigentlich dürfen wir das ja nicht . . ." Dabei hob ich die Arme etwas hoch, damit die Manteltaschen sichtbar und greifbar wurden. Zettel über Zettel wanderten hinein, Fetzen von einer Tüte oder sonstwie Stückchen Papier, auf denen Heimatadresse, Lageranschrift und die Worte geschrieben standen: „Ich bin gesund." Dann wieder steckten sie einem Briefe und Zettel vorn in den Mantelausschnitt, sodaß man

die Arme anlegen mußte, damit die kostbaren Dinge nicht abrutschten; unterdessen schaute man in die Runde, um festzustellen, ob die englischen Offiziere die Vorgänge wohl beobachten könnten. Die Luft war rein, und so folgte man seiner inneren Stimme, man hätte ja ein Herz von Stein haben müssen angesichts dieser armen Kerle. Wie Kinder werden die Menschen in solchen Situationen, die Schablonen und Etiketten fallen ab, und es spricht nur noch das Herz. Beim Einsteigen ins Auto fragte ich leise den Professor Bierbaum: „Haben Sie auch Zettel bekommen?" — „Ja, ich habe alles voll, geben Sie mir schnell einen Bleistift, ich muß einige Namen notieren, die ich nicht vergessen darf." Gewiß, wir gingen, wie wir anfänglich meinten, verbotene Wege und sahen auch in etwa die Notwendigkeit solcher Verbote ein; aber schon bald vermochten wir unser „Gewissen" zu beruhigen; denn diese Post gehörte ja schließlich auch zum Diplomatengepäck des Kardinals, für das keine Einschränkungen bestanden. (Etliche Wochen später: Am Mittwoch vor Ostern gehe ich über die Promenade in Münster. Heimkehrende Landser, mit ihrer letzten Habe auf der Schulter, kommen vorbei. Plötzlich bleibt auf der anderen Promenadenseite eine Gruppe stehen und winkt freundlich den Tagesgruß herüber: „Kennen Sie uns nicht mehr? — Wir kommen von Tarent." — „Da hört denn doch alles auf!" und es folgte eine stürmische Begrüßung. Der Längste unter ihnen sagte gleich: „Ich habe Sie doch noch gefragt, wie es in Haltern wäre, und da haben Sie gesagt, dort wäre nicht viel passiert." Ein bitterer Tropfen fiel in die Freude: „Ja, wenn der Kardinal noch lebte, wir würden gleich zu ihm hingehen, denn er hat uns befreit, sonst ständen wir heute nicht hier.")
So ging es an jenem Tag weiter von Lager zu Lager.

Immer dieselben ernsten Bilder, und doch wieviel Freude und Trost konnte unseren gefangenen Soldaten geschenkt werden! Bis zu sieben Ansprachen hat der Kardinal an einem Tag gehalten. In der Dämmerung des ersten Abends fuhren wir zurück zum Erzbischöflichen Palais, wo sich inzwischen Vertreter italienischer Behörden eingefunden hatten, um dem Kardinal einen Besuch abzustatten: der Präfekt (Oberpräsident) der Provinz Tarent, der Oberbürgermeister, der Polizeipräsident und der italienische Admiral des dortigen Kriegshafens. Die Gelegenheit, diesen ihnen so bekannten großen Mann zu sehen und ihm die Gefühle der Dankbarkeit und Verehrung auszusprechen, wollte man sich nicht entgehen lassen. Ihnen folgte, wie überall beim Sichtbarwerden des Kardinals, das Heer der Presse- und Bildreporter, denen der Kardinal sich allerdings nur zum Teil widmen konnte, im übrigen durch seine Begleiter sich vertreten lassen mußte. Der englische Kommandant von Tarent lud den Kardinal, seine Begleiter, sowie den Erzbischof und dessen Generalvikar zum Abendessen ein, an dem auch eine Reihe englischer Offiziere teilnahm, ein Beweis, wie man selbst in Süditalien englischerseits den großen deutschen Kirchenfürsten zu ehren sich bemühte.

Am Grabe des hl. Nikolaus

Am folgenden Tage ging es nach dem Besuch einiger Lager weiter gen Norden nach Bari, wo in der Dämmerung des Abends beim Betreten des Quartiers, eines Schwesternpensionates, eine 14jährige Schülerin in wohlgesetzter lateinischer Ansprache den Kardinal begrüßte. In der Frühe des anderen Tages wurden die Soldaten aus den Lagern der Umgebung auf Lastkraftwagen zur größten Kirche der Stadt gefahren, in der unser Kardinal im Beisein des dortigen Erzbischofs die Gemeinschaftsmesse feierte. Unvergeßlich wird allen das Erlebnis jener Stunde bleiben: Dieser Chor der Tausende von Soldaten, dieses kraftvolle, männliche Beten. Am Altar standen als Meßdiener zwei ältere Männer aus Bayern. Mit Stab und Mitra stieg hier der Kardinal auf die Kanzel. Wie so viele Ansprachen in den Tagen zuvor, beschloß er auch diese mit den Worten: „Und nun auf Wiedersehen, meine lieben Freunde, spätestens im Himmel!" Anschließend besuchten wir die St. Nikolauskirche, an deren Portal die Kanoniker in Chorkleidung zum Empfang bereitstanden, um den Kardinal sowie den Erzbischof von Bari in die Krypta zum Grab des großen Heiligen das Geleit zu geben. Mit einer einladenden Handbewegung öffnete ein Kanoniker zu Füßen des silberbeschlagenen Barockaltares eine kleine Tür; wer der Einladung folgen wollte, mußte sich tief bücken und dann förmlich in die Öffnung hineinkriechen; mit Hilfe einer elektrischen Lampe konnte er sodann durch eine Rohrleitung in die Tiefe schauen und die Gebeine des Heiligen im Quellwasser liegen sehen. Die Gebeine des hl. Nikolaus! Welche Gefühle für uns aus dem Münsterland! Der Zauber einer seligen Kindheit stieg vor uns auf. Von dem als wundertätig verehrten Quellwasser nahmen wir einige Fläschchen mit. Alle hatten sich erhoben, die Tür war wieder verschlossen, nur noch der Kardinal kniete vor dem Altar; ich hörte, wie er leise betete: „Lieber hl. Nikolaus, nun hilf doch, daß unsere Kinder in Deutschland die katholische Schule wiederbekommen und sie nie wieder verlieren!" Ja, die Sorge um die Bekenntnisschule, über die in jenen Wochen daheim unsere Eltern abstimmten, hatte den Bischof bis an das Grab des großen Patrons unserer Kinder begleitet und ihn so beten lassen, aus kindlich schlichtem Herzen, wie es immer seine Art gewesen war. So hatte er auch gebetet in der Woche vorher in Rom: wenn er im Auto von den großen äußeren Feiern aus der Vatikanstadt zurückgekehrt war, ging er gleich still für sich in die Animakirche, kniete vor dem Hochaltar nieder und dankte seinem Herrn und Gott für die große Gnade der Auserwählung.

Der Erzbischof von Bari begleitete den Kardinal bis zur Stadtgrenze. Deutsche Offiziere kamen uns entgegen, um den Weg in das letzte große Gefangenenlager Foggia, das unter amerikanischer Leitung stand, zu zeigen. Durch Lautsprecher wurden die Worte des Kardinals zu den vielen Tausenden von Männern auf dem weiten Platz übertragen. Obwohl kommunistische Agitatoren dieses Lager aufzuspalten am Werke waren, verliefen die Stunden des Besuches in schönster Harmonie. In säuberlich hergerichteten Wellblechbaracken wurde gemeinsam mit den deutschen Soldaten beim Schein der Kerzen das Mittagessen eingenommen, wobei die Gäste die vielen Fragen der Gastgeber über die Verhältnisse in Deutschland kaum zu beantworten vermochten, aber doch gern die Gelegenheit wahrnahmen, die gröbsten der unter den Gefangenen kursierenden Greuelmärchen zu entkräften.

In Monte Cassino und San Bernardo

Die Nacht von Freitag auf Samstag verbrachten wir im Kloster der deutschen Grauen Schwestern in Neapel. Durch den Frühnebel konnten wir ein wenig übers Meer ausblicken zur Insel Capri und zu dem milde rauchenden Vesuv. Frohen Herzens fuhren wir durch die Riesenstadt am schönsten Golf Europas, die viel weniger, als wir nach den Kriegsberichten vermuten mußten, zerstört war. In Caserta, dem Hauptquartier der alliierten Streitkräfte des Mittelmeeres, stattete der Kardinal dem Oberstkommandierenden, dem amerikanischen General Lee (Nachfolger des britischen Generals Alexander), einen Besuch ab, um ihm für die Ermöglichung der Fahrt in die deutschen Gefangenenlager zu danken. Bei dieser Gelegenheit trug der Kardinal mit allem Nachdruck seine Auffassung über die rechtswidrige Zurückhaltung der Gefangenen vor und bat den General eindringlich, für deren baldige Entlassung einzutreten. Wie schon angedeutet, wurden in den folgenden Wochen alle Lager in Süd- und Mittelitalien aufgelöst und die Gefangenen größtenteils in die Heimat zurückgeführt. Beim Abschied erklärte der General, er habe in der Woche vorher am Öffentlichen Konsistorium in St. Peter teilgenommen und freudigen Herzens die gewaltige Ehrung des heroischen deutschen Bischofs vor der Weltöffentlichkeit miterlebt. Solche Worte aus dem Munde eines hohen amerikanischen Generals nahm unser Bischof sicherlich mit Genugtuung entgegen, und doch wurde er nach derlei Erlebnissen gleich wieder ernst, indem er sagte: „Gewiß, der Gipfel äußeren Ruhmes, wenn man so sagen soll, ist erreicht, aber die guten Menschen in Deutschland, die in ihren Nöten meinen, ich könne ihnen helfen, werden bald einsehen, wie ohnmächtig auch ich all dem furchtbaren Geschehen gegenüberstehe." Diesen Gedanken trug er wie eine schwere Last mit heim nach Deutschland.

Um die Mittagsstunde jenes Samstags — es war der 2. März — fuhren wir durch die Stadt Monte Cassino, am Fuße des gleichnamigen Berges gelegen, der 500 m hoch aus der Ebene emporragt. Wir vermochten den Anfang und das Ende der Stadt nicht zu erkennen; das Auto bewegte sich durch eine Kraterlandschaft, in der hier und da einige Mauerreste sichtbar wurden. Ein Bild solchen Grauens war uns bislang noch nicht begegnet, auch nicht in Deutschland. In riesigen Windungen fuhr das Auto um die Kuppe zur Spitze des Berges hinauf, von dessen Höhe Jahrhunderte hindurch das ehrwürdige Klosterheiligtum des Benediktinerordens weit in die Lande gegrüßt hatte, bis jener grauenvolle Tag anbrach, da amerikanische Bomber dieses erhabenste Denkmal benediktinischen Geistes in Trümmer legten. Schweigend stiegen wir durch die Ruinen zum Grab des hl. Benedikt, das wie durch ein Wunder erhalten blieb. Einige Tage zuvor waren 100 deutsche Gefangene einge-troffen, die sich freiwillig für den Wiederaufbau zur Verfügung gestellt hatten. Welche Freude für sie, daß als erster der Bischof von Münster sie besuchte! Wieviel Blut ist hier geflossen! An den Abhängen der Berge zählten wir die Massenfriedhöfe der Ameri-kaner, Engländer und Polen. Das mit Hilfe der Amerikaner heute schon zum Teil wieder aufgebaute Kloster soll nach dem Willen des Hl. Vaters wie ehedem als Stätte hoher Geistigkeit, besinn-licher Abgeschiedenheit und heiligen, mönchischen Friedens er-stehen. — In der Dämmerung jenes Samstagabends fuhren wir durch die Tore der Ewigen Stadt.

Sonntag, den 3. März. Besitzergreifung der Titelkirche des hl. Bern-hard. In den Tagen seiner Ernennung wird jedem Kardinal vom Hl. Vater ein Gotteshaus in der Ewigen Stadt als sogenannte Titel-kirche zugewiesen, als sichtbares Zeichen der innigen Verbunden-heit des Purpurträgers mit dem Vater der Christenheit und der Regierung der Weltkirche. In dem ehrwürdigen Rundbau von San Bernardo, dessen Grundmauern aus den Thermen des römischen Kaisers Diokletian stammen, ging das feierliche Zeremoniell zu Ende. Von seinem Thron aus hielt der Kardinal, nachdem er eine italienische Ansprache verlesen, eine deutsche Predigt. Eine große Freude sei es für ihn, sagte er, die Kirche des hl. Bernhard nun sein eigen nennen zu dürfen; ihm wolle er ähnlich zu werden sich be-mühen, ihm, dem großen Mönch des Zisterzienserordens, der wie St. Benedikt viele Jahrhunderte vorher für die Kirche des Abend-landes Gewaltiges geleistet, ihm — und das Folgende sprach er in sichtlicher Rührung — dem kindlich frommen Herz-Jesu- und Marienverehrer, der als erster die Worte gebetet: „O milde, o gütige, o süße Jungfrau Maria." — Am anderen Morgen feierte der Kardinal in seiner Titelkirche das hl. Meßopfer. Es folgten die letzten Tage in der Ewigen Stadt, der Besuch der sieben Haupt-kirchen und am Mittwoch die Abschiedsaudienz beim Hl. Vater, die wiederum eine Stunde dauerte.

Die letzten Tage des Kardinals in der Ewigen Stadt. Zwei Jahre später, im April 1948, stand unser neuer Bischof Michael vor dem Mikrophon des Vatikansenders, um seinem großen Vorgänger Worte des Gedenkens zu widmen: „Überall, wohin ich kam, wußte man noch von dem gewaltigen Eindruck zu erzählen, den seine

Persönlichkeit auf alle gemacht hatte, und auch von dem jubelnden Empfang, der ihm vor allen anderen in St. Peter zuteil wurde."

Über dem Mittelmeer

Kardinal Spellman von New York hatte Wort gehalten und zur Organisierung der Rückreise der deutschen Kardinäle von Köln, Berlin und Münster einen deutsch-amerikanischen Offizier aus der amerikanischen Zone Berlins nach Rom kommen lassen. Dieser Offizier, namens Dengler, dessen Eltern aus Bingen stammten, war zwar in Amerika geboren, sprach aber auch flüssig den Binger Dialekt. Außerdem wirkte es vertrauenerweckend, daß er sich jenseits des Atlantik in der Kolpingsfamilie führend betätigte. Als er am Donnerstagmorgen mit einer Reihe Autos ankam, die uns zum Flugplatz bringen sollten, sah man ihm deutlich an, welche Ehre es ihm war, die drei Kirchenfürsten als Reisemarschall nach Deutschland zurückgeleiten zu dürfen. Gegen 14 Uhr hatten wir das viermotorige amerikanische Flugzeug, das kurz vorher von Athen kommend niedergegangen war, bestiegen, für manche von uns, die bisher den Weg durch die Lüfte noch nicht kannten, ein etwas beklemmender Vorgang. Einer von diesen hatte tags zuvor gemeint, wenn aus der Fliegerei nichts werde, so sei das nicht schlimm, dann könne man ja mit dem Zuge fahren, wenn es auch etwas länger dauere. Die Motore begannen ihr unheimliches Lied. Man hatte sich einen Platz ausgesucht, von dem man glaubte, daß er am wenigsten der Schaukelei ausgesetzt sei. Die Kabinentür wurde geschlossen, und die draußen stehenden Bildreporter packten ihre Apparate zusammen. Das Ungetüm bewegte sich langsam über den Platz, dann ein Ruck, und wir schwebten. Herrliche Sonne, klarblauer Himmel, kaum ein weißes Wölkchen. Unter uns lag die Ewige Stadt. Wir vergaßen das Gebot des „Angeschnalltsein-müssens", standen auf und schauten durch die Fenster. Soeben überflogen wir die Vatikanstadt; alles war deutlich zu erkennen: St. Peter mit dem Kolonnadenplatz, der Tiber, die breiten Straßen, die alten Kirchen, das Kolosseum, die Paläste. Wie strahlten alle Gesichter vor Freude! „Ja, so ähnlich sieht es auch vom Himmel her aus", meinte später der Kardinal. Der Flugkapitän hatte diese Abschiedsschleife über Rom den deutschen Kardinälen als freundliche Überraschung geschenkt. Wir nahmen Kurs nach Norden, die Küste entlang, 3000 Meter hoch und 300 bis 400 km in der Stunde. An Bord befanden sich außer einem amerikanischen General die drei deutschen Kardinäle mit ihren Begleitern; den Münsteranern hatte sich der aus amerikanischer Gefangenschaft in Rom entlassene Dr. Brand beigesellt. In der Höhe der Insel Korsika nahmen wir Westkurs. Unter uns lag das weite blaue Meer. In beruhigendem Tonfall sprach jetzt der Reisemarschall von den an Bord befindlichen Rettungsgürteln, Schwimmwesten, Schlauchbooten und Sauerstoffapparaten. Lächelnd bestätigten wir seine väterliche Besorgtheit; im übrigen fühlten wir uns über den vier Motoren durchaus sicher geborgen. Wir überflogen die kleine Insel Monte Cristo, die wie ein schaukelnder Kahn in den Wassern sich zu bewegen schien. Jeder konnte sich vorn in der Führerkabine über die Geheimnisse der Flugtechnik unterrichten lassen. Als die Küste von Korsika sichtbar wurde, befand sich Clemens August in der Führerkabine, sah das Gewirr von Drähten, Schaltern und Zifferblättern. „Sehen Sie hier das Zifferblatt, — wenn der Zeiger so stehen bleibt, fliegen wir genau auf den Funkturm des Flugplatzes von Marseille." — „Das ist ja großartig", bestätigte der Kardinal, „dann schalten Sie doch mal wieder auf den Funkturm von Rom!" Es geschah, und das Ungetüm wollte sich drehen. Aber gleich wurde zurückgeschaltet und wir flogen über Marseille, Lyon nach Paris, über dem wir nach vierstündigem Flug gegen 18 Uhr eintrafen. Dichter Nebel hüllte die Weltstadt ein. Es kam ein Funkspruch vom dortigen Flugplatz: Landung noch nicht möglich, sieben Flugzeuge müssen vorher landen. Eine Stunde lang kreisten wir über dem unsichtbaren Paris wie über einem riesigen Schneefeld. Um uns und über uns kristallklare Luft, im Westen wie ein Feuerball die untergehende Sonne. Gegen 19 Uhr tauchten wir unter. Über die Tragflächen sausten die Nebelschwaden — „Waschküche", wie die Flieger sagen —. Zehn Minuten düstere Ungewißheit. Man dachte besorgt an den 300 m hohen Eifelturm, aber es ging alles gut. Land wurde sichtbar, mit Schneestreifen überdeckt, und dann der Flugplatz. Eisiger Wind wehte uns beim Verlassen des erwärmten Flugzeugs entgegen. Zum zweiten Mal trugen die Autos uns sowie die zum Empfang erschienenen amerikanischen Kriegspfarrer ins Grand-Hotel. Am folgenden Morgen — es war der 8. März — wurde Schneetreiben gemeldet, das denWeiterflug nach Frankfurt unmöglich machte, — leider, denn der Flug von Rom bis Frankfurt war, wenn auch nicht aus deutscher Börse, bezahlt: 1500 Dollar. In der Nacht von Freitag auf Samstag fuhren wir in einem amerikanischen Urlauberzug nach Frankfurt, das wir in der Frühe erreichten. Am Bahnhof standen neun englische Autos bereit, für jeden Kardinal drei. Der Berliner Oberhirt flog sogleich weiter nach Berlin, da für den Sonntag der Empfang in der Reichshauptstadt vorgesehen war. Die Oberhirten von Köln und Münster kehrten zum dritten Mal bei den Schwestern des Marienhospitales ein, wohin der Limburger Bischof geeilt war, um auf dem Boden seines Bistums die beiden Kardinäle feierlich zu begrüßen. Am Sonntagmorgen verließen die sechs englischen Wagen, mit englischem Reiseproviant reichlich versehen, die Stadt Frankfurt in Richtung Köln, dessen Grenze 14.30 Uhr erreicht wurde. 15 Uhr begann für den Kölner Kardinal der Empfang seitens der Kölner Bevölkerung. Die letzten drei Autos fuhren über Duisburg, Recklinghausen nach Haus Merfeld bei Dülmen, wo der Kardinal bei seinem Bruder Franz für die folgende Woche Quartier zu nehmen gedachte. Beim Abschied in der Dämmerung des Abends gab er seinem Kaplan 150 RM für die drei englischen Fahrer. Es war das einzige Geld, das er während der Romreise aus seiner Börse zu zahlen Gelegenheit hatte. Schmunzelnd fügte er hinzu: „Ich glaube, so billig wie wir deutschen Bischöfe ist noch niemand Kardinal geworden."

Via triumphalis

In der Frühe des noch winterlich kalten 16. März fuhr das Kardinalsauto, aus Richtung Dülmen kommend, durch die stillen Seitenstraßen Münsters, vorbei am Franziskanerkloster. Es folgte des Bischofs letzter Weg von Münster nach Telgte. Mit der Hand wischte er leicht über die beschlagenen Scheiben; er sah die Felder und Wälder, durch die er so manches Mal in der Morgendämmerung gepilgert, ganz allein mit seinen Sorgen, den Rosenkranz in der Hand. Auf diesen Pfaden einsamen Betens hatte er in den schwersten Stunden seines Bischofslebens die heilige Kraft zum Durchhalten gefunden. Nun trug er den roten Talar eines Kardinals, und wieder zog diese fromme Welt der Heimat an ihm vorüber, heute,

an einem Samstag, dem Muttergottestag, an seinem 68. Geburtstag, da seine treuen Diözesanen ihn, den Heimgekehrten, so feierlich empfangen wollten. — Ganz Telgte war in ein Flaggenmeer getaucht. Aus den Fenstern und von den hohen Masten wehten die farbenfrohen Fahnen. Wie leuchteten die Augen der Menschen, die dichtgedrängt auf dem Marktplatz standen, in ehrfürchtiger Freude und aufrichtiger Liebe, als sie die hohe Gestalt ihres geliebten Oberhirten aus dem Auto steigen sahen, vom Landrat und Bürgermeister herzlich begrüßt. In der überfüllten Kirche — auch aus den Nachbarorten waren die Gläubigen herbeigeströmt, feierte der Kardinal das hl. Opfer. (Denen, die an der Kommunionbank knieten, reichte er selbst die hl. Kommunion. Als er vom Hochaltar übers Chor dorthinging, geschah etwas, über dessen mögliche Tragweite man erst viele Wochen später nachdachte. Der ihn begleitende Kaplan mußte an der unteren Chorstufe den Kardinal allein vorgehen lassen, da hier die lange Reihe der Meßdiener kniete und nur die Breite des schmalen Teppichläufers in der Mitte freigelassen hatte. In diesem Augenblick stolperte der Kardinal, verlor, da niemand ihn stützen konnte, den Halt und schlug mit den Ellenbogen so hart auf die Kommunionbank auf, daß infolge der Erschütterung zwei Hostien aus dem Kelch auf den Boden fielen. Ob dieser Vorfall, verbunden mit dem unausbleiblichen Durchzucken des ganzen Körpers, innere Schädigungen verursacht, vielleicht die Perforation des entzündeten Blinddarms beschleunigt oder sogar heibeigeführt hat? — Wer vermag das zu sagen? Wenn dem so wäre, dann hätte der Kardinal zu Füßen der Mater dolorosa, deren Gnadenbild an jene Stelle des Chores getragen worden war, seinen letzten Leidensweg begonnen, dann hätte, wie frommer Sinn zu sagen pflegt, die Mutter Gottes selbst ihren Sohn in den Himmel geholt.)
Beim Verlassen des Gotteshauses umwogte ihn der Jubel der Menge, der in steigender Bewegung ihn bis in die Propstei begleitete. Als ersten der Geistlichen begrüßte er den ehrwürdigen Dechanten Weckendorf, ihm die Hand auf die Schulter legend und persönlich das Geschenk des Hl. Vaters, das Dokument über die Verleihung der Würde eines Päpstlichen Geheimkämmerers, überreichend. Der liebe Dechant vermochte es nicht zu fassen; erst als er beim Frühstück zur Rechten des Kardinals Platz genommen hatte, riefen dessen herzliche Scherzworte ihn in die Wirklichkeit zurück. In

heiterer Stimmung und bei bestem Wohlbefinden, wie uns allen schien, begab sich dann der Kardinal über die schmale, steile Treppe nach oben auf sein Zimmer. Dort schrieb er die letzten Zeilen seines Lebens, die Stichworte für die Ansprache am Nachmittag auf dem Domplatz. Gegen 14 Uhr hörte man, wie Menschen und Fahrzeuge über die Straßen eilten, dazwischen aus der Ferne den scharfen Trab der zur Begleitung des Kardinals aufgebotenen Reiterschar. Vertreter des hohen Domkapitels und der Stadtdechant von Münster waren eingetroffen. Auf dem Kapellenplatz trippelte unruhig das Vierergespann der Everswinkeler Schimmel, als unter dem Jubel der Menge der Kardinal erschien und in den geschmückten Wagen stieg. Noch einmal winkte er den treuen Menschen zu, aufrecht im Wagen stehend; es war auch der letzte Gruß an die Mutter Gottes von Telgte. Frostkalte Luft wehte übers Land. Gegen alle Gewohnheit legte der Kardinal des öfteren die Decke fester um seine Knie. War es schon das Frösteln der nahenden Krankheit? Immer dichter standen die Menschen, grüßend, mit den Taschentüchern winkend, am Wege, als wir uns dem Stadtrand von Münster näherten. Es mehrten sich die Girlanden und Empfangsbögen; eindrucksvoller wurden die Begrüßungsworte, die ernsten, aber hoffnungsfrohen Sinnsprüche auf den Transparenten. Tränenfeuchten Auges schaute der Kardinal zu den hohen Häuserruinen an der Warendorfer Straße hinauf und segnete die Menschen, die dort in den aufgerissenen Treppenhäusern standen, inmitten der Blumen, Kränze und Fähnchen, mit denen sie die Trümmer umwunden hatten. Enger drängten sich nun die Scharen auf den Bürgersteigen. „Die armen Leute", sagte der Kardinal, „frieren ja tot heute Nachmittag. Als Johann Bernard vor 60 Jahren Mitte Februar seine Heimkehr hielt, war es sommerlich warm, und die von auswärts Gekommenen konnten sich in der folgenden Nacht auf den Treppenstufen in den Straßen zum Schlafen niederlegen." Der Reiterzug bog in die Salzstraße. Durch den Jubel der Menge hörte man jetzt deutlicher das Festgeläute der Glocken, die den Feuersturm des Krieges überdauert hatten.

Ein feierlich ernstes Schweigen umfing den Heimgekehrten. Zum ersten Mal in der jahrtausendalten Geschichte des Bistums nahm ein Kardinal Besitz von seiner Bischofsstadt Münster. Derselbe feierliche Ernst lag wie eine Art prophetischer Verklärtheit in seinen

Zügen, als er auf der Tribüne zu Füßen des Lambertiturmes stand und aus den Händen des Oberbürgermeisters den Ehrenbürgerbrief empfing. Im Schatten der alten Stadt- und Marktkirche, deren Kanzel Zeuge seiner gewaltigen Predigten gewesen, wurde dem großen Sohn der Roten Erde der Lorbeer um die Stirn gewunden. Die unübersehbare Prozession mit den Bannern der Jugend, die trotz aller Verkehrsschwierigkeiten aus dem ganzen Bistum herbeigeströmt war, die endlos lange Reihe der Ordensleute und Priester zogen ihm voraus. Unter dem Baldachin leuchtete in den matten Strahlen der Nachmittagssonne das Rot des Kardinalshutes. Wie es seit Jahrhunderten Sitte gewesen, begrüßte auf dem Michaelisplatz, dort, wo ehedem das Tor zum Domplatz sich öffnete, das Hohe Kapitel der Kathedralkirche seinen Oberhirten. Dann kniete der Heimgekehrte nieder im Dom, dort, wo zwischen den ehrwürdigen Mauern des Paradieses dem Eucharistischen Heiland für jene Nachmittagsstunden ein heiliges Gezelt errichtet werden konnte. Fünfzigtausend Menschen scharten sich um den Berg der Trümmer am Westportal. Im Schatten der ausgebrannten Türme hatte man dem Purpurträger einen Thron erbaut. Das gläubige Volk aus der Diözesanhauptstadt und dem ganzen Bistum legte hier seinem geliebten Oberhirten den Treuegruß zu Füßen — durch den Mund des Oberpräsidenten, des Stadtoberhauptes, des Sprechers des Katholikenausschusses und der Jugend. Dann erhob sich die Gestalt des Kardinals. Die Strahlen der untergehenden Sonne vergoldeten sein Gewand, den Purpur der Freude und des Leides. Tiefes Schweigen umfing die Zehntausende, als er seinen Mund auftat, um die Worte zu sprechen, die der Abschiedsgruß an sein Bistum werden sollten. Wie hat die unübersehbare Menge mit hellen Augen zu ihm aufgeschaut, als er dort oben auf den Trümmern stand und die Sätze, so fließend aus der Größe des Augenblicks formuliert, durch die Lautsprecher über den Domplatz hallten, begleitet von dem zarten Mienenspiel seines verklärten Antlitzes, — die Sätze über die Güte des Hl. Vaters, der ihn in den höchsten Senat der Kirche berufen, um vor den Augen der Welt den Katholiken Deutschlands und des Bistums Münster seine väterliche Dankbarkeit zu offenbaren, — die Sätze voll Demut und Schlichtheit über seinen Kampf, den nur die unerschütterliche Glaubenskraft seiner Diözesanen ermöglicht habe, — die Sätze über seine Liebe zum Vaterland und die Heldenleistungen unserer Soldaten! Wie ein leises Zittern ging es durch aller Herzen, als er mit tränenerstickter Stimme die Worte sprach, die Treue seines Bistums habe ihm die Gnade der Martyrerkrone vorenthalten.

Als sich die Prozession durch die langsam auseinanderstrebende Menge zum Borromäum hinbewegte, sagten die Menschen zueinander, Laien und Priester, so tief und ergreifend, so überlegen habe der Bischof noch nie gesprochen. An der Eingangstür zu seinen Zimmern im Borromäum standen Engelchen, die mit zartem Schellengeläute und Blumen streuend ihn an die letzte Stätte der Heimkehr geleiteten. Sollte es schon das ferne Läuten der Sterbeglocke sein? „In paradisum deducant te angeli — Ins Paradies mögen dich die Engel geleiten!"

Dunkelheit hatte sich auf die Bischofsstadt niedergesenkt. Durch die Trümmer des Domes kletterte die Jugend, Feuerflammen schlugen auf, über die gewaltigen Quadern der Türme und die geborstenen Wände der Kathedrale zitterte ihr Schein. In ein strahlendes Lichtermeer wandelte sich die Domruine, symbolhaft das Wiederauferstehen versunkener Herrlichkeit verkündend. Umgeben von seinen Domkapitularen, stand der Kardinal auf dem Domplatz im Schein der vielen Feuer. Zum Lambertiturm hinauf ging sein Blick, wo auf der höchsten Spitze einsam im Wind eine Fackel brannte; kleiner und schwächer wurde ihr Licht, bis sie ganz erlosch. Ein unheimliches Frösteln machte seinen Körper und seine Seele erzittern, als er schweigend ins Borromäum zurückkehrte.

REQUIEM AETERNAM

Tage des Bangens

Am Sonntagmorgen feierte Clemens August sein erstes und letztes Pontifikalamt als Kardinal. Zum letzten Mal stieg er die Stufen einer Kanzel hinauf. Der Treue zum Hl. Vater galten die letzten Worte, die er als guter Hirt zu uns sprach, auf dem Haupt zum letzten Mal die Mitra, in der Hand zum letzten Mal den Bischofsstab. Die gewaltigen Weisen des Bruckner'schen Te Deum, in strahlender, beseelter Freude von der Gregorius-Chorgemeinde gesungen, hallten durch die Gewölbe des Gotteshauses zum Hl. Kreuz. Vor Müdigkeit sank der Kardinal an den Stufen des Hochaltares in die Knie, den Kopf in beide Hände gestützt. Durch das Spalier der Banner und jubelnder Menschen führte ihn die Prozession zu dem Wagen, wieder mit den vier Schimmeln bespannt. Es war das letzte Jubeln, es war der letzte bischöfliche Segen. Die Uhr hatte schon 12 geschlagen, als er die erste Stärkung zu sich nahm. Im Treppenhaus des Borromäums wartete die lange Reihe der Besucher, die einer Prozession gleich durch seine beiden Zimmer an ihm vorüberzog. Jedem reichte er die Hand, jedem schenkte er ein frohes, humorvolles Wort, auch den hohen Vertretern der Militärregierung, bis gegen 13.15 Uhr die letzten Besucher fortgingen und eine auffallende Mattigkeit den Kardinal in den Sessel zwang. Müde ließ er sich den roten Umhang öffnen und zweimal zu Tisch bitten, wo ihm das Essen eine Qual wurde. An der von den Theologen veranstalteten Festakademie, auf der Prof. Steffes in glänzender Rede die heutige Mission des hl. Thomas von Aquin feierte, nahm der Kardinal trotz der Bedenken, die der Generalvikar äußerte, teil; sein Gesicht zeigte eine eigentümliche Farbe, und seine Hände zitterten leise. Zum Abschluß der Feier hielt er die letzte Ansprache hier auf Erden. Von Mailand erzählte er, vom Grab des hl. Carl Borromäus, wo er einige Wochen zuvor das hl. Opfer gefeiert und für seine Borromäer in Münster gebetet habe. Dann ging er auf sein Zimmer. Stadtdechant Berghaus äußerte Bedenken hinsichtlich seines Zustandes, sodaß ich dem Kardinal unmittelbar folgte und mich nach seinem Befinden erkundigte. Schmerzlich lächelnd klagte er über Leibschmerzen und nahm nur etwas Fruchtsaft zu sich. Unter den im Treppenhaus zurückgebliebenen Geistlichen herrschte allgemein die Auffassung, es handle sich nach dem Vielerlei der Anstrengungen während der letzten Wochen wohl nur um eine völlige Erschöpfung der Nerven und des Herzens.

Am folgenden Morgen brachte er das letzte hl. Meßopfer dar, für das Kommunionkind aus seiner Verwandtschaft, wie schon an anderer Stelle erwähnt. Mit letzter Kraft betete er nach der hl. Messe das Vaterunser für die katholische Schule. Nachdem er sich kurze Zeit seinen Angehörigen gewidmet hatte, ohne eine Stärkung zu nehmen, begab er sich todmüden Schrittes die Treppen hinauf in sein Zimmer und meinte, es genüge, wenn er sich auf dem Schreibtischsessel ausruhe oder höchstens sich mal aufs Sofa lege. Er war nicht zu bewegen, das Bett aufzusuchen. Hatte er doch noch 14 Tage vorher in Rom im Beisein der anderen deutschen Kardinäle scherzend erklärt, seit 1890 habe er über Tag kein Bett mehr benutzt, auch 1938 hätten bei Verschlimmerung seines Knieleidens weder die Krankenschwester noch der Arzt in dieser Beziehung seine Tagesordnung ändern können. Vor Dienstagmorgen durfte kein Arzt gerufen werden. Leider, so möchte menschliches Denken heute sagen, respektierte auch der Bruder des Kardinals ein solches Verlangen, sodaß erst in der Frühe des Dienstags auf Veranlassung des Direktors Weinand der Internist Dr. Langenkamp und der Chirurg

Dr. Schlief die Diagnose zu stellen Gelegenheit hatten. Der Weihbischof teilte dem Kardinal das zwar noch nicht eindeutige, aber ernste Ergebnis der Untersuchung mit, daß am gleichen Tage eine Operation erfolgen müsse. Ruhig nahm es der Kardinal hin und wünschte, am Nachmittag im Beisein des ganzen Domkapitels versehen zu werden. Ebenso ruhig trug er seinem Kaplan auf, eine Reihe von Angelegenheiten bald zu ordnen, und eigentümlich lächelnd fügte er hinzu, im Krankenhaus werde man ihn doch wohl einige Tage festhalten. Gegen 14 Uhr kam das Krankenauto. Der Diener half beim Anlegen der notwendigen Kleidung. Ein erschütterndes Bild, wie der Kardinal auf dem Rand seiner Bettstatt saß, den langen schwarzen Mantel um die breiten Schultern gelegt, — das wirre Haar, das hagere Gesicht, das müde, kranke Auge —, fürwahr, die gebrochene Kraft einer Hünengestalt. Mit der Hand zeigte er zur Fensterbank, indem er sagte: „Dort liegt das rote Buch — Sie kennen es ja — wir haben es von Rom mitgebracht — darin können Sie nachlesen, wie ein Kardinal begraben wird." Das traf uns beide ins Herz, wir wandten uns ab, um die Rührung nicht zu zeigen. Im Nebenzimmer stand die Tragbare bereit; ohne Unterstützung wollte er dorthin gehen, was wir jedoch nicht zuließen. Im Hause beschäftigte Maurer halfen beim Anheben der Bahre, sodaß der Kardinal sich leichter niederlassen konnte, aber trotzdem verursachten diese Augenblicke des Sichniederlegens furchtbare Schmerzen. In Decken eingehüllt, mit Riemen zugeschnallt, wurde er nach unten getragen, ins Auto hineingeschoben, und dann schlossen sich die Türen. Unterwegs sagte er: „Zuerst müßt Ihr mich in einem der Domtürme oder im Paradies begraben, in der Ludgeruskapelle wird es ja wegen der Trümmer noch nicht gehen. Dieser Kardinalsring soll zu meinem Bruder Franz, und wenn auch er gestorben ist, soll er nach Haus Assen in den Familienbesitz." Das waren seine Worte auf der Fahrt in das Franziskus-Hospital, wo inzwischen das Domkapitel und andere Geistliche aus der Stadt sich versammelt hatten. Der Kapuzinerpater Dr. Bernardin Göbel, der sich als Genesender im Hospital aufhielt, nahm die letzte Beichte des Kardinals entgegen. Bevor der Weihbischof mit dem Allerheiligsten ins Krankenzimmer trat, sagte der Kardinal zu den Umstehenden: „Heute ist mein Tauftag, das Fest des hl. Joseph, des Patrons der Sterbenden." Bei den letzten Worten versagte seine

Stimme. Die Größe und Weihe jener Stunde wird man nie vergessen können. Wie kindlich fromm, wie selbstverständlich und gefaßt sprach er die Gebete mit! Als alle das Krankenzimmer verlassen hatten, rief er den Direktor Bothe, seinen Kursusgenossen, zurück und bat ihn: „Wenn es diese Nacht zum Sterben geht, dann mußt Du aber kommen, ich möchte dann nicht gern allein sein." Gegen Abend nahm Dr. Schlief, Facharzt für Chirurgie im Franziskus-Hospital, im Beisein erster Spezialisten aus Westdeutschland die Operation vor. In einem von der Militärregierung zur Verfügung gestellten Flugzeug war ein Bonner Professor herbeigeeilt. Die Operation ergab einen durchgebrochenen Blinddarm mit Darmlähmung.

Wie hilflos ist doch der Mensch gegenüber dem unerbittlichen Gang des Geschehens, das Gott allein in Händen trägt! Aus den Gesichtern der Menschen, die vor dem Krankenhausportal die Berichte der Ärzte lasen oder durch die Flure gingen und angstvoll zu der Tür hinblickten, hinter welcher der von Millionen Geliebte lag, sprach die innere Not und die inständige Bitte: Herr, laß ihn nicht sterben! Wie ein furchtbarer Schrecken lief die Nachricht von der schweren Erkrankung durch die Diözese und die deutschen Lande. Die Berichte der Ärzte wurden von Tag zu Tag ernster. Klaren und ruhigen Bewußtseins ging der Kardinal seinem Endziel entgegen. Wie manches Mal hatte er in früheren Jahren geäußert, er möchte, daß Gott ihm die Gnade schenke, auf dem Krankenbett, ganz bewußt dem Tode ins Auge sehend, sterben zu dürfen. Gewiß, seine Natur war stark und wollte das Leben, aber in den Worten und Sätzen der letzten Tage, deren Urwüchsigkeit nicht so sehr als herbe Robustheit, sondern vielmehr als ein Sichhinweghelfen über aufsteigende Gemütsbewegungen zu deuten sind, lebte so beherrschend die kindlich fromme Ergebenheit in Gottes heiligen Willen. In dieser Ergebenheit dankte er allen, die Tag und Nacht nicht müde wurden, zu tun, was menschliche Kraft für die Rettung eines Lebens aufzubieten vermag; in dieser Ergebenheit ertrug er geduldig die vielen schmerzhaften Prozeduren, die vielen Spritzen mit dem von den Engländern zur Verfügung gestellten Penicillin.

Das selige Sterben

Am Freitagmorgen fuhr ich mit drei Angehörigen des Kardinals nach Telgte, um dort vor dem Gnadenbild der Mater dolorosa das hl. Opfer darzubringen, als Jahresgedächtnis für einen Sohn des Grafen Franz, einen Neffen des Kardinals, der genau ein Jahr zuvor gefallen war und auch Clemens hieß. Sollte dieser Gedächtnistag der große Sterbetag werden? Gegen Mittag erschien im Caritashaus, in dem die nächsten Angehörigen des Kardinals Wohnung genommen hatten, Professor Sunder-Plaßmann, um diese in seinem Wagen zum Hospital abzuholen. Wenn kein Wunder geschehe, so äußerte er tief bewegt, werde es am Nachmittag zu Ende gehen; zeit seines Lebens werde er den Kardinal, den er während der Tage der Krankheit immer wieder zu beobachten Gelegenheit gehabt habe, als Heiligen verehren. Die Domkapitulare, Verwandte und befreundete Geistliche kamen ins Hospital. Die Krankenschwestern erschienen von Zeit zu Zeit in den Wartezimmern und berichteten, wie der Kardinal für die Diözese bete, für das Vaterland, für die Kinder, für die Jugend; am Vormittag habe er, schon in Fieberphantasie, wiederholt nach dem Wagen verlangt, mit den Pferden davor, in ihm wolle er zum Domplatz fahren, um von dort noch einmal die Trümmer der Stadt und das Bistum nach allen Himmelsrichtungen zu segnen, — dann könne man ihn wieder zurückbringen ins Krankenhaus, und dann wolle er gern sterben. Seine letzten Worte waren: „Wie Gott es will! Gott lohne es Euch! Gott schütze das liebe Vaterland! Für ihn weiterarbeiten . . . o, Du lieber Heiland!"

Gegen 16.30 Uhr erschien die erste Krankenschwester und sagte, es sei eine starke Veränderung eingetreten. Wir gingen ins Sterbezimmer; die Sterbekerzen brannten; wir knieten nieder, und der Weihbischof betete die Sterbegebete. Schwer und langsam, stoßweise ging der Atem des Sterbenden. Steif und hilflos auf dem Rücken lag die gewaltige Gestalt, ohne Bewußtsein, die Augen groß geöffnet, den Blick starr in die Ferne gerichtet, die Arme weit ausgebreitet. Ein erschütterndes Bild, das heiße Tränen in die Augen trieb. Gegen 17 Uhr wurde der Atem schwächer; dann tat der große Kardinal den letzten Atemzug; das Herz, das Gott und die Menschen so geliebt, hatte aufgehört zu schlagen; Blut und Wasser flossen aus Nase und Mund. Das Schweigen des Todes machte uns starr und regungslos. Über das Antlitz des Toten breitete sich ein wunderbarer Friede. Wir kennen jenes Bild heiliger Totenruhe, wenige Stunden später im Lichtbild für immer festgehalten. Es ist das schönste Bild, das wir vom Kardinal besitzen, wie kein anderes die ganze Tiefe seiner großen edlen Seele zeigend, das Bild eines Verklärten, eines wahrhaft Vollendeten.

+

Im Tode strahlt der Adel Deiner Stirn.
So fürstlich wie der Fels im Bergmassiv
aufglüht, wenn junge Sonne auf dem Firn
siegend erscheint. Wie Flocken dicht und tief
deckt weißes Haar das stolze Dulderhaupt.
Die Lider ruhn, und Deine Augen gehn
ganz sanft nach innen, wo sie Ihn schon sehn.
Dir hat der Tod alles geschenkt und nichts geraubt.
Dein Mund preist still und stumm noch Seinen Ruhm,
Dein kühnes Auge war Sein Eigentum,
Doch Deine Stirn ging schon in Liebe schlafen.
Er schmolz Dich um, denn aller Menschen Stolz
Gilt vor dem Herrn nicht mehr denn morsches Holz.
Du bist voll Gnade heimgekehrt in Seinen Hafen.

Wilhelm Vernekohl

+

Die Totenglocken läuteten den Schmerz und die Klage über die Bischofsstadt. Die Menschen blieben in Gruppen auf der Straße stehen, viele brachen in Tränen aus und gingen in die nächste Kirche, um dort zu beten. Sie eilten an sein Totenlager. Weinen und Schluchzen hörte man in der Stille der Gotteshäuser, als am folgenden Morgen die Priester den Gläubigen die Trauerbotschaft verkündeten. Es gab Menschen, denen es ums Herz war, wie wenn sie den leiblichen Vater oder ihr eigenes Kind verloren hätten. Im Bunker des Bahnhofs zu Münster sangen Menschen, die, einander fremd, der Zufall zusammengeführt, von einer evangelischen Schwester betreut, zutiefst ergriffen von der Trauernachricht, das Lied „O Haupt voll Blut und Wunden". Vier Tage lang schritten die

Menschen wie auf einer Wallfahrt durch die Erphokapelle der St. Mauritzkirche an seiner Bahre vorüber, um dem großen Toten die trauernde, dankbare Liebe zu schenken und seine letzte stumme Predigt zu vernehmen. Noch trug der Postbote Glückwunschschreiben in die Wohnung des Münsterschen Kardinals, als dieselbe Feder, die soeben in froher Mitfreude geführt war, nun die Zeilen des Schmerzes und der Trauer niederschrieb. Im Archiv des Hohen Domkapitels sind die Briefe aufbewahrt als Zeugnisse der schmerzerfüllten Mitmenschen in jenen Tagen. Kommenden Generationen werden diese Dokumente, deren Vielzahl und ergreifenden Inhalt hier wiederzugeben der Raum nicht reicht, von der Liebe künden, die Millionen von Menschen einem großen Zeitgenossen geschenkt haben.

Das Grab im Dom

Am 28. März wurde er wie ein König zu Grabe getragen. Drei Kardinäle, unter ihnen Kardinal Griffin von London, und viele Bischöfe gaben ihm das Geleit. Dieselben Priester, die Tage zuvor in heiligem Stolz und inniger Mitfreude ihrem purpurgeschmückten Oberhirten auf der Via triumphalis vorausgeschritten waren, beteten nun das Miserere für ihren toten Meister. Dieselben Stimmen, die in strahlenden Akkorden das Te Deum der Heimkehr gesungen hatten, schenkten dem Heimgegangenen die trostvollen Weisen des „Dona ei requiem". Jene Fahnen unserer Bistumsjugend, die in den Stunden stürmischer Begeisterung flatternd sich entrollt hatten, senkten sich wehmütig mit ihrem Trauerflor; jene Menschen, die mit leuchtenden Gesichtern ihrem Kardinal Liebe und Treue entgegengejubelt, standen zu Zehntausenden stumm zwischen den Trümmern der Bischofsstadt und neigten sich in tiefer Ergriffenheit, als das dunkle Viergespann den gewaltigen Sarg mit dem großen Toten über die Straßen Münsters an ihnen vorüberzog. Wie schnell doch hier auf Erden Freude in Leid sich wandeln kann! Wie eine ernste Predigt senkte sich diese Wahrheit in die Herzen derer, die ihrem Bischof auf seinem letzten Weg gefolgt sind. Durch eine in den Tagen vorher gebrochene Türöffnung an den Galenschen Kapellen — seit dem 17. Jahrhundert vermauert —, durch die als letzter der Fürstbischof Christoph Bernard von Galen an seine Grabstätte getragen wurde, trug man nun den toten Kardinal. Als der Sarg in die Erde gesenkt war und die ersten Erdschollen auf ihn fielen, umfing die weite Menschenmenge in all der Trauer die heilige, das Grabesdunkel überwindende Hoffnung der Christen, und das Osterlied hallte durch die Trümmer des Domes „Wahrer Gott wir glauben Dir".

Das Lied der Auferstehung, das Lied vom siegreichen Kampf der Erlösten. Möge seine Kraft unsere Seele durchglühen, wenn wir in den stillen Ruinen der Domkapelle vor dem schlichten Grabstein stehen und die Hände falten! Ehedem, als des Domes unberührte Herrlichkeit an dieser Stätte uns umgab, sah man in einem der Kapellenfenster die Gestalt des hl. Ludgerus: Ein Heer von Dämonen wirbelt aus den Lüften nieder; zusammengeballt zu einem wüsten Knäuel, stürzt es sich mit dem Ingrimm der Hölle auf den Mann, der es wagt, gegen sie den Kampf zu führen; aufrecht und unerschrocken steht St. Ludgerus, den Geistern der Unterwelt das Kreuz entgegenhaltend; wie in einem unsichtbaren Zusammenprall bäumen sich die Dämonen auf, gebannt von einer höheren Macht. Wo einst jenes Bild im Dämmerlicht der Domkapelle den stillen Betern das Apostolat des ersten Bischofs von Münster zeigte, liegt nun der Kardinal begraben. Der Unterwelt ist nur die Überwelt gewachsen. Den Drachen der Apokalypse wirft nicht der Mensch, sondern der Engel Gottes in den Abgrund. Einen Teil jener Engelskraft schenkte Gott dem großen Bischof von Münster, als dieser aufstand gegen die Neuheiden des 20. Jahrhunderts.